U0861954

调解员高级研修（职业培训）丛书

调解工作总论

李瑞昌　编著

法律出版社
LAW PRESS · CHINA

编委会名单

主 任 委 员： 陆卫东

副主任委员： 张　祎　商忠强

委员（按照姓氏笔画排列）：

叶　林　叶　斌　李笑阳　张承斌

赵德关　徐　东　徐　勇　彭　森

赖咸森　管丽娟

总序

作为纠纷解决的一种方式,调解在我国历史悠久、源远流长。早在两千多年前的西周,就出现了专门负责调解事务的官员——“调人”。在历史长河中,调解已不仅是一种治理策略,也是人们追求无讼与和谐社会的实现路径。新时代,被誉为“东方经验”的调解,在中华民族实现伟大复兴的征途上无疑将承担更加艰巨的历史使命。

我国有数百万名调解员,他们是调解工作的具体承担者、践行者。伴随着时代的深刻变迁,人们对公平正义有了更高的诉求,矛盾纠纷更加多元、复杂,从而对调解员的工作提出了更高的要求。大规模地开展系统性、专业性的调解员业务培训,已显得刻不容缓。

党的十九届四中全会通过的《中共中央关于坚持和完善中国特色社会主义制度　推进国家治理体系和治理能力现代化若干重大问题的决定》指出:“完善人民调解、行政调解、司法调解联动工作体系”,“完善社会矛盾纠纷多元预防调处化解综合机制”,对构建多元调解机制提出了新要求。人民调解、行政调解、仲裁调解、社会组织调解、律师调解等,是具有中国特色的非诉讼纠纷解决方式,有利于消除纷争,促进和谐,实现社会长治久安。根据中央精神,我们要鼓励探索协商、中立评估、第三方调解等各种解纷机制,促进各类非诉讼争议解决方式蓬勃发展,为人们提供更加便捷、丰富、专业的法律服务。

建立调解员高级研修(职业培训)教材体系,是新时代进一步提升调解员专业化、职业化水平的重要举措。鉴于此,我们组织复旦大学、华东政法大学、上海政法学院等著名高校的一流专家学者,以法学专业为主,兼及社会学、心理学、管理学等专业,计划用3~5年的时间,编写一套框架合理、前瞻性、实用性强的“调解员高级研修(职业培训)丛书”。上海市司法局、上海市人民调解协会在调解领域拥有丰富的实践经验,也十分重视调解理论研究,他们对本套“调解员高级研修(职业培训)丛书”的策划、编撰、出版提供了极具建设性的指导意见和有力的经费支持,直接促成了本丛书的及早面世。

迄今全国尚无一套涉及人民调解、行政调解、社会组织调解、仲裁调解等各类调解的综合性调解员研修(职业培训)丛书,本套丛书的出版,填补了业内空白。我们相信,这套丛书将为上海、为全国的调解员专业研修、为调解工作深化发展提供启迪和帮助。

丛书编委会

2020 年 7 月

序

调解是人类社会解决矛盾纠纷亘古常新的方式，也是增进人与人和谐相处的重要机制，体现了人类生活的高度智慧与文明。人民调解制度是在党的领导下，继承发扬我国民间调解的传统，经历了革命、建设和改革各个历史阶段的实践，不断发展和完善起来的一项中国特色社会主义法律制度。进一步做好新时代包括人民调解在内的调解工作，贯彻全面依法治国新要求，推进法治国家、法治政府、法治社会建设，对维护社会稳定、实现国家长治久安，都具有重要作用。

随着我国社会主要矛盾转化为人民日益增长的美好生活需要和不平衡不充分的发展之间的矛盾，社会次要矛盾也呈现出诸多新特征、新取向和新趋势，这就要求化解社会矛盾的制度观念、方式方法等都要与时俱进地创新。党和国家针对社会矛盾的新变化，进行了一系列改革：不断创新完善矛盾多元化解机制，不断建立健全功能完备、形式多样、运行规范的诉调对接平台，进一步畅通纠纷解决渠道，引导当事人选择适当的纠纷解决方式；合理配置纠纷解决的社会资源，完善和解、调解、仲裁、公证、行政裁决、行政复议与诉讼有机衔接、相互协调的多元化纠纷解决机制；充分发挥司法在多元化纠纷解决机制建设中的引领、推动和保障作用。这些都为促进经济社会持续健康发展、全面建成小康社会提供了有力的法治保障，为推进国家治理体系和治理能力现代化夯实了制度基础。

回顾我党社会治理实践，可以发现我国调解工作的发展，始终坚持党政主导、综治协调、多元共治，建成了各方面力量共同参与纠纷解决的工作格局；始终坚持司法引导、诉调对接、社会协同，形成了社会多层次、多领域齐抓共管的解纷合力；始终坚持优化资源、完善制度、法治保障，提升了调解员及社会组织解决纠纷的法律效果；始终坚持以人为本、自愿合法、便民利民，建立了高效便捷的诉讼服务和纠纷解决机制；始终坚持立足国情、合理借鉴、改革创新，建构了中国特色的多元化纠纷解决体系；始终坚持顶层规划、中间层支持、基层摸索，形成了以“枫桥经验”为标志的一大批基层社会治理的中国案例。

本书以人民调解制度为蓝本，综合行政调解、司法调解、仲裁调解等多种调解方式，提出了调解工作总的精神、原则和技艺，并介绍了以互联网为基础的信息技术与调解方式相结合的制度创新，比较全面地展示了调解工作的大发展局面。全书在讲授调解工作相关知识点的过程中，以一些优秀调解个案为例证，不仅增加了可读性，还有助于知识的理解，极大地方便了调解员在实践中边学、边用、边悟，是一本政治立场正确、知识要点准确、读者定位精确的实用教材。

前言

国内调解教材多使用《调解制度》或《人民调解制度》作为书名，而本书多番考虑后以《调解工作总论》命名。之所以用这个书名，有三方面原因。一是作为一本专供调解员培训的教材，本书需要向学员提供调解的相关知识和技能，因此，本书的基本定位是从总体上介绍与调解实践有关的知识和技能。二是对是否存在统一的调解制度仍有争议。一般而言，正式制度成立有三个标准，即专门组织、专有规则和专职人员；按此标准，目前只有正式的人民调解制度，尚未形成严格意义上的行政调解制度和司法调解制度。三是调解含义的界定仍有差异，调解是一种工作方式、工作技术还是工作制度？调解与调停、调处、协商、斡旋、和解等非诉讼纠纷解决方式有何异同？这些问题还没有形成规范界定和标准定义。在实践过程中，调解既被当作一种解决矛盾纠纷的方式，也被视为一种化解矛盾纠纷的制度。尤其，作为解纠方式被广泛地应用于各个领域，也普遍为各种职业人所使用。上述的与矛盾纠纷化解相关的概念也常常与“调解”一词相互混用。

“工作”作为一个法律术语，有两种含义：一是指一种行动，即个体或组织在规定的职权职责范围内开展活动或行动；二是指组织中的岗位，即组织中包含了职位、职权和职责的工作岗位。本书为了避免将“调解”与“人民调解”混淆，用“调解工作”指代人民调解、行政调解和司法调解所进行的各项行动，回避了“调解制度”与“人民调解制度”内涵差异的争议，更加偏向从实践工作的需要出发，介绍调解服务内容，避免在学术上争论是非。

换句话说，调解工作不仅是社会工作的主要内容，也是行政工作和司法工作的重要组成部分。当下，有关人民调解已有专门的法律——《人民调解法》和行政法规、司法解释等规范性文件。相较行政调解、司法调解而言,人民调解更加制度化、法定化。因此,本书以《人民调解法》及相关规范性文件为基础,从总体上把握调解工作的内容,尽量完整地为调解员提供调解工作相关的基础知识,以着力提高调解员的业务素质。

毫无疑问,最影响调解工作质量的就是调解员的业务素质。自中国古代民间调解发展到中国现代调解,调解的内容和规则发生了根本性变革,调解员的身份背景也发生了巨大变化。古代中国的调解员多数是地方乡绅或家族长老,而现代中国的调解员来源广泛、构成复杂。他们有的是社会名人,有的是资深法律工作者(包括律师、法官、检察官等),有的是行政人员,有的是某个领域的专家等,越来越多的人群、越来越多的行业工作者加入调解员的行列;当然,也有越来越多的行业和越来越多的民众采用调解方式来解决日常生活工作中的矛盾纠纷。调解已经成为非诉讼纠纷解决方式中最亮眼、最实用的组成部分。

但是,这并不代表有了从事调解工作的热情就一定有胜任调解工作的能力。调解工作是一项做人思想的工作,也是一项厘清纷繁复杂事务的工作,更是一项传播法律、政策、公序良俗的工作。它工作关系复杂、矛盾冲突丛生,绝不是简简单单的业务工作。因此,要做好调解工作,不仅要求每一个调解员具备从事调解工作的基本素养,还要求每个调解员在团队中展现积极的协作精神。

今天,一个优秀的调解员确实能有效地解决某个纠纷,但更多时候是多个不同身份背景的调解员组合在一起,共同致力于解决某个矛盾。因为,随着社会矛盾的复杂化,再优秀的调解员也不可能具备解决各类复杂纠纷的所有相关专业知识。这种现实不仅要求重新思考调解员培养的课程设计,还需要重新考虑调解团队和调解方式的重构。

基于上述考量,本书共设计了八章内容。第一章重点介绍调解工作的含义、性质和功能;第二章主要介绍从古代中国到现代中国调解工作的缘起、经验和相关制度;第三章主要介绍2010年之后我国调解工作的基本原理;第四章介绍了当下我国调解工作的基本流程;第五章重点介绍了调解员的角色和功能定位,突出了调解员在调解工作中的独特价值;第六章分析了应当如何培养和管理调解员，以吸引更多人积极加入、专心从事该职业；第七章前瞻性地分析了目前调解员在调解工作中应遵循的职业伦理，确保调解工作的可信度；第八章结合我国社会治理和信息技术发展，描述了调解员职业发展、调解组织形态变革和调解理念规则的完善。

本教材在编著过程中，吸收了国内专家学者的诸多真知灼见，借用了实践工作者的大量经验智慧；虽尽力注释，尊重先行者的成果，但仍会有遗漏，敬请方家谅解。写作是一项劳心劳力且收益极低的工作。感谢吴婧、马心怡、王璇、俞佳慧、张潇等辛勤的工作，没有她们的努力与付出，本教材是不可能完成的。

目录

案例材料索引

第一章 调解工作概述

第一节 调解工作的性质

一、调解工作的含义

调解是一个多义词，在不同情景与语境下，其含义存在差别。总体上看，调解有两个基本内涵：一是作为纠纷解决方式的调解，广泛运用在行政活动、司法活动和社会活动之中；二是作为纠纷解决制度的调解，最为典型的是人民调解制度。现存的解决纠纷方式主要有：当事人间谈判、当事人向法院提起诉讼、当事人向第三方提起仲裁和当事人向第三方申请调解等，即谈判、诉讼、仲裁和调解四种解决纠纷方式。

调解，是通过邀请被称为调解员的第三方促进纠纷当事人以自决协议处理纠纷的一种方式。调解制度是通过第三方（调解机构或调解员）的斡旋、调停、劝说等，帮助纠纷当事方达成和解，解决纠纷的制度。调解制度是由一系列原理、原则、程序和规范构成的，并依托于特定的组织和人员。当代的调解已经逐步实现制度化，成为现代 ADR（替代性纠纷解决机制）最重要的组成部分，并被纳入广义的司法体系，与司法程序形成有机衔接。[1]

调解工作源于社会生活中的矛盾纠纷。矛盾纠纷通常指公民、法人和其他组织之间产生的有关人身、财产权益及其他权益纠纷。一般来说，小到家庭邻里纠纷、大到群体性事件一切内部矛盾，都属于矛盾纠纷的范畴。我

---

〔1〕 参见范愉、史长青、邱星美：《调解制度与调解员行为规范：比较与借鉴》，清华大学出版社 2010 年版，第 5 页。

国解决矛盾纠纷的形式包括调解、仲裁、行政裁决、行政复议、诉讼等，其中，调解是最基本、最常用的化解手段，政府部门和司法机关是化解矛盾纠纷的主要力量。

调解是一个由调解员参与的、帮助冲突双方（或多方）就纠纷展开对话、共同解决问题的过程。调解工作由多个要素构成，包括调解员、冲突双方、矛盾纠纷、调解程序、调解目标和调解结果。其中，调解员是指在冲突双方之间进行调解的人员。调解员必须公正无私。在调解过程中，调解员只能起引导作用，解决方案应由冲突双方自行商定。冲突方是矛盾纠纷的双方，可以是自然人、组织或是国家。一方的内部成员拥有共同的身份或利益，他们一同或委派代表参加调解活动。通常，冲突双方要进行调解是因为他们之间发生了矛盾、产生了分歧或者有利益冲突，希望通过调解改变这种局面；因此，矛盾纠纷是调解工作的缘由。当然，如果冲突双方不嫌麻烦，愿意配合，那么调解还可能会深入潜在冲突和根本原因中去。总体而言，解决冲突的途径就是展开对话，也就是说，双方直接交谈并听取对方的意见。通过对话，双方可以更充分地了解各自的处境，更清楚地认识对方，更清晰地看到各自想要的未来。但是，对话的过程从来都不是一帆风顺的。调解的目标是要找到持久有效的解决办法，能够尽可能地满足双方的需要。调解工作是为双方营造一个促进合作以便共同解决问题的氛围，让他们自行计划自己或双方下一步的行动。

作为解决纠纷方式的调解，可以发生在行政活动和司法活动过程之中。如政府机关在行政活动中，可以对有矛盾纠纷的行政当事人双方进行调解，以便化解社会矛盾或确保行政活动顺利进行。而在法院审判案件过程中，也可以在原告与被告的同意下，法官主持调解，促进原被告尽快解决争议。当然，也有社会生活中，普通民众帮助邻里调解纠纷。

作为解决纠纷制度的调解则主要发生在社会活动过程之中。从目前来看，我国《人民调解法》将人民调解作为解决矛盾纠纷的一项法律制度，同时也作为社会自治的一项制度，广泛运用于社会治理过程之中。

无论是调解作为解决纠纷的方式还是化解矛盾的制度，调解工作都是在调解员或调解机构精心策划、安排和引导下展开的。从调解活动来看，调解工作是调解员帮助双方之间进行沟通，促进他们之间相互的了解，关注当事人的利益并且运用创造性的问题解决技术促使当事人达成解决协议[1]的过程。就社会岗位而言，调解工作是一种社会职位，在该社会职位上任职的人需要特定的条件与资格。因此，明确调解工作的流程、原理和确定担任此项工作岗位人的资格要求，是本书的重要内容。

二、调解工作的构成

调解是按照一定程序进行的。尽管在不同情况下调解程序会有所变动，但基本阶段是相同的。调解程序既由调解制度自身的规定所决定，又由冲突特性所决定。因此，冲突分为很多种，调解工作也有很多样。

1. 矛盾纠纷

矛盾纠纷是当事人冲突点，也是调解所针对的具体事项。按照不同的标准，可以对矛盾纠纷进行不同划分，如家事纠纷、劳资纠纷、知识产权纠纷等。在调解过程中，矛盾纠纷的类型要求具有不同专业素养的调解员参加，以便增加调解工作的权威性、科学性以及调解协议的可接受性。

2. 调解员

《人民调解法》第 14 条第 1 款规定："人民调解员应当由公道正派、热心人民调解工作，并具有一定文化水平、政策水平和法律知识的成年公民担任。"由此可见，除了要求年满 18 周岁、具有中华人民共和国国籍外，并没有对教育背景有硬性要求。一名调解员并不刻意追求年龄上的年轻、文化水平的高低和法律教育背景，他们只有将法律和专业知识结合在一起，并辅以人情世故的了解、风俗习惯的熟悉，将之共同熔铸在调解工作中，才有可能成为一名优秀的调解员。

具体而言，成为人民调解员应满足的基本条件包括"公道正派""热心人民调解工作""具有文化水平、政策水平和法律知识""成年公民"。

其中，"成年公民"是人民调解员开展工作的基础。它保障了调解员拥有独立分析和解决问题的能力，也具有完全民事行为能力。"具有文化水平、政策水平和法律知识"则是人民调解员开展工作的前提。《最高人民法院、司法部关于进一步加强新时期人民调解工作的意见》规定，"要按照不同类型、不同层次人民调解委员会工作范围的特点和要求，明确各类人民调解员必须具备的法律水平和文化程度。"调解员的文化程度、对政策和法律的

---

[1] 参见[英]迈克尔·努尼：《法律调解之道》，杨利华、于丽英译，于丽英审校，法律出版社 2006 年版，第 27 页。

熟悉和了解程度,某种程序上会影响到自身的业务水平,进而影响调解结果的合理合法性和调解过程的顺利程度。但考虑到不同地区的文化发展水平差异较大,对调解员的受教育程度不宜采取“一刀切”的硬性要求,满足工作需要即可。

“热心人民调解工作”是人民调解员开展工作的动力。调解员接触的矛盾纠纷琐碎、数量多、涉及面广、易反复,还可能面对反复调解不成、当事人误解等情况。工作量不可谓不轻,这时就需要真心热爱调解工作的调解员才能坚持不懈地完成繁杂的工作。

“公道正派”是人民调解员开展工作的保障。调解员须为人公道,作风正派,才能在调解时公正对待双方当事人,并坚持实事求是、不偏不倚,才能取信于民,更好地开展工作。

当然,要成为人民调解员还要愿意接受职业纪律约束和工作原则的限定。《人民调解法》第 15 条规定了人民调解员的职业纪律,具体来讲,即不得偏袒一方当事人、不得侮辱当事人、不得索取或收受财物、不得牟取不正当利益、对当事人的隐私及商业机密要保密。第 21 条规定了调解员的工作要求,包括坚持原则、明法析理、主持公道,也强调应及时、就地进行,防止矛盾激化。《人民调解法》第 3 条对人民调解工作的基本原则进行规定,可归纳为自愿平等原则(尊重自愿)、不违背法律法规和国家政策(尊重规范)、尊重当事人权利原则。

3. 调解组织

(1)人民调解委员会的性质

《宪法》从国家根本法的高度规定了居民委员会和村民委员会是基层群众性自治组织。《人民调解委员会组织条例》规定人民调解委员会是在居委会和村委会下设立的,具有群众性自治组织的特点。《人民调解法》提出其群众性和自治性的特点,它作为群众性和自治性的组织,不属于国家机关。

(2)人民调解委员会的类型

根据《人民调解法》第 8 条和第 34 条规定,人民调解委员会大致可分为 4 种类型:一是村委会、居委会设立的人民调解委员会,如上海临沂六村居委会人民调解委员会;二是企事业单位设立的人民调解委员会,如上海浦发集团工会人民调解委员会;三是乡镇、街道设立的人民调解委员会,如上海北蔡镇人民调解委员会;四是行业性、专业性人民调解委员会,如上海浦东新区医患纠纷人民调解委员会。

(3)人民调解委员会的组成

村、居委会的人民调解委员会是人民调解的基本组织形式,它作为深入基层、贴近群众的自治性组织,是处理村居民纠纷的有力抓手。根据《人民调解法》第9条的规定,村、居委会的人民调解委员会由村民会议或村民代表会议、居民会议推选产生。根据《村民委员会组织法》的规定,村民会议由本村18岁以上的村民组成,由村委会召集。人数较多或居住分散的村,可设立村民代表会议,讨论决定村民会议授权事项。根据《城市居民委员会组织法》,居委会由18岁以上的居民组成。

企事业单位的人民调解委员会并非必须设立。如果企事业单位规模大、职工多、行业专业特点强、纠纷矛盾多发,可根据需要设立人民调解委员会。依照《人民调解法》,其委员会委员可由职工大会、职工代表大会、工会组织推选产生。在新中国成立后的很长一段时间内,单位调解体制发挥着很大作用,主要解决本单位内的人民内部矛盾。虽然多处理"鸡毛蒜皮"的小事,但它有助于营造和谐的单位气氛,也被认为履行重要的政治职能。[1]

乡镇、街道根据需要设立人民调解委员会。《人民调解工作若干规定》指出,委员应具备高中以上文化程度,并且可以是懂法律、有专长、热心人民调解工作的社会志愿人员。随着调解工作的发展,有些乡镇、街道的调委会聘请了熟悉辖区情况、古道热肠的退休法官、检察官等担任委员。

对于社会团体和其他组织来说,目前多根据组织特点和目标人群,设立区域性、行业性、专业性人民调解委员会。根据《司法部关于加强行业性、专业性人民调解委员会建设的意见》,社会团体或者其他组织可以结合相关行业和专业特点,在县级司法行政机关的指导下,设立行业性、专业性人民调解委员会。如妇联、残联、消协、各行业协会等设立的人民调解委员会,分别关注事涉妇女儿童和残疾人权益的纠纷、消费纠纷、医疗纠纷、劳动纠纷等。

4. 调解工作制度

《人民调解法》第11条规定,人民调解委员会应当建立健全各项调解工作制度;《人民调解工作若干规定》第19条规定,人民调解委员会应当建立健全岗位责任制、例会、学习、考评、业务登记、统计和档案等各项规章制度,《关于贯彻实施〈中华人民共和国人民调解法〉的意见》第15条进一步规定,

---

〔1〕 参见李瑞昌:《新中国调解制度变化的内容、路径、动力及未来》,载《复旦学报》(社会科学版)2018年第4期。

健全人民调解委员会工作制度，包括学习培训、社情民意分析、重大纠纷集体讨论、重大疑难纠纷报告及档案管理制度，逐步形成有效预防和化解矛盾纠纷的人民调解工作制度体系。

各地均在实践中摸索出了一套适应地区特色、理性的工作制度，主要包括纠纷登记、文书档案管理、统计、回访、纠纷排查等制度。

（1）纠纷登记制度

纠纷登记是收到申请或委托、指派后的首要流程工作。《关于贯彻实施〈中华人民共和国人民调解法〉的意见》第 16 条规定，要全面、及时地对人民调解工作情况进行登记和统计。调解员应当对每一件申请案件填写《人民调解员调解案件登记单》，登记当事人的基本信息（姓名、性别、年龄、工作单位、家庭住址）、案情的基本情况（时间、地点、纠纷类型、事由）。随后需审查是否符合调解条件，并及时告知当事人。

（2）文书档案管理制度

文书档案管理是现代官僚制的重要特征之一。人民调解工作的文书档案，是调解员在工作中形成并需归档的、具有参考利用价值的文件材料，包括但不限于文字、图表、影像等形式。作为调解工作的真实记录，它是针对纠纷矛盾的特点、规律开展研究的有效抓手。《人民调解法》第 27 条规定："人民调解员应当记录调解情况。人民调解委员会应当建立调解工作档案，将调解登记、调解工作记录、调解协议书等材料立卷归档。"《关于贯彻实施〈中华人民共和国人民调解法〉的意见》第 17 条规定："规范人民调解卷宗。人民调解委员会调解纠纷，一般应当制作调解卷宗，做到一案一卷。调解卷宗主要包括《人民调解申请书》或者《人民调解受理登记表》、《人民调解调查（调解、回访）记录》、《人民调解协议书》或者《人民调解口头协议登记表》等。纠纷调解过程简单或者达成口头调解协议的，也可以多案一卷，定期集中组卷归档。"《司法部关于印发人民调解文书格式和统计报表的通知》（司发通〔2010〕239 号）也对此提出了要求。尤其需注意，凡以下情况之一，应按照一案一卷的要求建立档案：涉及民事损害赔偿标的在 2000 元以上的案件；双方当事人超过 5 人的案件；专业性、行业性领域纠纷案件；可能出现反复、激化的案件；可能走司法诉讼程序的案件；人民调解组织认为应当单独立卷的其他案件。

（3）统计工作制度

统计工作建立在登记和文书档案管理制度的基础上，有助于为调解工作提供科学的依据和支撑。《关于贯彻实施〈中华人民共和国人民调解法〉的意见》第16条规定:“加强人民调解统计报送工作。要全面、及时地对人民调解工作情况进行登记和统计。人民调解员调解每一件纠纷,都应当填写《人民调解员调解案件登记单》。人民调解委员会应当按期填写《人民调解委员会调解案件汇总登记表》,及时向司法行政机关报送《人民调解组织队伍经费保障情况统计表》、《人民调解案件情况统计表》。”

(4)回访制度

回访制度是纠纷调解后处理的重要工作之一。对调解员来说,尤其是较复杂、易反复、协议执行难度大的案件,需要通过回访来及时了解情况,发现并采取措施解决可能出现的新情况、新问题,尽可能彻底地化解矛盾纠纷。回访工作要求调解员必须实事求是,认真负责、及时实效,避免走过场的形式主义。对于调解员来说,回访对象包括双方当事人及相关知情人,还可向周围群众收集意见,全面了解情况。对于已经达成协议的,要对协议履行情况进行跟踪;未达成协议的,可适时了解纠纷解决状态和发展动态。同时也要形成回访记录备案。

(5)纠纷排查工作制度

矛盾纠纷排查工作来自人民调解制度的功能。根据《最高人民法院、司法部关于认真贯彻实施〈中华人民共和国人民调解法〉加强和创新社会管理的意见》,作为“第一道防线”的人民调解,拥有遍布城乡、网络健全的组织,也有人民调解员扎根基层、面向群众的优势,应积极开展矛盾纠纷排查,为有效化解矛盾纠纷奠定基础。作为人民调解员,应注意深入群众,对于特定行业、专业领域,在重大活动、节日、社会敏感时期,通过排查摸底,掌握社情民意,及时发现纠纷苗头,在不违背当事人意愿情况下,早发现、主动调解、早解决。

5. 调解协议执行

(1)人民调解协议

根据《人民调解法》第28条的规定,经人民调解委员会调解达成协议的,可以制作调解协议书。由此可见,人民调解协议的第一要件是经由调委会、调解员调解达成。即使无须制作纸质协议,口头协议的达成也需要调解员记录在案。

(2)人民调解协议的形式

根据《人民调解法》第28条的规定,协议包括书面和口头形式。《关于贯彻实施〈中华人民共和国人民调解法〉的意见》第13条规定，调解协议有给付内容且非及时调解履行的，应制作《人民调解协议书》。当事人认为无须制作的，可采用口头协议形式，人民调解员应填写《人民调解口头协议登记表》，不妨碍其进行司法确认。

调解员在制作协议书时，应注意载明当事人的基本情况，关于纠纷的主要事实、争议事项和各方当事人的责任，也包括当事人达成协议的内容、履行的方式与期限。

【案例材料1.1】修改过的调解协议是否有效？[1]

案情简介：

老舒有舒大、舒二、小舒（已死亡）三子，小舒与丁某育有一子舒小。老舒拥有一套舟山市定海区房子的所有权并居住在此。2009年3月，老舒、舒大、舒二、丁某就房屋所有权及老舒的赡养事宜签订了《产权及赡养协议》，其中约定房屋产权归舒小所有，且不得作为他用，也不得虐待老人，否则协议无效；生老病故等一切费用由舒大、舒二和丁某承担。协议一式五份，签字后生效。当时，丁某、老舒、舒大、舒二均在协议上签字或按手印，舒小并未签字。5天后，应丁某要求，村民委员会在该协议上盖章。之后，村人民调解委员会在协议内容上修改处盖章。其他几人均不知情，《产权及赡养协议》也并未给三人过目。协议签订后，老舒并未按照协议约定办理产权过户手续。舒小诉至法院，请求判令老舒按照《产权及赡养协议》办理过户。一审法院经审理后认定，《产权及赡养协议》不属于人民调解协议，舒小不服，提起上诉。二审法院经审理认为，本案争议焦点为舒小是否有权要求老舒履行《产权及赡养协议》约定的诉争房屋产权过户义务。该协议虽盖有村民委员会和人民调解委员会的印章，但系丁某事后提出要求后所盖，且没有人民调解员签名，其他当事人对此也毫不知情，故该协议不符合《人民调解法》规定的调解程序和形式要件，原审认定该协议不属人民调解协议，系适用法律正确。

案例分析：

根据《人民调解法》的规定，人民调解协议是人民调解委员会为解决当

[1] 参见浙江省舟山市中级人民法院（2012）浙舟民终字第137号民事判决书。

事人之间的纠纷而作出的,内容应涉及纠纷的主要事实、争议事项以及各方当事人的责任,还有当事人达成调解协议的内容,履行的方式、期限等。首先,《产权及赡养协议》是当事人对房屋产权变动、赡养问题达成的协议,原本并没有矛盾纠纷;其次,房屋所有权拥有者应当是老舒,之后将产权归舒小所有,应当认定为是赠与,老舒有权在过户前撤回赠与;最后,协议在签订时并没有经过人民调解委员会主持,盖章也并未告诉其他签署者,所以《产权及赡养协议》并不属于人民调解协议书,小舒根据此来提出诉讼,法院不予支持。

(3)人民调解协议的法律效力及其生效时间

《人民调解法》第31条规定:"经人民调解委员会调解达成的调解协议,具有法律约束力,当事人应当按照约定履行。"同时,该法第29条、第30条规定,协议书自各方当事人签名、盖章或按指印,人民调解员签名并加盖人民调解委员会印章之日起生效;口头协议自各方当事人达成协议之日起生效。故而人民调解协议具有法律约束力,包括书面的《调解协议书》和口头协议。

《最高人民法院关于审理涉及人民调解协议的民事案件的若干规定》第1条规定:"经人民调解委员会调解达成的、有民事权利义务内容,并由双方当事人签字或者盖章的调解协议,具有民事合同性质。……"协议书合法生效的要件包括:①当事人具有完全民事行为能力;②意思表达真实;③没有法定的合同无效的情形。根据《合同法》第52条的规定,合同无效的情形包括:一方以欺诈、胁迫的手段订立合同,损害国家利益;恶意串通,损害国家、集体或者第三人利益;以合法形式掩盖非法目的;损害社会公共利益;违反法律、行政法规的强制性规定。另外,调解员也需要提醒当事人注意对方是否具有代理权,否则调解书约定的义务只能由实际签字人承担。

如果调解协议部分无效,有效部分不影响其他部分效力的,其他部分仍然有效。人民调解协议一般都由若干部分组成,如果无效部分与其他部分独立存在,则不影响其他部分的效力。

【案例材料 1.2】代理人签订的调解协议书如何才能生效?[1]

案情简介:

2009 年 7 月,黄某租赁喻某的货车运送挖掘机,当喻某驾驶该货车行至其一交叉路口时,与张某驾驶的小车相撞,造成黄某的挖掘机受损。事故发生后,长沙县交警大队作出道路交通事故认定书,确认张某承担事故的主要责任,喻某承担次要责任。2009 年 12 月,经长沙县法理情法律服务所对事故各方当事人进行调解,各方达成调解书,第四条写明:"当事人喻某一次性赔付黄某挖掘机损失 9000 元,当事人杨某一次性赔偿黄某挖掘机损失 36,000 元。"其中杨某是小车的登记车主,另有李某为小车的实际车主,驾驶人张某非车辆所有人,由李某代杨某在调解书上签署了"李某代杨某"的字样。调解书签订后并未得到实际履行,黄某遂将喻某、李某和杨某告上法庭。

法院认为,黄某、喻某在调解书上签了字,该调解书是双方的真实意思表示,且该调解书约的内容未违反法律、法规的强制性规定,合法有效,该调解书的有关约定对黄某和喻某具有法律约束力,双方应按调解书的约定履行;虽然长沙县交警大队的证明注明了"根据李某自述,杨某全权委托李某为处理此次小型轿车事故的代理人",但是杨某与李某之间没有书面的授权委托书,不能仅根据李某自述系杨某的全权代理人就代其签字,且该调解书之后也未经杨某追认。根据当时《民法通则》第六十六条规定,没有代理权的行为,只有经过被代理人的追认,被代理人才承担民事责任,因此,该调解书对杨某不具有法律约束力。未经追认的行为,由行为人承担民事责任。因此应由李某承担在调解书上签字所造成的后果,即应由李其向黄某支付 36,000元的挖掘机损失。

案例分析:

本案中,李某代杨某与黄某、喻某签订的调解协议书符合法律规定,合法有效,对黄某和喻某具有约束力,两人应当按照调解协议书中的内容履行相应义务。但是,该调解协议书并没有得到李某的追认,根据法律规定,对杨某不具有约束力,而应由李某承担相应义务。

---

[1] 参见湖南省长沙市长沙县人民法院(2011)长县民初字第 1604 号民事判决书。

(4)人民调解协议执行的救济

人民调解协议的履行情况不佳时,当事人一方有3种方式维护自己的权益:一是以提起诉讼或仲裁等方式维护自己的权益。《人民调解法》第31条规定,人民调解委员会应当对调解协议的履行情况进行监督,督促当事人履行约定的义务。故而调解员无法强制当事人履行,只能根据第32条、第33条的规定,建议另一方当事人向人民法院提起诉讼或以其他方式解决。

二是申请重新审查协议的真实性。在实际工作中,调解员会发现即使调解协议已达成,当事人可能还会发生争议,主要包括就协议履行和协议内容的争议。对协议履行产生纠纷,可能是当事人不愿意履行、履行不符合约定,也有可能是当时协议对履行的期限、方式等约定不明确。对内容产生争议,可能是双方在签订协议时对某些关键内容有误解,也有可能事后觉得不公平,甚至可能认为自己当时是被强迫签订的协议。

调解员如遇以上情况,可引导当事人向人民调解委员会申请解决,包括对履行情况进行监督,也可就有争议的内容重新调解,在尊重双方自愿的基础上,可撤销、变更原协议内容,就相关内容重新达成协议。如果当事人不愿意通过人民调解解决问题,则可告知当事人可向人民法院提起诉讼,也可通过仲裁等形式解决。当然,如果当事人无正当理由反悔的,那么调解员应充分调动各方力量,做好当事人的工作,监督其履行协议义务。

三是提请人民法院解除人民调解协议。《人民调解法》第33条规定:"经人民调解委员会调解达成调解协议后,双方当事人认为有必要的,可以自调解协议生效之日起三十日内共同向人民法院申请司法确认,人民法院应当及时对调解协议进行审查,依法确认调解协议的效力。人民法院依法确认调解协议有效,一方当事人拒绝履行或者未全部履行的,对方当事人可以向人民法院申请强制执行。人民法院依法确认调解协议无效的,当事人可以通过人民调解方式变更原调解协议或者达成新的调解协议,也可以向人民法院提起诉讼。"

人民调解协议的司法确认制度可以说是将人民调解与司法纠纷解决机制进行衔接的重要举措。在此,有几点需调解员提醒当事人。

司法确认需双方当事人共同通过口头或书面形式申请确认。如果一方当事人提出申请,另一方当事人表示同意的,可以视为共同申请。司法确认是对已经生效的调解协议的审查,而并非使其生效的必要程序。当事人应当向有管辖权的人民法院申请确认,《民事诉讼法》第194条规定,应向调解组织所在地基层人民法院提出。人民法院确认调解效力的决定书自送达当事人后发生法律效力。

人民法院审理申请确认调解协议,按照《最高人民法院关于建立健全诉讼与非诉讼相衔接的矛盾纠纷解决机制的若干意见》规定,应参照适用《民事诉讼法》中有关简易程序的规定。调解员可提醒各方当事人,需要同时到庭。除了调解协议书外,还应提交各方当事人签署的承诺书。

【案例材料1.3】因对方不履行调解协议造成其他损失怎么办?[1]

案情简介:

2012年6月19日20时30分许,沈某驾驶摩托车行驶,与骑自行车行驶的彭某发生碰撞,造成彭某受伤。经韶山市公安局交警大队认定,沈某承担此次事故的全部责任。彭某受伤后在部山医院治疗,于2012年7月21日出院。经湘潭市潭州司法鉴定所鉴定,彭某构成十级伤残,建议出院后继续治疗3个月,后期治疗费用4000元。2012年12月11日,彭某的儿子田某代表彭某和沈某在部山市永义乡人民调解委员会的主持下,就此次交通事故达成了调解协议,主要内容包括:(1)沈某支付赔偿金35,000元(含已支付的5000元);(2)沈某在半个月之内将余款30,000元送至永义司法所,双方再无其他争议。该协议的履行方式和履行期限为3日内支付现金20,000元。15日内全部付清。但是沈某在赔偿了17,200元之后,拒不支付剩余费用,彭某为维护自身合法权益,诉至法院。

法院经审理认为,沈某在交通事故中承担全部责任,应当对彭某的损失予以赔偿。双方在部山市永义乡人民调解委员会的主持下达成的人民调解协议,是双方真实意思表示,符合法律规定,是合法有效的协议,依法予以确认。该人民调解协议系当事人自愿就事故所承担的责任及处理达成的协议,是当事人对自身权利义务的处分,属民事合同行为,对双方当事人具有约束力。对于彭某要求沈某全部履行协议的请求,法院予以支持。对于彭某要求沈某支付因迟延履行义务造成的交通费、误工费、利息等经济损失

〔1〕 参见湖南省韶山市人民法院(2014)韶民一初字第12号民事判决书。

6000 元，法院认为，彭某要求沈某支付迟延履行义务所产生的利息，因该人民调解协议并不是人民法院出具的法律文书，不属于迟延履行金支持的范围，法院对利息的请求不予支持；对彭某要求沈某支付因迟延履行义务所产生的交通费、误工费等经济损失，法院酌情认定 2000 元。

案例分析：

由案例可见，人民调解协议具有法定效力，应当予以履行，但是，人民调解协议并不是法律文书，如在协议中无约定迟延金，不属于法定延迟履行金支持的范围。彭某的额外经济损失是由于沈某未按时履行给付赔偿义务造成的。因此，在这种情况下，法院除判决沈某履行调解协议中的义务之外，还判令沈某赔偿彭某由此产生的经济损失。

6. 调解收付费

目前我国调解采用三种付费制度：一是不收费制度，如人民调解采用不收费制度。根据《人民调解法》第 4 条规定，"人民调解委员会调解民间纠纷，不收取任何费用"。二是不另外收费制度，如行政调解和司法调解。根据我国行政收费、司法收费制度规定，一旦案件受理，无论采用仲裁、宣判还是调解，均为一次性付费，不再另外计费。三是收费制度。一些地方政府探索律师调解、商事调解等收取调解费用。

三、调解工作的性质

1. 调解工作是公共法律服务工作。调解是公共法律服务体系的重要组成部分。公共法律服务，是司法行政机关统筹提供、旨在保障公民合法权益、实现社会公平正义的法律服务，是司法行政机关的基本职责任务。公共法律服务体系建设是统筹推进司法行政工作的"总抓手"。具体包括：为全民提供法律知识普及教育和法治文化活动；为经济困难和特殊案件当事人提供法律援助；开展公益性法律顾问、法律咨询、辩护、代理、公证、司法鉴定等法律服务；预防和化解民间纠纷的人民调解活动等。

2. 调解工作是公共服务工作。公共法律服务是政府公共服务体系的重要组成部分，调解又是公共法律服务体系的组成部分，所以，调解工作是公共服务工作。根据《"十三五"推进基本公共服务均等化规划》和《全国司法行政工作"十三五"时期发展规划纲要》的规定，调解工作（尤其是人民调解工作）是基本公共服务的内容，也是司法行政工作的一部分。

3. 调解工作是一项法律服务工作。法律服务是指律师、非律师法律工作者、法律专业人士(包括法院的在职人员,离退休政法系统人员等)或相关机构以其法律知识和技能为法人或自然人实现其正当权益、提高经济效益、排除不法侵害、防范法律风险、维护自身合法权益而提供的专业活动。调解工作是法官、人民调解员和行政人员等法律专业人士提供法律专业服务工作,属于法律服务工作的范畴。

4. 调解工作是社会服务工作。根据《关于人民调解员队伍建设的意见》(2018 年 3 月 28 日发布)规定:人民调解员纳入社会工作专业人才培养和职业水平评价体系。所以,调解工作也可以纳入社会服务工作范畴。

第二节　调解工作的类型

随着我国社会的转型,利益格局深刻调整和变化对社会矛盾纠纷产生了影响,后者的主体、内容、形式、原因等也随之发生了变化。从纠纷主体来看,随着市场经济的发展和互联网技术的革新,当事人已经由单纯的公民,过渡至公民、法人、政府部门、其他社会团体,还有可能出现涉及三方甚至多方主体的情况;从纠纷内容来看,传统的婚姻家庭纠纷、邻里纠纷依旧存在。然而,随着社会发展与政策变迁,房屋宅基地纠纷、生产经营纠纷、损害赔偿纠纷、征地拆迁纠纷、医疗纠纷、物业纠纷、电子商务纠纷、跨国涉外纠纷、商事纠纷等层出不穷,出现了众多新型矛盾;从纠纷形式来看,由过去较为单纯的民事纠纷逐渐过渡为民事纠纷、行政纠纷、轻微刑事纠纷等;从调解主体来看,调解工作往往要根据案件所涉行业专业、基本案情、当事人情况、紧急程度、社会影响力等方面的不同,选择不同素质、不同类型的调解员进行调解。例如医疗纠纷需要有从业历史和临床经验的医学专家参与,婚姻家庭纠纷最好由已婚的调解员化解,债务纠纷可邀请专司其领域的法官、律师参与调解;当事人如果是少数民族,则要考虑请本民族或熟悉民族生活习惯、宗教信仰的调解员调解;当矛盾纠纷有扩大化倾向时,调解员需邀请更多相关机构、相关部门人员共同参与调解。

一、调解工作的分类

在我国,根据不同依据可将调解分为不同类型,如根据调解员类型可分为法官调解、律师调解、专家调解、名人调解等,根据所载形式可分为线下调解、互联网调解、电视调解等。但人民调解、行政调解、司法调解被认为是我国三大调解制度,[1]也是分类调解的基本构成。三者在如火如荼的“大调解”框架下尝试探索对接融合。三者虽然都是第三方介入进行纠纷解决,但在调解的主体、程序、协议法律效力等方面存在不同程度的差异。行政调解和司法调解都有一定的公权力色彩,它们二者目前并无专门的法律规定,但却在多元化纠纷解决机制中扮演着重要角色。

(一)调解制度类型

1. 人民调解

人民调解是指人民调解委员会通过说服、疏导等方法,促使当事人在平等协商基础上自愿达成调解协议,解决民间纠纷的活动。其主体严格来说是群众性组织。人民调解因可追溯至中国古代的民间调解,反映了中国人的思维习惯、经验智慧,具有“东方经验”的美誉。

人民调解主要限于民间纠纷。根据各地的实践尝试,一般认为,凡是发生在公民与公民之间、公民与法人或者其他组织之间,涉及当事人有权处分的人身、财产权益的纠纷,都属于民间纠纷,不限于民事纠纷,轻微刑事案件也可交由人民调解处理。但法律、行政法规规定应当由专门机关管辖处理的纠纷或禁止采用调解方式解决的纠纷除外。[2]

2. 行政调解

行政调解则是以国家行政机关为调解主体,依据法律法规、政策等规范性文件规定,在行使行政管理的职权范围内,对特定纠纷进行调解。行政调解并无专门法,相关的法律法规中也没有明确地规定其范围。如若从行政调解主体的来看,便可了解不同类型案件应向哪些部门申请行政调解。

(1)基层人民政府主持的行政调解

此类行政调解较为典型的实践是基层司法所主持的行政调解。2006年《中共中央关于建构社会主义和谐社会重大问题的决定》指出,要加强公安派出所、司法所、人民法庭等基层组织建设。司法部也发布了《关于进一步

---

〔1〕 参见于沛霖、都本有、丁慧:《转型时期社会纠纷调解机制研究》,法律出版社2015年版,第123页。

〔2〕 同上。

加强司法所建设的意见》,还在2018年1月发布了《关于进一步加强司法所建设 努力提高基层公共法律服务水平的意见(征求意见稿)》,指出化解矛盾纠纷是基层公共法律服务内容,司法所需主动做好涉及民生问题的矛盾纠纷调解,积极参与重大疑难和易激化民间纠纷调解。司法所逐渐成为乡镇基层政府解决纠纷的主要机构。

除此之外,基层人民政府本身也在行政调解中发挥着积极作用。我国多部法律规定了其可以调解民事纠纷,如《妇女权益保障法》第55条规定:"违反本法规定……由乡镇人民政府依法调解……"

(2)主管行政机关主持的行政调解

我国行政机关在其职权范围内,可对相关事项的纠纷进行调解。例如,公安机关对治安案件和交通事故的行政调解。《治安管理处罚法》第9条规定:"对于因民间纠纷引起的打架斗殴或者损毁他人财物等违反治安管理的行为,情节轻微的,公安机关可以调解处理。……"此外,还包括工商行政管理机关对消费、合同争议纠纷、民政部门对离婚纠纷、卫生行政主管部门对医疗纠纷、知识产权管理部门对知识产权纠纷、环境保护及管理行政主管部门对环境污染纠纷等均可受理,开展行政调解。

【案例材料1.4】购车消费纠纷案[1]

案情简介:

2017年2月,市民冯某与瑞昌市某公司签订购车协议书,付定金5000元,约定15日内提车,现该公司无法在约定时间内向冯某交付车辆。冯某2017年2月27日通过"12315"投诉,提出终止购车协议并退回5000元定金的投诉请求。瑞昌市市场监管局赛湖分局工作人员征得双方当事人同意,于2017年2月28日在分局组织调解,双方各自叙述的事实情况与投诉内容一致。被投诉人陈述,其无法在约定时间内向冯某交付车辆,是因他的供货方九江4S店不能在规定时间内向公司提供车辆造成的。被投诉人瑞昌市某公司当即与车辆供货方九江4S店沟通协调,确定冯某定购的车辆3月9日可到。工作人员耐心劝导,最终争议双方达成调解协议:1. 购车协议继续

[1] 载九江市政府法制办网:http://www.jjsfzb.gov.cn/xztj/tjal/201801/t20180122_1859233.html,最后访问日期:2018年12月1日。

履行，提车时间改为2017年3月9日；2.被投诉人免费赠送冯某10桶机油并免费保养车辆1次，双方和解。

案例分析：

该行政调解由市场监管局分局主持，属于典型的行政调解。在调解过程中，行政机关不仅宣传讲解了相关法律，而且提醒汽车行业使用规范合同。

(3)法律法规授权的组织主持的行政调解

严格来看，法律法规授权的组织并非国家机关，但行使相关行政职能可以被认为是行政主体。它们以自己的名义行使法律法规所授职能，并以其自身对外承担法律责任。此类组织包括商标评审委员会、专利复审委员会、行政机关的派出机构(如派出所、税务所等)、部分社会团体(如消费者协会、律师协会等)等。[1]

3.司法调解

司法调解，又称法官调解，是指由国家司法机关作为第三方进行调解，依照事实和法律帮助当事人解决纠纷。在我国，司法调解一般发生在法院受理案件之后、审理之前或审理过程中，由法官作为第三方进行调解(详见本节的“三、司法调解”)。

《关于进一步贯彻“调解优先、调判结合”工作原则的若干意见》指出，要把调解、和解和协调案件范围从民事案件逐步扩展到行政案件、刑事自诉案件、轻微刑事案件、刑事附带民事案件、国家赔偿案件和执行案件，建立覆盖全部审判执行领域的立体调解体制。相较人民调解和行政调解，司法调解的适用范围更为广泛。

(二)人民调解的案件分类

矛盾纠纷的类型不同，需要有针对性地选择适用范围的调解方式进行解决。

1.矛盾纠纷类型不同

《关于进一步贯彻“调解优先、调判结合”工作原则的若干意见》指出，要

---

〔1〕 参见于沛霖、都本有、丁慧：《转型时期社会纠纷调解机制研究》，法律出版社2015年版，第133页。

根据案件利益诉求、争议焦点的相似性，对道路交通事故损害赔偿纠纷、医疗损害赔偿纠纷、劳动争议等案件试行类型调解模式，实现“调解一案、带动一片”的效果。由此可见，矛盾纠纷虽然纷繁复杂，但在一定程度上同一类型案件的当事人拥有类似的诉求和相仿的纠纷点。由此，根据矛盾纠纷类型的不同，调解员的选派也应有所区别。这里将选取一些典型案例进行分析。

婚姻家庭纠纷包括公民之间与婚姻关系有关的民事纠纷，也包括家庭成员之间关于人身关系及财产关系而产生的纠纷。前者多表现为离婚纠纷，后者则包括监护、抚养、赡养、继承等纠纷。此类矛盾是典型的复合纠纷，当事人之间一般有较深的感情基础，多牵涉财产、亲缘关系等因素，还希望能在纠纷解决的同时缓和当事人之间的关系。故而，需要已婚的、德高望重的、善于处理婚姻家庭关系的人民调解员，甚至在牵涉妇女儿童权益时可适当由女性调解员进行调解；也可邀请在民商法、妇女儿童权益保障法等有实践经验的退休法官、律师共同参与调解，也可由拥有心理学、社会工作等专业知识的专职调解员参与调解，进行情感疏导和释法讲法，涉及暴力伤害等还可请相关部门人员（如民警）一同调解。

【案例材料1.5】因子女姓氏引起的家庭纠纷案[1]

案情简介：

2014年4月28日，南石镇派出所接“110”指挥中心指令称：张家庄村民张老汉因为孙子的姓氏问题与女婿李某发生纠纷，二人在争吵的时候，李某动手打了张老汉，张老汉胳膊腕脱臼。南石镇派出所民警与南石镇司法所一起到现场进行调查处理。原来，4月28日是张老汉孙子满月的日子，一家人准备去给孙子上户口，大家正商量着孩子的名字，李某坚持让孩子姓李，张老汉坚持姓张，两人就这样争吵了起来，后来李某还动手打了岳父。张老汉非常生气，他和女儿都不能谅解李某的行为。张老汉大女儿张某甲招女婿李某进门随父母一起生活，李某认为：按当地的风俗孩子应该随父亲姓，所以应该姓李。而张老汉没有儿子，好不容易才有了外孙子，他认为自然应该跟他姓，再说李

〔1〕参见《人民调解工作法律实务丛书》编写组编：《不同纠纷类型的调解案例与法律应用》，中国法制出版社2017年版，第12～13页。

某是他招进的上门女婿,孩子就应该随母亲姓张。双方各执一词,互不相让。

调解员王某在接到通知后立刻与派出所的民警赶到了张老汉家,首先警方批评了二人动武的错误行为,张老汉作为长辈,李某不应当对其动武。其次,调解员讲解了我国《婚姻法》中子女可随父亲的姓也可以随母亲姓的规定。最后,通过他们苦口婆心的劝解,女婿李某认识到自己的错误,主动向岳父道歉,岳父也不要求追究女婿的法律责任。

案例分析:

此件家庭纠纷因涉及了暴力因素,调解员邀请民警一起上门调解。调解过程中,考虑丈人与女婿之间亲缘关系的特殊性,因此,调解员首先使二人冷静下来,并不再诉诸武力,在和平、友好的氛围下展开调解,继而要求过错方道歉以修补受损的亲缘关系。

邻里纠纷指公民之间与邻里关系有关的民事纠纷,在农村较为常见。它较多涉及物权纠纷,也是容易激化、导致民事转刑事案件的纠纷。随着生活节奏的加快和"陌生人社会"的影响,城市邻里关系逐渐转化为现在"一墙之隔不往来,擦肩而过不搭话"的陌生冷漠。相较而言,农村的邻里关系则更多保留了过去"低头不见抬头见""隔邻居、不隔心"的特点。故而,需要了解各家基本情况、与当事人较为熟悉的村委、居委调解员,也需要受纠纷双方尊重的、当地德高望重的名人参与调解,同时也需要在民商法方面有经验的法律工作者保驾护航。

合同纠纷是指因合同的生效、解释、履行、变更、终止等行为引起的合同当事人的所有纠纷。其主要内容表现在争议主体对导致合同法律关系产生、变更与消灭的法律事实及法律关系的内容有不同观点和看法。[1] 此类纠纷内容较为多样,几乎每一个与合同相关的方面都会引起纠纷。在选派调解员时,应包括精通民法的人民调解员或法律工作者,以便清晰明了地讲法释法;还应包括相关行政事业单位的专业技术人员参与调解,如涉及土地、山林、草场纠纷时,应邀请国土资源、林业等行政部门共同参与,也应邀请相关行业从业者或权威行业组织参与调解,如行业协会成员。

2004 年 11 月 18 日,福建省莆田市秀屿国土资源分局在福建省国土资

[1] 参见《人民调解工作法律实务丛书》编写组编:《不同纠纷类型的调解案例与法律应用》,中国法制出版社 2017 年版,第 53 页。

源系统成立第一个行业性人民调解委员会，专门受理国土资源纠纷，同时建立起分局调委会、基层国土资源所调解小组、村级国土资源调解员三级调解体系，开展上门排查，把矛盾纠纷控制在基层、化解在萌芽阶段。

【案例材料 1.6】联合调解化十年积案[1]

案情简介：

由于家庭经济困难，东峤镇上塘村林某飞一家6口人住在两间破旧的房子里。1997年3月，林某飞向当时的莆田县土地局提出建房申请并获得批准。然而，当林某飞开始动工建房时，邻居林某憨即以土地权属有争议为由，制止林某飞建房，双方矛盾由此产生。林某飞越想越气，开始上访。当时经镇、村干部多次调解，终因林某憨不肯让步，调解未取得成效，房子无法建成。2006年7月，林某飞迫于无奈继续建房，双方矛盾再次激化。东峤国土资源所获悉后，主动介入调查，三番五次进行调解，但因双方意见悬殊，一直未能达成协议。林某飞召集亲戚好友准备集体上访。了解情况后，东峤所一方面稳住群众情绪，另一方面商讨解决方案，并向分局调委会报告。调委会马上组织精兵强将，重新分析案情，寻找突破口，最后决定启动联动联调机制，联合镇司法所、村老人协会共同做思想工作，同时向双方宣传解释土地有关政策规定，希望双方适当作出让步。调解员先后10多次上门调解，林某飞家同意适当减少房屋占地面积，放宽通道，而林某憨不再干涉其建房，双方最终达成协议。一桩历时10年的积案在调解员的努力下，终于得到成功化解。

案例分析：

此案件作为群众土地纠纷，调解员来自司法所、老人协会、国土资源所，代表着拥有法律权威、专业知识和群众基础的三类调解员，从法律、政策和情理入手，使案件迎刃而解。

征地拆迁纠纷主要指行政机关和公民之间因土地征收、房屋拆迁等引起的纠纷。这之中包括了民事纠纷、行政纠纷，有暴力因素时还可能演化为刑事案件。故而，受理此类案件需要精通土地管理法、房地产管理法、土地

---

〔1〕 齐培松、郭金辉、邓卫国：《行政调解＋人民调解：莆田市国土资源局秀屿分局建立行业性人民调解制度的经验》，载《国土资源通讯》2007年第11期。

承包法的调解员或法律工作者，还需要熟知《城市房屋拆迁行政裁决工作规程》《国有土地上房屋征收与补偿条例》等专业知识、了解当地实际情况和拆迁政策的行政部门专业人员，同时也需要在当地德高望重、说话有分量的调解员厘清事实、讲理入情。

医疗纠纷对于调解团队的专业素养要求较高。故而，除了具有同理心、释法讲法的调解员外，还应当配备具有相关专业知识和临床经验的专家团以供咨询、厘定责任，卫生行政部门、保险公司等工作人员也可参与到调解中来。

轻微刑事违法行为引起的纠纷是起诉才处理的刑事自诉案件，在当事人不向人民法院起诉，或起诉后又撤诉的，人民调解委员会可作为一种特殊的民间纠纷进行调解。在处理此类案件时，因案件已经构成犯罪，特别需要退休法官、检察官或律师的参与，以便更好地厘清事实、划分责任、定分止争，也可选派当地德高望重、说话有分量的名人调解员参与，晓之以理，动之以情，在调解案件的基础上，积极讲法释法、推进法制宣传，普及法制观念。

【案例材料1.7】律师运用"法律+亲情"调解轻微刑事违法案〔1〕

案情简介：

在南京西路社区，养子牛老大和亲生儿子牛老二是一对兄弟，二人成家后很长时间内都共同居住在南阳路房屋内，但牛老大没有户口。父母去世后，牛老大提出将户口迁入，但牛老二一家反对，两家人经常发生各种矛盾。一天，二人因为琐事争吵，还走进了派出所调解，但因牛老大情绪激动，当场不欢而散。谁知就在回家路上，牛老大突然倒地，在抢救途中身亡了。经法医鉴定为冠状动脉粥样硬化性心脏病急性发作至心力衰竭死亡，但不排除与他人争执过程中的情绪激动为诱发因素。

牛老大妻子小芬要求牛老二承担刑事责任，后者因该案被公安机关立案侦查，但未获检察机关批准逮捕。根据法医鉴定结果，牛老二不能构

〔1〕参见上海市司法局基层工作处、上海市人民调解协会编：《上海市人民调解故事汇编(2016)》，第90~92页，静安区南京西路司法所采集。

成“故意伤害罪”,所以不予逮捕。小芬非常不满,多次带着儿子大闹检察院。检察院建议由南京西路街道调解委员会调解员、专职律师姜某进行调解。

姜某首先采取背靠背调解。小芬提出126万余元的经济赔偿,同时要求自己和儿子的户口迁入,牛老二家全部迁出,户主改为小芬自己。姜某经多次沟通认为小芬并不是贪图金钱,而是达到疗伤止痛的目的。故从心理疏导入手,首先告知不能逮捕牛老二的法律根据,其次平复其情绪、解开其心结。又多次与牛老二家沟通,促使牛老二就争执斗殴一事反复道歉,以平息小芬的悲痛和心火。后就赔偿金和房屋户口两件诉求详细普及相关法律法规,最终签订了民事赔偿部分的调解协议书。

案例分析:

该案中律师运用“法律+亲情”的调解方法,以法律击破要害,准确找到当事人真实诉求,通过心理疏导平复情绪,展示出律师调解员的高超调解技术。

2. 当事人身份特点不同

当事人性别、年龄、民族、宗教信仰各有不同,考虑当事人的不同特点选派合适的调解员进行调解,有助于矛盾纠纷的顺利解决。例如,涉及妇女儿童权益时,宜选派女性调解员介入,其更了解女性的诉求、想法和关切,提出的解决方案可能更容易被女性当事人接受;如果当事人是少数民族,就应当选派更了解民族习惯、当事人情况的本民族调解员进行调解,避免造成对当事人不公平的嫌疑;如果当事人信仰宗教,则应当选派了解该宗教情况,甚至信仰相同宗教的权威人士介入,将公序良俗、相关观念、道德、美德作为调解依据和抓手开展工作。

【案例材料1.8】回族阿訇巧妙调解案[1]

案情简介:

2010年,由政府批准在清真寺附近修建清真蔬菜水果批发市场,其中一

[1] 参见任伊珊、张卫主编:《中国调解制度与最佳调解事例》,法律出版社2015年版,第181~182页。

部分土地被清真寺占有。双方发生矛盾，一直僵持不下。为了妥善处理此次纠纷，镇政府邀请民间权威丁阿訇参与了此次调解。由于他具有宗教权威身份，双方当事人表示“还是丁阿訇说话受听”，最终纠纷顺利解决。

案例分析：

在这一案例中，宗教习惯、伦理和生活习惯在不违背法律法规的情况下是可以作为调解依据的。作为回族宗教领袖的丁阿訇在调解中体现宗教特色，对化解回族社区纠纷有一定的“强制性”效应。

3. 纠纷矛盾特点不同

根据纠纷矛盾的复杂程度、影响力、紧急程度的不同，选派调解员的人数、类型也有所不同。对于发生在二人之间或者夫妻、家庭之间的，情节较为简单、社会影响不大、没有激化倾向的纠纷，可根据情况选派1～2名讲法明理的调解员介入；对于情节复杂、有一定影响力且范围较广、不及时处理有可能激化的纠纷，需考虑由多名调解员介入逐个击破，同时根据案情类型可邀请行政机关、司法机关人员一起调解；对具有群体化、扩大化、暴力化倾向的案件，就需要马上赶赴现场，由多名调解员介入，甚至可邀请公安机关等部门共同控制事态发展，随后再各个击破、由主到次、多管齐下，进行调解。

【案例材料1.9】各个击破群体性纠纷案[1]

案情简介：

某服装厂因下游企业拖欠货款而拖欠工人工资3个月。20多名工人到市政府集体上访并一度堵塞了政府入口。镇劳动保障所的工作人员立刻介入调解，同时职工还不断上访、投诉，但又不提起劳动仲裁或诉讼。调解员分别和每个工人进行了交谈，最后发现有的职工想继续工作，不愿意闹得太大；有的想换单位，不但要求补发工资，还想获得赔偿金；有的则与工厂管理人员关系不好，想借机把事情闹大。调解员也和企业主进行了沟通，了解到他希望工人能共渡难关，决不会拖欠工资。调解员在了解情况后要求企业

〔1〕参见孙赟峰：《如何做好调解工作：调解实务技巧与案例》，中国法制出版社2013年版，第3077～3078页。

主先准备4万元生活费以安定军心，表明愿意调解的诚意；随后针对员工们不同的想法有针对性地进行约谈。想继续上班的，将按照每个月600元的生活费支付3个月，同时尽快复工，其余工资将尽快支付，如果企业违约可双倍赔诉；对于想跳槽的，调解员表示尊重选择，但不要煽动其他人“违法”维权；对和管理人员关系紧张的员工，调解员希望可以通过他告知问题、澄清误会。经过工作，一些当事人接受了调解方案，部分观望者也接受了调解。“统一战线”从松动到逐步瓦解，最后所有人都选择了调解，并签订了协议。

案例分析：

该调解员巧妙使用各个击破的方法，将群体中的当事人分化瓦解，根据其不同的诉求和实际情况，分别做疏导说服工作。

二、专家调解

随着我国经济结构的转型升级，新型矛盾纠纷日益增多，并且多数带有较强的专业性或技术性特点，对于调解员的专业知识和法律要求较高，尤其是在飞速发展的今天，立法和司法实践难以跟上社会日新月异变化的脚步，这就需要相关领域的专家参与纠纷解决。他们扎实的理论基础、丰富的实践经验和专业背景都更易于让当事人信服，也更有利于科学、合理地提出调解方案。《司法部关于进一步加强行业性、专业性人民调解工作的意见》指出，“要根据化解矛盾纠纷需要，聘请相关行业或专业领域的专家学者组建人民调解专家库、成立专家咨询委员会等，为人民调解组织化解矛盾纠纷提供专业咨询和指导。”随着实践的发展，人民调解员在总结经验技巧、形成类型方法、提炼规律理论的同时，本身也可作为专家进行调解。2018年6月1日，司法部选聘10名人民调解员成为全国人民调解专家，形成了示范效应。

（一）行业从业者作为专家

在社会生活飞速发展、技术革新日新月异的今天，社会矛盾发生转变，新型纠纷层出不穷，其形式、原因、争议纠纷点等也都产生了新变化。由于立法程序的限制，无法随时出台法律法规和政策文件进行规制，这就需要有不同行业领域的资深从业者和多年处理专业领域纠纷的法官、检察官和律师作为专家从事调解工作。

对从事专业领域的实务者来说,他们能够适应特定纠纷专业性强、复杂度高的特点,充分了解相关行业管理和实际操作流程,也能够对争议的背景、程序、技术等方面做出全面考虑;同时,他们熟悉行业领域内的各种规则、惯例和实际情况,能够准确提炼争议的焦点问题、切实提出双方满意的解决方案。尤其对于医疗纠纷、商事纠纷等案件,行业从业者甚至权威者参与调解已成为高效便捷、科学合理的必然选择。

对于有多年实践经验的法务工作者来说,他们能够从相关专业的司法工作经验中找到情况类似的判例,也能够对已有的法律法规和法律解释信手拈来,通过理论和实践的双重经验提出符合现有法律规定、已有法律判决、目前行业情况的调解协议。

【案例材料 1.10】巧借多类专家咨询解决物业纠纷案[1]

案情简介:

张阿姨的家位于浦东某动迁小区,自 2006 年入住后,张阿姨发现朝北房间的北墙渗水,并伴有受潮发霉现象。2010 年 6 月,该房产开发商、物业公司上门勘察,2010 年 9 月全面施工整修后,问题得到缓解。2013 年 3 月,张阿姨再次发现该问题部位又有渗水并伴有严重发霉现象,向物业公司报修;物业公司回复:"开发商说,过了质保期,不予维修。"发霉处开始蔓延,渐渐衍生到其他部位,如墙角、天花板……

调解员介入后,与该房地产开发公司数次交涉,召开专家咨询会。浦东物调委从专家库中随机抽取了三名专家,其中两名涉及房地产领域,一名涉及法律领域。会议议程为三项:(1)当事人向调解员及专家陈述纠纷事实,列举证据;(2)由专家及调解员交叉询问有关细节;(3)当事人回避,由专家出具意见书。专家意见书的内容为:(1)从房屋维修的连续性的客观情况出发,结合双方提供的证据,房屋目前未过质保期,开发商负有维修责任;(2)根据物业公司的陈述,渗水墙面的保温层目前干燥,说明渗水年限久远,不排除楼上邻居有擅自改变房屋功能的可能;(3)建议开发商使用专业仪器进行勘查;(4)开发商应及时进行维修,确保业主能够正常居住。

---

〔1〕 参见上海市司法局基层工作处、上海市人民调解协会编:《上海市人民调解案例汇编(2017)》,第 12 ~ 14 页,浦东新区专业人民调解中心采集。

经过调解员的多次努力、协调,2016 年 4 月中旬,张阿姨与开发商在专调中心签订协议,由开发商在两周内制定出维修方案,并于5 月4 日前,进入张阿姨所居住房屋内,积极排查,找出渗水原因,施工维修,确保正常居住;房屋所在地的物业公司主动提供人力、仓库,协助业主搬运、存放家具。张阿姨说:"维修已经结束,专家认为渗水发霉现象系外墙裂缝引起,对开发商制定的方案很满意,前来维修的人员很专业,使用的材料很高档,现已搬入家中……"谈话间,张阿姨心情愉悦,说到高兴之处,还不时哈哈大笑。

案例分析:

此案中,房屋维修是否已过质保期、到底应当由谁进行修缮,是纠纷争议的焦点。通过房地产领域和法律领域专家的鉴定意见,厘清了责任,纠纷顺利解决。

(二)专业学者作为专家

专业学者作为专家参与调解,其优势在于高超的理论水平和深厚的学术素养,尤其是在高等院校中有专门研究领域的法学法律学者,以及在与相关行业有关的学科领域从事研究的学者,如医疗、环境保护、金融等。

对于专业学者来说,他们拥有精深的理论知识和精湛的行业思维方式,能够保证调解过程和结果的科学性与专业性。专业学者不仅能够提供相关领域的专业知识,从而切中要害地分析问题、找到争议点、提出解决方案,还能够为当事人提供国际视野,指明未来发展趋势,引导当事人更注重纠纷解决结果对未来长远的影响,通过结合纠纷的现实利益和未来利益的目标多元性,让当事人在解决纠纷中更有可能去协商、妥协、合作。

近年来,北京市昌平区人民法院与中国政法大学合作成立了中国政法大学专家调解组,充分发挥专业学者的优势,结合昌平区人民法院法官司法实践方面的优势,开展诉前调解工作,充实了法院专家调解力量和法律志愿者服务团队。

(三)人民调解员作为专家

人民调解员长期浸润在调解工作环境中,面对各种各样的当事人和形形色色的调解案件,自然而然会根据个人的知识背景和工作经验总结出适合自己的方式方法,也会逐渐找到自己较为擅长的案件类型领域,通过总结其特点和规律，加强对相关理论和方法的梳理和研究，将经过实践检验行之有效的个案调解方法，提升为同类案件的调解技巧，由此不断丰富调解的形式和手段，成为相关领域的调解专家。

三、司法调解

随着“调判结合，以调为先”工作原则的提出，调解越来越多地运用在司法机关，法官也成为调解队伍的有生力量。法官作为调解工作的具体执行者，不仅要用自己扎实的法律知识和丰富的判例经验协助当事人厘清事实，也要用情理调处矛盾、定分止争，做好群众身边的“法律专家”，也要做好“贴心邻居”。

2004年，最高人民法院发布《关于人民法院民事调解工作若干问题的规定》，对人民法院调解民事案件的程序、协议等作出规定。2010年，最高人民法院下发《关于进一步贯彻“调解为先、调判结合”工作原则的若干意见》，提出新时期应加强人民法院调解工作，把调解作为处理案件的首要选择。由此，具有业务能力强、法律素养高、法律知识深等优势的法官调解成为提高调解专业化水平的重要手段之一。

（一）司法调解的工作范围

“调解优先，调判结合”是在新阶段新时期背景下，认真总结司法工作实践经验得出的科学结论。我国正处于经济社会发展的重要战略机遇期和社会矛盾凸显期，法官调解对于有效化解矛盾纠纷、促进社会和谐稳定具有独特优势和重要价值。[1]

调解作为法院处理案件的首要选择，已经将工作范围由民事案件扩展至行政案件、刑事自诉案件、轻微刑事案件、刑事附带民事案件、国家赔偿案件和执行案件，建立起覆盖全部审判执行领域的立体调解机制。

1. 民事案件调解

法官在面对以下民事案件时，应在开庭审理时先行调解，如婚姻家庭纠纷、继承纠纷、劳务合同纠纷、交通事故和工伤事故引起的权利义务关系较为明确的损害赔偿纠纷、宅基地和相邻关系纠纷、合伙协议纠纷、诉讼

[1] 相关内容，参见最高人民法院印发《〈关于进一步贯彻“调解优先、调判结合”工作原则的若干意见〉的通知》（2010年6月7日　法发〔2010〕16号）。

标的额较小的民事纠纷等。此外,还包括事关民生和群体利益、需要政府和相关部门配合的案件;可能影响社会和谐稳定的群体性案件、集团诉讼案件、破产案件;民间债务、婚姻家庭继承等民事纠纷案件;案情复杂、难以形成证据优势的案件;当事人之间情绪严重对立的案件;相关法律法规没有规定或者规定不明确、适用法律有一定困难的案件;判决后难以执行的案件;社会普遍关注的敏感性案件;当事人情绪激烈、矛盾激化的再审案件、信访案件。

但是,对《最高人民法院关于人民法院民事调解工作若干问题的规定》第2条规定的适用特别程序、督促程序、公示催告程序、破产还债程序的案件,婚姻关系、身份关系确认案件以及其他因案件性质不能进行调解的民事案件,法官不应调解。

2. 刑事案件调解

对刑事自诉案件,法官应积极通过调解促进双方达成和解。被告人如认罪悔过态度良好、愿意赔偿损失、取得被害人的谅解,双方达成协议,自诉人可撤回起诉,或者对被告人依法从轻或免除刑事处罚。对民间纠纷引起的轻伤害等轻微刑事案件,如果当事人自行和解,法官也应当准许并且记录在案。法官也可以对此尝试做一些促进和解的工作,但前提是不违反法律规定。

对刑事附带民事诉讼案件,法官应在调解方法、调解时机、调解时限上多下功夫,争取达成民事赔偿调解协议。

3. 行政案件调解

法官在面对行政案件时,除行政赔偿案件应依法调解外,在有关行政裁决、行政确权等行政处罚、行政征收、行政补偿和行政合同等行政案件和具体行政行为违法或者合法但不具有合理性的行政案件时,也可适用调解妥善化解争议。

4. 执行案件调解

在面对执行财产难以发现的案件时,法官应适时启动联动机制,利用限制高消费、被执行人报告财产等制度,通过委托律师调查、强制审计、请求公安机关协查等方式,最大限度敦促被执行人还款。

如果被执行人属于危困、改制、拟破产企业等情况,那么法官应及时协调相关部门,综合运用执行担保、以物抵债、债转股等方式,促成当事人之间达成协议。

（二）法官调解的工作原则

在实践中，调解建立在法官主持的基础上，双方当事人通过平等、自愿原则进行协商，妥善处理自身诉讼权益。不同于诉讼，法官在身份上具有多重性质，除了是处于中立地位的组织者和过程控制者，法官还应当是积极的说服者和教育者。相比于具有权威性、强制性的诉讼，法官不应当对当事人的行为进行各种评判，更不应当将其自认为合理合法的方案强加给当事人。在调解时，法官应注意遵守以下原则。

1. 当事人自愿调解

当事人自愿调解是一切调解活动的根本原则。建立在当事人合意基础上的调解必须以自愿为基础，否则就失去了其最大优势。除法律另有规定的以外，法官调解时应真正尊重当事人的意愿，是否接受调解、何时调解、调解的方式方法、是否结束调解、是否接受调解协议等均需出于其个人意愿。法官尤其注意不得违反当事人意愿强制调解，尤其不得以判压调、以拖促调。

但这并不意味着法官无所作为。受理案件后，法官应当积极引导并为当事人达成协议创造条件和机会，充分讲法释法、答疑解惑，客观、中立地分析诉讼风险，为当事人分析利弊、明法剖理，引导当事人在充分了解自身权利、义务、所处情境的基础上，双方平等自愿地解决纠纷。

2. 合法调解

法官在调解时应当确保程序合法与实体合法。程序合法是指调解工作应当以法定程序展开，不能够违背法律要求。当事人和法官有一定的处分权和灵活处理权，但不得违反相关法律规定。实体合法是为了确保调解结果的正当性。法官应当积极争取其他部门或团体的支持，及时查明厘清当事人之间的争议点和共同诉求，以此为基础确定双方利益平衡点，协助当事人达成公正、合理的调解协议。法官尤其需要注意协议的内容不能与国家法律法规、政策、公序良俗相违背，也不能损害国家、集体或其他个人的正当合法权益。

3. 非公开及保密原则

相较于审判工作的公开性，除非特别要求，调解一般来说是非公开的。同时，法官对于当事人在调解过程中提出的商业秘密、个人隐私等需要严格保密，也不得作为之后诉讼的不利证据。这一原则的考虑与尊重事实中的保密原则是相同的。

4. 当判则判

虽然强调“调解为先”,但在实际工作中,法官不得以追求调解结案率、息诉服判率的上升,而不顾当事人意愿不当、强迫调解。同时,在调解过程中,法官如果发现当事人存在虚假诉讼或者借口调解而拖延诉讼的,应及时制止并转而作出裁判;经审慎判断,如果继续调解,投入的时间、精力成本明显与效果不成正比,也可转而作出裁判;对涉及国家利益或者社会公共利益的案件,具有法律适用指导意义的案件,或者对形成社会规则意识有积极意义的案件,应注意依法及时裁判结案,充分发挥裁判在明辨是非、规范行为、惩恶扬善中的积极作用。

5. 职业行为约束

从程序的严格性、结论的权威性、言语的正式性来说,调解在某种程度上较审判氛围更轻松。法官调解不必高高在上,也不必以“法言法语”与当事人沟通,但依旧应当注意对职业行为的约束。在调解过程中,法官应注重自身的仪表仪态、着装打扮,约束自身的举止言行,尤其需要客观、公平、公正地进行调解。法官可以与当事人单独见面分别做工作,但不得出于非工作因素与当事人或代理人单独见面。

(三)法官参与调解的缘由

法官调解建立在人民司法理论和审判制度的发展创新基础上,是人民司法优良传统继承和发扬的体现。深入推进社会矛盾化解、社会管理创新、公正廉洁执法是司法机关在新形势下的重点工作,而法官调解是及时推动矛盾化解的重要手段,也是社会管理创新的重要内容,同时还是法官司法能力的重要体现。

1. 法官掌握了大量经典案例

拥有多年实战工作经验的法官可以说是一个“行走的案例库”,积年存储的审判经验和各类经典案例,是普通调解员所不具备的优势。

在面对疑难、复杂、新型的纠纷案例时,法官可充分运用过往判例,根据当事人情况、案情基本特点、双方争议点和共同诉求,抓住主要矛盾,选用情况类似、具有法律适用指导意义的案例,一方面以此为灵感找到突破口,另一方面以此为根据向当事人做工作,通过释法明理的“讲道理”和过往案例的“摆事实”,引导双方当事人达成共识,达成协议。

2. 法官被认为是法律权威之一

法官的权威来自法律固有的强制性，这种权威气场体现在法院的公正和法官的专业之中，也蕴含在无形的规则、秩序之中。

无论是审判还是调解，当事人必定希望能够受到公平对待，获得法律的公正评价。法官正是法律条文与当事人之间的纽带和衔接，需要法官在调查事实的基础上做出逻辑严密的判断。法官要在客观公正、协商自愿的原则下，运用适度权威来打造正义、规则、秩序、公平的气场，维护平等交流协商的规则，保证当事人不因社会地位、经济能力、家庭出身等原因而受到不公正的对待，也要保证当事人能够感受到这一点。由此，才能在尊重当事人合法权益、尊重事实、尊重规范的基础上，运用各种方法进行调解。

3. 法官善于使用法律语言技巧

相较于庭审现场的严肃紧张，法官在调解时的语言要求并没有那么严格。但法官在调解过程中不一定非要采用轻松活泼的语言风格，而是应当根据案情情况、当事人性格特点和实际需要，有的放矢地选择合适的语言技巧进行调解。

(1)融“情理”于调解语言中

作为处于两方当事人中立位置的法官，在案件进入调解程序后，可以使用“情理”而非“法律”的语言化解当事人纠纷。以离婚案件为例，法官必须按照规定先行调解。在调解离婚案件时，法官可以不在法律规定或政策文件中寻找到底离不离、财产分多少，而是可以从家庭伦理、夫妻情谊、赡养长辈和养育儿女的实际生活问题着手，用道德性和日常性话语开展调解工作。

【案例材料 1.11】离婚纠纷中的情理语言〔1〕

案情简介：

原告柏某(男)以被告黄某(女)“出现婚外恋，有第三者”为由起诉离婚。原告除了起诉状外，还写了一封长达两万字的“致法院的一封信”，在信中细致深入地陈述了双方自恋爱至婚后生育的恋爱和婚姻生活，以及发现被告与他人保持不正当关系的蛛丝马迹，并将被告的通话清单、短信内容以

〔1〕 参见王启梁、张熙娴：《法官如何调解及其行动逻辑》，载徐昕主编：《调解：中国与世界》，中国政法大学出版社 2013 年版，第 331 页。

书面和影像的方式提交法院,从法律的角度上可谓事实清楚,证据充分。在庭审调解中,施法官未对原告提交的证据给予过多的关注和重视,而是耐心做当事人的和好工作,但原告坚持离婚,被告不同意离婚,且双方对财产和子女抚养问题存在争议,调解未果。庭审后又进行了一次"背对背"调解,调解过程中,被告同意离婚,施法官没有过多地做双方的和好工作,而是开门见山对财产分割和婚生女抚养问题进行调解,最终调解成功。

案例分析:

原告清楚而充分地运用证据和法律,试图用法律的话语主张权利,为胜诉增加筹码。但是法官却并不过多地在意证据的认定,而是在道德性的话语和日常生活逻辑的模式下,劝说原告从夫妻情谊、现实生活的不易、家庭完整和对子女成长有利的角度考虑,强调夫妻建立一个家庭的不易。

(2)让"法律语言"先上场

在某些情况下,出于需要,法官可选择让"法律语言"先上场,营造公正、严肃的环境,用法律规定厘清事实、划分责任,掌控调解的主动权,引导调解的方向和进程。

总而言之,法官调解作为调解专业化的又一丰硕成果,是人民法院在新形势下履行自身历史使命的必然要求。法官拥有扎实深厚的法律功底,清晰中肯的释法明理,更具有丰富的法务工作经验,对案例和司法惯例都了然于心,这些均有助于提高调解结果的科学化,提升调解的专业化水平。

【案例材料 1.12】盘古氏公司不予执行仲裁裁决法官调解案[1]

案情简介:

北京建工集团有限责任公司(以下简称建工集团)因与北京盘古氏投资有限公司(以下简称盘古氏公司)就工程款问题发生纠纷,于 2004 年向北京仲裁委员会申请仲裁。经过两年多的审查,仲裁委裁定后者向前者支付 4.5 亿元本金的工程款和迟延履行利息。2007 年,建工集团就尚未履行的 2.24

〔1〕 参见任伊珊、张卫主编:《中国调解制度与最佳调解事例》,法律出版社 2015 年版,第 279 ~ 283 页。

亿元本金及利息向法院申请执行。执行过程中,法院查封了盘古氏公司开发建设的“盘古大观”商业二层8813.65平方米的商业房产,该房产因三次拍卖无人应拍而流拍,后进入司法变卖程序,拟变卖金额为2亿余元。2012年,盘古氏公司向法院提出不予执行仲裁裁决申请,案件由王楠法官承办。

在案件仲裁、执行的10年间,双方当事人分别多次提请人大代表、政协委员关注此案,因涉案标的大、法院查封标的物地理位置敏感,双方各执一词,互不相让。盘古氏公司向北京市第一中级人民法院提出不予执行申请后,建工集团意见极大,认为盘古氏公司恶意拖延,并在庭审中明确表示,建工集团必须要实现这一债权,绝不让步。

王楠法官详细了解了本案争议的来龙去脉,发现了三个细节:一是盘古氏公司已自动履行了2.26亿元债务,这表明被执行人是有履行能力的;二是仲裁裁决生效后,建工集团继续施工,盘古氏公司目前尚欠5000万元工程款未付,建工集团未通过法律程序维护权益;三是目前执行案件标的额本息合计已经高过变卖价格,且该财产实际价值远高于变卖金额,所以对当事人双方均非最好选择。王楠法官再次调查后认为,建工集团已经不把实现该笔债权作为重点工作;技术层面上双方无法达成一致,仅有的几次协商也不欢而散。法官决定先做通建工集团的工作,经过多次沟通协商,双方终于决定调解。

首先,王楠法官促使盘古氏公司向法院提交资信证明文件,以证明能够调动1个多亿的资金;其次,法官以公平为原则,在充分考虑实际情况基础上,组织双方多次对账,当事人充分感受到法院认真负责的态度,愿意让步,确定了双方均认可的计算原则;王楠法官在整个过程中做到心证公开,最终在三种方案里选择一种签订协议。盘古氏公司在协议签订当天以现金电汇方式给付了1.65亿元,并承诺两个月内履行剩下的2.55亿元债务,随后提前全额到账。双方当事人的矛盾全部化解。

案例分析:

在整个过程中,法官以高超的法律功底、细致的调查过程、真诚的待人之心调解成功,真正做到了在思想上尊重、感情上贴近、工作上深入。

第三节　调解工作的作用

调解工作贯穿于行政工作、司法工作和社会工作过程之中,属于社会治理的重要内容。人民调解作为公共法律服务体系的重要组成部分,承担着化解矛盾、宣传法治、维护稳定、促进和谐的重要职责。

一、化解社会矛盾

目前,我国社会矛盾化解制度大体上包括三项制度:调解制度、信访制度和诉讼制度。诉讼是由人民法院依照法律,通过司法程序解决矛盾纠纷的活动,而非诉则是用诉讼以外的方法,如仲裁、调解等解决矛盾纠纷。其中,调解制度是形成时间最长、使用范围较广泛的社会矛盾化解制度。由于非诉具有更低的成本、更快的速度、更灵活的结果、更少的对抗性等优势,现实中应大力倡导用非诉讼手段化解矛盾纠纷。

根据主持调解组织的不同,可以分为人民调解制度、行政调解制度和司法调解制度。人民调解,是人民调解委员会通过说服、疏导等方法,促使当事人在平等协商的基础上自愿达成调解协议,解决民间纠纷的方法。[1] 行政调解,是指行政机关依照法定职责和规定程序,以自愿平等为基础,以事实为依据,通过解释、沟通、说服、疏导、协商等方法,促使公民、法人或者其他组织之间以及行政机关与行政相对人之间,依法化解有关民事纠纷和行政争议的活动(围绕行政调解,国家尚未颁布统一的办法)。司法调解,又称法院调解、诉讼调解,是指人民法院对受理的第一审、第二审和再审民事案件,可以在答辩期满后、裁判作出前征得当事人各方同意后进行调解。[2] 在民事诉讼中,司法调解是法院解决民事纠纷的一种重要方式,对民事案件的审理发挥着重要作用;在刑事诉讼和行政诉讼中,司法调解是有适用条件的。

人民调解是由群众性组织人民调解委员会主持的社会自治行为;司法调解被纳入为诉讼制度的一部分,是与司法审判相对的调解活动;行政调解是行政管理机关日常管理活动的重要内容,属于行政行为和行动活动范畴。但如今人民法院作为司法机关,在一些民事和刑事案件的审理和判决过程中,充分发挥着司法调解和裁决功能作用,有效预防和化解了大量的矛盾纠纷。

〔1〕 参见国务院法制办公室:《中华人民共和国人民调解法注解与配套》(第4版),中国法制出版社2017年版,第96页。

〔2〕 参见《最高人民法院关于人民法院民事调解工作若干问题的规定》编委会:《中华人民共和国司法行政法律法规全书含文书范本》,中国法制出版社2017年版,第67页。

二、防范社会风险

公民和公民之间的婚姻、继承、赡养、邻里关系、小额债务、轻微侵权等一般民事纠纷，曾经是我们社会面临的主要风险。随着经济社会的发展变化，特别是在目前的社会转型期，人民调解的范围进一步拓展。如土地承包、村务管理、征地拆迁、环境污染、劳资工伤、物业管理、医疗纠纷、催讨欠薪等社会问题等引发的矛盾纠纷。

针对不断变化的社会风险，我国加快人民调解的制度化建设，将其纳入国家司法体系，实现人民调解体制的重心前移，转向"防调结合、以防为主"。工作中通过大面积排查、走访，采取预防为主、排查在先，注意发现、收集矛盾纠纷隐患、线索，采取有针对性的预防措施，防患于未然。在组织机构设置和管理权限上，坚持属地原则，及时就地化解。与诉讼、信访形成完整的对接链条，聚焦信访突出问题，把人民调解工作与信访矛盾化解紧密结合起来，打造人民调解的升级版，逐步提炼出了"防调结合，重心前移；诉调对接、信调结合"的基本做法，形成了社会治理的"枫桥经验"，最大限度地防范社会风险。

三、实现社会和谐

社会总是容易滋生出矛盾纠纷，化解矛盾、解决纠纷，有助于实现社会和谐。为此，我国不断创新社会治理方式，尤其是创新调解方式，争取化干戈为玉帛，不断消除社会冲突的隐性因子。其中，律师调解是调解创新的重要方向。律师不仅为社会提供法律服务，以保护当事人合法权益、维护社会正义、制衡政府权力、促进法制完善的法律专业人员，也是社会矛盾的调节剂、催化剂和润滑剂，律师广泛参与信访、人民调解、开展法制宣传、办理法律援助等工作，为维护社会和谐稳定起到了非常重要的作用。

人民调解工作肩负着拥护和推广政府政策和社会目标的职责，而不仅是帮助当事人协调他们的个人利益和需求。因此，吸收社会力量参与人民调解工作，对于改进人民调解工作质量和实现社会和谐具有重要价值。社会力量是指能够参与和作用于社会发展与进步的社会构成，它包括党政机关、社会团体、党群社团、非政府组织、非营利机构、企业及民间人士等，社会力量既存在于现实的社会空间当中，也存在于潜在的政策激励当中，它是促进社会发展与和谐不可或缺的组成部分，是现代社会治理必须依靠的重要元素，也是参与社会矛盾纠纷化解和实现社会和谐的有效选择。

第二章 调解工作的历史沿革

第一节 中国古代调解工作

一、中国古代调解工作的萌芽

调解在我国的发展历史久远，与我国传统儒家文化中对“和”的追求一脉相承。自古至今，深受儒家文化影响，人们普遍追求人际关系和谐，一旦人与人之间产生了纠纷，人们主要通过和解、让步，以及沟通协商，甚至劝说他人来恢复关系。

在中国古代，人们对伦理道德充满崇敬和依赖，因此“重视调解、排斥诉讼”。一方面，所谓“礼之用，和为贵，先王之道斯为美”[1]。——中国人对于“人心”和“人性”始终充满信任，相信通过沟通与让步必将达成妥协，维持和谐稳定的生活秩序。另一方面，大多数老百姓认为，一个人远离法律和诉讼，是道德高尚的表现，人们普遍以做“道德完人”为人生理想，一旦牵涉“官司”，就是“道德有失”。因此，人们常常会对将纠纷诉诸司法感到羞耻，更多地求助于自我解决，再加上“家丑不可外扬”“屈死不告状”等其他各种社会心理的影响，调解成了人们的必然选择。

这样的理念必然使中国古代的法律作用和西方有所不同。它不是为帮助人们实现权利而提供合法的渠道，恰恰相反，是要尽其所能抑制人们的私欲，最终达到使民不争的目的，以维持稳定、和谐的道德秩序。

纵观中国历史，作为制度形式，调解始于西周，发展于秦汉，成熟于唐

---

〔1〕（清）纪昀主编：《家藏四库全书》（精华版），中国华侨出版社2015年版，第28页。

朝，并作为一种地方治理制度被固定下来。

（一）以自给自足的自然小农经济为主体的经济基础

小农经济以土地为一切经济的纽带，这种经济形式的突出特点是封闭性、等级性、血缘性和集团性。

土地束缚着人们一切的生产劳动生活，每个村庄就是一个封闭的环境，人口流动性小，人际交往也往往具有很大的局限性。正如老子曾描述和追求的："小国寡民，使民有什佰人之器而不用；使民重死而不远徙；虽有舟舆无所乘之；虽有甲兵无所陈之；使民复结绳而用之。至治之极，民各甘其食，美其服，安其俗，乐其业。邻国相望，鸡犬之声相闻，民至老死，不相往来。"[1]在人的一生中，村庄很可能就是无形的壁垒，而村内几乎就是他的整个世界。这时候，安居乐业便成了最大的需求。在乡邻的狭小范围内，纠纷往往发生在邻里、亲属之间。再加之村民之间互相通婚，很可能在一个地域之内就形成了血缘关系，并产生互动。由于处在一个相对比较封闭的熟人社会中，纠纷发生的基本内容不会超出自然经济的限制，即使产生纠纷，也会因为地缘血缘的关系冲淡了对立情绪。

人们"低头不见抬头见"，因此当纠纷产生时便会采取恢复、维持或者至少不故意破坏原有人际关系的方式来解决纠纷。因此，调解便成了中国传统社会最好的选择。

（二）"无讼论"是调解得以发展的重要社会基础

《说文解字》中解释："诉，告也。讼，争也。"[2]由此可以发现，诉讼源于争夺。"自有生民以来，莫不有讼。讼者，事势之所必趋，人情之所不能免也。"[3]只要有利益存在，就会产生利益冲突，就会有纠纷，而解决纠纷的重要途径就是诉讼，但是中国与西方社会明显不同的是，中国人并不把诉讼当作解决问题的最佳手段，甚至尽可能避免诉讼，因为无论是从统治者还是从老百姓的角度来看，诉讼都有其不可忽视的消极影响。

---

[1] 参见（清）纪昀主编：《家藏四库全书》（精华版），中国华侨出版社2015年版，第288页。

[2] 参见（东汉）许慎：《说文解字》，浙江古籍出版社2016年版，第75页。

[3] 参见崔述：《无闻集·讼论》，载顾颉刚编订：《崔东壁遗书》（第6册），国家图书馆出版社2018年版，第264页。

从统治者的角度来看，诉讼往往会引起一连串的不稳定因素，从而对统治秩序造成不利影响；从老百姓自身的角度来看，由于封建衙门刑罚的残酷与腐败，进入公堂诉讼并不一定就能保证公平、维护权利，难免造成更大的损失，从而引起无休无止的对立和冲突。

“由于纠纷常扩及家族、村庄及行会，因此诉讼经常导致争持者与其家庭之间多年怨恨关系的产生。”[1]世代为仇的人际关系对于生活在“低头不见抬头见”的社区中的人们来说无疑是非常恶劣的。相反，如果选择调解，一方面，纠纷调解的场合有利于双方坐下来，心平气和，冷静、理性地提出主张，从而缓解剑拔弩张的矛盾氛围；另一方面，由于调解员往往就是矛盾双方所熟悉的人，他对于纠纷的来龙去脉也十分清楚，也了解矛盾双方的诉求，因此调解员的提议往往更容易被接受。通过调解，矛盾不至于继续加深，对于维护家庭社区的和谐起着缓冲、恢复作用。

（三）“宗法制”是调解制度形成的重要文化基础

中国的传统社会是家国同构的。家庭以血缘为纽带，连接彼此，并形成宗族，以宗族划分村落，形成社会。由于世代居住在一起，人们之间的联系过于紧密，有了隔阂也不可能一走了之，从此不再见面。

家国一体的特征决定了任何矛盾纠纷都不主张采用对抗性的方式，或者通过诉诸衙门来解决，而是偏重鼓励民间调解，用这种既不伤和气，又能够维护社会稳定的解决方式来化解矛盾。

为了适应这种宗族内部的调解开展，随着历史的发展，在纠纷调解的过程中，逐步产生了一套调解依据，主要包括社会道德、乡规民约和家法族规，它们都被广泛地渗透在儒家的纲常伦理和调解过程中。不仅如此，古代调解除了缓解纠纷外，还内嵌了道德教化的功能。

二、中国古代调解工作介绍

（一）历朝历代的调解制度

1. 西周秦汉的调解制度

中国古代的民间调解，在3000多年以前的西周史册就已经有过记录。

---

〔1〕 参见覃英：《调解在解决婚姻家庭纠纷中的特殊功能和特点研究》，载《学理论》2009年第20期。

因此，学界一般认为调解始于周朝。

周朝的调解制度是以“周礼”为调解原则，以“明德慎罚”为指导思想。据《周礼》记载：西周设置了“调人”的职务，职责是“司万民之难而谐和之”。一些婚姻、田土等“细故”纠纷则调和之，过失杀人、伤人的刑事案件也可以用调解方式解决。[1] 若有争讼（引起）者，先要进行说合，使他们化解纠纷归于和好。如果“不可成者，则书之，先动者，讲之”，即调解不成，则应当先记录在案，说服双方都不得私自再起事端，如果有一方又挑起事端，则以法惩处。

到了秦汉时代，因为秦朝官府承袭了周朝的制度特色，并建立郡县制，只有县级以上官府才享有审判权，乡以下的基层组织就只承担调解民间纠纷的任务。在调解实践中，逐渐发展为“乡官治事”的调解机制。乡以下的基层组织承担诉讼之外的调解，于乡、亭、里设“啬夫”承担“职听讼”和“收赋税”两项工作，其中，“职听讼”的主要职责就是调解民间纠纷。

2. 唐宋时期的调解制度

唐朝和宋朝又进一步地发展了民间调解。唐代沿袭秦汉，县以下的行政组织也没有审判权，但是对诉讼和调解的衔接程序进行了强制规定。

在司法实践中，亲属纠纷、户婚田地纠纷等较轻微的案件一般由县令主持调解。乡里民间若老百姓发生纠纷，按规定先由坊正、村正、里正进行调解，要在调解之后才可以起诉，转到县衙进行下一步受理。因此在唐宋时期，调解作为诉讼的前置程序被固定下来。

宋代的调解基本形成制度，调解制度得到法律确认，被引入司法程序。宋代的政府官员在审理民事案件时，非常重视以调解的方式结案。宋代政府的调处从受理民事诉讼开始，一直到判决前，随时可以选择转由调处结案。在任何审级中都可以进行调解，甚至已经作出判决但尚未执行的案件，如果双方当事人愿意和解撤诉，政府官员就可以同意撤销判决，以调处结案。

3. 元明清时期的调解制度

元代，调解制度有了法律上的效力，强调凡是调处结案的诉讼，当事人不能再因为同样的事实和理由提起诉讼。

到了明朝，调解的法律地位被进一步确认下来，提升到了法律规范的层

---

〔1〕 参见钱弦等注译：《周礼》，岳麓书社 2001 年版，第 12 页。

次。《大明律》中规定"各州县设立申明亭。凡民间有词状,许耄之年老、里长准受理于本亭剖里"。[1] 到了明代中期之后,统治者又进一步推行"乡约"调解制度。

清朝政权在全国范围内确立之后,鼓励用各种形式的民间调处来稳定社会基础,形成了诉讼内外两种调解方式。清代民事案件主要发生在州、县、基层,对于"民间细故",州县全权自主审理,并有权作出具有法律效力的判决。州县审理的案件可以不用刑来调处息讼,基本原则是调处和责惩相结合。州县调处息讼的对象,是已经提起诉讼的民事案件,可以被称为诉讼内调解,以区别于不经官府的诉讼外调解。

清代独特的调处息讼制度,使国家得以将民事关系的调整纳入自己的权力范围,使国家的权力深入民事纠纷的处理过程中。清代也进一步优化了制度设计,不仅颁布了《户部则例》规定族长有查举权,对族里的民间纠纷有调解和处理的权力,同时,在乡村基层实行保甲制度,设排头、里头、保正,负责治安、户籍、课税和调解民间纠纷。

(二)中国古代的调解机制

中国古代传统民间调解的机制总体上可以概括为官民结合,主要表现为民间调解、官府调解、官批民调,从职能划分上各司其职,从程序衔接上紧密结合。

1. 民间调解

民间调解,包括宗族、邻友和半官方的乡治调解。由于古代中国在县乡以下都是实行地方乡绅治理,一般的民间调解可以处理绝大部分的百姓纠纷。民间调解作为一种基层制度设计,一方面,为纠纷当事人寻求争议解决提供了最大便利。纠纷一旦产生,基于亲属、邻友的帮助,就可以实现纠纷的解决,属于诉讼外调解;另一方面,也为地方了解民生民情提供了窗口,在客观上打通了自治的基层社会和政权之间的联系与对话,加强了社会基层的管理。

以"和合"为核心的儒家思想,随着时间和历史的发展,逐渐衍生为中国基层社会秩序维护和管理的重要制度。

2. 官府调解

官府调解又称司法调解,是指在官府长官的主持下对民事案件或轻微

〔1〕 参见《大明律》,怀效锋点校,法律出版社1999年版,第199页。

刑事案件的调解。我国古代的司法与行政合二为一,大量的民事案件集中于州县衙门。在官府调解中,主持调解的中间人为官府长官,属于诉讼内调解。在孔子无讼思想的影响下,“讼清狱结”作为考核地方官的重要标志,为了维持辖区的和谐清平,在诉讼过程中,调解劝和是司法官吏的普遍做法。同时由于官府长官的身份是“父母官”,其解决纠纷的着眼点与其说是分清是非、判断权利义务所在,不如说是维护社会秩序的安定和消除纠纷发生的根源,总是将纠纷解决与教化融合在一个过程中,将道德规范与法律规范合为一体加以使用。

3. 官批民调

官批民调是指官府接到诉状后,认为情节轻微或事关亲族伦理关系及当地风俗习惯,不便公开传讯,便将诉状交与族长、乡保进行解决的一种调解制度。族长、乡保接到诉状后,应立即召集原、被告双方进行调解。

官批民调的形式,具有半官方的性质,如果乡保调解成功,则上呈说明案件事实及处理意见,请求官府销案;调解不成,则需说明理由,然后交与官府处理。官批民调是一种具有半官方性质的调解,也是一种常见的有效解决纠纷的方式。由此,民间纠纷与官府纠纷紧密配合,形成一种良性互动关系,既较好地平息了纠纷,又有效地维护了社会的稳定。

4. 几种调解方式的相互关系

官府调解、官批民调与民间调解是中国古代最主要的三种调解形式,受到历代统治者的重视。三者将堂上的审判与堂下的调解有机结合在一起,充分调动了各种社会力量,为维护社会稳定起到了积极作用。

在主持调解的主体上,官府调解的主体是各级司法行政官员,是诉讼内调解;官批民调介于官府调解与民间调解之间,具有半官方性质,是堂上堂下相结合的形式,可谓官府和乡邻一同动员,为调解息讼而努力;民间调解的主体主要是乡绅、里正、里长、族长、宗正等人,与官府调解不同的是,它是诉讼外调解,不具有诉讼性质。

在调解结果的程序和效力上,官府调解带有一定的强制性,虽然法律并没有规定官府调解是必经程序,但在具体的司法实践中,它仍具有“优先性”,即司法行政官员基于政绩考核指标(讼清狱结)的考虑,对案件的审理必定是先着眼于调解,调解不成,才予以判决,无论是诉讼内调解还是诉讼结果,一旦审判成立,就必须强制履行。而民间调解形式多种多样,没有法定的程序,因各地乡情风俗习惯而异,因调解员的身份地位而异,或祠堂公所,或田头村舍,只要能使纠纷平息,什么样的形式都可以,但是都未取代官府的决讼功能。官批民调是两者的结合体。

(三)中国古代调解的类型

历史上的民间调解,大致有部落宗族内部的"宗族调解"、半官方的"乡治调解"、行业中的"行会调解"和社会普遍存在的"邻友调解"4种形式,这些调解方式是伴随生产力的发展产生的,同时促进了种族延续和社会发展。调解制度作为司法制度的补充,是中华民族"和为贵"思想文化传统的良好体现。

1. 宗族调解

要认识宗族调解制度,就不能抛开绵延千古的"宗法制",其特征就是以血缘为纽带,基于自给自足的农业文明和父系氏族的家长制基础,在宗族的内部实行的共同规范,以维持宗族的内部秩序。

从族内和族外来看,宗族内部,个人附庸于家族,实现族内抚育和赡养,而对外部,宗法家族在对外复仇、战争等方面发挥着重要功能。族内纠纷一般由族长或族内德高望重的老者进行调解,一旦产生族际纠纷,着重从内用调解手段加以控制,不鼓励对外用暴力手段。

宗族调解的司法依据是国家司法的延伸。封建统治阶级对宗族长的权力给予认可,并赋予其惩罚违规族人的司法审判权力。家与国建立在宗法血缘基础上,两者的治理方式融合了情与理。国家司法保障了宗族司法的正常运行,宗族司法保障了国家司法的正常实施。在这种情况下,当宗族司法得到国家司法的认可,尤其是受到统治者的钦定时,宗族司法的依据就大大加强。

2. 乡治调解

所谓乡治调解,是指由乡治组织的官吏主持进行的调解。我国自汉代以后,县以下设立乡、亭、里、保、甲等乡治组织,乡治组织的官吏乡长、里正、保甲长等,可以调解当地发生的轻微民事、刑事纠纷,劝解、调和当事人达成协议,消除争端,息讼和好。在宗族或者邻里调解失败时,尤其是针对一些疑难案件,地方官吏也会主动涉入调解。

以乡治调解为代表的官府调处,到清代备受重视。如康熙的《圣谕十六条》明确要求:"敦孝弟以重人伦,笃宗教以昭雍睦,和乡党以息争讼……息争讼以良善。"[1]清朝乡土社会的官方调解主要有州县官调处自理，采用"当堂问谳"，当堂结案、官批民调、既判既息、调判结合、当事人自行和解并达成调解协议等方式。从内容上看，涉及婚姻家庭、土地纠纷、继承纠纷、墓葬纠纷、侵权纠纷等多领域，对于国家安定、发展农业生产以及减轻当事人经济负担等都起到了一定的积极作用。

3. 行会调解

行会是自隋唐时期开始形成的，是农业、手工业发展的产物。官府为便于管理工商业者而强迫业者成立的有一定独立性的行业组织。会员相互之间在工商业上发生纠纷时，须由会馆董事仲裁；事情重大者，更召集全体会员来共同评判是非曲直，以处理之[2]。行会也常被认为是官府的附属或代理人。行业对工商业者之间的纠纷只有调解权，而强制性的裁决权仍属于官府。据《旧唐书》记载："（元和）四年闰三月，有因交关用欠陌钱者，宜但令本行头及居停主人牙人等检察送官。如有容隐，兼许卖物领钱人纠告，其行头、主人、牙人，重加科罪。"[3]一般而言，行会首领"行老"由同行中势力最大者担任。行业对行会成员没有人身控制权，行老的裁决虽具有仲裁的意义，但无强制效力，只能在行业内部调解。

4. 邻友调解

所谓邻友调解，主要是通过亲友、近邻解决纠纷。汪辉祖在《学治续说》里清晰地区别了法官堂训的"断"和民间村社、亲友间的调解，"盖听断以法，而调处以情，可归和睦者，则莫如亲友之调处。法则泾渭不可不分，情则是非不妨稍借。"[4]他的意思是法官是凭借法律来进行判决的，但是相比较而言，进行调解的是亲邻，不是法官。法官只能在法庭上秉公办事，依法断案，是非分明。但是，通过法官判定的案件，往往伤了和气，在法官判定之后，失败的一方多怀恨在心，不仅在面子上过不去，在事后抵偿中也将付出代价，这就导致两方就只能长期相互敌视，不相往来，白白伤了感情，而邻友调解由于形式相对随意、重情重理，主要基于双方协商达成合意，所付出的人情成本相对较低。

---

[1] 参见《圣谕十六条附律易解》(1868 年)，第 1 ~ 77 页。

[2] 参见金汉升：《中国行业制度史》，百花文艺出版社 2007 年版，第 113 页。

[3] 参见（后晋）刘昫：《旧唐书》（第 1 册），中华书局 2011 年版，第 633 页。

[4] 参见汪辉祖：《学治续说》，商务印书馆 1939 年版，第 88 页。

三、中国古代调解工作经验

(一)中国古代调解工作的依据

从中国传统调解的实践来看,调解依据呈现多元化的特征,主要包括风俗习惯、家法族规、乡规民约、行帮规章和国家法律。

1. 风俗习惯

风俗习惯指的是在一定社会文化区域内历代相传,并由当地民众共同遵守的行为规范。这种行为规范产自民间,并且是由普通民众在长期的生活、劳作、交往和利益冲突中,自发创造出来的产物,更容易被民众自发接受,从而对区域内的社会成员具有更强的制约作用。

中国传统的风俗习惯涉及方方面面,尤其以民事领域的风俗习惯应用较广,这些习惯和俗例往往成为调解依据的首要选择,以下举例说明。

【案例材料 2.1】息骨肉讼[1]

案情简介:

胡祗遹,字绍开,磁州武安人……济宁移治巨野县,自国初经兵戈,其废已久,民居未集,风俗朴野。祗遹选郡子弟,择师教之,亲为讲论,期变其俗,久之,治效以最称。升山东东西道提刑按察使,所至抑蒙古,扶寡弱,以敦教化,以历士风。民有父子兄弟相讼者,必愿切谕以天伦之重,不获已,则绳以法,召拜翰林学士,不赴,改江南浙西道提刑按察使,未几,以疾归。

案例分析:

案例大意是:主人公在担任济宁路总管期间,当地由于连年战火荒废很久,百姓居住也很分散,民风质朴粗野。为了维护当地的治安稳定,他挑选了一些当地的年轻人,选择有学问的老师来教育他们,自己还亲自为这些年轻人讲课,希望可以改变当地的风俗,久而久之效果非常显著,后来他升任山东东西道提刑按察使,所到之处抑制豪强,帮扶弱小,敦促教化,激励士气,百姓当中如果有父子兄弟相互争讼的,他必定恳切地用天伦情理来开导教育,实在没有效果时才会用法律来惩处。

---

〔1〕 宋濂:《元史》卷一七〇,中华书局2000年版,第2666页。

也就是说，当地主官在为官时，注重观察并改善风俗，取得了良好的效果，在民间百姓发生争讼时，往往就以这些良好的风俗习惯来感化和教育民众，使纠纷得以解决。

2. 家法族规

家法族规指的是家族之内用以维护家族正常秩序的行为规范，目的在于约束家中族人。对于家庭宗族内部的争端来说，家法族规有较强的约束力和规范性。

中国的家族组织产生于原始社会末期的父系氏族社会，原始的家法族规相应产生，在殷周时期就已经出现了调整家庭关系的宗法。当时的家法族规主要还是一些宗族法，比较粗略。汉晋时期家法族规得以发展，表现为由族中大家长所制定的、用于约束家人的家训。著名的《颜氏家训》就是南北朝时期，由颜之推所订立，告诫规劝子孙后代如何做人、立功和建业。唐宋开始，中国的家法族规进入规范化和法律化时期，日益发达完善。唐朝保存最早的成文家法族规要属江州德安县的陈氏家法，共有 35 个条文，其中有 12 个条文规定设立家族机构，还有其他条文进一步规定了家族人员的权利义务、家法规则、违反家法所受的处罚〔1〕。宋元以后，家法族规步入成熟期，在理学思想的影响下，家族普遍建祠堂、修家谱、订立家族族规和义庄规范。家法族规的作用被社会普遍认可，也被统治者所利用。宋元以后，家法族规的制定大多模仿国家法律制定的模式，效力越来越强，为了使其规范化，并且不致偏离国家所制定的法律，统治者的“圣谕”被引入家法族规的内容设计中。地方各级政权和文人会尽全力开展多种形式的圣谕解释和宣讲活动，甚至有的地方在制定家法族规时，还必须将圣谕纳入其中。在国家正统思想的指导下，家法族规的制定方式多种多样，可以由家长或者族长制定，也可以由族人共同制定。一般来说，家法族规的主要内容包括了祭祀、婚姻、财产、赈济和教育等多个方面，以及相应所包含的程序、仪式、人员、着装和宴饮等具体细节。

3. 乡规民约

乡规民约，指的是由乡村居民们共同商量讨论、共同制定的，每个乡村居民都必须遵守和执行的行为规范。乡规民约的起源可以追溯到人类

〔1〕 参见李交发、唐自斌：《中国法制史》，湖南大学出版社 2001 年版，第 229 页。

社会以地缘关系为纽带的异性村落之间的契约。也就是说，这是一种超越家族规范的社会公共规范，用以弥补以血缘关系为基础的家法族规的不足。

虽然乡规民约与家法族规有一定的联系，但同时也有严格的区别。乡规民约的内容千差万别，非常多元，对乡村社会产生了多方面和多层次的作用与影响。首先，从内容上看，大量的涉及林木、水源、供田等方面的规约，与中国自给自足的自然小农经济相匹配，有效地管理着村社组织内部的公共资源，协调成员内部在使用公共资源时的互动关系，也保护了当地的生态环境；其次，这些规约中蕴含的教化理念、争端解决机制、村社自治模式等，对于稳定和谐的乡村秩序，起着重要的作用和影响。

4. 行帮规章

行会是中国古代城市商品经济中的工商业组织，包括手工业行会和商业行会。行会的出现是因为商品经济得到一定的发展之后，同业之间的矛盾日趋增加，为了协调同业关系，保护各自利益，由同业人员组成了联合组织，出于求利、求财的动机，形成针对行业、帮派内部成员的规束原则。

行会内部冲突发生时，行会（或称为会馆）中的代表人物（一般是业界代表人物，或俗称大佬）会进行多方利益协商，运用调解维持交易关系的延续，避免冲突进一步激化。从某种程度上来说，行会本身就是为调解矛盾纠纷而存在的。

5. 国家法律

依据国家法律所开展的调解，一般具有半官方性或官方性。如果按照现在的法律体系来进行划分，中国传统调解的案件类型既包括民事案件，也包括一些轻微的刑事案件和一些特殊类型的案件。在所有的调解案件类型中，国家法律作为调解依据的基本准则和底线标准，是调解的最后防线。一般存在调解空间的案件，情节大多比较轻微，矛盾并非不可调和，即使在一些民事案件、刑事案件中，也是如此，比如强奸罪、盗窃罪、斗殴罪，或者伤害类案件。国家法律作为调解依据往往与前述的几项调解依据相互结合，尤其适用于牵涉面广、案情复杂的，但仍然存在可商量、可调解的案件，例如，下面案件中就体现了这一点。

【案例材料 2.2】奸难认真[1]

案情简介：

余官武城时，邑中马吴氏有丈夫、子五人。而枯杨生花，犹与李氏子通奸，且以纳女侓李扬去。女叔与兄来告。余闻女故父向在盛岸，哀之。女供李拐去后，与李之婶、女之姑李马氏者同宿，李未与奸。金信之，不再诘。传其叔与兄领回，李则责其拐而不究其奸。

其叔与兄以为轻纵也，不服。余晓之曰："尔知和奸之律手？杖焉而已。余加重焉，予以枷。籍令有奸，罪亦止此，何为而不服？设讯得女子犯奸，将来何以受聘？且若嫂、若母年已半百，此暧昧事，叔可证嫂，子能证母乎？"犹不服，后闻其往夏津求讼师上理。夏津人语之日："尔官非瞶瞶者，每来吾邑问案，邑人竟仰之。此正官之成全尔家也，若讯得母女同奸，尔何颜对亲友乎？而是女将安归乎？"其叔与兄悟，乃服。

案例分析：

案例大意是：县官在武城县任职时，县里马吴氏有丈夫，还有儿子五人。没想到马吴氏竟然与李氏儿子酒奸，而且还让李氏儿子拐去了小女儿。女儿的叔叔和兄长告到官府。我听说女孩已经去世的父亲以前还是县学生员，所以对发生这样的事情感到悲伤。女孩称被李氏儿子拐去后，与她的姑妈李马氏同住，李氏儿子并没有与她发生奸情。县官相信这些事情，就没再盘问了。只是叫她的叔叔与兄长将她领回家，对李氏儿子，则只是责备他的拐骗行为而不追究他的奸罪。女孩儿的叔叔和兄长认为这样是放纵了有罪的人，不服。

但是综合考量，有关奸淫罪的刑法只是杖责，假若审讯发现女子也犯了奸罪，将来就无法许配他人，也无法面对亲友。在这个案件中，县官并没有依照法律进行判决而是低调处理，主要目的就是维护涉事各方的名声，避免将来可能带来的更大的伤害。

---

〔1〕 参见陈重业：《折狱龟鉴补》，北京大学出版社 2006 年版，第 467 ~ 468 页。

(二)中国古代调解工作的特点

1. 案件适用范围广泛

调解在纠纷解决的适用范围上非常广泛,除了杀人、强盗等重大的刑事案件不可调解外,一些小范围的民事纠纷和轻微的刑事案件都可以通过调解解决。

2. 具有浓厚的道德性

在中国的传统社会,调解具有浓厚的道德意味。无论是在调解员的选择、进行调解时的调解原则设置、调解方法和调解程序的设计,还是当事人对调解结果的接受与认可,甚至在执行过程中,在很大程度上都存在道德因素的考量。从调解员的选任上来说,一般都选择德高望重或者年长的人士或者某行业中的老大担任,他们在地方或行业内具有较高威望;调解原则主要以最基本的家法、族规、村规、人情、道德和社会礼俗作为最重要的参考;调解方法的选择比较多样,如族内族长召集的调解宴、茶会等非正式场合,也包括行会为中介人调停的见面会等相对正式的场合,例如,唐朝开元年间的"母子威悟,遂称慈孝"和清代的"曲线劝导终使兄友弟恭"的案例就有所体现。

【案例材料 2.3】母子威悟,遂称慈孝[1]

案情简介:

唐朝开元年间,循吏韦景骏调处母子相讼一案,他不但反复开导当事人,甚至痛哭流涕地自责"教之不辛,今之罪也"。此外,他还送给两母子《孝经》诵读,终使"母子威悟,请自新,遂称慈孝"。[2]

案例分析:

在调解长辈与晚辈之间的轻度伤害案件时,族长、长者采用直接议定晚辈的赔偿或补偿方式,并不追究该纠纷中谁是真正的加害人,即使是兄弟与

〔1〕 参见胡旭晟:《解释性的法史学:以中国传统法律文化的研究为侧重点》,中国政法大学出版社 2005 年版,第 345 页。

〔2〕 吕伯涛、孟向荣编:《中国古代生活丛书 中国古代的告状与判案》,商务印书馆 2013 年版,第 186 页。

媳妇之间发生财产纠纷,调解者通常也是劝导兄弟将财产转让婚姻以“诊由孤家”。由于传统的民间调解主要依据的是儒法纲常,在这类案件中,除了调停矛盾外,调解主要发挥的是道德教化的功能。

【案例材料 2.4】曲线劝导终使兄友弟恭[1]

案情简介:

清代地方官员蓝鼎元在受理宗族移交至官府的一件财产争夺案件时,发现兄弟二人长期疏远,缺乏沟通,导致族长无法用情感感化二人,于是其采取的做法是令衔役将兄弟二人分别锁在同一条锁链的两头,不允许他们私自打开锁链,二人同席而坐、并头而卧、同行同住同止,甚至连上厕所都要一起,顷刻不能相离,最终使二人“自动天良,至于涕泣相让”,从此兄弟友恭亲爱。

案例分析:

族长调解的失败使二人本就不深厚的情感更加生分,诉诸官府后,主官蓝鼎元在处理这起纠纷时,恰恰是反其道而行之,并没有按照律例将兄弟的田产均分了事,而是以一种看似与争议案件完全无关的“曲线劝导”方式使兄弟之前的感情重新激发,牢牢抓住了纠纷发生的本质,从而“间接”、成功地化解了财产纠纷。

3. 诉调关系密切与官府调解的强制性

调解与诉讼之间关系密切,衔接清楚。在传统社会,调解被作为诉讼的前置程序强制固定下来。如果一般的民间纠纷当事人未经调解就直接诉诸政府,会受到惩罚。

在官府调解中,并不会像民间调解一样完全遵循当事人的自愿,当事人的意愿要服从官府的意愿。达成调解后,双方都必须具结保证接受官府调解,日后不再滋事。在官府调解中,长官利用自己掌握的公权力以及个人魅力对当事人施加影响,直至调解成功。古代由于官府具有绝对权威,一般一场诉讼打下来是不允许反悔的,再加上老百姓对于官府的畏惧心理,使官府

---

〔1〕 参见(清)蓝鼎元:《鹿洲公案》,刘鹏、陈方明译,群众出版社 1985 年版,第 165 页。

调处具有强制性。

4. 制度设计的地缘性、血缘性特征明显

中国传统的民间调解制度以地缘性和血缘性的调解为主。地缘性的调解主要是因地域上的联系所形成的调解关系，主要指乡邻调解；血缘性的调解多发生在族人及亲人之间，主要是基于人们之间的血缘联系，由族中或亲人中有威望的人进行，主要指宗族调解。

第二节　民国时期的调解工作

一、民国时期调解工作的环境

辛亥革命以后，中国处于社会动荡、军阀割据状态，入侵的西方文化，与中国的传统法治文化产生了强烈的碰撞，当时的法律制度尤其是调解制度，具有一定的时代特色。

（一）国内环境

晚清政府曾经在变法过程中，尝试结合西方的法律理念，出台具有资本主义性质的法律。鸦片战争以来，西方列强依靠坚船利炮打开了中国的大门。自此以后，西方列强不断在中国进行殖民统治，划分势力范围并强行在其租界内宣布其具有领事裁判权，并推行西方法律制度。

为此，晚清政府为了在各方面达到"洋为中用"，在中国传统基础上，大量汲取西方优势，以实现同西方进行沟通的目的。在如此环境中，民事调解制度不仅需要顺应儒家思想，还需要顺应西方法制体系的特征，使出台相关的民事调解制度，推动调解制度的法律化、制度化成了顺应时代发展的必经之道。

（二）国际环境

19 世纪末 20 世纪初，西方各国在民事法律制度上，已经建立起了一套完整的体系，而民事调解制度作为民事诉讼中的一项重要制度，自然也是西方各国均有的。各国仅在制度设计方面略有不同，在有些国家中，调解制度并没有作为起诉的必经程序，而有些国家在起诉之前，必先经过调解。因此，这一点区别使西方各国的调解制度，可以分为任意调解和强制调解两种。

任意调解的代表主要有美国和日本。美国的调解制度首创于北达科他州，但因种种原因，其成效并不是很明显。直到夏威夷州重新采用调解制度，用以处理小额纠纷事件，调解制度才焕发出其光彩，其他各州也开始争相仿效。由于美国的调解制度，仅是为纠纷当事人提供诉讼以外的另一条途径，可以说是与诉讼平行的一个选择，因此并不是强制调解。

与美国相似的是日本。日本在明治维新后，在政治、经济、法律体系上努力向西方学习，尤其是法律方面进行了大刀阔斧的改革。自大正十一年(1922 年)以后，日本先后颁布数部调停法，包括大正十一年的《借地借家调停法》、大正十三年(1924 年)的《小作调停法》、大正十五年(1926 年)的《商事调停法》《劳动争议调停法》以及《金钱债务临时调停法》等。除此之外，日本还在区裁判所设立了调停委员会，专门按照公布实施的调停法进行调停，成效明显。

强制调解制度最早产生于挪威。调解被规定为起诉的必经程序。挪威国王克里斯强七世设立了调解制度，使国内深受诉累的百姓得到解脱。由于其成效明显，又被丹麦采用。采取强制调解的还有德国。德国在修改《民事诉讼法》之前采用任意调解制，但其新颁布的《民事诉讼法》规定“区审判厅不可不于诉讼提起之前预为劝解程序”[1]，就此德国也确立了强制调解制度。直到 1950 年，德国再次修改《民事诉讼法》，才废除强制调解制度。

(三)立法背景

由于洋务运动及戊戌变法的推动，晚清时期的中国法律已初步完成了现代化，到民国时期，中国法律制度进一步西化，民事调解制度也逐渐从非制度化的纯粹经验总结，过渡到明文规定的阶段，总体呈现制度化的趋势。但当时的制度仍不算完善。民国初期北京政府和广州军政府的并立，使当时国内的法律制度一片混乱，虽然在民事诉讼法的实行上不完全一致，但是总体上都继承了同一部渊源，因此在原则上还是相对统一的。

北京政府在其所辖的各省内实行《民事诉讼条例》，该条例的前身是《民事诉讼律草案》，而广州军政府则在西南各省推行《民事诉讼律》。两者中，《民事诉讼律》完全继承了《民事诉讼律草案》中关于民事调解的规定，而

---

〔1〕 参见谢光第:《德意志民事诉讼法之修正》，载《法律评论》1924 年第 68 期。

《民事诉讼条例》却对《民事诉讼律草案》进行了修改与完善。无论是内容上,还是形式上,这两者规定的都十分简单,《民事诉讼律》中仅有 3 条规定了民事调解,《民事诉讼条例》中也仅有两条。但是从条文的内容来看,两者也同时确认了"均于初级审判厅诉讼程序章内规定当事人于起诉前得向初级法院申请传唤便于当事人试行和解"的制度,可以说,两者都是任意调解,且为后来制定统一的《民事调解法》提供了空间。《民事调解法》无论是在内容上还是形式上,都对前两者作出了完善和补充,并最终确定了强制调解制度。

(四)制度概况

民国时期,由于时局混乱,全国并没有统一的立法。较具代表性的,应当属北京政府颁布的《民事诉讼条例》和广州军政府出台的《民事诉讼律》,以及其后出台的《民事调解法》,虽然其实施时间仅有 4 年,但是其意义深远。在《民事调解法》之后出台的《民事诉讼法》也具有一定的时代意义。

民事调解制度,作为民事诉讼法甚至程序法的一部分,是民国时期的法律制度中一项非常重要的内容,不仅关系到当时民事法律制度的平稳运作,还关系到社会中民事纠纷等一系列问题的和平解决。在民国法律制度不断现代化、西方化的大背景下,《民事调解法》应运而生。

在当时《民事调解法》的制定过程当中,胡汉民成了关键性的人物,时任中央政治会议委员兼立法院院长的他在民国十八年(1919 年)12 月,中央政治会议召开第二百零八次会议之际,提出了《民事调解条例草案原则》六项,提请政治会议表决。

二、民国时期调解工作机制介绍

广义的民国时期的民事调解制度,具体来说应该包括三大部分:一是由各类民间调解组织或传统的乡村士绅、宗族里老等主持的民间调解过程。这种民间调解,承袭于中国古代社会的"息讼"传统,在民国时期得到了继承和发展。二是附设于基层行政机关,由行政机关主管的,指派专门调解委员会进行的行政调解。三是处于司法机关管辖下的,由法院推事主持的司法调解,萌芽于清末修律之时,在民国时期经历了多个发展阶段。

可以说,民国时期的民事调解制度,在中国民事调解制度史上,是一个承上启下的重要阶段,对中国民事纠纷解决方式的发展起到了重大的制度化奠基作用。

（一）民国时期调解工作的传统延续

由于“皇权止于县政”这一思想的影响，传统中国社会中，皇帝及中央政权的触角仅延伸到了县级，而当时乡村实施的是乡村自治。这一制度设计也成为我国民间调解制度兴盛的社会根源。在政治上，传统中国社会民间依靠自治；在经济上，自给自足的小农经济使农户与外界的交往和依存度很低。这样的经济制度和政治制度，使农民的生活完全不需要政府的干预，通过依存于家族，以及地方性制度，就可以满足日常生活中的基本需求。除此之外，中国地域广阔，古代村庄之间相对孤立和分散，语言方面也各不相同，与其耗费大量的国家司法资源去管理基层的民事纠纷，不如采取基层自治的方式去解决民间纠纷。也正因如此，在古代社会，民间调解成为主要的纠纷解决方式。民国时期的民间调解制度，基本上继承了传统古代民间调解制度的功能与特点，在表现形式及大体程序上也基本相同，但是在以下几个方面发生了一些转变。

首先，鼓励诉前调解，禁止诉后的不当私了，这样有利于官方进行有效控制和纠纷解决机制的畅通与衔接。其次，鼓励行业内部调解纠纷和乡镇地方组织调解纠纷。近代以来，随着工商业发展和现代行政体制的铺开，传统的行会组织发展到近代商会组织，商会内部有了一致的业务评判标准，对于涉及商业内部当事人或商号之间的纠纷，可以由商会内部设立的公断处公断员来调解和仲裁。随着北洋政府和南京国民政府对地方社会控制的进一步加强，传统“社会治理政不下县”的政治格局也发生了变化，政府的行政触角通过乡镇、保甲等组织延伸到乡村社会。通过这些新型的地方组织，将以往被传统士绅垄断的纠纷调解权威，重新转移到政府手中，这也是近代社会治理的一大转型。最后，民国时期在推进司法体制改革、建立现代法院的同时，整合了各种纠纷解决资源，形成了具有代表性的息讼会、区乡镇坊调解委员会、法院民事调解处等组织及相应的制度。

（二）民国时期调解体系中的息讼会

民国初期，全国性的、大规模的民间调解组织尚未建立。传统的民间组织仍在断事评理、化解纠纷上发挥重要的作用。南京国民政府通过在全国各地建立息讼会、息争会，来尝试规范民间调解，整合各种调解资源。

息讼会一般会制定组织章程,以确定调解纷争的主要原则、程序和方法,并根据地区的差异略有不同。通常来说,息讼会针对息讼的案件范围,并不会给定具体的调解范围,只是作原则性的规定,如公断员断案必须立场公正、保持中立。公断员不得有受贿、私自会见当事人的行为。有利害关系时,公断员应回避。处理案件必须公开进行,拒绝一切私相授受的行为。根据地区情况的不同,有些地区还会对公断人员的组成结构、评判结构进行规定,如要求必须有过半数的委员到场才能进行调解等。

息讼会主要的评判依据是人情公理和风俗习惯,全过程以劝息为根本目的,而不是为了明辨当事各方的权责与对错。换句话说,是以获得双方妥协,平息纠纷,调停冲突,修补关系为最终目的。不仅如此,息讼会还没有强制执行权。在设有多级息讼会的地区,遇到纠纷,需要先由基层的息讼会调解;调解不成的,当事人可向上一级息讼会申请调解。调解达不成协议的当事人,可向法院起诉。

(三)民国时期调解体系中的调解委员会

1929年,民国政府公布施行《乡镇自治施行法》,同年颁布《区自治施行法》。两部法律规定了乡、镇、区公所内附设调解委员会,用于办理民事调解事项及依法撤回告诉的刑事调解事项。调解委员由乡民、镇民及区民大会选举产生。

1931年颁布实施的《区乡镇坊调解委员会权限规程》规定:"各县之区、乡镇及各市之坊所设调解委员会,受该管公所之监督,处理调解事务。"1943年,中华民国政府司法行政部会同内政部公布施行《乡镇调解委员会组织规程》。经过中央政府的推动和地方的努力,各地相继建立了调解委员会。[1]

调解委员会一般会设立调解委员5~9人,设主席1人。调解委员由乡镇民代表会选举产生,组成调解委员会。在乡镇民代表会未成立前,乡镇的镇务会议推举产生调解委员,调解委员再推举产生调解委员会主席。调解委员会主席开会因故不能出席时,可委托其他调解委员代理。调解委员任期1年,可以连选连任。调解委员会主席及委员都属无报酬职位,即志愿行为。乡镇内具有法律知识的公正人员可以被选任为调解委员。

有关调解委员会的调解范围。例如,1935年实行的《中华民国刑法》规

---

〔1〕 参见徐昕主编:《调解:中国与世界》,中国政法大学出版社2013年版,第137页。

定，调解可适用于妨害婚姻及家庭罪、伤害罪、妨害自由罪、妨害名誉及信用罪、妨害秘密罪、窃盗罪、侵占罪、诈欺罪和毁弃损坏罪。法院已经受理的民事事项，当事人已向法院告诉的刑事事项，调解委员会仍可以调解。民事事项如依民事诉讼法正在法院调解，则不得另行调解。

（四）民国时期调解体系中的法院调解

1929年，民国政府立法院拟定《民事调解条例草案原则》，而后《民事调解法》修正通过，1932年开始施行。1932年，司法院制定并施行《民事调解法施行规则》。1934年将《民事调解法》的主要内容纳入《民事诉讼法》，废止《民事调解法》。

民国时期第一审法院包括地方法院及分院、地方庭及分庭、县法院。民事调解处附设于第一审法院，设调解主任，由法院推事担任。如法院推事不止一人，则由法院长官于法院推事中遴选担任。如果民事调解处事务较多，可以派两名推事担任调解主任，二人独立行使其职务。

法院调解事件包括两类：强制调解和任意调解。有关强制调解的事件规定，出自于《民事调解法》，与美日两国的做法类似：调解人事诉讼事件及初级管辖民事事件。1935年施行的《中华民国民事诉讼法》第402条、第409条，对强制调解事件的范围进行具体的规定，包括调解标的金额或价额在2000元以下的财产权诉讼；调解房屋出租人与承租人间，因接收房屋或迁让使用修缮，或因留置承租人之家具物品发生的诉讼；调解雇佣人与受雇人间，因雇佣契约涉讼，雇佣期间在一年以下的诉讼；调解旅客与旅馆主人、饮食店主人或运送人间，因食宿运送费或因寄存行李财物发生的诉讼；调解请求保护占有诉讼，定不动产之界线或设置界标诉讼。但是下列情形除外：调解为标的之法律关系，曾在法令所定之其他调解机关调解而未成立的；调解因票据涉讼的；调解提起反诉的；调解送达于被告之传票，应于外国送达或为公示送达的；调解依法律关系之性质，当事人之状况，或其他情事可认为调解显无成立之望的。但是，经法定调解机关调解未成立的，自法院或其他调解机关调解不成立时起，已经过一年的，在起诉前，应当再行调解。[1]

任意调解主要指经过当事人申请，法院同意的其他民事诉讼事件。一

---

〔1〕 参见西南政法学院法制史教研室编：《中国法制史参考资料汇编》（第2辑），西南政法学院法制史教研室1982年版，第390页。

般需要经过如下的调解程序：调解申请或法院移送，调解被启动，按规定设定调解期日，如果因某些原因不能进行即时调解，需要由调解主任确定调解期日。调解期日应在申请调解之日起 10 日内。当事人无正当理由不到场，可以处 10 元以下的罚款。但当事人的法定代理人或特别授权的代理人到场，民事调解在法院附设的调解处进行。

调解过程中，要求设立调解主任及两名调解员进行调解，整个过程要求进行详细笔录，并在调解结束后，由当事人进行核对并确认调解结果、签名。在效力方面，调解成立与法院确定判决有同等效力。在调诉衔接方面，根据 1935 年《中华民国民事诉讼法》第 419 条的规定，调解不成立时，当事人可以起诉，也可以不起诉。如果双方当事人到场，调解不成立的，法院可以依据一方当事人的申请，决定立即进行诉讼辩论。但如果对方当事人申请延展期日，法院应当允许。以上情形，视为调解申请人自申请时已经起诉。

三、民国时期调解工作的经验

在《民事调解法》制定前，中国的法律现代化已初具成效，从清末修律开始，经过民国初期对法律的完善，调解，也一改传统的非制度化的、纯粹的实践经验的总结，而渐由法律明文规定，呈现制度化趋势。

民国时期的民事调解制度正是在继承和变革过程中发展完善的。而《民事调解法》在这一演变过程中处于核心地位。清末的《民事诉讼律草案》在清末未曾施行，到民国初年，该草案中的调解部分也未核准适用。民国时期，北京政府的《民事诉讼条例》并未施行于全国，当时国内南北政权对峙，并未给法律制度的切实运行提供条件。南京国民政府成立后，国内形势相对稳定，政权也相对稳固，正是百废待兴之时，各界有识之士对法制的完善怀有殷切的希望，《民事调解法》就是在这种形势下诞生的。

《民事调解法》的立法原则可以从两方面来考虑，一方面是宏观上国民政府立法之基本原则，另一方面是与三民主义的价值内核，一脉相承。首先，国民政府定都南京后，国家各项事业步入正轨，立法活动也大为增多。三民主义是中华民国最根本之纲领，立法活动作为国家政治生活中的重要内容，自然也脱离不了这一根本纲领的指导。其次，具体到该法本身，当时胡汉民提出《民事调解条例草案原则》6 项，经法律组修改之后，增加了一项，形成 7 项原则，立法院也正是依据该 7 项原则制定了《民事调解法》，这 7 项原则形成了分等级、分层级的职能区分、结构设计、机构设置、人员配备及调解体系化安排。

在此发展和沿革的过程中,形成了以此为代表的一系列制度设计,继承了中国古代传统民间调解的优势与传统,并在此基础上,进一步以制度化的框架,规范了对基层社会的管理与和谐治理,不仅如此,在制度化环境中运行的调解,这在很大程度上起到了规范社会秩序、教化民众参与的制度功能,使整个民国时期的调解,充分发挥了承上启下的积极作用。

第三节 革命根据地时期的人民调解工作

一、革命根据地时期人民调解的起源与发展

人民调解制度是从传统民间调解中孕育和发展起来的,最早可以追溯到20世纪20年代初第一次国内革命战争时期的工农运动之中,是在继承和发扬中国民间调解传统的基础上,经历了新民主主义革命和社会主义建设的实践后,逐步发展起来的,主要萌发于中国土地革命时期,是具有中国特色的民主法律制度。

(一)革命根据地人民调解的政治需要

调解制度的产生动力主要来自陕甘宁边区政府,严格地讲是边区政府的主要领导人。在中国共产党的领导下的,反对封建土地制度的农会组织,和一些地区建立的局部政权组织中,设立了调解组织,聚焦于处理农民之间的纠纷。通过尽快地解决纠纷、减少诉讼,不仅可以加快抗战的胜利,还可以尽最大可能争取民意。抗日战争胜利后,在围绕国家最高权力的斗争中占据有利的位置,其意义早已远远地超过了法律问题本身。

通过调解而非诉讼来解决纠纷是因为:第一,调解具有扎实的群众基础,民众易于接受。第二,调解可以减少群众对政府的不满。调解的最大特点是当事人双方妥协,双方都接受,特别是边区所推行的人民调解则更是由人民自己出面解决自己的纠纷,政府基本不介入,而审判是通过公权力的介入来保护其中一方的权利,这样败诉方就可能将不满发泄到政府的身上,而调解一般不会出现这种情况。“审判是强人服从;调解是自愿服从”,这是两者的最大不同。第三,调解以调解员的积极介入为主要特点,它既符合走群众路线的中国共产党的执政方针,又可以改变坐堂办案、不告不理的现代司

法制度留给民众的，是所谓“官僚主义”作风的刻板印象。

在抗日战争时期，陕甘宁边区、山东抗日根据地、晋察冀边区、苏中区等地的乡村都设有较为完备的调解组织，主要是以民主自治的方式，由农民自己解决彼此之间的纷争，以及调解农会之间的矛盾。

（二）革命根据地人民调解的司法探索需要

抗战时期的调解工作，经历了两个发展阶段：第一阶段是1937～1941年，这一时期的人民调解虽然实现了一部分稳定社会秩序的功能，但在机构设置、工作规范方面尚不完善。第二阶段是1941～1945年，这一时期各边区相继颁布了有关调解工作的单行条例，调解机关的机构建设也有所发展，调解工作逐渐走向制度化、规范化。

1921年9月，中国共产党首先在浙江萧山县衙前村成立了农民协会；1922年6～7月，彭湃在广东省海丰建立了农民协会，并逐渐发展到陆丰、惠阳等地。随后，毛泽东也在湖南等地创建了农民协会。在“一切权力归农会”的主张下，乡村中的政治权力从乡绅土豪的手上转移到了农会的手中。农会实质上是中国共产党所领导的基层政权组织的雏形。

1922年，彭湃领导广东农民成立了“赤山约农会”，1923年1月农会下设“仲裁部”，这是调解会员间以及会员及非会员间纠纷的专门调解组织，就地调解处理婚姻、钱债和产业争夺等事务。中国共产党湖南区第六次代表大会于1926年10月2日通过了《农村纲领》，在政治要求方面的第7项规定，“由乡民大会选举人员组织乡村公邮处，评判乡村中之争执。”农会下设的“仲裁部”、乡村大会选出的乡村公断处，是中国共产党领导人民群众建立自己的调解制度的萌芽。

真正意义上的制度化，也就是人民调解制度，实际上形成于第二次国内革命战争时期的革命根据地。1931年11月颁发布的《苏维埃地方政府的暂行组织条例》规定：“乡苏维埃有权解决未涉及犯罪行为的各种争执问题。”1941年以后，人民调解工作进入制度化、法律化阶段，晋察冀边区政府、陕甘宁边区政府等各抗日民主政府，都相继颁布了适用本地区有关调解工作的单行条例、办法和专门指示。抗日战争时期，人民调解制度得到了长足的发展。

陕甘宁边区司法制度是在继承原苏区制度的基础上发展而来的，从建立开始，就从形式上与清末以来历届政府所推行的司法制度有明显的不同，进一步通过在形式上简化程序来方便群众。但对于这种微小的改革，边区政府并不满意，而是需要一种全新的司法制度。建立新型司法制度是一个全新的事业，没有任何可资借鉴的样板，按照谢觉哉的指示，它必须坚持两个基本原则：第一，人民群众满意。“要在人民对于司法的赞否中，证明司法工作的对与否”。[1] 第二，这种制度必须来自中国自己的实践，而不是照抄书本和其他国家一些现行的东西。“和群众结合的司法：条文不是第一，第一是群众的实际；经验不是第一，第一是到实际中去获取新经验；形式（组织、手续、法条等）不是第一，第一是能解决问题。”可见，新型司法制度的建立必须充分发动群众，通过人民群众广泛的参与去摸索和完善。调解制度显然符合这一要求，调解作为一种载体，调解的特点是民众的广泛参与和没有既定规约，因而有了新制度产生和发展的广阔空间。

随着解放战争的胜利，人民调解制度也由农村向城市发展，1949 年 2 月 25 日，华北人民政府颁布了《关于调解民间纠纷的决定》，虽然基于华北广大农村历年来倡导调解工作的科学总结，但它所确定的原则同样也适用于城市。该决定要求包括城市在内的“各级政府研究执行，总结经验，创造新的方法”。这是人民调解由农村转向城市的起点和标志。

为了与历史上的民间调解相区别，当时的调解组织被称为人民调解委员会，而这个称呼一直被沿用至今。当时的人民调解将传统道德和毛泽东思想相结合，对诉讼依然保持排斥态度，并且高度倚重批评教育和自我批评等党内原则来解决矛盾。人民内部矛盾应通过民主批评说服和教育的方法，而不是采取强迫压制的方式来解决。当时大量的民事纠纷，已经可以通过人民调解来处理，而传统民间调解在人民调解的发展中，起到了制度延续和文化延续的作用。

二、革命根据地时期的矛盾纠纷总体机制介绍

陕甘宁边区是从原苏区发展而来的根据地，是近代中国人民生活最为贫穷、经济上最为落后的地区。在建立根据地之前，传统的农业经济已基本破产，社会内部原有的联系纽带也已荡然无存，整个社会支离破碎，生存的压力要远远高于其他地区。中央红军的到来带来了大量的外来人口，又进一步加剧了这种压力，因而纠纷极易产生。

---

〔1〕 参见曾鹿平、姚怀山：《延安文化思想概论》，陕西师范大学出版社 2015 年版，第 176 页。

经过边区政权的努力，尽管经济上尚无多大起色，但在阶级斗争理论下，新的组织系统开始建立，社会重新被一种新的组织体系整合在一起。然而，抗战的爆发，使边区政府原有的努力几乎全部化为灰烬。出于团结一切力量、共同抗战的需要，中国共产党不得不对自己的政策进行调整，向地主和资本家做出必要妥协。这种政治上被迫的妥协，给管理带来了极大麻烦，这不但使已开始简单和清晰的人际关系又渐复杂，摩擦的原因进一步增多，更使边区的经济利益、政治格局和价值取向开始多元，局面越发复杂和混乱，更加难以驾驭。于是，抗战开始的陕甘宁边区就进入了一个纠纷多发的特殊时期。

（一）陕甘宁边区人民调解制度的形成

陕甘宁边区人民调解制度经历了一个逐步发展、完善的过程。它发端于第二次国内革命战争时期的红色地区，到了抗日战争时期进入一个新的发展阶段。陕甘宁边区的调解制度大体上可划分为以下三个阶段。

1.1937 年 7 月至 1943 年 6 月

在这一阶段，主要借鉴了苏维埃时期乡苏维埃设裁判委员裁判群众纠纷的制度。结合边区的实际情况，在各乡“选出人民仲裁员、人民检察员，组成人民法庭。经过人民法庭调解乡村民众的一切纠纷，并检举在乡村中一切违法的行为”。但由于处在战争环境，加之有的领导不够重视，致使有的地方建立的调解委员会却形同虚设，有的地方甚至没有调解委员会，尤其有的仲裁员利用职务骗吃骗喝，引起群众的强烈不满。所以到了 1942 年 12 月 8 日，陕甘宁边区高等法院根据当时社会中出现的问题，命令“取消仲裁员之组织”，指出“所有人民纠纷问题，可由当事人所住之乡村地邻亲友出面调解，无须专设固定之机关”。陕甘宁边区民间调解的历史由此开始。[1]

这一阶段的调解在实际操作中往往带有强制性，而非采取双方自愿原则。司法机关也更加注重审判程序，而不作调解。对刑事案件，一概采取“干涉主义”，不允许调解等，明确地显示了此时人民调解原则不清楚、调解范围狭窄、程序不完备、形式不齐全等弊病。

---

〔1〕 参见杨永华、方克勤：《陕甘宁边区法制史稿　诉讼狱政篇》，法律出版社 1987 年版，第 189 页。

2.1943 年 7 月到 1947 年 3 月

正是由于第一阶段的弊端,边区政府和边区高等法院要求改善司法工作,并制定、公布了一系列有关调解的指示、条例。例如,1943 年边区政府发布了《关于普及调解的指示》、1943 年 6 月 8 日边区高等法院公布了《实行调解办法,改进司法作风,减少人民讼累》的信件、1943 年 6 月 11 日《陕甘宁边区民刑事件调解条例》公布并施行、1943 年 12 月 20 日边区高等法院又发布了《注意调解诉讼纠纷》的指示信等。尤其《陕甘宁边区民刑事件调解条例》的公布,不仅阐明了边区政府的新司法政策,批评了司法工作中的"了事主义""推事主义",还提出了人民调解的方针、目的,强调了调解的重要性,规定了调解的范围和形式,确定了调解的方式和原则,明确了制作调解书的内容等内容。这一系列指示、条例公布、实施后,在各级政府和法院的领导下,大力开展了各种形式的调解工作,冲击了"教条主义"的思想禁锢和衙门作风,解决了数以万计的纠纷和案件,推进了人民调解运动在陕甘宁边区的有力开展,调解的内容、程序都有了进一步的充实、完善,为调解工作的制度化、法律化提供了有利的条件和可能。

3.1948 年 4 月到 1950 年 5 月

从延安光复到陕甘宁边区政府、法院等建制撤销阶段,虽总计两年余时间,但这一时期边区不断巩固与扩大,加之前面两个阶段的调解实践,积累了大量丰富的调解工作经验,使这一阶段尤富特色,一些好的经验和制度直接为中华人民共和国成立后的调解制度所承袭。

(二)陕甘宁边区人民调解制度的调解范围

在陕甘宁边区人民调解制度形成的第一个阶段,由于边区高等法院的领导在"民事案件可否调解"的问题上意见一致,但对于"刑事案件可否调解"问题存有争论,因此,反映到边区的法律上即为民事可以调解,调解不成者,由司法机关依法判决,刑事案件一概不得调解。

此规定一直实践到陕甘宁边区调解制度的第二阶段,即 1943 年 6 月 8 日边区高等法院公布的《实行调解办法,改进司法作风,减少人民讼累》的指示信后,即 1943 年 6 月 11 日《陕甘宁边区民刑事件调解条例》公布以后,才将第一阶段的"刑事案件不论性质严重与否,一律不能调解"等绝对化规定加以调整。

依照《陕甘宁边区民刑事案件调解条例》,调解范围是:"凡民事一切纠纷均应历行调解”，刑事犯罪中的：内乱罪、外患罪、故意杀人罪、汉奸罪、盗匪罪、掳人勒赎罪、违反政府法令罪、破坏社会秩序罪、贪污渎职罪、妨害公务罪、妨害选举罪、逃脱罪、藏匿人犯及湮没证据罪、破坏货币及有价证券罪、伪造公文印信罪、公共危险罪、伪证罪、妨害水利罪、破坏交通罪、伪造度量衡罪、妨害农工政策罪、烟毒罪、其他有习惯性犯罪等不得调解，必须依法制裁。而对于刑事犯罪的其他犯罪，“如伤害罪、妨害自由罪、妨害家庭罪、妨害婚姻罪、侮辱罪、略诱及和奸罪、妨害名誉罪、妨害风化罪、妨害私人秘密罪、侵占私人财物罪、诈欺罪、赃物罪、恐吓罪、遗弃罪、诬告罪、毁损罪，以及其他受害主体属于私人之犯罪等，这些案件均可试行调解”。[1]

（三）陕甘宁边区人民调解制度的调解原则

陕甘宁边区政府和高等法院关于调解的范围划分是有原则的，即凡侵害的客体是国家、损害的是公共利益、社会危害性较大的案件，不能调解；凡侵犯的客体是个人，损害的是私人利益，社会危害性较小的案件，可以调解。实践证明，这一时期关于调解范围的规定基本上是正确的。

陕甘宁边区调解原则的形成，如其调解范围一样，经历了一个曲折发展的道路，是一个不断总结经验教训的过程。直到 1948 年 9 月 1 日的陕甘宁边区高等法院的指示信中，才提出了比较科学、完善的调解原则：

“（一）双方自愿，不许有任何强迫；

“（二）要遵守政府政策法令、照顾民间善良习惯；

“（三）任何人不愿调解或不服调解，有权直接向司法处或地方法院起诉。调解不是诉讼的必经程序，不得加以任何阻止或留难。”[2]

所谓必须“双方自愿，不许有任何强迫”原则，是调解工作的首要原则。由于调解根本区别于审判，不得采用开庭的形式，更不能采用法律的、行政的或其他强制手段。按照这一原则，在调解中要允许当事人双方充分表达自由意志、陈述事实、进行答辩；调解员必须以说服方式，取得双方当事人同意，而不得用任何强迫命令或威吓的方法。同时，调解员提出的调解方案，与法院判决不同，只有征得双方当事人的同意，才能制作调解书，并由当事

---

〔1〕 参见艾绍润、高海深主编：《陕甘宁边区法律法规汇编》，陕西人民出版社 2007 年版，第 339 页。

〔2〕 同上书，第 347 页。

人与调解员共同署名后生效。如果在调解过程中,不是经过说服劝导,而是采取强制手段,迫使当事人双方或一方服从调解员意志,调解书应视为无效。

所谓调解"要遵守政府政策法令,照顾民间善良习惯"的原则,表明了政府的政策法令不仅是当事人双方达成协议的依据,同时又是协议执行的保证。另外,这一原则也说明,调解不是无原则的和解,更不是无条件的息事宁人,它虽不受诉讼法规的限制,但不得违背边区实体法规的实质和精神。只有这样,才能在调解中贯彻边区的政策法令。这就是调解的"合法"原则。

所谓"调解不是诉讼的必经程序,不得加以任何阻止或留难"的原则,既是一条保护人民诉讼权的原则,也是前述"双方自愿,不许有任何强迫"原则的延伸。这一原则的内容是,既然调解出于自愿,且与审判有质的不同,民事案件和轻微刑事案件的当事人完全可以依照自己的自由意志,或请求调解,或直接向法院起诉,这是当事人双方不允许侵夺的权利,任何人不得干涉与阻挠。

(四)陕甘宁边区人民调解制度的调解形式及特点

1. 陕甘宁边区人民调解制度的调解形式

调解形式的多样化,是边区人民调解工作愈加趋于完善的标志。从对陕甘宁边区政府所颁行的有关专门条例和指示的分析来看,当时的调解形式可以分为审判外调解和审判中调解。审判外调解又分为3种情况。

(1)群众团体调解

依靠群众组织解决群众之间的纠纷是边区调解的主要特色。《陕甘宁边区民刑事件调解条例》第4条确立了群众团体进行调解工作的法律地位,该条规定:"得由双方当事人各自邀请……民众团体在场评议曲直,就事件情节之利害轻重,提出调解方案,劝导双方息争。"[1]陕甘宁边区的群众团体调解,大体可以分为设有专门调解机构的群众团体调解,和不设专门调解机构的群众团体调解。由于群众团体是群众自己的组织,其领导人是群众自己选出的,和群众有密切的联系,在群众中有一定威信,因此,相对而言,

---

〔1〕参见杨永华、方克勤:《陕甘宁边区法制史稿　诉讼狱政篇》,法律出版社1987年版,第209页。

群众团体调解也比较容易起到作用。

(2)政府调解

政府调解即在基层人民政权主持下调解民间纠纷。1943 年 6 月 11 日公布的《陕甘宁边区民刑事件调解条例》规定,凡民间纠纷,首先应由双方当事人各自邀请地邻、亲友,或民众团体进行调解,“前条所列调解不能成立时,得由当事人双方或一方申请乡(市)政府、区公署,或县(市)政府依法调解之。前项乡、区、县(市)各级政府接受调解事件,必要时,得邀请当地各机关人员及民众团体、公正士绅在场协助调解”,这就确定了各级政府进行调解工作的法律地位。从当时边区政府采取的调解形式来看,主要有:不设专门调解机构,由政府直接调解,在基层人民政府内设置负责调解工作的专门机构,由它接受群众的调解申请,实地进行民间纠纷的调解工作。政府调解是边区政府上述三种调解形式中影响最大,占主导地位的调解形式。

司法调解或法院调解。它也可以分为法庭调解和庭外调解两种,法庭调解既不同于民间自行调解和群众团体调解,也和政府调解有着性质上的差别。作为审判机关处理案件的一种形式,经法庭调解达成的调解协议对当事人双方具有强制效力。审判人员在事先了解全部案情的基础上,得出基本的是非判断,结合当事人的心理、情绪、生活情况,酌情敲定调解方案,并且通过耐心说服,获得双方当事人的自愿承诺。在陕甘宁边区,由于边区政府和法院一贯号召司法干部走出法庭、深入农村、调查研究、为群众调解纠纷,所以,当时的法庭调解不是实践的主要形式,大量民事纠纷是靠庭外调解解决的。

庭外调解在当时的陕甘宁边区主要有以下 3 种办法:(1)法庭指定双方当事人的邻居、亲友、当地公正士绅、年老长者、劳动英雄、乡参议员或工会、农会、商会、妇女联合会、青年救国会及抗援会等民众团体进行调解;(2)法庭指定区、乡政府调解;(3)审判人员会同区乡干部、当地群众代表人物及双方亲族、邻里共同进行调解。按陕甘宁边区的有关法律规定,无论是法庭调解还是庭外调解,当事人对调解不同意,调解不能成立时,县政府或法院就会依法判决。

(3)民间自行调解

民间调解,传承了中国古代调解的优秀传统。按照《陕甘宁边区民刑事件调解条例》第 4 条规定的内容,民间自行调解就是由“双方当事人各自邀请地邻、亲友……到场评议曲直,就事件情节之轻重利害提出调解方案,劝导双方息争”。依照该条规定,当事人之所以邀请这些人评议曲直,主要是因为他们对事情的发生、是非曲直知道得很清楚,提出的调解方案易于被当事人双方接受。这种以双方自愿为原则,经由双方所信赖的、在群众中享有威望的人物所进行的调解,曾在陕甘宁边区广为推行,取得了良好的效果。

2. 陕甘宁边区人民调解制度的主要特点

以上这些调解方式的确立和创造均在不同程度、不同方面有力地化解了民间纠纷,既预防了犯罪,增强了人民的团结,也在促进革命和建设方面发挥了积极作用。它们制度化、法律化趋势明显,政治性强、前期强制性与教化功能并存的特点。

(1)制度化、法律化

地方性的条例和办法的颁布旨在使司法机构和调解组织开展调解工作有章可循,也大大提高了调解工作的法律地位,这一时期的人民调解制度实现了法律化、制度化。推广人民调解制度,将调解工作确认为边区司法诉讼审判制度的重要补充,是抗日战争时期民主政权司法制度的重要特点之一。

(2)政治性

“尽管共产党继续运用调解,但他们已经实际上改变了调解纠纷的传统方式。他们重新界定了调解的身份和作用,并在转变调解的过程和功能上取得了部分的成功。共产党将自己定位于对抗儒家所强调的和解,对抗中国人避免与政府遭遇的传统。他们给调解输入了正确和错误的绝对标准,而不像以前一样允许通过调解达成不扰乱狭窄社会情境中微妙的人际关系网的和解。共产党通过对调解者之纠纷观和用于解纷的标准的指导使调解的政治功能如此无所不至,以致往往掩盖了调解的解纷功能。政治介入取代了调解的消极性。简言之,共产党已将调解纳入了他们重新安排中国社会并动员群众支持执行党的政策的努力之中。”〔1〕

---

〔1〕 参见陆思礼:《毛泽东与调解:共产主义中国的政治和纠纷解决》,载强世功编:《调解、法制与现代性:中国调解制度研究》,中国法制出版社 2001 年版,第 199 页。

【案例材料2.5】农会调解土地纠纷案[1]

案情简介：

贫农常某某伙种地主王某某的一块土地，秋收时王某某不给常某某分柴草，双方遂发生纠纷。常某某向农会反映了这一问题，村民听说后，主张斗地主王王某某。这是一起地主与佃农的纠纷。在做调解工作中，必须自觉维护抗战团结大局，做到既依照政策法令，又兼顾各方利益。对待富人，在政策上绝不能让步，按照法律规定，伙种地租形式，一是按照抗战前原租额减30%至20%，二是减租后，出租人所得最多不得超过收获量的40%，但为了团结他们抗日，在说话上无妨让步。于是，调解员将常、王找来进行调解。向王某某说明政府的减租政策法令不是和富人过不去，而是考虑穷人出了苦力，也要照顾，所以柴草应当平分。常某某也当场表示，不是为了争那些草，而是争个理，于是他把柴草也捐献给东学了。

案例分析：

在陕甘宁边区，"私益服从公益""一时利益服从永久利益""富裕者提携贫苦者"是边区民事法制的基本原则。调解员在做调解工作时，既严格依照边区颁布的政策法令、民事纠纷处理原则，又兼顾"战时背景"下的人民政权建设需要，具有鲜明的"动员式治理"色彩。

(3)基层社会的教化功能突出

革命根据地时期的人民调解是具有一定强制性的，这种强制性是出于政权对基层社会进行整合的需要而作出的制度设计，这种政治性功能的实现也是基于中国共产党的政权建设对于基层的社会整合和管理的需要。传统社会的"低组织化"使中国共产党需要找到一个快速整合社会个体的组织实体和运作机制，重新整合农村社会，实现社会动员。不仅如此，农民政权的司法体制一开始就面临纠纷繁多、司法资源短缺的问题，还面临根据地阶级关系错综复杂，人与人之间的摩擦增多，纠纷大量产生而且难以处理的情况。在这种局面下，人民调解作为工农参与社会治理和政权建设的基础学

---

[1] 参见张鑫：《陕甘宁边区民间调解模范及其对当代村治启示》，载《忻州师范学院学报》2016年第3期。

校,既有部分强制作用又承担了教化功能,是非常必要的,下面的"口角纠纷"调解案就展示了上述二重功能。

【案例材料 2.6】革命根据地"口角纠纷"调解案[1]

案情简介:

绥德义合市的西直沟村曾是一个既贫苦又落后的村庄,全村 75 户居民共计 336 人,二流子和半二流子很多。在一次口角纷争中,一个当地文明的懒婆姨被村里的一个平日游手好闲的地痞给打了,闹到了调解员郭维德这里。

针对此种情况,郭维德的做法是先了解情况,对造谣生事者进行婉言批评,使公婆、夫妻、姑嫂、妯娌都能相互尊重。对于品质不好的人,他不赞成采用激烈斗争或有伤脸面的方式,而是用好言劝说,使他自觉改正。在调解这起口角纠纷的过程中,郭维德一方面适当处罚打人者(罚修路),平息被打妇女的气;另一方面,针对被打妇女平日为非作恶的恶习,批评她好吃懒做,搬弄是非,更进一步帮助她订立了生产计划,最终改造了一个当地闻名的懒婆姨。

案例分析:

调解员将做人民调解工作与教育人民与改造"二流子"结合起来,通过"教化式调解",达到了增加邻里和睦、促进生产的目的。

三、革命根据地时期的人民调解经验:基于"马锡五审判方式"的经验

革命根据地时期,调解方式是依照如下几个原则确立:必须符合政策法律,符合善良风俗人情;不得沿袭旧社会陋习痼疾、封建迷信;贯彻照顾贫苦的原则,执行"富裕帮贫苦"的民事政策,体现调解工作的人民性。

传统的调解制度在陕甘宁边区时期被赋予了新的内容和功能,也成为新民主主义革命时期司法制度的一大特色。这种从传统到现代的转型,是

---

[1] 参见黄钢主编:《中国解放区文学书系·报告文学编二》,重庆出版社 1992 年版,第 1103 页。

以“马锡五审判方式”的确立及推广为载体的，因此对革命根据地时期的经验介绍主要以“马锡五审判方式”为参考。

马锡五(1899~1962年)，陕西省保安(志丹)县人，1930年参加革命工作，1935年加入中国共产党。抗日战争时期，先后担任陕甘宁边区庆环专区和陇东专区的副专员、专员等职，1943年3月，根据边区政府的命令兼任陕甘宁边区高等法院陇东分庭的庭长，开始从事司法工作。1946年4月，在陕甘宁边区第三届参议会上，马锡五被选为边区高等法院院长(1949年2月，边区高等法院改为边区人民法院)。中华人民共和国成立后，马锡五担任最高人民法院西北法院院长，兼任西北军政委员会政治法律委员会副主任职务。1954年，马锡五当选为第一届全国人民代表大会代表，并被任命为最高人民法院副院长。马锡五审判方式，既是马锡五个人审判方式的总结和提炼，也是陕甘宁边区政权时期所倡导的审判工作方式。

他在从事司法工作之后，经常性主动下乡，深入调查研究，进行巡回审判。针对一些冤假错案、疑难案件进行重审、深审。他结合中国传统调解优势，创新性地实行审判和调解相结合的方式，被民众称为“马锡五审判方式”。

【案例材料2.7】马锡五巧用公开审判大会断“抢亲案”[1]

案情简介：

马锡五到华池县检查工作的时候，突然遇见一个女青年拦路告状。这个女青年叫封捧儿，由父母包办与张金才之子张柏订婚，到1942年封捧儿长大成人，愿意和张柏结成夫妻。但她的父亲封彦贵为了从女儿身上多捞“彩礼”便与张家退了亲，准备将封捧儿卖给财主朱寿昌。张家知道后，纠集了亲友二十多人，深夜从封家将封捧儿抢回与张柏成婚。封彦贵告到司法处，司法人员未经周密调查，以“抢亲罪”判处张柏与封捧儿婚姻无效，张金才被判刑六个月，草草结了案。张家不服，封捧儿也不服，便拦路告了状。马锡五掌握了基本案情后，又了解了封捧儿的态度，封捧儿表示“死也要与张柏结婚”。马锡五又在广泛听取了群众意见后，召开了群众性公开审判大

〔1〕 参见梁星亮主编、中国延安精神研究会编：《群众工作史》，中央文献出版社2015年版，第211页。

会,作出如下判决:一、张柏与封捧儿的婚姻,根据婚姻自主的原则,准予有效。二、张金才深夜聚众抢亲有碍社会治安,判处短期徒刑;对其他附和者给予严厉批评。三、封彦贵以女儿为财物,反复出售,违犯婚姻法令,判处劳役,以示警诫。

案例分析:

在传统的婚姻纲常伦理观念中,婚姻是父母之命,媒妁之言,随着反封建革命的胜利,妇女进一步解放,开始倡导婚姻自由。这个案件所涉案情,虽为"家事",但却是传统社会伦理与现代社会文明冲击的典型案例。马锡五深入调查事实,了解动机,抢占道德制高点,并巧用群众性审判大会,利用舆论的压力和技巧,形成判决,合情合理,群众听后十分称赞,胜诉者封捧儿和张柏更是皆大欢喜。马锡五对"封捧儿婚姻案"的公正审理,不仅使一对反对封建婚姻制度,争取婚姻自主的青年心愿得以实现,也使群众在参与案件审理充分发表意见的同时,受到了教育,提高了自觉遵守边区婚姻条例的意识,有力地打击了买卖婚姻的陋习。据说,后来边区文艺工作者以此事为素材,编写了鼓词《刘巧儿团圆》和剧本《刘巧儿告状》,以后又改编成评剧《刘巧儿》。

"马锡五审判方式"主要有两大内容,一是巡回,二是调解。马锡五被陕甘宁边区根据地群众称赞为"马青天",他的审判方式也受到革命根据地人民群众的欢迎,他深入田间、村庄调查研究、贴近群众、了解民情,对一切冤假错案、难案老案均不放过,就地调查办决,并在处理案件的过程中,充分发挥人民调解的功能,这在诉讼资源不足、地广路遥的广大农村地区,特别具有优越性。

1937 年 7 月,陕甘宁边区高等法院成立后,逐步总结推广"马锡五审判方式",为边区的法制建设和政权建设,做出了不可磨灭的历史贡献。在党的不少报刊和文献方面都对"马锡五审判方式"进行了高度的评价与概括。

一是宣传党的政策,提高群众觉悟。马锡五出身于贫苦的农民家庭,懂得农民生活的艰辛和不易。参加革命后,看到我们共产党正是以先进的理论做指导,领导人民翻身解放,处处为人民办事,在感情、思想上取得了认同,养成了他坚持党的领导、坚决服从和执行党和政府政策法令的优良品质,同时,他还培养了注重宣传党的政策自觉性。他审理的大量案件,都是坚持公开审判原则的,邀请群众旁听案件,又征求群众对案件的处理意见,成为陕甘宁边区执行人民当家做主政治的象征和典型。

二是坚持群众路线,发挥模范作用。马锡五审理的案件之所以能够做到“赢的输的都会自愿服从”,其宝贵经验只有一条,即“办案要走群众路线”。他改变了过去“坐堂问案”式的审判方式,自觉从思想上、感情上融入广大人民群众当中,成为群众中的普通一员;同时,作为党的干部,他代表党的形象,具有双重身份,能够积极发挥干部在群众中的先锋模范示范作用,为提高党在边区群众中的威信做出了积极贡献。

三是坚持司法为民,化解矛盾纠纷,服务群众的同时不忘教育群众。一切便于人民诉讼,是马锡五审判方式“亲民、爱民、为民”思想的一项重要内容。他每年都要主动走出法庭,携卷下乡,深入人民群众当中,一边帮助群众生产,一边为群众排忧解难,只要群众有了矛盾纠纷,找他评理,他都热心接待,在他这里有冤可以诉,有屈可以伸,深受群众欢迎。

四是坚持“百姓利益无小事”,贯彻实事求是。马锡五审判方式之所以得到广泛的推广和运用,与他所处的时代背景分不开。陕甘宁边区的人民群众刚刚得到解放,经济进一步发展,民事纠纷大量增多,民众对法律政策缺乏了解,所以亟须能熟悉党和政府的政策法令,在思想上、感情上能贴近群众、关心群众,主持公道正义、能为老百姓说话的司法干部,为他们妥善化解矛盾纠纷。马锡五所树立的“百姓利益无小事”的司法理念,无论事大还是事小,都一样认真对待,想方设法查明案件事实,及时公正地作出判决,让群众实实在在地感受到了公平和正义,进一步增强了党和政府及司法工作者在群众中的威望。

第四节　中华人民共和国成立后人民调解工作的发展

中华人民共和国成立后,全国各地在革命根据地实践经验的基础上,继续发展人民调解制度,不少省、市、自治区和各大行政区相继制定、发布了关于加强人民调解工作的规定和指示,对于调解组织的建立和调解工作的开展,意义深远而显著。

一、中华人民共和国成立后人民调解制度建设

1954 年,中央人民政府在总结新民主主义革命时期的调解立法和新中国成立后人民调解工作经验的基础上,制定并颁布了《人民调解委员会暂行

组织通则》,标志着人民调解作为一种法律制度在我国正式确立。《人民调解委员会暂行组织通则》对人民调解委员会的性质、任务、组织领导、职权范围及工作原则、方法、纪律等做出了全面系统的规定。自其颁布后、截至1955年年底,全国有70%的乡、街道建立了人民调解组织。

1966年“文化大革命”开始后,公检法被彻底砸烂,人民调解也被当作阶级调和路线的产物、“修正主义”的货色而被完全取消。1973年,人民法院恢复工作,人民调解也开始重建,但由于极“左”路线的干扰,重建工作进展缓慢。党的十一届三中全会后,作为社会主义民主与法制建设的一项重要内容,人民调解重新受到政府的肯定和重视。

然而,人民调解的发展并非一帆风顺,经历了一个曲折的过程。1978年4月24日至5月22日,最高人民法院召开第八次全国人民司法工作会议,肯定了新中国成立以来人民法院工作的成绩,并确定了新时期人民司法工作的任务。

人民调解开始按照这次会议的精神,以及1963年第一次全国民事审判工作会议所提出的“调查研究,就地解放,调解为主”的民事审判工作方针,进行制度的恢复和重建。

1980年1月,《人民调解委员会暂行组织通则》经全国人民代表大会常委会批准重新公布,司法部对该通则的第4条有关调解组织设置问题作了新的说明。此外,根据1978年《全国第八次司法工作会议纪要》的要求,全国各地开始在城市街道办事处和人民公社中普遍配备了专门管理人民调解委员会工作事务的专职司法助理员。为适应和规范司法的协理员工作的实践,1981年11月司法部制定并颁布了《司法协理员工作暂行规定》。根据《人民调解委员会暂行组织通则》和《司法协理员工作暂行规定》的规定,人民调解委员会被划归由司法行政部门直接进行领导和管理,但在业务上仍然接受基层人民法院的指导和监督。

1981年8月和1985年12月司法部召开了全国第一次和第二次人民调解工作会议,这两次会议主要是总结和交流了各地人民调解组织在新的历史时期做好人民调解工作的经验,对工作在人民调解战线上的先进集体和个人予以了表彰,并对人民调解工作在各个时期的任务提出了不同的要求,可以说对人民调解工作的进一步发展起到了有力的推动作用。1982年《民事诉讼法(试行)》将“人民调解委员会是在基层人民政府和基层人民法院指导下调解民间纠纷的群众性组织”在其基本原则中作出规定。1982年《宪法》第111条第2款规定:“居民委员会、村民委员会设人民调解、治安保卫、公共卫生等委员会,办理本居住地区的公共事务和公益事业,调解民间纠纷,协助维护社会治安,并且向人民政府反映群众的意见、要求和提出建议。”人民调解因此成为国家宪法和基本法所确认的法律制度。[1]

为适应改革开放后民间纠纷复杂化和多元化的发展趋势,相关制度文本也作出了相应的变化与发展。1989年6月国务院颁布的《人民调解委员会组织条例》对1980年1月重新发布的《人民调解委员会暂行组织通则》修订。2002年1月1日中共中央办公厅、国务院办公厅转发的《最高人民法院、司法部关于进一步加强新时期人民调解工作的意见》进一步扩大了人民调解员的组成范围,指出,乡镇街道人民调解组织可以由社区内公道正派,业务能力强,热心人民调解工作、群众威信高的人民调解员、退休法官、检察官、律师、法学工作者及司法助理员等组成,要求按照不同类型、不同层次人民调解工作委员会工作范围的特点和要求,明确各类人民调解员必须具备的法律水平和文化程度,定期进行培训,不断提高人民调解员的综合素质。一直到2011年1月1日起施行的《人民调解法》,人民调解这个植根于中国大地,为基层民众广为熟知的矛盾解决方式,实现了法律化。

二、中华人民共和国成立后的调解工作介绍

1. 1949~1994年的调解工作

从1949~1994年,中国调解体制可以概括为“单位调解体制”。所谓单位调解体制,是指在单位(农村为公社)的体制下,由单位(或公社)建立了人民调解组织,人民调解员也主要来自单位的工作人员(或公社社员),并由单位(或公社)承担相应的人民调解组织的运行经费。归纳起来,这段时期的单位调解体制有以下两个特征。

一是人民调解组织规范化。中华人民共和国成立后,人民调解获得了空前广泛而深入的发展。在总结中华人民共和国成立前人民调解工作经验的基础上,政务院于1954年2月25日通过了《人民调解委员会暂行组织通则》,第一次在全国范围内统一了人民调解制度。1982年12月通过的《宪法》对人民调解制度也进行了规定,为村委会、居委会一级的人民调解委员

---

[1] 参见何银虎主编:《现代社区服务管理实务全书》,甘肃文化出版社2002年版,第424~425页。

会的设立提供了最高法律依据。1989 年 6 月，国务院颁布了《人民调解委员会组织条例》；1990 年 4 月，司法部根据《人民调解委员会组织条例》制定了《民间纠纷处理办法》；1994 年 5 月司法部根据《人民调解委员会组织条例》又制定了《跨地区跨单位民间纠纷调解办法》，这些规章为人民调解的适用提供了进一步的依据。

二是司法调解优先化。多年以来，司法审判的实践不断强化"调解优先、调判结合"的原则。1958 年，国家制定了"调查研究，调解为主，就地解决"的审判方针，1964 年，这个方针被发展为"依靠群众，调查研究，就地解决，调解为主"的十六字方针。1982 年《民事诉讼法（试行）》将"调解为主"的提法改为"着重调解"，1991 年《民事诉讼法》则进一步有意降低调解在审判活动中的优先地位，将"着重调解"改为"根据自愿和合法原则进行调解"。

单位调解体制的主要目标是解决本单位内的人民内部矛盾纠纷，营造和谐的单位气氛。单位调解制度尽管着眼于解决"鸡毛蒜皮"的琐事，化解民间矛盾，但它被赋予了特别重要的政治职能，如贯彻党的政治主张等。改革开放后，调解制度再次受到重视是政府对日益严峻的社会治安问题的一种积极回应；[1]也就是说，社会治安中大量民事纠纷和部分刑事纠纷都是通过调解方式予以解决。

2. 1995～2010 年的调解工作

随着城市单位制的解体和农村人民公社制的解散，人民调解委员会的人员、经费都难以保障，人民调解制度开始走下坡路。2007 年国务院出台的《行政复议法实施条例》中确立了行政调解，试图用有稳定调解人员和行政经费的行政机关部分替代衰落的人民调解制度。一直备受重视的民事领域的司法调解，尽管经历了"以调解为主"演变为"以调解为辅"的地位变化，但司法调解一直是法院工作的重要内容。

基于社会和谐发展和矛盾纠纷友好化解的需要，此间，人民调解重新受到重视，并进一步制度化。具体而言，最高人民法院、最高人民检察院、国务院、全国人大和党中央从三个方面强化了人民调解的司法功能：一是确立人民调解协议的民事合同性，统一人民调解委员会工作所需的各种文书规范，扩充人民调解的组织形式，建立人民调解与司法之间的衔接机制。二是明

〔1〕 参见汪薇：《从调解到大调解的制度调适及效果》，载李瑞昌主编：《公共危机与政府治理》，复旦大学出版社 2016 年版，第 310 页。

确调解的几种新形式,“委托调解”“邀请调解”“诉前(委托)调解”等基本成型,增加了调解协议的司法确认程序,建立健全诉讼与非诉讼相互衔接的矛盾纠纷机制,修改了《民事案件案由规定》,并规定了“请求确认人民调解协议效力”这一案由。[1] 三是规定了人民调解委员会、人民调解员、调解程序、人民调解协议等基本制度,规范了人民调解委员会调解达成的民事调解协议的司法确认程序,划定了调解协议管辖的范围、要件、范围、审理、效力等出台了《人民调解法》。总之,国家政权机关通过一系列举措突出了人民调解的法律地位和社会威信,推动了人民调解制度的复兴(见表2.1)。

表2.1　复兴人民调解制度的文本及其功能

实施日期	文本规定	新建的功能
2002年11月	《最高人民法院关于审理涉及人民调解协议的民事案件的若干规定》(法释〔2002〕29号)	确立人民调解协议的民事合同性质
2002年11月	司法部出台《人民调解工作若干规定》	统一了组织和文书
2002年9月	《中共中央办公厅、国务院办公厅关于转发〈最高人民法院、司法部关于进一步加强新时期人民调解工作的意见〉的通知》(中办发〔2002〕23号)	强调人民调解的重要性,提升人民调解的质量
2004年11月	《最高人民法院关于人民法院民事调解工作若干问题的规定》(法释〔2004〕12号)	规定了“委托调解”和“邀请调解”
2007年8月	《最高人民法院、司法部关于进一步加强新形势下人民调解工作的意见》(司发〔2007〕10号)	阐明人民调解的重要性和规范文本
2009年7月	《最高人民法院关于建立健全诉讼与非诉讼相衔接的矛盾纠纷解决机制的若干意见》(法发〔2009〕45号)	确认“委托调解”和“邀请调解”
2011年1月	《人民调解法》(中华人民共和国主席令第三十四号)	人民调解法制化
2011年3月	《最高人民法院关于人民调解协议司法确认程序的若干规定》(法释〔2011〕5号)	人民调解协议与民事判决的衔接机制

3. 2011年至今的调解工作

进入21世纪以来,中国全方位融入全球体系之中,加上互联网的广泛

〔1〕 参见吴俊:《人民调解制度的再完善》,载《学习与探索》2012年第1期。

应用以及城市的快速变革,大量的社会矛盾积累于基层。法院案件积压甚多,无法按时结案,判决也难以执行。此外,由于新经济、新业态和新模式的大量涌现,部分地方法院过于信奉"法条主义"甚至违背"人之常理"作出判决,直接恶化了社会矛盾。于是,"调解"又重新回到台前,成为化解社会矛盾、定分止争的重要方式。

2011 年至今的调解体制之所以被称为社团体制,是因为新组建的调解组织具有社团特征:调解组织既有正式组织也有非正式组织,调解员既有专职的也有兼职的,调解活动时间既有固定时间也有约定时间,经费来源既有由政府购买公共服务支出,也有会员交费,自筹,还有调解的收费。社团调解体制的主要目标是保护行业内(或区域内、团体内)个体成员的权益,减少成员个体之间的冲突,尽量做到心平气和。

为了适应经济社会发展的新形势,调解制度必须创新,才能解决"新经济、新业态和新模式"中的社会矛盾。各地根据实践的需要,先后创造出"医患纠纷调解""商事纠纷调解""大调解""网上大调解"等多种调解方式。与此同时,利用名人社会效应的人民调解组织、专家知识的专业性调解组织、行业协会的行业调解组织和利用政企合作的商事调解组织蓬勃兴起,分门别类地化解社会矛盾。

这些调解组织的成员构成和经费来源千差万别。总体而言,多数调解员是兼职的,有些机构是临时组建起来的,这样既可以保证有固定的专职和兼职调解员又可以避免运行经费过高。当然,兼职调解员由于还要从事本职工作,不仅可以防止调解员脱离社会实践,而且可以防止调解员的专业知识水平下降。此外,调解组织的经费来源也不一样,既有政府购买公共服务获得经费,也有通过收费方式获取经费(如商事调解)。而网上大调解不仅由政府对基本设备埋单,而且不收取调解费用,因此,当事人的调解成本降到了最低。

在充分发挥人民调解、行政调解、行业调解、民商事调解各自优势的前提下,地方政权不断拓展律师调解、专家调解、第三方中立评估等制度的发展空间,并且逐步整合各类调解组织力量,形成合力化解复杂的社会矛盾。同时,地方政权也充分运用人文关怀、情感教化的传统调解手段,积极探索现代科技手段在调解工作中的应用,充分运用互联网、大数据、人工智能等技术,使调解工作更加符合时代要求和实践需要,不断提升调解实效。

三、中华人民共和国调解工作发展的动力

社会矛盾变化是中华人民共和国调解工作变化的社会动力，而社会治理结构的变化则是中华人民共和国调解工作变化的制度背景，与此同时，国家治理理念调整和信息技术变革推动了社会治理结构的变化。总之，社会矛盾变化、国家治理理念发展和信息技术变革三方力量聚合在一起，最终推动了调解工作的变化。社会矛盾变化源自经济体制和社会结构变革，治理结构变化的来源复杂得多，除了由于上层建筑（如治国理政思想）调整引发国家治理结构的变化之外，国家治理的科学技术（如信息技术）发展也是国家治理结构调整的重要原因。下文从社会矛盾变化、社会治理结构变化、治国理政思想变化、信息技术发展和定分止争的方式变化五个方面分析新中国调解体制变化的成因。[1]

1. 社会矛盾变化

自中华人民共和国成立至今，中国经济体制经历了从计划经济体制转向市场经济体制的巨大变革。经济体制变化引发了社会结构的巨变，随之社会矛盾发生了巨大变化。从矛盾结构上来看，社会矛盾包括个体与个体之间的矛盾、群体与群体之间的矛盾和阶层与阶层之间的矛盾。1994 年，单位体制尚未彻底解体，社会矛盾主要表现为单位熟人的个体与个体之间的日常生活矛盾。随着国有企业的改革、农村公社制度的解散和商品房制度的推行，熟人社会渐变为陌生人社会，个体与个体之间的矛盾演变成陌生人之间的权利矛盾。近年来，互联网广泛使用，线上贸易成为人们日常生活的一部分。于是，从未谋面的两个贸易伙伴之间产生的个体权益矛盾随之增加。

2. 治理制度选择

中华人民共和国成立后，长期实行的是“单位代替社会”，也就是单位管理了社会，社会被湮没了，社会矛盾主要表现为单位内部矛盾。于是，通过单位内部的调解，就可以定分止争，从而保持社会的和谐稳定。总体来看，这段时间社会治理结构突出“效益”目标，即用最小社会成本获取最大社会收益。1994 年确立分税制后，国有企业改革提速和农村公社制度解体，流动

---

〔1〕 参见李瑞昌：《新中国调解制度变化的内容、路径、动力及未来》，载《复旦学报》2018 年第 4 期。

人口大幅度上升,社会治安事件和社会矛盾陡然增加。政府重新强调社会管制,主要通过严打震慑违法犯罪、维护社会秩序。1996 年启动了第二次“严打”,2001 年开始了第三次“严打”,力图通过运动式治理方式保持社会稳定。除了“严打”的治理方式之外,更加突出“法治”方式处理日常的社会矛盾纠纷。刑事案件由公安机关侦查,侦查完毕后,公安机关将证据等案卷移交检察院,检察机关决定是否提起公诉以及公诉内容和罪名,法院受理后,在庭审中由检察官和被告人的辩护律师进行平等辩论,最终由法官进行裁定。民事案件则由当事人直接向法院提起诉讼,由法院判决。与此同时,调解的结果也被最高人民法院和司法部赋予了“司法”效力。在“严打”的逻辑下,追求“正义”的“公检法”制约结构被操作成以“效率”为导向的“公检法”一体化的合作结构。

3. 治国理政思想演变

千百年来,人情社会和专制政治相结合形成了中国的人治传统。在国家层面上,人治表现为专制政治,常因最高统治者的一言而更改国家治理方向;在社会层面上,人治表现为乡绅政治或能人政治。于是,国家统治者力主社会矛盾治理采用调解方式,寻求“和为贵”的社会。中华人民共和国成立之后,国家层面由专制政治走向了中国特色的社会主义民主政治,社会治理则采用单位制主导下的能人治理。我们是人民当家做主的社会主义国家,人民是国家的主人。依法治国的实质是党领导人民依法治理国家。到1999 年 3 月,“依法治国,建设社会主义法治国家”的表述载入了《宪法》。

4. 信息技术发展

中华人民共和国自成立以来,人们之间的通信方式经历了文字到语言、图像等方式的变化,通信工具也从纸质书信发展到电报电话乃至今日的互联网。每一种通信工具的变化不仅引发国家治理方式的细微调整,而且推动了社会治理方式的变革。中国是纸张发明国家,纸张成为主要的信息传播工具的时间最早和延续时间在我国也最长。当电话、电视成为信息传递的常用工具时,国家治理与社会治理开始融合,当互联网以价格低廉和使用方便迅速变革人们的通信方式成为信息传递的垄断工具时,国家治理和社会治理呈现出交融状态。

5. 定分止争的工具变革

在纸张和电报作为传播工具的时代,调解成为定分止争的主要方式。调解的依据除了为数不多的国家法律法规和政府的红头文件之外,更多的是“人情常理”,属于“以情动人”。社会中人们的联系方式基本上还依靠纸质书信文件和当面交谈,因此,人们之间的矛盾纠纷可以面对面地解决。

在电话和电视为传播工具的时代,司法成为定纷止争的常用方式,而调解成为重要的补充方式,并且对接司法模式。一旦调解与司法对接,调解依据主要是政策和法律、法规,调解基调转向说理为主,通过直播调解过程向大众传播“道理、法理和情理”,调解更加显现出道义力量。

在互联网为传播工具的新兴时期,因人们的生活个体化和虚拟化,导致大量个体间矛盾产生后诉讼解决的成本过高,复兴调解制度成为加强定分止争的方式选择之一,调解的基础是法律。法律成为陌生人共同遵守的基本规则,道理则是陌生人间理顺关系的基本逻辑,而情感是陌生人间相互妥协谦让的基本动力。因此,调解是一种法律服务活动,其专业效力需令人信服并让人愿意接受调解结果。专业调解、名人调解、网上调解、商事调解、行业调解等组织机构大量兴起。

归纳起来,我国调解工作的变化实际上是调解对象、调解环境和调解工具共同作用的结果。

第三章 调解工作原理

第一节 调解工作依据

调解的工作依据包括法律依据、政策依据与公序良俗。法律依据作为正式规范,具有强制性和约束力。在进行调解时,调解员应详细向当事人介绍相关法律法规,对双方当事人进行普法教育。公共政策作为公共权力机关制定的行为准则,已经渗透到国家管理、人民生活的方方面面,具有一定的导向和调控功能。调解员应向双方当事人充分讲解相关国家、地方政策,讲明利益关系。与诉讼不同的是,调解依据并不仅限于实体规范,尤其在人民调解中,许多情况都超出法律和政策依据的规定。在不违背我国法律、政策的前提下,调解员可以适当使用公序良俗、社会规范、行业标准等依据,适情适理地进行调解。

一、法律渊源

凡是可作为诉讼依据的法律,都可以作为调解的法律依据,厘清双方当事人的责任。根据当代中国社会主义法律体系,可将法律依据归纳如下。[1]

(一)宪法

宪法作为中国的根本大法,在我国拥有最高法律效力。宪法规定了我国公民的基本权利与义务、国家机构等内容。在实践中,它是否可以直接作

---

〔1〕 相关法律概念界定,参见张光杰:《法理学导论》,复旦大学出版社2015年版。

为裁判规范在学界仍存有争议,其条文并不经常在调解中直接作为法律依据使用。但在工作中,调解员可以向当事人宣传宪法精神与价值、人民权利与义务等内容,作为参考。

(二)法律

这里取其狭义内涵,即全国人民代表大会制定的基本法律和全国人民代表大会常务委员会制定的非基本法律。基本法律是指由全国人民代表大会制定和修改的、规定或调整具有根本性和全面性的社会关系的法律,包括关于刑事、民事、国家机构的基本法律等。在调解工作中,常见的此类法律依据包括《民法通则》《合同法》《侵权责任法》《物权法》《治安管理处罚法》等。

(三)行政法规、军事法规

行政法规是指国务院根据宪法和法律,制定和颁布的各种规范性法律文件,它规定国家行政管理事项。军事法规是中央军事委员会根据宪法和法律,制定的有关国防建设和军事方面关系的规范性法律文件。

基于调解受理的案件范围,调解工作接触更多的应该是行政法规,如《土地管理法实施条例》《房产税暂行条例》等。

(四)地方性法规、自治法规、行政规章

地方性法规指省、自治区、直辖市及较大的市的人民代表大会及其常务委员会制定和颁布的规范性法律文件。

自治法规是民族自治地方的人民代表大会根据宪法和法律的规定,依照当地民族的政治、经济和文化特点,制定和颁布的规范性法律文件。

行政规章是有关行政机关根据法律、行政法规或地方性法规制定的,规定某一方面行政管理事项的规范性法律文件。它分为部门规章和政府规章两种。部门规章是国务院所属部委根据法律和国务院行政法规、决定、命令,在本部门权限内发布的各种行政法律规范文件。政府规章是有权制定地方性法规的地方人民政府根据法律、行政法规制定的规范性法律文件。同时,经济特区的规范性法律文件也可以作为调解的法律依据。

以上三类法律依据都是根据本行政区域或本部门权限范围的实际情况,相关机构作出的具体规定。此类法律依据有利于根据地方的实际环境与情况,有针对性地开展调解。

(五)法律解释

我国建立了以全国人民代表大会常务委员会的立法解释为核心,司法解释、行政解释和地方国家机关的解释分工配合的法律解释体制。法律解释也可以作为调解工作的法律依据。

立法解释通常是全国人民代表大会常务委员会对于宪法和法律的解释。

司法解释指最高人民法院和最高人民检察院在适用法律过程中对具体应用法律问题所作的解释,包括审判解释、检察解释和联合解释。

行政解释指国务院及其主管部门对有关法律、法规和部门规章的解释。地方解释主要是指有关地方国家机关对于地方性法规、地方政府规章的解释。在调解工作中,法律解释也可以作为法律依据予以适用。例如,《最高人民法院关于审理人身损害赔偿案件适用法律若干问题的解释》,在交通事故争议、劳动争议等纠纷处理中可作为法律依据适用。

(六)国际条约和协定

我国同外国缔结或我国加入的他国已订立的双边和多边条约、协定和其他具有条约、协定性质的文件,经我国最高权力机关批准,或我国政府申明承认参加后,在我国具有法律效力,可以成为调解的法律依据之一。其具体形式包括国际法主体间形成的宪章、公约、盟约、规约、专约、协定、议定书、换文、公报、联合宣言、最后决议书等。调解工作中,如涉及跨国纠纷,中国签署加入的国际条约可作为法律依据之一予以适用。对于未明确申明加入的条约或协定,只要在意思自治基础上双方当事人达成共识,在不违反国内相关法律法规的前提下,可将其作为依据。

在调解过程中,这些法律依据可综合使用,如双方当事人达成合意,可以将上述法律法规为依据进行调解,但调解员尤其需要注意遵守法律效力等级原则,包括等级序列原则、特别法优于一般法原则等。相较于法律和行政法规,地方规章更贴近当地实际,但如果双方当事人来自不同地区,调解员在适用地方规章作为调解依据时需要及时说明规范性文件的来源和效力,避免误导当事人。[案例材料 3.1]“劳动纠纷调解案”中就涉及如何使用法律和地方性法规问题。

【案例材料3.1】劳动纠纷调解案[1]

案情简介：

工人老张在建材公司拆除某大厦的辅助建筑时，从三楼移动脚手架上坠落，经送医院抢救无效后于当日死亡。事发之后，死者家属赶来，与聘用单位建材公司就赔偿金额经多次协商无果。湖南路街道人民调解委员会受理此纠纷后，以《劳动法》为主要法律依据，达成协议的内容如下：

建材公司一次性赔偿死者家属赡养费、抚养费、扶养费、精神损失费、赔偿金等共计111万元。收到上述款项后，家属不得再以此事向建材公司主张任何权利。

案例分析：

该纠纷是单位用工引起的死亡赔偿，根据《劳动法》和《上海市职工因工死亡工伤赔偿标准》进行调解。对于建材公司一方，根据《劳动法》，工人是在工地上劳动时意外身亡的，用工单位具有不可推卸的责任；并且死者系该建材公司的临时工，未曾办理过劳动用工保险，在这方面建材公司有着一定的过错，应该为此承担更多的责任。对于家属一方，根据《上海市职工因工死亡工伤赔偿标准》和死者家庭的实际情况，应当依法保护弱势群体，使死者供养亲属能够正常地生活。在该案例中，既运用了国家法律，又使用了地方性法规，尤其是以事发地的而非受害人户籍所在地的地方性法规为调解依据，让受害人家属感到了公平。

（七）行业性、专业性调解法律依据

新形势下，我国一些行业、专业领域矛盾纠纷易发多发，这类矛盾纠纷行业特征明显，专业性较强，涉及主体多，影响面大，故而加强行业性、专业性调解工作是必然要求。调解员可针对不同领域的纠纷冲突，适用特定的法律依据。

---

[1] 参见湖南路街道人民调解委员会采集：《人民调解中如何使用法律依据》，载《上海市首席人民调解员案例汇编6》。

1. 道路交通纠纷案调解的法律依据

随着我国的经济发展、社会车辆保有量增加，道路交通事故数逐年增长。[1] 道路交通纠纷涉及财产损害、人身损害等，需要调解员依法合理进行调解。在道路交通纠纷方面，调解员可适用的法律依据主要有《道路交通安全法》《道路交通安全法实施条例》，二者对于车辆和驾驶人、道路通行规定、交通事故处理、法律责任等都作出了详细规定。其他法律依据包括《侵权责任法》第六章"机动车交通事故责任"、《道路交通事故处理程序》、《道路交通事故处理规范》、《道路交通安全违法行为处理程序规定》、《机动车交通事故责任强制保险条例》、《最高人民法院关于审理道路交通事故损害赔偿案件适用法律若干问题的解释》、《最高人民法院关于醉驾、无证驾驶等情形交强险如何理赔的司法解释》、《道路运输条例》、《铁路交通事故应急救援和调查处理条例》、《国内水路运输管理条例》、《道路交通事故社会救助基金管理试行办法》等。[案例材料 3.2]"道路交通肇事案"调解中，就涉及多种与道路交通事故责任认定相关的法律法规的运用。

【案例材料 3.2】道路交通肇事案[2]

案情简介：

2014 年 1 月 22 日，梦女士驾驶的一辆小型越野客车，停在某小区内的小路上，梦女士与友人交谈。与此同时，仲女士带着 3 岁的儿子郎某途经这条小路，将孩子留在路边（靠近梦女士的车）去不远处扔垃圾。这时，梦女士告别友人、发车离开数十米，听到喊声即停车查看，才发现自己不慎撞到郎某，造成郎某被右后轮碾压，当日 12 时许，郎某经抢救无效死亡。由于肇事地点无监控探头，没有目击证人，故无法进行具体的过错比例认定及定责，仲女士提出人民币 180 万元赔偿金额的要求，梦女士则认为无法定责，同时家长也应承担一定的监护责任，不愿意赔付那么高的金额。调解员迅速制定了方案，先安抚家长情绪，再向梦女士明确告知，交通队事故组无法出具

〔1〕 参见马向华：《浦东道路交通纠纷人民调解模式探索》，载侯怀霞主编：《人民调解理论与实务》，上海交通大学出版社 2017 年版，第 326 页。

〔2〕 参见漕河泾街道人民调解委员会采集：《道路交通纠纷中的法律依据适用》，载《上海市首席人民调解员案例汇编 8》。

此次事故的责任认定书，并不等于她可以免责，在这起事故中她应当承担主要责任。调解员按照上海市交通事故赔偿标准逐条逐款地确认每一项赔偿金额，对双方有异议的部分进行协商。最后，双方达成协议，梦女士赔偿人民币90万元，死者父母签署协议后放弃追究梦女士交通肇事的刑事责任，并出具了书面谅解书。

案例分析：

在本案中，调解员正确适用法律，以上海市交通事故赔偿标准为依据，确定合理的民事赔偿金额，充分释明标准，着重于“依法”“合理”，逐条逐项确定赔偿金额；引导死者家属降低其所坚持的180万元赔偿金额，并劝导肇事方在民事赔偿金额上做出让步。通过对交通事故赔偿相关法律、刑事诉讼法中的诉讼程序等的宣传，分析案情走向，让当事人明白其中的利害关系，引导双方选择利大于弊的纠纷解决方式。

2. 劳动争议纠纷案调解的法律依据

劳动争议纠纷是现实中较为常见的纠纷。根据《劳动争议调解仲裁法》的规定，劳动争议包括因确认劳动关系发生的争议；因订立、履行、变更、解除和终止劳动合同发生的争议；因除名、辞退和辞职、离职发生的争议；因工作时间、休息休假、社会保险、福利、培训以及劳动保护发生的争议；因劳动报酬、工伤医疗费、经济补偿或者赔偿金等发生的争议；法律、法规规定的其他劳动争议。

劳动争议纠纷可适用的特定法律依据主要包括《劳动法》，它明确规定了录用职工、劳动合同、劳动报酬、工作与休息、劳动卫生和安全规程等；《劳动合同法》《劳动合同法实施条例》对于合同的订立、履行与变更、解除与终止、劳务派遣、法律责任等都作出了明确规定。除此之外，《劳动争议调解仲裁法》《就业促进法》《工会法》《社会保险法》《职业病防治法》《最高人民法院关于审理劳动争议案件适用法律若干问题的解释》《工资支付暂行规定》《职工带薪年休假条例》《工伤保险条例》《失业保险条例》《工伤认定办法》《非法用工单位伤亡人员一次性赔偿办法》《部分行业企业工伤保险费缴纳办法》等都为调解员进行劳动争议纠纷调解提供了特定法律依据。［案例材料3.3］“非法用工死亡案”调解中，就涉及多种与劳动相关的法律法规的运用。

【案例材料3.3】非法用工死亡案[1]

案情简介：

小邓（甲方）的丈夫小谢经由个体经营户程某（乙方）介绍，为上海某校（丙方）教学楼拆卸旧空调。小谢在单独施工时发生意外从高处坠落，经抢救无效死亡。由于乙方程某无力承担相关赔偿费用，故死者家属小邓与程某及上海某校共同协商善后事宜。由于三方对赔偿事宜各持己见未能达成一致，甲方要求乙方、丙方共同赔偿人民币共计200万元，乙、丙方认为数额太高不同意。乙方有意按15万元“私了”，甲方嫌少不同意。因乙方、丙方一直不肯提高赔偿额度，调解难度相当大。后死者家属20多人三番五次到丙方聚众闹事，影响了学校的正常秩序。调解员介入后，首先取得三方信任；其次，根据《非法用工单位伤亡人员一次性赔偿办法》《工伤保险条例》规定的待遇标准进行谈判协商，确定亲属供养范围、赔偿金额和支付方式，经协商甲、乙、丙三方签订了向死者家属支付赔偿79万元的协议，并依法签订了赔偿协议书，进行了司法确认。

案例分析：

本案是一起非法用工死亡事故，有关死亡赔偿适用《劳动法》《工伤保险条例》《非法用工单位伤亡人员一次性赔偿办法》《上海市实施〈工伤保险条例〉办法》的规定。有关死亡赔偿相关事宜确定后，纠纷就迎刃而解了。

3.物业管理纠纷案调解的法律依据

随着城镇住房商品化的不断发展，物业管理已经成为房屋管理的主要形式，物业管理纠纷时常发生。物业管理纠纷涉及在物业管理区域内围绕物业使用、物业服务、物业交接发生的业主之间、业主与业主委员会之间、业主或业主委员会与物业服务企业之间、物业服务企业之间的各类民事纠纷。

在处理此类纠纷时，调解员可适用的法律依据包括《物权法》、《物业管理条例》和《物业服务收费管理办法》。《物权法》详细规定了不动产的登记、交付、物权保护、所有权等内容，尤其需要注意对业主的建筑物区分所有

[1] 参见田林街道人民调解委员会采集：《劳动争议纠纷中的法律依据适用》，载《上海市首席人民调解员案例汇编7》。

权、相邻权利人关系等作出的法律规定;《物业管理条例》和《物业服务收费管理办法》对业主大会及前期内容、服务、使用维护、法律责任等内容作出了详细规定,规范了物业服务的收费行为。此外,《最高人民法院关于审理物业服务纠纷案件具体应用法律若干问题的解释》也可以作为法律依据开展工作。

4. 医疗纠纷案调解的法律依据

随着经济发展水平的提高和医疗技术的发展,人们对医疗服务的期待和维权意识也在增强。近年来,我国医疗纠纷逐渐增加,其中部分事件产生了恶劣的社会影响。医疗纠纷指发生在医疗机构与患方(患者或患者家属)之间发生的纠纷。调解员在进行医疗纠纷调解时,可适用的特定法律依据包括《传染病防治法》《职业病防治法》《母婴保健法》《执业医师法》《药品管理法》等法律,它们多以事前预防为抓手,而《医疗纠纷预防和处理条例》(2018 年 6 月 20 日通过)、《侵权责任法》第七章"医疗损害责任"、《医疗事故分级标准(试行)》则从厘清事后医疗责任角度出发进行了规定。《最高人民法院关于审理人身损害赔偿案件适用法律若干问题的解释》也提供了处理医疗纠纷可适用的法律依据。同时,卫生部及相关部委还制定了《麻醉药品和精神药品管理条例》《艾滋病防治条例》《人体器官移植条例》《中医药条例》《血液制品管理条例》《医疗机构管理条例》《医疗器械监督管理条例》等一系列法规,发布了《放射诊疗管理规定》《麻醉药品管理办法》《产前诊断技术管理办法》《医疗广告管理办法》《医院感染管理办法》等一系列规章。为医疗纠纷的调解工作提供了丰富的法律依据。[案例材料 3.4]"疾病'误诊'纠纷案"调解中,就涉及多种与医疗纠纷相关的法律法规的运用。

【案例材料 3.4】疾病"误诊"纠纷案[1]

案情简介:

王某,男,46 岁,铁路职工。2004 年 9 月王某因"发作性胸骨后疼痛、胸闷、心悸 20 余天"入住某医院心内科诊治,被诊断为冠心病,不稳定型心绞痛。经 3 天治疗,王某的心肌供血改善病情好转,支付医疗费用 4996.90 元后出院。出院后王某仍感不适,辗转 2 家医院后,2005 年 8 月去某职业病医

〔1〕 参见种衍军:《诉调对接机制解决纠纷》,载种衍军主编:《医患纠纷人民调解技巧与典型案例分析》,金盾出版社 2015 年版,第 2540 ~ 2618 页。

院就诊，被诊断为职业性中暑后类神经症样症状。王某以“某医院误诊”为由向市某区人民法院提起诉讼。原告王某认为被告的误诊行为给原告身心及工作、家庭都带来了巨大痛苦。被告认为，医院对患者入院后及时给予明确诊断，术后对病情分析处理恰当，不存在误诊、误治问题；同时认为，作为综合性医院，没有能力和义务承担原告的职业病诊断责任。法官根据《中华人民共和国职业病防治法》第四十四条规定，确认被告医院的确不具有职业病诊断资格。由于难以厘清各方责任，立案4年法院未作出裁决。2009年，人民法院建议王某到市医调委申请人民调解。调解员邀请了专家组一同介入后，根据《中华人民共和国职业病防治法》的相关规定，认为要求综合医院对职业病作出正确诊断的确比较困难，虽然误诊，但对患者的医疗损害参与度轻微，建议医院一次性补偿患者5000元人民币。双方当事人达成协议，并签署了协议书。

案例分析：

根据《职业病防治法》判断该医院不具有开展职业病诊断条件是本案的关键。根据相关规定，只有具有相应资质的专门医疗机构才能对患者的职业病作出诊断，被告医院虽为误诊，但在自己的执业范围内已经达到了应有的水准。假如被告医院具有诊断资质却误诊，则应对损害后果承担较大责任。

5. 消费纠纷案调解的法律依据

消费纠纷主要指在商品服务的生产者、提供者与购买商品或服务的消费者之间，围绕商品和服务内容、质量等发生的纠纷，是买卖双方发生的与消费者权益相关的争议。随着信息技术的发展，消费纠纷也逐渐蔓延到了线上的消费服务中，甚至会涉及跨境纠纷。在处理消费纠纷时，可使用的特定法律包括《消费者权益保护法》、《产品质量法》、《电子商务法》、《侵权责任法》第五章“产品责任”、《侵害消费者权益行为处罚办法》、《联合国电子商务示范法》、《网络商品交易及有关服务行为管理暂行办法》、《零售商供应商公平交易管理办法》、《零售商促销行为管理办法》等。

6. 婚姻家庭纠纷案调解的法律依据

随着经济社会的快速发展、民众婚恋观念的变化，婚姻家庭纠纷逐渐呈现数量增多、成因复杂的特征。由于它涉及家庭的情感、经济、赡养等问题，包括了离婚、亲子关系、继承、家庭财产等方面纠纷，处理不好容易极导致“案结事不了”，对该类纠纷要求调解员依法、讲情、合理进行调解。在开展婚姻家庭解纠工作时，可适用的法律包括《民法典》《妇女权益保障法》《收养法》《未成年人保护法》《老年人权益保障法》以及最高人民法院发布的相关的司法解释。

在涉及房产纠纷时，调解员可适用如下法律：《城市房地产管理法》《土地管理法》《建筑法》《农村土地承包法》《国有土地上房屋征收与补偿条例》《房屋登记办法》《廉租住房保障办法》《商品房销售管理办法》《最高人民法院关于审理商品房买卖合同纠纷案件适用法律若干问题的解释》等。[案例材料 3.5]"胎儿继承权纠纷案"就涉及与婚姻和房产等相关的多部法律。

【案例材料 3.5】胎儿继承权纠纷案[1]

案情简介：

小赵与小魏在大学学习期间相爱，但小魏的父母不同意儿子找个外地媳妇，还认为二人属相相克。大学毕业后，二人不顾父母反对，在外地找了工作并且开始同居。后小魏不幸因工伤去世，小赵同时发现自己已经怀孕。小魏的父母拿走了小魏的工伤死亡赔偿和所有存款。小赵希望肚子里的孩子能继承遗产，遭到了小魏父母的拒绝，并发生争执。调解员介入后，得知胎儿已经6个月且发育良好，根据《继承法》第二十八条"遗产分割时，应当保留胎儿的继承份额。胎儿出生时是死体的，保留的份额按照法定继承办理"的规定，确认了小赵孩子的继承权。调解员又动之以情，让小魏父母感受到即将做祖父母的希望和欣慰，接受了小赵和孩子。

案例分析：

这起纠纷的争议点在于胎儿是否有继承权。调解员根据《民法典》等法律规定，首先向双方当事人确认了胎儿的继承权。在这一点上达成共识后，再用情理打动当事人，最终通过妥善调解解决了纠纷。

7. 商事纠纷案调解的法律依据

随着市场经济的迅速发展，市场交易更加活跃、利益追求和参与主体也

---

[1] 参见《人民调解工作法律实务丛书》编写组：《不同调解方法与技巧的运用》，中国法制出版社 2017 年版，第 27～30 页。

更加多元,由此导致的商事纠纷也越来越多。商事纠纷可包括双方当事人在贸易、投资、金融、证券、知识产权、技术转让、房地产、工程承包、运输、保险以及其他商事、海事等领域的争议。由于调解的灵活性高、成本较低,目前国际或涉外、涉及港澳台地区的商事纠纷也在寻求通过调解解纠的实施路径。商事纠纷可适用的法律包括《公司法》、《民法典》、《合伙企业法》、《反不正当竞争法》、《招标投标法》、《外资企业法》及其实施细则、《中外合资经营企业法》及其实施细则等,以及最高人民法院关于审理民商事合同纠纷案件、建设工程施工合同纠纷案件、海上保险纠纷案件等若干问题都发布了一系列法律解释。

对于调解来说,其受理范围除了民事案件外,在近年的实践中也逐渐将轻微刑事案件囊括了进来。《刑事诉讼法》第212条规定,人民法院对于自诉轻微刑事案件可以进行调解。中央综治委员会、最高人民法院、最高人民检察院等16家单位共同印发的《关于深入推进矛盾纠纷大调解工作的指导意见》第6条规定:"人民法院重点推动一般民事案件、轻微刑事案件通过调解等方式实现案结事了。……"故而在工作中,一些基本的民事法律、刑事法律依据是可以通用的。现列举如下:《民法典》《民事诉讼法》《最高人民法院关于适用〈中华人民共和国民事诉讼法〉的解释》《刑法》《刑事诉讼法》《最高人民法院关于民事诉讼证据的若干规定》《最高人民法院关于审理人身损害赔偿案件适用法律若干问题的解释》。

二、政策依据

在我国,政策一般包括中国共产党的政策和国家政策。中国共产党作为我国的执政党,其有关产业发展、社会民生等政策对公共生活和人民生活都有重大影响,尤其是中共中央制定的相关政策,对国家机关处理的实际事务,有重要的指导作用。国家政策一般与党的政策是密切联系的,它主要体现在全国人民代表大会通过的政府工作报告和中央人民政府的施政纲领之中。除此之外,地方政策对调解方案的达成也有较强的影响力,尤其是土地、房产、落户等与社会民生息息相关的地方政策。

政策虽然无法作为审判援引的依据,却可以作为调解的工作依据。《人民调解工作若干规定》第4条指出,人民调解委员会调解民间纠纷应"依据法律、法规、规章和政策进行调解",《人民调解法》第22条规定人民调解员需"讲解有关法律、法规和国家政策"。调解员可以将相关政策直接作为判定事实、厘清责任的依据,对当事人进行说服、劝诫,宣传政策精神,也可将政策作为法律依据未涉及细节的补充参考,形成有据可循的调解方案。[案例材料3.6]"劳动工伤伤残案"调解中就运用了政策依据。

【案例材料3.6】劳动工伤伤残案[1]

案情简介:

2012年10月,宁波市鄞州区某厂职工杨某于上班途中被陈某骑行的电动车撞伤,造成左前臂挫裂伤,左尺动脉、神经断裂等。交警认定陈某全责。因陈某经济赔偿能力有限,杨某只获得了部分人身损害赔偿款。杨某进行了劳动工伤伤残鉴定,被鉴定为十级伤残,其向单位提出赔偿要求,遭到拒绝。双方向人民调解员委会提出调解申请。调解员介入后,首先向双方确认此次交通事故发生在雇员上班途中,可认定为工伤。调解员查阅了《工伤保险条例》,其中并未针对交通事故造成的工伤作详细规定。后查阅《浙江省人民政府关于进一步做好工伤保险工作的通知》(浙政发〔2009〕50号)中有相关政策规定:"在遭遇交通事故或其他事故伤害的情形下,职工因劳动关系以外的第三人侵权造成人身损害,同时构成工伤的,依法享受工伤保险待遇……用人单位承担的工伤保险责任相对应项目应扣除第三人支付的医疗费……五项费用。"依照此政策,调解员提出单位赔偿杨某23,000元,双方达成协议。

案例分析:

在此案中,由于工伤保险关系和交通事故损害赔偿关系是两个不同的法律关系,很难找到作出详细规定的法律依据。浙政发〔2009〕50号文件对工伤保险政策的细化规定有利于在实践中保障劳动者权益,调解员巧用政策作为补充依据,确定了赔偿金额。

三、公序良俗

作为人类社会古老的纠纷调解依据,公序良俗依然保持着强大的活力。

---

〔1〕 尹力:《多元化纠纷解决模式之人民调解在浙江的实践》,浙江工商大学出版社2016年版,第40~41页。

它包括公共秩序、社会公德、道德准则、地方习惯、民族风俗、行业规范等，要求主体行为应当遵守公共秩序，符合善良风俗，不得违反国家的公共秩序和社会的一般道德。在市场经济体制下，人民生活日益繁荣，交往日趋复杂，公序良俗无疑填补了法律与政策未及时作出禁止性规定的空白。《民法典》第10条规定："处理民事纠纷，应当依照法律；法律没有规定的，可以适用习惯，但是不得违背公序良俗。"《人民调解工作若干规定》第4条规定："……法律、法规、规章和政策没有明确规定的，依据社会主义道德进行调解……"可见，公序良俗也属于调解工作的重要依据之一。它们虽然没有成为国家正式的法律规范，却以非正式的方式在人们生活中发挥重要作用。

在面对不同纠纷时，调解员需要根据该纠纷类型、发生地域、涉及行业等特点，具体选择适用的公序良俗作为调解依据。

在有些纠纷中，当事人的行为并不违法，但是违反了公序良俗，或因处理问题的方法不当、误解等引起纠纷，这时就可使用公序良俗作为依据进行调解。例如，在婚姻家庭纠纷调解中，相较法律规定忽略了当事人之间的身份关系和情感纽带，道德准则、社会公德对于家庭关系维护、情感纠葛的化解与心理创伤的弥补作用就得到了凸显。调解员应注意依据道德规范、社会舆论和传统道德观念进行规劝、说服和疏导。我国传统上非常重视家庭观念，提倡围绕"齐家"形成一套道德准则和伦理规范，其中尊老爱幼、夫妻爱敬、兄友弟恭、孝顺父母等都可以作为依据来调解维护婚姻家庭关系。[案例材料3.7]"姐弟公房纠纷案"调解中，调解员就运用了传统道德作为调解依据。

【案例材料3.7】姐弟公房纠纷案[1]

案情简介：

沈某与姐姐关系很好，当自家的房子动迁时，考虑到姐姐家经济条件差，沈某主动提出将部分动迁面积让给姐姐，让姐姐从30多平方米置换成

〔1〕参见徐子良、玄玉宝：《传统道德作为调解依据》，载吴军营：《人民调解理论与社会管理创新》，上海社会科学院出版社2011年版，第11504～11505页。转引自王信芳、吴军营、刘正东主编：《社区常见法律纠纷调处手册·人民调解案例篇》，上海人民出版社2010年版，第174页。

50多平方米的房子。姐姐非常感激。十几年之后，沈某因下岗，生活条件大不如前，而姐姐的经济条件逐渐好转，二人在照顾母亲的问题上产生较大分歧，闹得很不愉快。沈某得知姐姐要卖掉当年的公房非常生气，情急之中换掉了姐姐的门锁，并提出5万元人民币作为补偿。姐姐认为自己卖房合理合法，弟弟无权干涉，也不应得到补偿。于是二人关系再度恶化。调解员介入后，先是向姐姐指出此矛盾是姐姐处理不当。弟弟当年主动赠与面积正体现了弟弟的爱姐、护姐之情，而今弟弟有难，于情于理姐姐都应该给予一些补偿。之后，调解员又详细向沈某说明他换锁的行为已侵犯了他人的财产权。调解员从姐弟亲情入手，使与双方在亲情弥合的基础上达成协议，姐姐在卖房后将其中的3万元赠与了弟弟。

案例分析：

调解员利用"悌"的传统观念，要先发挥姐姐的带头表率作用让步，再说服弟弟看齐。于是，调解员首先通过引导二人回忆过去困难时候的互帮互助，对比现在的冲突矛盾，使双方因顾念亲情而互相让步。在调解过程中，调解员正确地抓住了姐弟亲情这条主线，既化解了矛盾又恢复了亲情。

成功的调解都要求，调解员坚持灵活、公平、有理有据的原则，并选择适用依据开展工作，同时，考虑到纠纷的多元性和复杂性，要求调解员根据实际情况，综合适用多种调解依据。[案例材料3.8]"母子房产纠纷案"调解中，调解员就运用了多种依据。

【案例材料3.8】母子房产纠纷案[1]

案情简介：

吴老太今年77岁，早年丧偶，含辛茹苦养大了儿子小吴。40多岁的小吴一直靠吴老太的退休工资生活，后来迷上了赌博，在外欠债50多万元，他要求母亲卖掉唯一的房子还债。吴老太当然不愿意，儿子就不让她回家，就是拿衣服、洗澡也不开门。小吴说，除非母亲肯将房子卖了还债，否则永远不让母亲回家住。调解员通过《老年人权益保障法》《治安管理处罚法》《刑

---

〔1〕参见徐家汇街道人民调解委员会采集：《人民调解中综合使用各类调解依据》，载《上海市首席人民调解员案例汇编11》。

法》《最高人民法院、最高人民检察院关于办理赌博刑事案件具体应用法律若干问题的解释》《治安管理处罚条例》等法律法规、政策文件，对小吴进行普法教育和政策宣传；同时强调赡养父母、孝敬父母等传统道德，强调母亲对他的爱，慢慢融化了小吴的心灵。最后，小吴打开家门，迎回母亲。小吴找到了一份工作，开始了新生活。

案例分析：

虽然此案并不涉及复杂的多方法律关系，从表面上看，本案仅是母子间的矛盾，但背后则涉及继承权和亲情等问题。调解员从法律法规、现行政策和法律解释入手，向母亲讲明其权利、向儿子讲明其行为的违法性；从公序良俗入手，试图通过孝敬父母等道德准则唤醒儿子内心的责任与良知，寻求更长远的和解方法，最终皆大欢喜。

第二节　调解工作原则

调解工作在我国历史悠久、调解员经验丰富，在长期发展中已逐渐形成了一套较为系统的工作原则，包括尊重自愿、尊重事实与尊重规范，这些是调解员在工作中必须遵守的原则。

一、尊重自愿

尊重自愿原则来自非常古老的当事人意思自治原则，作为民法传统理念中最基本的原则之一，其地位不可动摇。调解作为合意性纠纷的解决方式，其本质功能是促成合意的形成，其初衷是尊重和保护当事人的意愿，支持当事人自主维护权益，依法合理解决纠纷。尊重当事人自愿是调解的灵魂和最基本特征，也是调解结果公平、公正的基本保障。调解员应在调解的每一个环节中以当事人完全的自愿为基本原则，尊重当事人自愿、充分、真实地表达自己意愿和诉求的权利，不强迫、诱哄当事人接受调解方式、协议或结果。

《人民调解法》第2条规定，“人民调解，是指人民调解委员会通过说服、疏导等方法，促使当事人在平等协商基础上自愿达成调解协议，解决民间纠纷的活动”，第3条规定，“在当事人自愿、平等的基础上进行调解”，《民事诉讼法》第93条规定，“人民法院审理民事案件，根据当事人自愿的原则”，都在法律层面上充分强调了尊重当事人自愿原则。

尊重自愿在某种程度上是区分调解与其他纠纷解决方式（如诉讼）的重要因素。它保留了当事人双方的关系情意，使当事人在争吵、纠纷、矛盾中仍留存有一份缓和关系的希望。对于当事人来说，与由权威方强加的裁决相比，更愿意接受和执行由自己协商产生的解决方案，这也增强了协议的可执行性。尊重自愿原则并不影响调解的权威。尤其是人民调解，作为自治自律活动，与从“公权力”出发的司法调解和行政调解不同，其权威的唯一来源就是人民的信任和委托。如果强制进行暴力调解，不仅干预了当事人的正当权利，违背人民调解的根本性质，也无法达到良好效果，实属舍本逐末。

调解员需注意，双方当事人的法律地位是平等的，调解员与当事人之间也是平等的。调解员应给予当事人充分的尊重和权利，引导双方当事人积极参与调解过程。调解员应告知当事人，在整个调解程序中，当事人意思处于重要地位，在调解员的配合协助下，它可决定调解程序的启动、进行和最终结果。当事人可参照调解员的专业意见，对调解形式、程序、进度、时间、地点、调解协议等提出自己的想法，对调解产生一定的控制权或支配性影响。

以人民调解为例，《人民调解法》第20条规定：“当事人在人民调解活动中享有以下权利：（一）选择或者接受人民调解员；（二）接受调解、拒绝调解或者要求终止调解；（三）要求调解公开进行或者不公开进行；（四）自主表达意愿、自愿达成调解协议。”这些规定充分体现了调解员应在调解全过程中如何做到尊重自愿。调解员应注意，从调解程序的启动，到最后方案的达成，调解全过程都应取决于当事人的合意，需要充分尊重当事人的意愿。

尊重自愿是调解原则中最重要的一条。人民调解委员会并非审判机关或行政机关，不掌握强制权力，人民调解员在调解中采取的也是调查、说服和确认的方法。调解工作只有充分尊重自愿，建立在当事人自主表达意愿、自愿达成协议的基础上，才能真正厘清事实、划定责任，达成可行的调解协议。

1. 当事人自主表达意愿

在调解的全过程中，调解员应充分尊重当事人自主表达意愿的权利，包括但不限于当事人是否选择调解方式解决争执、选择哪种调解方式，选择或是否接受哪位或哪几位调解员，是否接受目前的调解形式、程序及进度，是否接受调解时间、地点、参与调解的其他人员，是否终止调解，或转用其他纠纷解决方式。当事人可以通过明确的口头或书面方式表达自己的意愿，调解员不得忽略。

当事人享有选择或接受人民调解员的权利。人民调解员可由人民调解委员会根据纠纷需要指定,也可由当事人选择人民调解员进行调解。以参与调解的人员为例,《人民调解法》第20条规定,人民调解员可根据调解纠纷的需要,邀请当事人的亲属、邻里、同事等参与调解,也可以邀请具有专门知识、特定经验的人员或者有关社会组织的人员参与调解。但这些都建立在征得当事人同意的基础上。如果当事人认为,其他调解人员甚至调解员与自己或对方当事人或与案件存在利害关系,无法进行公正调解时,可以拒绝其他人员或调解员。《最高人民法院关于人民法院特邀调解的规定》指出,当事人有权申请回避符合以下情况的特邀调解员:是一方当事人或其代理人的近亲属;与纠纷有利害关系的;与纠纷当事人、代理人有其他关系,可能影响公正调解的。值得注意的是,即使调解员符合上述情形,但双方当事人均同意其调解,此特邀调解员则无须更换或回避。

当事人享有接受调解、拒绝调解或者要求终止调解的权利。当事人有在调解程序的任一阶段提出终止调解的权利,即在提出申请或接受调解直至调解达成最终协议之前的任何时候,任何一方当事人均可根据自己的意愿提出终止调解。任何组织和个人都不得干预。

当协议不成、一方或双方当事人决定终止调解时,为了避免意气用事,调解员可向当事人充分说明调解的可行性和必要性。但如果当事人依旧坚持终止调解,调解员固然会产生失望、难过的情绪,但必须充分尊重当事人的意愿,依据规定,告知当事人可以依法通过仲裁、行政、司法等途径维护自己的权利。调解员不得出于对纠纷解决利益的追求、对调解方式的推行目的来强制当事人接受调解,也不得以任何方式强迫当事人继续接受调解。调解员应充分意识到,并不是所有纠纷都适合通过调解解决,也不是所有当事人都能通过调解达成一致,不同的纠纷有其矛盾缘由,当事人可能有不可调和的利益分歧或更大的利益追求考虑,故而应本着“能调则调”的心态开展工作,绝对不能违反尊重自愿原则强制当事人进行调解。

当事人享有要求调解公开进行或者不公开进行的权利。一般来说,为了创造一个可信赖的环境,除非当事人明确提出,否则调解应非公开进行。尤其是一些纠纷涉及商业机密或个人隐私的纠纷,调解员应遵守职业操守,给予保密。但如果一方当事人要求公开调解,而另一方当事人明确不同意,调解员应采取不公开方式进行调解。

在司法调解中，法官也应注意避免“以判压调”、“以劝压调”和“以拖压调”，尊重当事人的自愿进行调解。在人民调解中，调解员可在声明仅属个人观点的基础上，向当事人告知可能的诉讼判决成本和结果，以供当事人参考。

2. 当事人自愿达成、履行协议

《民事诉讼法》第96条明确规定：“调解达成协议，必须双方自愿，不得强迫……”在调解过程中，调解员可提出合法合理的协议，也可通过宣传法律政策、说服当事人的方式引导双方协商形成协议，但不能以任何方式强迫或变相强迫、诱骗当事人达成协议，也不能越俎代庖、代替当事人作出决定，更不能以仲裁者身份作出裁决。协议中的任何条款内容也应建立在当事人自愿的基础上。在某种程度上，调解就是在中立第三方的主持下，双方当事人自愿协商、让步以达成合意解决纠纷的过程，的确存在当事人部分放弃自己合法权利的情况。在此过程中，当事人是否愿意放弃自己应得权益、放弃多少，都应完全尊重当事人的意见。即使是调解员提出具体妥协让步方案，也应当让当事人感到公平、公正，并通过深思熟虑，同意和认可达成该方案是明智之举。如果是当事人自行提出妥协，调解员也应向其确认这的确是当事人自己真实意思的表示，不存在被胁迫、重大误解、强制的情况。

对当事人来说，即使达成了双方合意的协议，也有可能在后续执行中发现问题，拒绝履行协议。在法律上，这一阶段当事人仅有“履行义务”，需“自愿履行”或“自觉履行”，并无法规定其不履行的惩罚措施。当然另一方当事人也可以诉权提出司法监督和法律救济。在人民调解中，如果调解协议经人民法院司法确认有效后，一方当事人拒绝履行，对方当事人可申请强制执行。

3. 主动调解

对于调解工作来说，当事人自愿调解并不仅指“当事人提出调解请求”。《人民调解法》第17条规定：“……人民调解委员会也可以主动调解。当事人一方明确拒绝调解的，不得调解。”这里对于尊重自愿原则的内涵作出了更丰富的阐释。当事人没有申请，不代表没有调解的需求。如果调解员发现某一纠纷可能会进一步激化，或者放任可能会引发重大群体性事件时，应当积极了解并判断情况，变主动为被动，如属于调解可受理范围，则应在当事人申请调解之前主动介入，将纠纷大化小、小化了，实现调解预防矛盾纠纷的功能。如果主动介入后当事人没有拒绝，则认为当事人接受调解，符合尊重自愿原则,但调解员主动介入后,当事人通过口头或书面明确提出拒绝,则需要依照此原则放弃调解。

为弘扬"枫桥经验",矛盾不上交、不过夜,于是主动调解成为基层调解工作的重要做法,[案例材料 3.9]"兄弟房产之争案"就表明主动调解在基层社会矛盾化解中的重要价值。

【案例材料 3.9】兄弟房产之争案[1]

案情简介:

村民小孙新盖了房,在家举行"乔迁"庆典仪式。快结束时,小孙嫂子送来4个花圈,小孙父亲不满,大骂大哭,整个院子乱成一团。村调解委员会主任知情后,主动赶到现场进行调解。原来小孙与哥哥共有三间房,而小孙在哥哥不知情时扒掉了自己的一间半,建起了二层楼房,并在四周套上院墙修建。哥哥多次与小孙理论,但双方一直没有达成一致意见,致使开头一幕出现。

调解主任到现场后,邀请村组长、当事人宗亲等人一起参与调解,动之以情,晓之以理。最后哥哥同意把老房子卖给弟弟,房屋作价 2.6 万元人民币,双方当场签订了房屋买卖合同书,并立即执行,兄弟俩握手言和。

案例分析:

《人民调解法》第二十一条规定:"……调解民间纠纷,应当及时、就地进行,防止矛盾激化。"案例中村调解委员会主任在当事人申请调解之前就赶到现场,马上开展调解,当场签署协议成功,雷厉风行。他的主动介入是调解成功的重要原因之一。在冲突爆发的时候,村调解委员会主任及时赶到,并动之以情,晓之以理,大打亲情牌,巧妙利用当事人宗亲、本村村组长的威望和影响力,不等兄弟俩有更激化矛盾的行动,就提出兼顾双方利益和情面的解决方案,使调解一举成功。

二、尊重事实

调解作为诉讼外纠纷的解决方式,要求以事实为根据,以关系为纽带。

---

〔1〕 参见司法部基层工作指导司、中华全国人民调解员协会:《金牌调解案例》,法律出版社 2016 年版,第 29 页。

尊重事实原则是调解工作的前提和基础,也是达成公平、合理协议的基本要求。《民事诉讼法》第93条规定:“人民法院审理民事案件,根据当事人自愿的原则,在事实清楚的基础上,分清是非,进行调解。”《人民调解法》第22条也要求人民调解员“充分听取当事人的陈述”。这要求调解员查明涉案基本和关键事实,并据此厘清责任,根据事实保护双方当事人的合法诉求,促成公正、公平解决方案的达成。如果在案件事实不清、是非不明的情况下急于展开调解,或在工作中枉顾事实、不分黑白,一味要求达成形式上的和解,很容易出现双方当事人僵持不下、拒不让步、久调不决的情况,也大大降低了调解协议的可执行性。

1. 以客观事实为基础

在开展调解工作时,纵使调解员有千种考虑万种经验,也不能凭借主观想象、推测或想当然来处理案件。调解员需要在当事人的帮助下,深入实际,通过多种调查方法了解事实,查明案件的基本情况,包括引起纠纷的原因、争执的焦点和涉案当事人所思所想,才能量身定做合适的解决方案。同时,这也需要双方当事人的积极配合。《人民调解法》第24条明确规定当事人需“如实陈述纠纷事实”。只有当事人认真、如实陈述事实,调解员才能迅速地进入情境,开展工作。查明事实后,调解员在说服、劝诫、教育当事人的过程中不应预设、先入为主或者仅凭主观判断想当然地大讲道理,而是应当从客观事实出发,考虑当事人的实际情况(包括其年龄、背景、经历等)和接受程度,以及所处情境,恰当选择说理依据;在形成协议时,应以已知事实为基础,充分考虑双方当事人的真实诉求、责任归属、利益关系,通过案情事实推导出符合实际的、合理有效的解决方案。[案例材料3.10]“动漫侵权案”的调解就说明证据材料细筛查、弄清客观事实对于调解成功的价值。

【案例材料3.10】动漫侵权案[1]

案情简介:

国内某知名系列动画的版权方对北京甲、乙两家互联网企业提出动漫人物形象的图片侵权诉讼。版权方拥有44个动漫人物形象的所有权,包括

〔1〕参见司法部基层工作指导司、中华全国人民调解员协会主编:《金牌调解案例》,法律出版社2016年版,第277~278页。

进行取证并未提交诉讼的图片在内,甲涉及侵权图片84张,乙涉及共109张。但甲乙就图片是否全部为系列动画的动漫人物不予认可,三方就侵权内容的实际数量不能达成一致。版权方希望以每张图片1500元和解,甲、乙则分别希望以300元、500元和解。法院将此案移交中电标协知识产权调委会进行调解。调解员在仔细翻阅双方证据后,发现原告主张的证据的确存在部分问题。但原告表示如一一筛查太烦琐,且如果减少有效证据数量,将提高单张图片的和解金额。甲乙则希望能够清晰地了解实际情况,但无法承担筛查证据的相关费用。调解员在法院的支持下,筛选性观看了原告的180余集动画作品、仔细甄别侵权的图片,最后在原告认可下,将侵权图片核实后确定为甲80张、乙97张。又明确原告与甲以每张图片800元和解,与乙以每张图片750元和解。三方签订调解协议后,原告当场撤诉。

案例分析:

人民调解委员会作为中立方,应该遵守尊重事实原则。本案中调解员在证据中发现了问题,并未以"双方自愿、实现和解即可"就此结案,而是深入进行证据筛查,防止一方当事人因证据问题而多支付和解金额,也防止一方当事人虚报证据而获取不当利益。

2. 灵活处理不确定的事实原则

与诉讼不同的是,调解对于事实的查明无须经过法庭调查和辩论。在无充分证据、部分事实无法查清的情况下,调解员需灵活运用此原则。

在调解员与双方当事人建立了充分信任后,某一事实没有充分证据,但双方当事人认可、经调解员认定确为真实情况时,可将此认定为事实。如果调解员认为看到的纠纷冲突仅是冰山一角,双方一定有隐藏在海平面下、巨大的关系历史时,调解员仅需了解基本事实和关键情况即可,对于某些细节或隐情,不必刨根问底、要求当事人举证或详细说明。由此不仅可以保护当事人的隐私,也可让当事人感受到尊重与关照,从而有利于拉近与调解员的关系。

在某些纠纷中,部分涉案事实究竟如何可能并无定论或无法勘验,尤其是在没有充分证据、无第三人目击、通过专业鉴定也无法给出定论的情况下,调解员应参考专业意见,引导双方不纠缠于无法确定的细节事实,淡化和隐去一些无原则纠纷,将关注点放在解决问题、提出方案上,尽量协调双方利益进行调解。需要注意的是,调解员需充分、完全尊重当事人意见,在双方当事人均认可模糊处理的前提下才可以忽略。同时调解员也需确认经此达成的协议不违背法律法规和政策的禁止性规定，不侵害国家、集体或第三人的合法利益，不违反公序良俗。在[案例材料3.11]“狗咬人侵权案”调解中，就对“狗为何咬人?”的原因没有深入追究，这也成为该案件能够调解成功的重要因素。

【案例材料3.11】狗咬人侵权案[1]

案情简介：

张、李两家是邻居，一日，张家小儿到李家去玩，被李家的狗咬伤，张家要求赔偿人身损害。李家认为张家小儿是戏弄狗才被咬伤的，但当时并无第三人在场，双方的主张完全对立。《中华人民共和国侵权责任法》第七十八条规定：“饲养的动物造成他人损害的，动物饲养人或者管理人应当承担侵权责任，但能够证明损害是因被侵权人故意或者重大过失造成的，可以不承担或者减轻责任。”调解员介入后，耐心引导两家不要纠结于张家小儿是否去挑逗狗这一细节，模糊处理了争议事实，故意忽略责任归属；从邻里关系、风俗习惯入手，最终调解成功。

案例分析：

此案中，如果一定要查清楚张家小儿被咬的起因，调解很可能就不能进行。调解员引导双方对于张家小儿是否去挑逗、李家是否可以免责采取了模糊处理，既然事情已经发生，就不要再去纠结那些无法确认的情况，而应该把关注点放在如何提出有效的解决方案上。

3. 保密性

《人民调解法》第23条规定，当事人有权要求调解公开进行或者不公开进行。《最高人民法院关于建立健全诉讼非诉讼相衔接的矛盾纠纷解决机制的若干意见》第19条明确规定，“调解过程和结果以不公开为原则，以公开例外”。调解员需要根据当事人的要求，对调解过程、内容、结果进行保密。对不同的主体，具体保密什么内容、保密多久、向谁保密，都可能会有不同。但一般来说，调解程序不公开进行，未经允许或法律明确规定，无关人员不

---

[1] 参见黄鸣鹤：《调解员培训简明教程》，中国法制出版社2017年版，第50~51页。

得旁听；在分开调解过程中，一方当事人陈述的信息未经允许不得向对方当事人和他人公开；如果调解发展至后续的相关法律程序，当事人在分开调解过程中陈述的不利于己方信息不能公开，调解员甚至可以拒绝出庭作证。

对于调解来说，保密性有助于建立调解员和当事人之间的信任关系。在交流过程中，由于保密性的保护，当事人更加愿意向调解员讲述事实真相，倾诉自己的真实想法和实际考虑，由于不利于己方的信息不会公开，当事人就不必回避和隐瞒一些对自己不利的情况。由此，调解员能够更加深入地了解当事人的真实想法，对纠纷发生的表面和深层原因、矛盾触发点、双方当事人冲突的焦点和分歧、是否存在难言之隐或利益胁迫情况、当事人的心理底线等有了更加全面的了解，这有助于调解员针对具体情况有针对性地提出解决方案。

另外，在一些特定行业领域，当事人选择调解的重要原因之一就是因为调解具有保密性，商事纠纷即是如此。对于当事人来说，因诉讼要求严格的程序性和公开性，可能会使当事人的声誉、信用受到影响，也存在商业秘密被泄露的风险，故当事人更愿意选择注重保密性的调解来解决纠纷。

故而，调解员不得泄露当事人的个人隐私或商业秘密，不得泄露当事人在纠纷解决过程中提出的证据或主张，也不得泄露当事人在调解过程中的行为，在当事人的要求下，也不得泄露调解的过程和结果。

保密性原则在商事调解中尤为重要。商业纠纷案的当事人不愿意诉诸法院而愿意选择调解的原因就在于商业保密。因此，一旦当事人泄露调解的过程和结果，最后必然引发侵权诉讼。［案例材料 3.12］“公司泄密调解的结果案”，就是典型事例。于是，在实际调解过程中，调解员务必告知双方当事人保密原则，甚至可以用条款在调解方案中予以明确。

【案例材料 3.12】公司泄密调解的结果案〔1〕

案情简介：

某市甲公司起诉乙公司不正当竞争，后双方在法院主持下达成调解协议，乙公司同意公开赔礼道歉并赔偿甲公司经济损失 3 万元，双方约定了保

---

〔1〕 参见黄鸣鹤：《调解员培训简明教程》，中国法制出版社 2017 年版，第 59 页。

密条款。案件履行后，甲公司在互联网上公开了协议内容，并接受多家记者采访，称乙公司在欺骗消费者，自家公司的打假行动得到了法院支持等。乙公司以甲公司诋毁其商业信誉，构成不正当竞争为由起诉甲公司。

案例分析：

双方当事人在调解过程中和调解协议形成生效后，都具有保密义务。在达成协议后，一方当事人违反保密约定并自行公开协议，给另一方当事人造成损害的，受害人有权提起诉讼。在调解协议中，保密条款是协议中必须受到尊重和严格执行的。

三、尊重规范

尊重规范原则是调解工作顺利进行的保障，也是调解公平、公正、合理进行的保证。在工作中，调解员需注意遵守程序规范、形式规范和依据规范。

1. 程序规范

调解可以是按部就班、一丝不苟的，也可以是有轻有重、多样多面的，但调解工作仍然具有一定的程序框架。考虑到人民调解、司法调解和行政调解有不同的程序流程规范，也考虑到调解员的经验能力、纠纷本身的性质类型、当事人的背景资源等，调解工作并没有严苛的程序要求，但需要遵守一定的程序规范。在此，主要以人民调解为例，介绍调解程序的基本规范。

人民调解的一般工作程序如下：

- 启动受理阶段：当事人申请调解，人民调解委员会主动介入，人民调解委员会接受其他机关的委托或移送。
- 调解准备阶段：在充分尊重当事人意见下确定调解员，调解员调查事实、准备材料，确认调解方式、场地、规模、时间等细节。
- 调解中间阶段：以面对面、背对背、屏对屏等多种方式开展的说服与疏导工作。在调解现场，调解员应作适当的开场白，宣布调解规则（包括双方当事人的权利与义务），引导双方当事人进行陈述。
- 调解最后阶段：调解员运用多种方法技巧进行调解，引导双方当事人在合意的基础上达成协议。如未能达成协议，调解员应依法告知当事人可选择仲裁、行政、司法等途径维护权利。
- 调解确认阶段：调解员确认最终达成协议，回访当事人以确保协议的顺利履行。

首先,人民调解必须保证遵守程序规范。程序保障是保证调解公正性和正当性的必要条件。要求调解员遵守程序规范,是因为人民调解的重要价值之一在于其灵活性,在程序上体现为形式简便、不必严格遵守举证、质证等规则、非对抗性、不公开等特点。然而,在无法保证当事人严格自律、调解第三方公正公平的情况下,这种程序上的不公正可能就会导致结果的不公正。故而,调解员应认识到,遵守基本的程序规范是为了保证当事人双方享有平等的权利,达成更合理、更可行的调解协议,确保调解活动和结果的公正公平。调解员需要注意的可能发生的程序问题包括:受理未登记或登记不全;忽略了告知当事人调解的性质、原则和效力,以及当事人享受的权利和承担的义务;调解过程未记录或记录不全、不规范;未充分查证第三方参与人的资格即同意其参与调解;调解协议书制作不规范、内容模糊;调解卷宗未及时建档、归档或不符合规范要求等。

其次,调解程序必须灵活。人民调解员面对的是千家万户,需要解决的是千人万面的复杂案件,自然不能生搬硬套地运用调解程序,而是要根据双方当事人的关系、纠纷的特点、调解进度等情况,随时调整程序。孙子说:"不拘常法,临时适变从宜而行之谓也。"调解不要求固定先后或所谓正确的程序,需要调解员根据个人情况来发展出适合自己的工作程序与特色。相较于追求严苛的程序,调解员应更重视调解结果的公平、利益的平衡和双赢协议的达成。故而,只要双方当事人自愿认同和接受最终达成的结果,除非存在重大的、导致结果不公平的程序错误,一般对于程序上进行的适度调整以及不严谨等问题不需过分纠结。

2. 形式规范

形式规范强调的是调解过程中,调解员与当事人双方都需遵纪守法,不能使用不正当的手段谋求利益,达成协议方案。调解员本身应遵循公正、公平的职业操守,不掺杂个人利益,以绝对中立的立场进行调解。调解员无论出于何种原因,均不能在当事人不知情或有重大误解的情况下,欺骗、诱哄当事人达成和解,同时也应擦亮双眼,积极辨别当事人是否存在虚假调解、一方当事人被变相强迫达成协议的情况。

首先,调解员应确认自己是否与双方当事人、纠纷或争议标的存在直接、间接可能会引起他人合理怀疑的利害关系,或者与当事人或代理人及其近亲属间存在现实或过往的会引起他人合理怀疑的私人或职业关系。在调解开始前,调解员应当向当事人说明情况,询问是否要求调解员回避。同时,在调解进行的任何阶段,一旦调解员发现,或经他人提醒存在这种利害关系、私人或职业关系,调解员就应本着公正无私的原则,开诚布公地向双方当事人及代理人说明情况。只有当双方当事人明确表明可接受的情况下,调解员才可以继续介入调解而无须退出。如果任意一方当事人要求回避,调解员应当主动退出调解,向调解委员会申请另外委派调解员,或者由当事人另行选择调解员。

从调解的效果来考虑,如果调解员与双方当事人或纠纷存在的这种利害关系、私人或职业关系可能引起对调解公正性的质疑,调解员应当主动退出。《上海市人民调解员行为规范》严格规定:"人民调解员应当及时披露本人存在的可能导致影响调解独立性、公正性的情形;不得调解本人及近亲属的或者与本人及近亲属有利害关系的纠纷。"

其次,调解员不应从调解过程或由此建立的与双方当事人关系中获利,也不应出于追求更高的调解成功率、更短的调解时间、更高的收费等利己主义动机而通过暴力或其他手段开展工作。《人民调解委员会组织条例》第12条规定,人民调解员不得徇私舞弊,不得对当事人压制、打击报复;不得吃请受礼。《上海市人民调解员行为规范》规定:"人民调解员不得索取、收受当事人及其代理人、利害关系人的财物;不得利用调解为本人或者近亲属牟取其他利益。"

在工作中,调解员应正确认识调解成功率、工作绩效等问题,不因盲目追求快速、成功的调解而通过暴力、胁迫、诱哄等方式使当事人进行违法违规或侵犯国家、社会以及他人权益的行为,或达成不符合公平公正原则的协议。同时,调解员应合理拒礼、拒请,不为了金钱等私利而丧失职业操守,真正做到不偏不倚,不偏袒任意一方当事人。值得注意的是,在拒礼、拒请时,调解员应将人情世故和尊重规范结合起来,对于不会导致当事人对调解员的公正性产生实际或想象的质疑的行为,如能够促进调解进行、符合当地习俗或文化习惯的很小价值的感谢、礼物或其他行为,应依据当事人的日常生活习惯认知,根据灵活与慎重并重的原则予以处理。比如对于乡村调解员来说,上门调解时遇到流水席受邀一起共餐是符合乡土人情的。

最后,调解员应当在充分信任当事人的基础上,明辨是非,防止当事人出于不正当目的而采取违法违规或违背公序良俗的行为达成协议,保护涉案人的利益,维护公正公平。尤其在民事纠纷中,当事人可能采取各种手段虚构法律关系、捏造事实、伪造证据等,谋求通过调解获取不正当利益。调解员应认真地调查事实、厘清责任,详细核查是否存在恶意串通、损害案外第三人合法权益的可能,也应当确保当事人在做出决定时,并未受到胁迫或欺诈,不存在重大事实的隐瞒和对法律法规的误解。如果遇到法律意识淡薄的当事人,调解员应当严肃地晓以利害,告知其可能承担的民事甚至刑事责任。[案例材料3.13]"张师傅撒谎案"的调解就是此类典型事件。

【案例材料3.13】张师傅撒谎案〔1〕

案情简介:

一天早晨,张师傅冲进公共法律服务站,嚷着要信访。沈律师立刻上前接待他。他陈述道,自己的父亲老宅纳入房屋征收范围,得到了60平方米的安置房购买面积,他本来想以政府指定价格购买这些面积的住房给老父亲住,但老父亲身体不好、神志不清,在自己不知情的情况下糊涂地放弃了购买权,拿了政府的安置款。他表示自己要上访,讨个公道。事实真的如此吗?老父亲真的是限制民事行为能力人吗?沈律师当机立断,第二天上门拜访,了解到张师傅的父亲的身体和精神状态都很好,跟着小儿子在一起生活得非常好,并且表明是自己主动放弃安置房购买面积的,只是想安安稳稳度过晚年。由此,沈律师再次接待了张师傅,并且"软硬兼施",法情理兼具,教育疏导张师傅,引导其摒弃不正确、不合法的思想观念和行为。张师傅最后明确表示不再信访了。

案例分析:

此案的关键点在于,老父亲是否真像张师傅所说的不具有完全民事行为能力,老人是否自愿放弃安置房购买权,搞清楚这两点事实,就可以确定张师傅是否撒谎。一旦确定张师傅撒谎,调解员应当通过教育引导,使张师傅放弃不正当、不合法的想法,不仅维护了老人的合法权益,而且使这一案件迎刃而解。

---

〔1〕 参见金山区人民调解委员会:《老父亲真的神志不清吗?》,载公众号"i法治金山"https://mp.weixin.qq.com/s/Vlyzhs26VAyVTAlj0OYjAw,最后访问日期:2019年7月30日。

3. 依据合法

依据合法强调的是达成协议方案的依据虽不一定是正式成文法,但一定要符合公序良俗。裁定事实、判断是非、达成协议的标准不是当事人的意愿,也不是调解员的主观猜测,更不能是落后的风俗恶习,而应该是合法合规的法律、政策及公序良俗。因此,应当适用规范的调解依据作为双方当事人统一认识的基础和厘清事实的标准,只有如此,才能进行具有说服力的调解。

我国历史悠久,传统文化丰富,各地均有不同的习惯与风俗。同时,在社会发展日新月异、矛盾冲突越发复杂的今天,调解纠纷所适用的依据可能并不完全相同,调解依据之间如法律与道德、权利与风俗可能会产生冲突,或者法律、政策不健全、规定模糊,并未进行详细规定。这时,调解员应该如何选择合理依据进行调解呢?

在我国的乡镇村社、少数民族聚居区等地,已形成较为成熟的、普遍接受的地方风俗习惯,但可能与现行的法律原则不一致。当事人可能不了解法律政策,但接受公序良俗。如果强行适用法律作为调解依据,当事人可能会对法律法规产生厌恶情绪并会试图予以规避,这不利于合意基础上调解协议的达成。调解员如果一意孤行,可能会造成一系列负面效果,例如,人们遇到纠纷时更倾向于选择自主处理而非诉诸法律,甚至恶意利用法律与地方规范的不同谋取利益。这时,在不违反相关法律法规与现行政策的强行性和禁止性规定,并且在双方当事人均同意的基础上,调解员就可以依据地方的风土人情与民俗习惯进行调解。[案例材料 3.14]“上门媳夫弃公公案”的调解就参考了当地风俗。

【案例材料 3.14】上门媳夫弃公公案[1]

案情简介:

福建闽南某村老刘的小儿子去世后,根据当地风俗,其儿媳招了一接脚夫(媳妇在前夫家再婚的丈夫)小王上门。小王在刘家生活期间,老刘待其如亲子,签订认亲协会并将房子和征地补偿款平均分了二分之一给小王。

[1] 参见黄鸣鹤:《调解员培训简明教程》,中国法制出版社 2017 年版,第 69 ~ 70 页。

但老刘年老多病后，小王以自己与老刘无法律上的亲属关系为由，拒绝尽赡养义务，被老刘告上法庭。受案法院以善良风俗为依据，判决小王应尽赡养义务。

案例分析：

从法律上来说，小王的确与老刘不存在法律上的亲属关系，也即没有赡养义务。房子可以说是与老刘儿媳的共同财产，征地补偿款也可以说是集体所有财产。从地方风俗习惯上来说，接脚夫自宋朝起就存在。当地观念认为，小王理应尽到赡养义务。从契约精神上来说，双方秉持自愿、平等的原则签订了“合约书”，小王成为接脚夫也是心甘情愿的。他享受了与老刘儿子同等待遇的财产权，自然也需要承担同等的义务。从社会影响上来说，当地民俗如此，如果解决纠纷时不考虑实际情况，生搬硬套法律条文，很可能会破坏当地的民风民俗与社会习惯，丧失调解方的可信度。

当然，在一些不发达、相对封闭的地区，某些地方风俗与现代法治精神相违背。基层调解员因身处其中环境，潜意识地习惯于按照某些地方风俗进行调解，其结局是当事人可能遭受到更大的权利侵害，因此，调解员也需要正确分辨，要合理适用良俗，坚决抵制如童养媳、冲喜等陋习恶俗。[案例材料 3.15]“交换亲案”就是某些地方风俗所致，调解过程中，应坚持依法调解而非依照地方风俗调解。

【案例材料 3.15】交换亲案[1]

案情简介：

陕西省某地村民小银是孤儿，被邻居庞氏夫妻收养，他们已有一子小阳。后小阳与本村女子小菊结婚，小菊父母提出等小银长大后嫁给小菊的哥哥小军为妻（当地称为“交换亲”），庞氏夫妻同意了。小银满 17 岁时，为满足庞氏夫妻的要求，小军家举债 10 万元人民币购买了一套商品房，小军与小银按照当地习俗缔结婚约。后小银外出打工，归来后要求解除婚约。小军家坚决不同意，提出除非小阳和小菊离婚，并全额返还彩礼款、购房款，

〔1〕 参见司法部基层工作指导司、中华全国人民调解员协会主编：《金牌调解案例》，法律出版社 2016 年版，第 21～23 页。

还要赔偿精神损失费,共计 20 万元,否则小军将采取极端行为。小银申请调解。调解员介入后,依据相关法律,向双方当事人指出:当事人之间属于婚约纠纷,不具有法律约束力;一方解除婚约不必取得另一方同意,而“青春费”“名誉费”不受法律保护。同时,小银尚未成年,在缔结婚约、购买房屋方面都不具有完全民事行为能力。最终,双方达成协议,小军同意解除婚约,由小阳向岳父支付 5 万元。

案例分析:

在我国部分地区仍存在“交换亲”等落后陋习。调解员并未盲目适用当地习俗作为调解依据,而是考虑到小银尚未成年、婚约不具有法律约束力等情况,选择了利用法律武器来解决双方当事人的矛盾焦点,同时也为当地农村文明新风貌建设做出了表率。

随着我国逐渐迈向信息化、国际化,法律无法随时跟上瞬息万变的社会经济生活,调解工作中的确遇到法律法规尚不健全或仍属空白的情形。另外,法律和政策无法事无巨细地对人们生产生活的每一方面都作出规定,会存在规范性文件规定模糊,甚至没有适用依据的情况。这时候,如果过于追求“形式上”的平等,硬要套用某些规范性文件,造成的结果就是要么不符事实,要么不合实际,反而会对实质公平造成破坏。此时,调解员就要综合考虑案情、双方当事人的实际情况、争议焦点,参考已有法律政策规定、法律原则、社会普遍认知、当地习俗、行业惯例等依据,遵照公平、公正、合理的理念,在双方当事人均自愿接受、同意的基础上,创造性地进行调解。[案例材料 3.16]“利率争议案”的调解,就是创造性调解的事件。

【案例材料 3.16】利率争议案[1]

案情简介:

2010 年 11 月 1 日,彭某向易某借款 4 万元,并出具了借条,写明“利息二分,于 2011 年 10 月底归还”。但 2011 年 11 月,彭某没有归还本金和利息,易某多次催要未果,二人发生争吵,后至镇司法所申请调解。彭某认为

[1] 参见孙赟峰:《如何做好调解工作:调解实务技巧与案例》,中国法制出版社 2013 年版,第 5207~5257 页。

利息二分是指年利率,利息一共应为800元。易某则认为,根据当地借贷习惯,借条约定利息一般就是月利率,利息一共为9600元。调解员介入后指出,根据日常生活经验,如果按照年利率计算,低于同期一年期贷款、存款基准利率,这不符常理;根据当地习惯,按照月利率计算,年利率达24%,已经超过同期贷款基准利率的4倍。考虑到易某的经济状况和归还能力,调解员提出分期还款并适当减少利率的方案。两人同意并达成了协议。

案例分析:

该案例中,双方对借条约定好的"利息"依照何种依据的理解不同。调解员首先参考了当地的借贷习惯,又根据当事人的实际情况,从公平合理的原则出发,重新约定利率,并提出了新的还款方案,调解成功。

在特定行业领域,由于专业性强,对纠纷的调解可参考适用特定的行业领域规范。如针对医疗纠纷、商事纠纷,其行业规范可作为依据进行事实与责任判定,[案例材料3.17]"误发药物纠纷案"的调解,就采用了行业规范进行事实认定和责任判定。

【案例材料3.17】误发药物纠纷案[1]

案情简介:

岳某,男,61岁。因银屑病发作,岳某到某医院诊治。药房误将甲氨蝶呤0.3g当成30mg发放,注射室护士注射时没有核对医嘱,把0.3g甲氨蝶呤全部静脉注射至岳某体内。岳某出现腹痛、胸闷、腰痛、呕吐、头昏等不适来院就诊,后转至其他医院治愈。岳某对某医院医护人员对其病情的诊治提出质疑及索赔。市医患纠纷人民调解委员会受理后,组织了专家进行分析,认为该医院医护人员违反了诊疗常规,一是责任心不强,误发药品剂量;二是违反"三查八对一注意制度",给岳某造成了身体伤害。市医患纠纷人民调解委员会确认医方应赔偿岳某后续的治疗费用。双方达成协议。

案例分析:

该案例中,药房和注射室工作人员的行为违反了医疗质量管理最基本的

---

[1] 参见种衍军:《医患纠纷调解中的行业规范依据》,载种衍军主编:《医患纠纷人民调解技巧与典型案例分析》,金盾出版社2015年版,第6521~6551页。

查对制度。因用药过量对患者所造成的损害与人员行为过失有直接因果关系，医方理所应当承担赔偿责任。调解委员会依据行业规定调解此案，调解成功。

第三节　调解工作方法

调解作为化解社会矛盾、消除纷争的非诉讼解决方式，是一项具有深厚中华民族传统的制度，在历史悠久的实践中，人们也总结出了一套解决纠纷、定分止争的基本工作方法，包括帮助调解员了解事实、明确责任的调查方法，以人为本、以法规范、以理喻人、以情晓人的说服方法，和案结事了、息讼止纷的确认方法。三者在司法调解、行政调解和人民调解中都可适用，是调解工作的基本方法。

一、调查方法

调查方法关注的是：事实到底是什么？责任应如何划分？作为调解员，尊重事实是调解工作的重要原则之一，调查方法可帮助调解员遵循原则，厘清事实、分清责任，为后续说服双方当事人达成协议打下基础。

在受理纠纷后，调解员应当立即开始采用调查方法来了解、核查纠纷事实，包括纠纷产生的原因、发展过程、争议焦点、目前进展、双方当事人的证据及其来源、当事人对于纠纷的态度和预期目标，这些是进行调解所必须了解的基本案情内容。同时，如情况需要、现实允许，调解员还需要了解当事人的性格特征、社会关系情况，同时尤其需要注意是否存在对当事人或案情发展有影响和制约作用的第三方因素。

调查方法以作用对象为标准，可分为三类，即向当事人调查、走访调查与专家协助调查。调解员应首先向当事人了解基本情况和双方的争议，根据需要可通过走访知情人和相关人员以便更加客观地了解事实，在处理一些专业性、行业性纠纷时，也可以寻求专家的帮助来厘清事实、分清责任。

（一）向当事人调查

调解是在沟通交流中寻求一致的机制，对于调解员来说，如何向当事人调查以了解事实，是必备技能。双方当事人作为调解员的工作对象，既是纠纷产生和发展的主体，又是纠纷和解的主体，故而听取当事人陈述，有利于调解员厘清事实、分清责任、针对性地制定调解方案。同时，当事人陈述纠纷情况、表达意愿观点,也是当事人的合法权利,更是调解工作尊重自愿、尊重事实的重要体现。

在向当事人调查时,可以采取分别调查和集中调查的方法。调解员可以分别与当事人谈话,了解一方当事人对事实和责任认定的看法与态度诉求,也可以让双方当事人面对面坐在一起,集中听取双方的陈述。一般来说,分别调查可以让当事人毫无顾忌地表达自己的意见和看法,这样有助于调解员更好地理解当事人的诉求,但也存在陈述中刻意夸张或隐瞒的可能。集中调查有助于调解员迅速通过当事人的客观陈述了解争议焦点、厘清误会,但可能会导致当事人较为激烈的争执,场面不易把控。故而在这两种调查方法中,调解员需着重掌握沟通和把控场面的方法。

1. 沟通:倾听与询问

沟通是调查方法中的重要一环,只有通过有效的交流沟通,调解员才能充分了解当事人陈述的事实并作出判断。对于调解员来说,沟通是贯穿整个工作过程的重要方法,也是赢得双方当事人信任的必经之路。在沟通中,倾听和询问是不可分割的环节,二者在调查过程中的运用次序、运用时间都应依照调解员的习惯、当事人的性格、纠纷性质、调查进展等进行实时调整。

(1)耐心倾听

倾听是调解员的必备技能,调解员必须要具备通过倾听来理解当事人意涵、需要的能力,它要求调解员负有耐心和诚意。

首先,调解员在听取陈述时应始终保持耐心、积极的倾听状态,全身心地投入与当事人的交谈。这里要求调解员"完完全全地出现在当事人面前",全心全意地用大脑、心和直觉去聆听,真正听到、吸收和消化当事人的陈述内容。当调解员面对一件件的纠纷争论时,虽然了解倾听的重要性,但不一定能够做到始终全神贯注。由此可通过控制谈话时间、征得同意情况下做笔记等辅助方法,以提高效率。

耐心倾听是赢得当事人尊重和信任的起点。通过倾听当事人的陈述,调解员可以逐渐将当事人和案情建立联系。调解员应该让当事人意识到"我想听"和"我在认真听",适当给予当事人一定的肢体、表情与语言回应,保持眼神交流,让当事人感受到被尊重和重视。如适当地使用"请继续""嗯""我明白了"等鼓励的语言。通过倾听创造出关怀的沟通氛围,建立起当事人对调解员的信任感。

耐心倾听的内容不仅应涵盖纠纷问题、进展和细节等听起来与案情调解“直接”相关的内容,也需要关注案件背后的故事,包括当事人对于纠纷解决方式的期待、对对方当事人的看法、案件的来龙去脉及之前的历史关系等。这有助于调解员了解当事人的真实意思和具体想法,透过现象看本质,调解员可以通过当事人的诉求来探究当事人产生此诉求的理由,由此寻找到造成纠纷的真正原因。

[案例材料 3.18]“要的只是一个说法案”中,法官就是通过倾听当事人的倾诉,了解到当事人的真实想法,提出了恰当的调解方案,最终调解成功。

【案例材料 3.18】要的只是一个说法案[1]

案情简介:

1998 年,小马与小陈相识并结婚,考虑到经济条件,小马作为“上门女婿”入赘陈家,二人感情一直很好。2007 年,小马因工受伤,落下了终身残疾,开始酗酒,二人感情破裂,小陈终于提出离婚诉讼。法官进行调解。小马坚持要求分割三间三层楼房,而小陈认为这属于家庭共有财产,不同意分割。小马扬言如果法院不判决分割,将会对小陈一家进行报复。后来经法官多次沟通,了解到小马如此坚持,一是认为离婚“净身出户”没有面子,二是怕离婚后住所没有着落,又不好意思提出让小陈帮扶,他“要的只是一个说法”。故而法官向双方说明,根据法律规定小马依法享有家庭共有财产中的份额,提出房产中小马的份额归小陈,由小陈给予小马一次性经济补偿,并强调这是对其放弃房产份额的补偿,并非“净身出户”。同时,在村干部的协助下,帮助小马通过租房解决了婚后居住问题。二人达成了调解协议。

案例分析:

本案能顺利调解的一个重要因素,是法官通过倾听小马的心声,了解到小马“害怕净身出户”“只要一个说法”的真实诉求,解决了这一诉求,纠纷自然迎刃而解。

其次,耐心倾听还要求调解员在听取陈述时应一直充满诚意、摒弃偏见。充满诚意强调的是关照双方当事人的内心感受,更主动地展开了解、建

〔1〕 参见孙赟峰:《如何做好调解工作:调解实务技巧与案例》,中国法制出版社 2013 年版,第 3769 ~ 3816 页。

立信任。对于调解员来说,“要把至诚的心意具体地表现在语言和行动上”,[1]在当事人处于冲突、矛盾、纠纷、紧张等各种负面情绪的情况下,调解员应体贴关怀敏感的他们,主动表示理解当事人的内心感受,与双方当事人建立信任。同时,在听取陈述时调解员也不应有偏见。面对形形色色的纠纷,调解员必然会有个人的观点与态度,这是人之常情。在当事人倾诉自己的负面情绪甚至不合法、不合理的诉求时,调解员不要匆忙下结论或打断对方,允许当事人充分表达其想法和感受,要理解当事人的情绪,鼓励当事人尽量坦诚、充分地表达自己的观点。要相信当事人陈述的是他们认为的事实,他们的行为在他们看来都是合理正当的。即使当事人的陈述是谎言或欺骗,调解员也不要急于表现出对当事人行为或看法的否定,尤其要注意眼神、语调和肢体语言。作为中立的第三方,调解员一定要做到以诚待人,不要让偏见影响到判断和调解结果。

在实践过程中,调解员容易受到当事人的情绪和事实真相的影响,若不愿倾听当事人不合理的或虚假的诉求,急于驳斥当事人的错误言论,则易造成调解无法成功。[案例材料3.19]“家属与养老院的纠纷案”中,调解员控制自己情绪,认真倾听,并找到合适时候,让当事人反省,从而圆满地解决了纠纷。

【案例材料3.19】家属与养老院的纠纷案[2]

案情简介:

曹阿婆在松花江路养老院内因病去世,子女赶到后处理身后事宜,并与养老院就老人死因产生肢体冲突,致使副院长受伤,养老院设施也遭到破坏。调解员受理此案后,详细了解了相关情况。曹阿婆一人拉扯三个孩子长大,身体积劳成疾。经医院诊断无法治愈后,子女就将母亲扔进了养老院。现在老人去世了,其子女想用老人的死因来敲诈养老院。调解员了解了真实情况之后陷入深思,显然曹阿婆的子女存在很大问题,不但生前对曹阿婆不孝,还想将过错强加于他人,于情于法都不应该。在之后的沟通中,

---

[1] [日]草野方郎:《调解技术论》,韩宇、姜雪莲译,中国法制出版社2015年版,第73页。

[2] 参见上海市司法局基层工作处、上海市人民调解协会:《人民调解故事汇编——上海市人民调解故事汇编(2016)》2016年10月,第137~139页。

曹阿婆的子女更是蛮横无理，强硬表示一定要养老院予以赔偿。调解员面对曹阿婆子女错误的陈述，并未驳斥和争论，而是表示理解他们因母亲过世悲痛的心情。

后来，调解员在整理曹阿婆的遗物时，发现了两张曹阿婆每天都会抚摸的全家福和一盒磁带。磁带里是曹阿婆女儿小时候说话的声音，她心疼母亲独自抚养他们兄妹的辛苦，表示自己长大了一定让母亲过上最好的生活。调解员把照片和磁带拿给曹阿婆的子女，告诉他们养老院看到曹阿婆在养老院时对子女思念的样子，并动之以情说起养老院代他们照顾母亲不易，让曹阿婆子女仔细思考自己是否有欠缺。第二天，曹阿婆子女感到自己的行为不妥，与养老院签订了调解协议书，子女们同意赔偿副院长的医药费、养老院设施的损失费，并赔礼道歉。

案例分析：

对于调解员来说，面对这样的事情，心里也产生过感慨，很不是滋味，但不能直接表露自己的情绪，而要冷静地倾听当事人的想法。在调解过程中，调解员依旧充满诚意、摒除偏见，主动整理曹阿婆的遗物，并晓之以理，动之以情，让曹阿婆的子女明白自己的过错，共同解决此次纠纷。

(2)恰当询问

询问是最基本的工具之一，恰当地询问能够鼓励当事人向调解员敞开心扉，也是保持沟通进行、表达兴趣、获得信息的重要途径。调解员要在沟通中细致询问纠纷的相关细节，尤其是双方意见分歧的内容，切勿马虎大意、偏听偏信。

首先，恰当询问要求内容相关。问题提出前，调解员应确认问题内容与解决方案相关，即此问题能够切实地帮助厘清事实，调解员和对方当事人都需要了解此信息。要避免仅出于好奇心的询问，也要注意保护与当事人的距离和隐私，不要求对当事人的每句话、每个行为都进行询问查实；否则可能会引起当事人的反感，还可能会侵犯其隐私，甚至导致当事人对调解员的厌恶和不信任。在集中调查中，调解员的问题应集中在案情事实本身和当事人的基本立场、态度与诉求上，不应直接询问“你的底线在哪里”等问题；在单独调查中，调解员的问题可适当深入、广泛，仔细探求当事人语言和行为的真实动机，抓住纠纷的本质原因。

其次，恰当询问要求方式适当。在获取不同信息时，调解员使用的询问方式和措辞应当是不同的。在进行例行的信息确认期待当事人给予明确答案时,可采用封闭式询问。如“你在这里工作几年了?”“你们是哪一年结婚的?”等问题,寻求当事人的认同或对简单事实的确认。在期望当事人充分表达自己的诉求、想法和态度时,可采用开放式询问。比如“关于…你的意思是?”“你为什么会这样想?”等问题,让当事人有机会就相关问题进行详细说明,以便在当事人提供的解释中找到更加详细的信息。同时,这一类问题是发掘新话题、寻找根本原因的好抓手,通过适当的开放式问题如“是什么原因让你这样做?”来了解当事人真实的想法,探求纠纷发生的真实原因。这时调解员应当注意问句的措辞应柔和,不应当咄咄逼人或指责。在了解双方当事人表述冲突、主要争议点时,调解员可采取澄清式询问,来充分了解客观事实,如“你认为当时发生了什么?”“它是如何和……联系在一起的呢?”“你当时期待发生什么?”在此,调解员需注意不应是审讯时的询问,应保持语调平和、语气柔和,避免过多使用“为什么”等带有控诉或指责色彩的词,对当事人提供的信息保持中立,不作出过于积极或消极的反应。

需要注意的是,在调查过程中,调解员应避免向当事人提出逼供式和引导式问题,如“你到底是怎么想的?”“你有没有尝试过……”“这样会不会更好呢?”这两类问题会影响调解员在当事人心中的公平公正和信任感,容易让当事人感受到被攻击和怀疑。引导式问题尤其不建议在调查阶段中使用,因为当事人的答案很可能会被调解员的问题、隐含态度所影响,未必是真实可信的。

2. 把控场面

在集中调查中,双方当事人可能会在这一阶段“针锋相对”地指责、反驳,不停提出相反意见。调解员需要把控场面,让双方当事人都有机会在不被打断或挑衅的情况下,完整讲述自己的观点和顾虑,表达情感,进行交流。由此,调解员能在这往来对话中寻找到真正的冲突矛盾点,也能更加全局地了解到双方当事人的想法。

(1)尽量避免“掌舵”

在向双方当事人了解事实阶段,调解员应将话语主动权交给他们,听他们讲述事情的经过,创造安全的陈述环境。尽量少提有导向性的问题,少做总结,避免双方当事人认为调解员在偏袒对方、评价他们的陈述。

(2)保证每个人的说话时间

在轮流发言阶段,如果发言人数不多,调解员需要保证每个人的说话时间。当一方当事人打断、反驳、攻击正在说话的另一方时,可轻柔地要求他控制自己,把有问题、有疑惑的点记录下来,等对方说完了再表达。同时,也可以引导说话较少的当事人,请他多讲一点自己的感受,尤其是产生情绪的原因,而非情绪本身。

(3)两次发言之间的过渡

对于调解员来说,在两次发言之间过渡时,可以询问上一位发言人,是否有需要补充的地方。感谢他之后,再请下一位发言人开始讲述。这可以给当事人被尊重、被重视的感觉,同时也有助于当事人回顾在上一段发言中澄清了什么事实、提出了什么新信息。

(4)澄清误解

作为局外人,调解员可能会很容易就发现双方当事人存在误解的地方,特别是对方作出某一举止言行的原因。由此,在当事人陈述自己的经历、感受和反馈时,尤其要重点关注让对方不解或难过的行为及其原因,并鼓励双方进行交流解释。如果双方当事人对某事纠缠不清、以偏概全、产生臆断时,不要尝试劝说一方接受另一方的意见,而是应当说明有不同意见是正常的,在了解第一手信息的情况下,核实那些错误的“我以为”“我觉得”“你肯定”等信息。[案例材料 3.20]“室友纠纷案”中,调解员帮助双方当事人澄清误解和臆断,解决了室友的矛盾纠纷。

【案例材料 3.20】室友纠纷案〔1〕

案情简介:

小胡、小陈和小齐是室友。某晚,小胡与小陈邀请小齐一起玩“抖音”,小陈拍下了小齐跳舞的视频。小齐拒绝多次无果后抢走了小陈的手机后就上床睡觉了。第二天中午,小陈在微信群里向小齐道歉并要求归还手机,小齐约定晚上十点当面归还。但小陈认为这是不尊重她,当晚负气回家休息。第三天回寝室后威胁小齐不还手机就拿走她的电脑,并在小齐床上发现了自己的手机,把电脑放在小齐床上后离开寝室。小齐回来后找不到电脑,一气之下砸坏了小陈的东西,最后经小胡提示才找到了电脑,但二人关系僵

〔1〕 该案例由本书作者采集。

化，互相不理睬，互删微信，在短信上还互骂。

调解员介入后，与二人分别沟通。小齐认为小陈处处针对自己，拍跳舞的视频是在嘲笑自己不开朗大方，事发后不愿当面解决事情，一直在逃避；小陈认为小齐脾气不好，从一开始就看不起自己，不愿意当面解释清楚，而且她不还手机侵犯了自己的财产权，同时还砸坏了自己的物品。经调解员努力调解，发现小陈拍视频仅仅是为了活跃气氛，而小齐不还手机是希望小陈能够主动道歉和好。调解员采取了面对面调解方式，让二人明白那些“认为”都是自己臆断和猜测的，长时间的拒绝沟通夸大了彼此心中那些臆断。经调解后，两人彼此道歉、拥抱，并赔偿了经济损失。

案例分析：

此案中，调解员发现，二人关系僵化的原因在于彼此之间有非常大的误解，都是二人的臆断猜测所造成的。通过面对面澄清了这些主观臆断，二人的纠纷自然解决了，调解成功。

（二）走访调查

走访调查既包括针对知情人或相关人员开展的调查，也包括到现场的实地调查。俗话说“当局者迷，旁观者清”，在调查时调解员不应拘泥于双方当事人或其代理人的说法，也应当在征得当事人的同意下，对案件知情人及周围相关人员进行必要的走访调查。在走访相关人员时，应消除被调查人的疑虑和不信任，引导他们如实反映自己了解的情况，补充、澄清当事人提供的事实。这些人包括当事人的亲朋好友、单位同事、邻居等。调解员在调查中应当做好详细记录，也可以请被调查人员在记录上签字认可。

对于争执标的属于土地、房屋宅基地、水利设施、山林等不动产的纠纷案件来说，现场勘验是最好的调查事实方法。俗话说“百闻不如一见”，调解员需要到现场进行实地调查，掌握纠纷事实的第一手材料和真实情况，更加有利于了解当事人的主张，做出正确判断，有助于协议方案的制定。深入实地后，调解员能够了解更多的背景信息，探查实情，更好地促使当事人产生信任感。

走访调查需要征得当事人的同意才能进行，尤其是涉及当事人的隐私时，调解员更应当事先向当事人说明调查对象、调查范围、调查方式，以避免当事人产生不悦情绪。[案例材料3.21]“楼上漏水纠纷案”中,调解员通过走访调查,了解实际情况,提出调解方案,成功化解矛盾。

【案例材料3.21】楼上漏水纠纷案[1]

案情简介:

某居民楼的302室住着两位七旬老人,402室住的是出租客。402室的卫生间漏水已久,并且日渐严重,老人非常担心自己的卫生间墙壁霉变脱落,卫生间潮湿自己会滑倒或触电。调解员现场勘查过后,提议查找漏水点,被房主拒绝。月余后,终于请专业人员上门查看,寻找到了漏水点,并提出整修方案,调解员抓紧时间,提出在一个月后,也即租房合同到期时进行大整修,同时动之以情,晓之以理,终于使双方达成协议,402室房主在房客搬走后进行了整修。老两口兴奋异常,终于解决了心腹大患。

案例分析:

调解员首次实地勘察时,想寻找漏水点,未得到当事人配合,为此,调解员请来专业维修人员找出漏水原因,并提出整修方案,在最大限度少影响两方生活与利益情况下,调解员根据自己勘察和维修人员专业调查的结果,提出了调解方案,成功化解纠纷。

(三)专家协助调查

在部分行业性、专业性案件中,由于纠纷内容涉及专业知识和技能,超出了普通人的认知范围;或者在纠纷发生后,其发展过程和表现形式涉及专业知识和技能,影响了双方当事人对于纠纷起因、损害、结果和责任划分的判断,这类案件的事实认定和责任划分就需要专业意见的介入才能进行。为此,调解员需要根据纠纷的实际情况和焦点问题,依法依规邀请相关方面的专家、学者或者相关行业的专业人士进行协助调查,充分发挥行业性、专业性人民调解委员会的功能。《人民调解法》第20条规定,人民调解员根据调解纠纷的需要,在征得当事人的同意后,可以邀请具有专门知识、特定经

---

[1] 参见上海市司法局基层工作处、上海市人民调解协会:《实地调查化矛盾、解危机》,载《人民调解故事汇编——上海市人民调解故事汇编(2016)》2016年10月,第7~9页。

验的人员或者有关社会组织的人员参与调解。由此，一方面可以弥补调解员个人在相关专业、行业领域的知识和经验的不足；另一方面也可以增强事实认定和责任划分的正确性与权威性，以便在尊重事实的基础上开展调解。

在邀请专家协助调查前，调解员要注意需要事先征得双方当事人的同意。一般情况下，双方当事人在因某个专业性较强的问题产生争执、疑虑时，调解员提出邀请专家协助调查，双方都会同意。在一些特殊情况下，当事人中一方不同意，也可以邀请专家协助调查，以便解决纠纷。[案例材料3.22]“术后患者死亡纠纷案”中，调解员针对当事人中一方不同意医疗事故技术鉴定的情况下，借助专家力量，明确了调查结果，最终促成了双方当事人协商解决。

【案例材料3.22】术后患者死亡纠纷案[1]

案情简介：

患者因反复头晕伴视物旋转3天，入住吉林市某医院后，在家属明确同意下医院为患者进行了手术，但术后病情加重，经全力救治无效而死亡。家属提出60万元人民币的赔偿要求，同时将患者尸体停放在病房内拒绝移走，拒绝尸检和医疗事故技术认定，并在医院正门拉起横幅、摆花圈、焚烧纸钱。医调委迅速介入后，在专家库中选择相应学科的医疗和法学专家召开专家咨询会，在无尸检报告、无医疗事故技术鉴定的情况下，对患者致死原因和责任认定进行了详细的调查分析，最终认定医方诊断正确，治疗原则无误，患者死亡系自身疾病严重所致。但治疗中存在一定缺陷，医方承担轻微责任并进行赔偿。后双方达成协议，由医方赔偿患方9.8万元人民币。

案例分析：

在此案中，患方拒绝尸检和医疗事故技术认定，以调解员的单个力量是无法进行事实认定和责任划分的。这时，调解员及时邀请专家协助调查，厘清了患者死亡原因和医方责任，最终调解成功。

---

[1] 参见司法部基层工作指导司、中华全国人民调解员协会主编：《金牌调解案例》，法律出版社2016年版，第113～115页。

二、说服方法

说服方法在调解过程中至关重要。说服方法关注的是,如何通过劝诫、说服来促使双方当事人重新信任和理解彼此,最终达成合法、合理、合情的调解方案。

1. 平衡利益诉求

从理性经济人的角度出发,利益是人们一切行为的出发点,纠纷的形成经常是由于利益冲突造成的。作为民事主体间权利义务的争执,纠纷的根本问题就是利益之争。调解员需要在沟通交流进行到一定程度后,对双方各自的利益诉求和顾虑有较为完整的了解,以他们的利益诉求为抓手,找到双方当事人均能接受的利益平衡点开展说服工作。

(1)了解背景与文化

在以关系为本位的中国社会,人情世故常常具有举足轻重的影响能力。当事人的身份、背景、地域文化等都有可能影响利益诉求和调解结果。故而,调解员需要了解双方当事人的身份关系。同时,来自不同背景和不同地域文化的当事人也可能对于利益诉求有不同的看法,尤其是在处理跨地区、跨国纠纷时,调解员需要充分了解当事人的背景与文化,选择合适的说服方法与利益诉求点。

(2)找到利益诉求和冲突点

通过对事实细节的把控和前期交流的认识,在调查事实的基础上,调解员需要从大量的对话、肢体语言、面部表情等信息中,仔细寻找双方当事人隐含的真实利益诉求与冲突。以解决问题为目标,找到纠纷的争论点,进而针对性地解决产生纠纷的真实原因,才能说服双方当事人达成可行的解决方案。

【案例材料 3.23】终于握手言和了[1]

案情简介:

邹女士住在404室,胡女士住在504室。一天晚上404室天花板漏水,邹女士找到胡女士说理,胡女士认为是因为604室的浴缸漏水。但邹女士

〔1〕参见上海市司法局基层工作处、上海市人民调解协会:《人民调解故事汇编——上海市人民调解故事汇编(2016)》2016年10月,第66~68页。

强调说因为胡女士强词夺理，态度不好，所以执意要求胡女士赔偿2万元。之后，调解员详细了解相关情况。原来两家经常出现纠纷，积怨已久。调解员邀请两家坐下来仔细详谈，调解员根据经验分析，邹女士需要的不是一直强调的2万元赔偿费，而是胡女士的一个道歉。经耐心开导，胡女士向邹女士诚心道歉，邹女士也被打动，双方拥抱言和。

案例分析：

调解员正确抓住了当事人双方的冲突点和利益需求，尤其是通过经验抓住了邹女士的利益诉求，以此为抓手进行调解，自然达到了和解效果。

（3）找到共同点

一般而言，对于当事人来说，他们存在许多不同点，故而，调解员应发现并通过强调共同利益，使当事人认识到彼此存在共同需求，缓和针尖对麦芒的关系，将双方当事人联结在一起，制造缓和、积极的合作氛围，这样有助于形成调解方案。调解员可参考双方当事人的背景和身份、共同的问题和利益诉求、共同的情感寄托或期待来进行说服。[案例材料3.24]“孩子到底该归谁?”案中，调解员就抓住纠纷双方当事人都希望“未成年人健康成长”这一共同点，进行调解，成功化解矛盾纠纷。

【案例材料3.24】孩子到底该归谁?[1]

案情简介：

刘某与陈某于2010年3月经崇明县人民法院调解离婚，双方达成合意，婚生子小刘由父亲刘某抚养。次年，刘某不幸身亡，当时陈某已经再婚，失去联系。刘某的父母承担监护职责，照顾孙子小刘的生活。一晃4年过去了，陈某得知情况后，想变更监护人领回小刘跟随自己生活，这个想法遭到两位老人的拒绝。陈某无奈向县法院提起民事诉讼，要求变更小刘的监护人。刘某的父母坚持不变更孩子的抚养关系。县法院将纠纷委托堡镇地区人民调解委员会进行调解。调解员介入后，首先根据民法相关规定，向刘某父母解释陈某有权抚养小刘；其次，从情理入手，告知刘某母亲，小刘也需

[1] 参见崇明县堡镇地区人民调解委员会采集：《孩子到底该归谁?》，载《上海市首席人民调解员案例汇编63》。

要母亲的爱护和照顾,母爱对他的成长有好处;最后,告诉陈某如若继续诉讼的确可以胜诉,但是,这样既不利于与小刘和刘某父母的关系,也不利于小刘的健康成长。希望刘某父母和陈某双方本着小刘健康成长的目的出发,相互让步。最终,双方当事人达成如下内容的协议:陈某也同意小刘在双休日或寒暑假来看望祖父母,刘某的父母则不但同意将小刘交陈某抚养,还把刘某死亡后得到的赔偿款及刘某单位的补助款交给陈某保管。

案例分析:

纠纷焦点在于当事人对孩子的监护权和抚养权各不相让。根据《民法通则》和《婚姻法》的规定,陈某依法可以获得抚养权,这一争议焦点得到了确认。其实双方当事人的利益共同点是都希望孩子能健康、快乐地成长,所以调解员宣传法律后,利用双方当事人的共同利益点,以情动人,提出了为孩子考虑的协议方案。

(4)进行利弊分析

在了解了当事人的背景、文化,当事人的真实利益诉求和可能存在的共同点之后,调解员应通过分析利弊得失来说服当事人。当事人肯定希望自己能够通过调解获得更多利益、减少损失,这种利益不仅仅包括经济利益,往往是综合心理、人际关系、未来发展等各方面的。故而调解员应当首先为当事人进行利弊分析,对不合法、不合理的利益诉求用严厉而中肯的方式明确表示反对;在当事人提出不合实际的利益诉求时,调解员应指出当事人没有意识到的问题,使其将关注点聚焦在当下能够满足的利益上,通过反复沟通,使双方当事人从宽泛、不明确的利益诉求逐渐聚焦至更加确切、具体的利益诉求上,帮助当事人权衡各方面的利弊得失,逐渐拉近双方的利益诉求,直到靠近其平衡点。同时,调解员也应向当事人指出,调解无论输赢,不应只着眼于眼前利益,还应当考虑未来可能产生的影响和后果,进而根本性地解决问题。[案例材料 3.25]“邻居火灾侵权纠纷案”中,调解员充分抓住“睦邻才有利于生活”的长远利益出发,成功调解双方当事人的纠纷。

【案例材料 3.25】邻居火灾侵权纠纷案[1]

案情简介：

某小区一楼房发生火灾，经认定是业主小杜家的厨房电路老化等故障引起，造成了巨大的经济损失，还导致邻居小张家经济损失3万余元，小张要求小杜赔偿。小杜认为火灾属于不可抗力，双方都是受害人，不存在赔偿问题，故不愿协商。小张无奈之下向调委会申请调解。调解员介入后，以《民法通则》《侵权责任法》为调解依据，向小杜指出，依照法律规定，他必须赔偿小张的损失；如果小张向法院起诉，小杜不仅要支付侵权损失赔偿，而且要承担诉讼费，更长远的坏处是邻居变成了仇人，以后日常生活难以相处。经调解，小杜同意赔偿小张家的电器损失费，并负责装修其受损墙面、地面。纠纷圆满解决。

案例分析：

此案关键在于小杜没有意识到依据法律规定，他有责任赔偿小张的损失。同时也未考虑到不良邻居关系对未来生活的不利影响。在调解员指出小杜自身没有意识到的困境后，小杜同意调解，纠纷就迎刃而解了。

2. 满怀热情，坚持不懈

当事人在产生纠纷、诉诸调解时，肯定是因为无法通过彼此的协商来达成协议、解决问题，故而调解员肯定会遭遇到各种纠结、停滞、阶段性失败和突发事件，纠纷并非一朝一夕就能化解。但调解员应当始终满怀热情，坚持不懈地使用各种技巧进行说服，用热情和坚持打动双方当事人，击破坚冰，促使双方进行冷静、平和的协商，也许就会有说服成功的机会。[案例材料3.26]“难缠的医患纠纷案”中，调解员的耐心、热情和坚持，使调解最终成功。当然，如果当事人明确提出放弃、终止调解，调解员就应当依法依规结束调解。

---

[1] 参见司法部基层工作指导司、中华全国人民调解员协会主编：《金牌调解案例》，法律出版社2016年版，第225~226页。

【案例材料 3.26】难缠的医患纠纷案[1]

案情简介：

郭某因双膝疼痛入住某医院准备置换膝关节，导致被截肢，鉴定为四级伤残。患者要求院方赔偿 89 万元人民币，申请调解。调解员在医学专家评估后组织了多次调解，郭某对评鉴意见产生怀疑，申请终止调解。之后举家住进医院两月有余，扬言不赔偿就不出院，搞得医患双方都精疲力竭。医调委在患者再次申请调解后，综合考虑决定重新受理，分别进行说服工作，使郭某认识到医疗工作的复杂、医学的局限和疾病变化的不可预见性，从而减少了对医院和医调委的偏见并降低了对赔偿额的期望值。经过多次劝说与沟通，双方达成协议，医院一次性支付患者 26 万元赔偿金。

案例分析：

此案说明即使对当事人提供了专业的意见，调解过程仍有可能一波三折。于是，调解员很好地把握了尊重自愿原则和坚持不懈原则，其耐心、热情和坚持是本案得以调解成功的重要因素。

3. 换位与和解

(1)化解当事人之间的不信任感

对双方当事人来说，他们可能从来没有意识到，彼此之间都有错误。在坚信自己无辜的情况下，互相施加压力，就会更加不相信对方，调解方案更加难以形成。所以，调解员要努力化解双方的不信任感，避免只在嘴上说“你要相信他”“他并不是坏人”。

在此之前，调解员应首先建立自己与当事人之间的信任。调解员应积极抓住机会，通过介绍自己的工作资质和经验、表明自己公平公正的立场、展现对当事人的积极关怀、对当事人的不幸表示适当的同情与关注，来逐渐建立与当事人之间的信任。当事人对调解员多一份信任，对调解能够达成的效果也就多一份自信，调解员的意见也就多一分力量。

调解员应通过建立双方当事人直接或间接的沟通，在了解事实和找到

---

〔1〕 参见司法部基层工作指导司、中华全国人民调解员协会主编：《金牌调解案例》，法律出版社 2016 年版，第 139～141 页。

利益冲突点的基础上，找出当事人彼此不信任的原因，并不失时机地拉近双方的距离，纠正彼此之间的误会和偏见，巧妙地将对方当事人的积极情感、正面形象和友好态度传递过来，努力消除彼此因主观臆断而产生的误会与隔阂，从而以点带面，逐渐减少彼此的不信任感，建立或者恢复彼此的信赖关系，促进双方当事人之间的相互理解。

（2）换位思考

首先，调解员自身要努力做到站在他人立场上，仔细考量当事人的心理状态。如果不了解当事人的立场、感受和想法，调解员就无法理解当事人的诉求、纠结和痛苦，也就无法正确地找到合适的调解方案。调解员应当在取信当事人的基础上，真正想人所想、急人所急。哪怕在调解员本身看来，当事人的部分诉求和想法不合常理，也要理解为其内心世界的真实存在，相信这些在他们看来是正当合理的。站到这一位置时，调解员才能够真正设身处地，将心比心地感受到当事人的态度和立场，从而能够理解当事人的行为和诉求，有利于提出合情合理、符合当事人意愿的调解方案。由此，进一步拉近当事人与调解员的关系，便于调解的顺利进行。

其次，调解员应引导双方当事人进行换位思考。引导当事人先站在自己的立场上，提出客观公正、合理合法的方案，再站在对方立场上，经过换位思考，对方案提出调整。调解员可鼓励他们互相分享共同关心和在意的美好的事情，包括过去的美好时光、对未来的期待等，拉近双方的心理距离。再通过描述对方当事人的处境、不为人所知的苦衷，引导当事人设想对方的立场、感受和想法。调解员应注意不得在未经允许的情况下直接告诉当事人对方的想法和诉求，应当通过假设性的问题引导当事人自己体会、感受和思考，增进对彼此行为的理解和认同感。调解员应引导当事人认识到，处理纠纷时的确需要考虑自己的利益和诉求，但也应当考虑到对方的想法和感受，这有助于公平合理协议的达成。[案例材料 3.27]“道路交通事故赔偿纠纷案”中，调解员充分运用换位思考法，最终让双方当事人相互谅解，调解成功。在实践中，换位思考也有助于双方当事人误会的消弭和情感的弥合，解开思想的疙瘩。

【案例材料3.27】道路交通事故赔偿纠纷案[1]

案情简介：

李某在夜晚骑摩托车上夜班，撞到了闯红灯的行人王某。李某把王某送至医院并垫付了前期治疗费用，之后王某虽然一直昏迷，但后来病情逐渐好转。由于李某经济十分困难，无法支付王某后续治疗费用及人身伤害赔偿。双方申请调解。调解员介入后，引导两方站在对方立场思考。调解员引导李某认识到自己需承担事故的主要责任，也要考虑王某是家庭顶梁柱，双亲均常年患病、两个孩子都在上学；调解员又劝诫王某家属，王某闯红灯也需承担事故的次要责任，且李某家中父亲瘫痪、妻子离家出走，由母亲照顾两个小孩儿，李某自己也身体不好。综合考虑到李某经济条件不佳、王某急需费用治疗，两方达成共赔偿金额9万元的协议。

案例分析：

本案的难点不在于事实和责任的厘清，而在于双方家庭各有各的难处。调解员充分体谅各方困难，引导双方当事人站在对方立场思考，互谅互让，着重用情说服了双方，最终调解成功。

4. 寻求其他关键人的帮助

由于调解的保密性，一般情况下调解员需要缩小参与调解的人员范围。但有时候为了达到更好的说服效果、推动调解进程，调解员可以寻求其他关键人的帮助，有选择地邀请其他人员共同参与调解。《人民调解法》第20条规定，人民调解员根据调解纠纷的需要，在征得当事人的同意后，可以邀请当事人的亲属、邻里、同事等参与调解，也可以邀请具有专门知识、特定经验的人员或者有关社会组织的人员参与调解。

首先，调解员须提前征得双方当事人的同意，才能邀请第三人加入调解进程。如果当事人明显表现了排斥心理，应当尊重当事人意见，不予邀请。

其次，调解员应当以是否有利于纠纷的解决为衡量标准，慎重选择对当事人有较大影响力、理性、较为中立的其他关键人。既可以选择与当事人有

[1] 参见司法部基层工作指导司、中华全国人民调解员协会主编：《金牌调解案例》，法律出版社2016年版，第147～149页。

亲密关系的亲友、长辈、领导等,也可以选择当地有较强权威的德高望重的长辈、社区工作者等。在处理一些涉及面广、难度大的纠纷时,还可以邀请相关职能部门共同开展调解,相互配合。邀请其他关键人,既可以借助其权威的影响力和声望,让当事人产生信赖和认同,也对调解的公平公正有了认可,也可以通过与当事人具有亲密关系减少当事人的抵触情绪。[案例材料3.28]"房屋渗水纠纷案"的调解中,调解员吸收了当地有权威、有名望的人参与到调解过程,加快了调解进程,促进了纠纷解决。

【案例材料3.28】房屋渗水纠纷案[1]

案情简介:

陈村的12户村民约定集中建房,并共同委托江村的江某承建,约定在7个月后建造完毕。工程完工后,村民发现房子的阳台和屋顶出现不同程度的渗水现象,故拒绝支付剩余工程款,要求修整好后再支付。江某否认房子存在质量问题,还以原材料涨价要求增加建房费用,之后申请调解。调解员介入后,分别联系好陈村、江村的治保主任共同调解。陈村的治保主任是大部分村民的叔伯,说话比较管用,在他们调解下,12户村民很快达成了一致意见。江村的治保主任则以乡情、声名、以后的买卖机会为抓手说服了江某。很快,双方达成调解协议,江某负责修缮并出人工费,材料费由陈村村民和江某各承担一半。

案例分析:

调解员邀请了在当地是大部分村民叔伯的治保主任参与调解,这些治保主任都是德高望重的村干部,基于这些权威人士的影响力和名望,当事人更能产生认同,也感受到调解的公平公正,促成调解。

最后,值得注意的是,其他参与调解的关键人应当公平公正,具有一定的说理能力。调解员说服其他关键人后再由其说服当事人,帮助调解员一起做当事人的劝诫、说服工作,而不是一味偏帮偏信。如果其他关键人参与调解后,只是帮着当事人一起吵架,甚至煽风点火,调解员应及时劝离。同

---

[1] 参见孙赟峰:《一个好汉三个帮》,载孙赟峰:《如何做好调解工作:调解实务技巧与案例》,中国法制出版社2013年版,第5375~5394页。

时，其他关键人不宜过多，否则各执一词，过多的参考意见可能让当事人更加难以做出决策。

三、确认方法

有时候，调解虽然已经结束、纠纷得到处理，但并不代表纠纷已经解决。确认方法就是针对这一问题，强调案结事了。调解员在工作过程中应最大限度地追求当事人意思自治，有效解决纠纷，实现调解定分止争的功能。确认方法是调解员在尊重事实、尊重规范的基础上，引导双方当事人息诉服判，并且自愿达成，认同、接受调解协议，自觉切实履行协议内容，保障双方当事人的权益得到全部实现。在使用确认方法时，调解员需注意确认当事人是否自愿、方案是否可行，并通过回访机制确保案结事了，达到调解实现息讼止争的目标，妥善化解当事人之间的矛盾，达到宣传调解、重塑公信力的社会效果。

（一）当事人是否为自愿

只有当事人真正自愿达成、全心全意接受调解协议，协议才能被完全履行。形成调解协议一般有两种方式，一是在调解员的组织下，双方当事人交换想法、协商平衡后形成一致意见；二是通过调解员的说服、劝诫、宣传，双方当事人对于事实和责任达成共识、表达个人诉求、舒缓情绪后，由调解员提出解决纠纷方案，并得到当事人的认可。在调解协议形成书面文字后，调解员首先需要再次向双方当事人确认，是否为真实自愿达成，同意、接受此协议。在通过第二种调解方式达成的协议中，虽然协议是在调解员主持下达成的，但调解员也必须确定由他提出的意见和方案为当事人所接受，已经转化为当事人自己的意志，此份协议已经体现了当事人一致的意思表示，才能达成协议。

同时，调解员也应确认，双方当事人在做出决定时，并未受到来自任何组织或人员的直接或变相欺诈、胁迫，也不存在乘人之危的情形，不存在对于调解相关依据的重大误解，并知晓和了解了所有可能影响公正的案情事实及责任划分。调解员应当向双方当事人充分宣传、讲明不得通过任何非法违规手段迫使对方当事人作出非自愿决定。调解员还应当仔细把握当事人在调解过程中的思想和心理变化，如果遇到僵持不下、突然改变主意的情况，应当及时确认。

如果存在一方当事人利用经济和信息优势或对方当事人缺乏经验、轻率等事实达成明显有失公平的协议,或一方当事人故意告知对方当事人虚假情况、隐瞒信息,诱使对方当事人在基于错误认知而违背其真实意思的情况下达成协议,均是违背了尊重自愿原则,属于以欺诈手段订立的调解协议。胁迫则是指一方当事人利用可能发生或直接实施侵害来威胁对方当事人,使之违背意愿达成协议;乘人之危则指一方当事人利用对方当事人处于某种不利境况或迫切需要的情况,迫使对方当事人接受违背自身意愿和利益的、明显不公、违反社会公德的协议。为避免重大误解,需要调解员确认当事人对调解协议的重要事项不存在认识上的明显错误、缺陷,能够达到当事人同意协议时的预期目标。当调解员发现有以上情况时,可以以调解协议违反了"当事人自愿原则"而不予出具调解书。[案例材料 3.29]"劳动争议纠纷案"中,当事人向法官隐匿了相关胁迫的事实,尽管调解成功了,但是,并不是当事人自愿意思表示,此案值得调解员注意和深思。

【案例材料 3.29】劳动争议纠纷案[1]

案情简介:

甲因为劳动争议起诉A公司,在法院调解期间,甲数次拒绝了A公司的和解方案。后甲主动打电话给法官,表示愿意接受A公司提出的和解方案。双方签订调解协议书后,法官从其他途径了解到,A公司让在本公司打工的甲的儿子出面说服甲,但这一细节甲从未向法官透露,调解协议内容也已得到执行。

案例分析:

甲最终决定接受A公司的和解方案其实存在被胁迫、乘人之危的成分。如果甲及时告知法官,或法官及时发现,法官调解时应对A公司进行批评教育,并不予出具调解书。

(二)协议可行性审查

在确认双方当事人均属自愿接受、同意调解协议后,调解员应着手开展

[1] 参见黄鸣鹤:《调解员培训简明教程》,中国法制出版社 2017 年版,第 47 页。

方案可行性审查，以确保调解协议的高度可执行性，提高协议的执行率。

首先，调解员应确保调解协议符合《最高人民法院关于审理涉及人民调解协议的民事案件的若干规定》第 5 条的规定。协议不得损害国家、集体或第三人利益，但调解员需引导当事人注意，大型国有企业、国家行政机关、金融机构、集体经济组织等的利益不等同于国家利益，这些经济组织与另一方当事人法律地位平等；协议不得以合法形式掩盖非法目的；协议不得损害社会公共利益和公序良俗；协议不得违反法律、行政法规的强制性规定。

其次，调解员应注意审查调解协议的条款对于双方当事人是否具有较高的可执行性，包括是否存在模糊或有歧义的语言表达、当事人是否就潜在的困难、风险、矛盾进行过交流。例如，在一方当事人为公司或组织时，协议条款内容是否符合一般的政策或习惯做法；协议条款牵涉赔偿时，金钱、物质、设备、时间、人力等内容是否在客观上切实可行；双方当事人是否具有足够的能力，包括技巧、知识、信息、工具来履行协议；双方当事人是否有足够的动力来执行协议。同时，如果协议涉及当事人以外的关键人，调解员需要提醒当事人进行确认。

（三）回访

调解员在促成双方当事人达成调解协议后，应当了解协议是否得到履行，并且开展回访工作。人民调解协议的履行分为主动履行和督促履行。《人民调解法》规定，人民调解委员会应当对调解协议的履行情况进行监督，督促当事人履行约定的义务。

在协议达成后，调解员应当适时、及时进行回访，尤其对于案情复杂、耗时长、当事人履约存在一定困难的案件，要积极了解和掌握协议履行情况，促使案结事了，保证纠纷的彻底解决。《人民调解工作若干规定》规定，人民调解委员会应当对调解协议履行情况适时进行回访，并就履行情况做出记录。回访有助于调解员及时了解可能产生的新问题，积极采取措施促使纠纷解决，防止死灰复燃。如果调解员发现当事人没有履行协议，应查明原因，如双方当事人继续发生争议，可建议当事人向法院提起诉讼；如无正当理由而没有自觉履行的，调解员应当进行说服教育，向当事人深入宣传法律法规等规范性文件知识，弘扬公序良俗，以便调解协议履行和培育遵纪守法、注重信用的良好社会风气。

第四章

调解工作流程

第一节　调解工作程序

调解工作的程序,基本可以分为受理、办理和履约三个步骤,三个步骤还可以进一步根据纠纷的具体情况进行细分,每个阶段的侧重点和要求也存在差别,下面将进行具体介绍。

一、受理

纠纷调解有哪些受理方式?冲突双方的调解究竟是强制还是自愿呢?是不是所有申请都可以受理?如何确定谁来受理?怎样才算正式受理?

(一)受理方式

1. 当事人申请

根据《人民调解法》第17条规定:“当事人可以向人民调解委员会申请调解;人民调解委员会也可以主动调解,当事人一方明确拒绝调解的,不得调解。”当人们认为自己的合法权益受到侵害,或发生民间纠纷、争议时,双方一般都会先行私下协商;协商失败时,可以由一方当事人或双方当事人共同向人民调解委员会提出申请,要求调解委员会提供调解服务,作为第三方进行排解、疏导、说服和协商,协助解决争议。

2. 调解组织主动介入

除了当事人主动申请外,调解组织也要充分发挥“第一道防线”的作用,抓住矛盾纠纷化解的最佳时机,使矛盾纠纷解决在萌芽状态。通过定期的区间走访、纠纷排查、群众反馈等,调解组织主动介入纠纷,及时化解矛盾,防止矛盾纠纷的激化和升级。调解要建立在充分自愿、平等且尊重的基础上,但是,有时候可能由于上级领导、法官或亲戚朋友、商业伙伴的要求,当事人也不得不接受调解。

人民调解要抓住最根本的自愿原则,在调解过程中,任何一方当事人明确表示不愿意继续调解,并要求终止的,调解就必须结束。当事人拒绝调解,必须以明示的方法表达,即通过口头和书面方式,告知人民调解委员会或人民调解员。如果只是对人民调解工作不满意或不配合,但没有明确拒绝调解的,不属于拒绝调解。

人民调解员在终止调解后,如果发现纠纷有可能进一步激化,甚至可能引发治安案件、刑事案件的,应当依据《人民调解法》第 25 条的规定办理,其规定为:"人民调解员在调解纠纷过程中,发现纠纷有可能激化的,应当采取有针对性的预防措施;对有可能引起治安案件、刑事案件的纠纷,应当及时向当地公安机关或者其他有关部门报告。"

3. 移交受理

除了当事人申请、主动介入开展调解工作外,还包括其他部门的移交受理。第一种就是人民法院的移交。人民法院在受理或者审理案件时,如遇适合人民调解的案件,可经双方当事人同意后,移交或者委托给人民调解委员会进行调解。第二种是公安机关的移交。公安机关在处理治安案件或其他适合人民调解的案件时,也可进行移交。第三种就是有关部门在遇到属于人民调解受理范围的案件时可进行移交,如人民信访、医疗行政、住房城建、消费权益、环境保护等。

【案例材料 4.1】主动介入化解不当施药纠纷案[1]

案情简介:

衡水市桃城区邓庄乡前邢町村王某的棉花地与东邢町村李某的玉米地南北相邻。2006 年 6 月下旬,李某在未仔细阅读使用说明的情况下给自家所种玉米喷洒了除草剂"2.4 - 丁脂"。该农药系玉米专用,对棉花、豆类、蔬菜、果树有很大危害,必须谨慎使用。6 月底,王某到棉花地里干活时,发现

〔1〕 参见张建竹、王立平:《施药不当起纠纷 调解介入获赔偿》,载《人民调解》2006 年第 11 期。

自己的棉花出现了异常，经过了解得知是李某施用了“2.4－叮脂”农药，而且在喷药时正刮着风，风把药刮到了棉花地里，造成自己1.8亩的棉花叶片变形，蕾铃脱落，濒临绝收。随后，王某到东邢町村找李某核实，李某承认了施用“2.4－叮脂”的事实，但拒绝赔偿，于是双方争吵起来，甚至要动手打架。经东邢町村村主任两次主动调解无效，王某于7月4日找到乡司法所要求帮助其解决此事。司法所人员感到事情严重，如果不及时合理地解决此事，极易使矛盾激化。为此立即介入，协同相关部门对此事进行调查取证，到现场查看棉花受损情况，丈量受损面积，并全面了解“2.4－叮脂”的特性和前几日风向情况。7月11日，乡调委会召集双方当事人对此事进行调解，向李某出示了“2.4－叮脂”使用说明书及风向证明，指明李某使用农药不当是造成王某棉花受损的主要原因，并讲解了《民法通则》及有关司法解释的相关规定。经过近8小时的耐心调解，李某终于认识到自己的行为确实给王某造成了一定的损害，表示愿意向王某赔礼道歉并承担赔偿。在协商赔偿数额时，乡调委会工作人员充分听取当事人的意见，了解双方意图，从减少双方损失、促成双方和解的目的出发，根据棉花受损情况并参照去年棉花价格确定李某赔偿王某1000元。李某心服口服，一次性给付王某1000元赔偿款，并签订了调解协议，这起纠纷最终得到了圆满解决。

案例分析：

在本案中，司法所成功调解了一起因施药不当造成邻地受损而引发的矛盾纠纷，受害人一次性得到1000元的赔偿金，避免了矛盾激化。在纠纷发生、发展的过程中，基层工作人员在了解到双方矛盾有进一步激化的可能后，村主任作为基层调解的第一道防线首先主动介入。第一次调解失败后，当事人主动前往司法所要求再次调解，司法所调解人员展示出较强的情绪管理能力和纯熟的处理技巧，协同相关专业人员，开展调查和试验，定责定损，摆事实、讲道理、列法条，使当事人对双方发生的纠纷进行重新认识、探讨和协商处理，这样既省钱省力，又不伤和气，最终引导当事人自愿接受调解，圆满解决了纠纷。

（二）受理前审查

1. 受理范围

根据2002年司法部颁布的《人民调解工作若干规定》第20条的规定，

人民调解可以调解的民间纠纷包括："公民与公民之间、公民与法人和其他社会组织之间涉及民事权利义务争议的各种纠纷。"随着近年在一些省市的实践，可调解的纠纷范围从原来的民事纠纷进一步拓展到轻微的刑事案件中，可调解的范围大致包括：

(1)各类民事纠纷：婚姻、邻里、劳动、债务、赔偿、房屋、宅基地、土地、山林、水利、承包、租赁、农业机械等；

(2)民事违法行为引起的纠纷；

(3)轻微刑事违法行为引起的纠纷；

(4)因民间纠纷引发的故意伤害致人轻伤案；

(5)其他民间纠纷。

《人民调解工作若干规定》第22条，规定了人民调解委员会不得调解的情形：

(1)法律、法规规定只能由专门机关管辖处理的，或者法律、法规禁止采用民间调解方式解决的；

(2)人民法院、公安机关或者其他行政机关已经受理或者解决的。

同时，根据《民间纠纷处理办法》第9条的规定，下列情形的申请不予受理，"一方当事人已向人民法院提起诉讼的纠纷，以及基层人民政府已经处理过、当事人没有提出新的事实和理由的纠纷，基层人民政府不予受理"。

2. 属地管辖

根据《人民调解工作若干规定》第21条的规定，"民间纠纷，由纠纷当事人所在地(所在单位)或者纠纷发生地的人民调解委员会受理调解。村民委员会、居民委员会或者企业事业单位的人民调解委员会调解不了的疑难、复杂民间纠纷和跨地区、跨单位的民间纠纷，由乡镇、街道人民调解委员会受理调解，或者由相关的人民调解委员会共同调解"。纠纷的管辖虽然不像诉讼那样具有明确的属地管辖规定，但是所管辖的人民调解委员会最好与当事人有密切联系，这样有利于纠纷的就近处理与解决。

对于一般的纠纷，当事人可以向居住地、户籍地、纠纷发生地、工作单位(企事业单位)的人民调解委员会申请调解；对于劳动争议、医疗卫生、物业管理、消费者权益保护、交通事故赔偿、知识产权等领域的矛盾纠纷，可以由专业性、行业性的调解组织进行调解。下述案例属于交通事故纠纷，更需要相关部门的专业人员共同参与，便于定责定损。因此，行政区域之间尤其是跨省区域间矛盾纠纷的排查调处实现"无缝对接"，实现跨区域人民调解，就是一次良好的实践。

【案例材料 4.2】皖赣五地成立联合调委会成功调解跨省纠纷案[1]

案情简介：

2006 年 12 月 8 日，安徽省广德县的李某和江西省鄱阳县陈某急匆匆地来到龙泉镇司法所，请求调解他们之间的纠纷。原来陈某驾驶的面包车从鄱阳县侯岗乡到东至县昭潭镇接人，途中与一大货车会车时，将横过公路的行人李某之妻撞倒致伤，自己的车辆也受到了损坏。事故发生后，陈某将李妻送到龙泉医院治疗。东至县公安交警部门为调查案情需要，暂扣了肇事车辆，并对这起交通事故作出了《交通事故认定书》，认定陈某负全部责任。同时，县交警部门准备放回肇事车辆。李某夫妻俩心急如焚，担心交警放车后赔偿很难实现，最后落得人财两空，便就索赔一事紧追不放。而陈某则急于将车提回营运，以最大限度降低自己的经济损失。双方陷入僵局。

正在此时，跨省司法所首度"联姻"协作、皖赣五地联调委成立的消息让他们眼睛一亮，于是双方一起到事故发生地司法所，申请人民调解委员会调解。在了解了有关情况后，龙泉镇司法所负责人为及时平息纠纷，迅速与江西鄱阳县侯家岗乡司法所就这起跨省纠纷协作开展联合调解。两地司法所和相关当事人之间的省际长途电话一时成为协调处理纠纷的热线。一小时后，双方当事人争议数额的差距逐渐缩小，最终双方达成了协议：陈某一次性赔偿李妻 36,400 元；李妻放弃其他权利要求；面包车由交警队保管，陈某于付清赔偿款时提车。协议达成后，双方脸上都露出了感激和满意的微笑。一起看似难以解决的纠纷，在皖赣周边区域联合调解中成功化解。

案例分析：

此案中，安徽省李某和江西省陈某发生纠纷，事故发生地在从江西省前往安徽省的途中，《交通事故认定书》由安徽省行政部门开具——按照规定，民间纠纷由纠纷当事人所在地（所在单位）或者纠纷发生地的人民调解委员会受理调解，但是对于本案这类跨区域的纠纷，应当由相关的人民调解委员

〔1〕 参见杨鹏程：《皖赣五地成立联合调委会　成功调解跨省纠纷》，载《人民调解》2007 年第 5 期。

会共同调解。由于没有明确的属地管辖规定,此案中的陈某和李某各有担心,双方都不想拖延时间,但是由于双方为陌生人,缺乏信任基础。因此,在监督力量下尽快地完成赔偿是当事人共同的目标。

3. 确认受理

《人民调解法》并未对人民调解委员会的受理程序进行规定。与诉讼不同,人民调解并不需要给当事人送达统一的受理通知书,只要人民调解委员会认为申请事项属于调解的工作范围、符合调解条件,就应当对纠纷进行调解。同时,人民调解委员会也没有设置专人负责受理纠纷,当事人申请调解纠纷的,可以向调解委员会中的任何人提出。但是在正式确认受理之前,应当遵循以下必要的程序规范。

对于当事人申请的调解,人民调解委员会首先要审查双方当事人的主体资格,确认有明确的双方当事人,确认当事人是否具有民事行为能力,以及是否为所涉案件的当事人。其次,要确认纠纷当事人的明确诉求及相关的事实依据。最后,确认申请调解的纠纷是属于该人民调解组织主管、管辖及可受理范围内的案件。一般包括如下具体的执行步骤,见图 4.1。

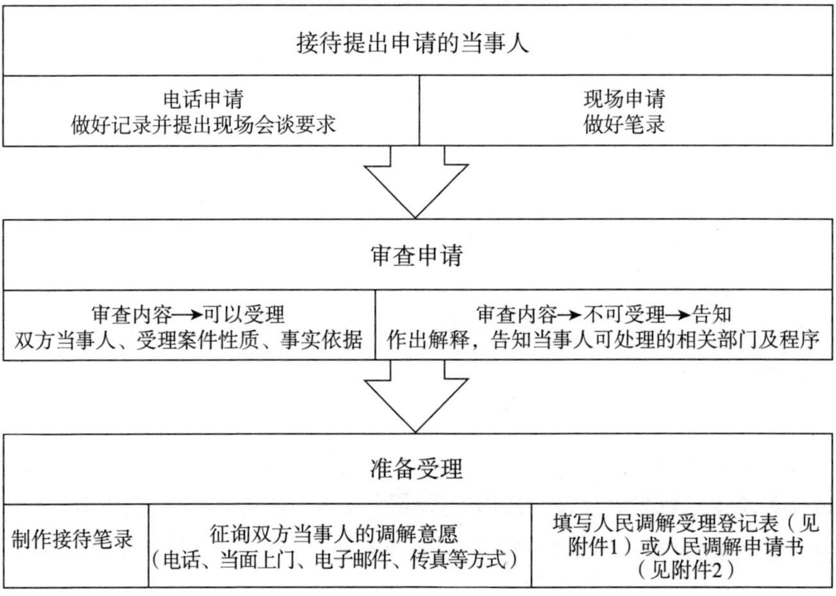

图 4.1 调解申请受理流程

附件1：

人民调解受理登记表

________年____月____日，人民调解委员会依当事人申请（人民调解委员会主动调解），经当事人同意，调解__________、__________之间的纠纷。

纠纷类型：____

案件来源：①当事人申请②人民调解委员会主动调解

纠纷简要情况：____________________________________

____

当事人（签名）__________

登记人（签名）__________

__________人民调解委员会

__________年____月____日

附件2：

人民调解申请书

申请人姓名__________性别____民族____年龄____职业或职务______

联系方式____________________单位或住址__________________________

被申请人姓名__________性别____民族____年龄____职业或职务____

联系方式____________________单位或住址__________________________

纠纷简要情况____

____

当事人申请事项1. ____

2. ____

3. ____

人民调解委员会已将申请人民调解的相关规定告知申请人，现自愿申请人民调解委员会进行调解。

申请人（签名盖章或按指印）__________

________年____月____日

二、办理

在案件调解的办理阶段,需要开展如下准备工作。

(一)准备工作

第一步,确定调解员。

根据《人民调解法》第19条的规定,确定调解员是调解工作的第一步。“人民调解委员会根据调解纠纷的需要,可以指定一名或者数名人民调解员进行调解,也可以由当事人选择一名或者数名人民调解员进行调解。”因此,在人民调解委员会正式受理调解申请后,基于自愿、公平的原则,有两种方式选择调解员:(1)在发生纠纷之后,由一方当事人或者双方当事人共同确定调解员;(2)当事人无法自主选定人民调解员,或者一方当事人对另一方提出的人民调解员人选存在异议时,可以由人民调解委员会指定调解员。

在确定调解员时,需要考虑以下因素:第一,纠纷的类别。对于婚姻家庭纠纷、邻里纠纷,应当尽可能在当地村居委会中挑选了解情况的、德高望重的、善于处理人际关系的人民调解员。他们熟悉当地的风土人情以及民俗历史,擅长从人情、道理、世故等角度进行调解。尤其在一些特殊的婚姻家庭关系案件中,女性调解员可能占有一定优势。在一些债务、劳动、房屋、土地、承包等相关的民事纠纷中,由那些精通相关法律的人民调解员开展调解,能够详细、准确地对当事人的权利义务关系进行解释。随着纠纷类别越来越清晰的领域划分,一些涉及专业性、行业性的纠纷调解,仅依靠传统的调解员、法官等人员是远远不够的,必须引入专业的行业人员,以便公正客观地评估纠纷调解方案,使双方获利均等、受益均衡。

第二,还要考虑纠纷当事人的特殊情况,从纠纷当事人的身份特点出发,考虑性别、年龄、民族等多方面。同时,还要考虑纠纷的复杂程度、影响大小和紧迫与否。对那种矛盾交织、影响面广,并可能造成群体化、扩大化、暴力化倾向的事件,为了控制事态,需要派多名人民调解员工作在现场。针对不同的纠纷确定不同的人民调解员,往往可以事半功倍,能够在平等协商、互谅互让的基础上,达成调解协议。

那么,有哪些渠道可以找到调解员呢?一般而言,有三种渠道:(1)机构推荐,比如法庭、社会服务机构等等;(2)律师推荐,当事人的律师(代理人)

可以在沟通的基础上,向自己的当事人推荐调解员;(3)企业或行业的公认组织,比如一些特定的行业组织。《人民调解法》第20条规定了参与调解的人员构成,“人民调解员根据调解纠纷的需要,在征得当事人同意后,可以邀请当事人的亲属、邻里、同事等参与调解,也可以邀请具有专门知识、特定经验的人员或者有关社会组织的人员参与调解。……”但是,在邀请和支持有关人员参与调解方面,必须坚持需要原则和自愿原则。也就是说,必须根据调解纠纷的需要,判定是否邀请其他有关人士参与调解,同时必须征得双方当事人的同意。

第二步,核实事实及依据。

在确定了调解员之后,就要逐步开展调查工作。可以单独约谈当事人,先倾听当事人的倾诉,了解双方的需求和依据,走访调查核实重要的事实,做好调解前的准备工作。调解员在阅读当事人提供的信息、文件、材料等后,开始询问当事人,并围绕纠纷类别与性质、纠纷发生的背景和原因、纠纷发展过程以及当事人双方的争议焦点进行询问与记录,整理事实证据。在双方当事人陈述之后,调解员要尽可能对双方陈述的内容进行比对,以确定双方当事人的调解议题清单,并结合自身的经验、行业知识判断纠纷中的是非曲直,弄清双方纠纷症结和事实真相的关键情节,形成一份预备的调解提纲,便于现场调解时使用。

在对双方当事人进行询问之后,还要对纠纷中其他知情者、关系人和周围群众进行了解,以便印证当事人的阐述。在调查纠纷案情的过程中,人民调解员应当对调查情况进行详细的记录,并制作调查记录,对证据进行材料整理,请被调查人员签字,必要时可以请被调查人提供书面材料。

另外,调解员还应获取当事人喜好、性格、态度等关键信息,以便在调解现场设计预案时,有充分的个性化支持。

第三步,拟定调解方案。

在获得充分、经考证的纠纷事实后,调解员可以着手开始准备调解方案,制定调解方案要有清晰的调解思路、基本的方法和准确的切入点。对调解进程要有预先的设计,以便把握调解进程,对可能出现的情况有提前预想,并准备好对策,尽量做到自始至终掌握调解的主动权。

要解决问题,首先必须弄清楚以下几个问题:他们要求的是什么利益?为什么要求这些利益?如何满足各方的利益?他们愿意做出哪方面的妥协?能够调和哪些利益?

调解员整理调解议题清单后，初步评估双方当事人的利益诉求，掌握当事人在前期调查阶段中表现出的诚信、态度、个性及观点，结合前期走访的资料，围绕如下几方面内容，形成调解预案。

(1)纠纷性质与内容：双方当事人纠纷的起因、发展与现况。

(2)双方当事人的利益诉求及冲突焦点。

(3)双方当事人可接受的底线方案与最佳方案。

(4)该纠纷中涉及的政策、法律、行业知识。

(5)双方当事人在前期调查阶段表现出的性格、态度与配合程度小结。

围绕如上五个方面整理案件材料，并针对(2)和(3)制定可行的对策清单。在这个过程中，要充分考虑双方当事人的特点及其可能接受的妥协程度，可能出现的现场状况，以及可能形成的方案预期。在大量材料的基础上，人民调解员应当对纠纷情况进行综合分析，作出最接近事实真相的客观准确的判断。如果案件复杂、影响较大、牵涉面广，人民调解员可以向所在人民调解委员会主任及基层单位领导汇报，由他们组织召开专题分析会，必要时还可以邀请相关专家和行业人员参加，共同分析案件情况，研究确定调解思路和办法。

第四步，确定地点及调解方式。

人民调解委员会在调解纠纷时一般在专门设置的调解场所进行，如人民调解室。根据需要也可以在双方当事人都方便的场所开展调解，比如双方当事人的家里、办公区域、生活区域等，对于一些疑难复杂的矛盾纠纷，需要更多地强调正式感，比较需要在专门的调解场所进行。在设置专门调解场所的时候，不仅要考虑到冲突双方的身体情况、交通条件，还必须要结合双方关系，考虑可能的情绪走向，合理布置房间设施，如色彩、布景和温度设置等，以达到影响当事人的耐力承受、注意力、视觉感观和心情等效果。

调解方式可以分为非正式的圆桌交流、正式的会议调解。非正式的圆桌交流适合相对较为简单的纠纷，平等协商和友好沟通的环境有助于当事人在放松的环境中进一步交流观点，缓解彼此的不满情绪和对抗心理，在平和的互动中消除成见；正式的会议调解，相对而言更加传统，对程序的关注能够增加调解员对纠纷调解过程的把控程度，相对正式的环境既能够达到当事人适当面对面沟通、交流观点的效果，也可以保持程序规范，有助于围绕复杂的纠纷利益冲突及关系，进行明晰梳理，有效进行调解过程管理。

第五步,送达调解通知。

通常在每一次面对面的调解正式实施之前,调解员要把调解通知送达双方当事人,正式通知其调解时间和调解地点等,要求其准时出席。在纸质调解通知书的回执或存根上还要求当事人签名并加盖人民调解委员会的公章。

需要注意的几个问题:

(1)需要正式程序还是非正式程序?原则是就地化解,矛盾纠纷不过夜。[案例材料 4.3]"民警现场化解广场纠纷案"就是就地化解的典型。

【案例材料 4.3】民警现场化解广场纠纷案[1]

案情简介:

2017 年夏天某日,罗田县公安局应急处突机动大队的民警接到报警称:在绿化花园广场有人打架,请速往处置。

民警立即赶到现场,看到一名老年男子与一名老年妇女正在争吵,旁边站着其他跳广场舞的大妈。民警见状立即上前劝阻,将争执的两人分开。这时,男子突然捂住胸口,脸上露出痛苦的神情。经询问,原来男子患有心脏病做过心脏搭桥手术,现在突然感觉身体不适。民警马上拨打了"120"急救电话,幸好事发地离医院比较近,几分钟后,急救车赶到将男子送往医院,经过医生的救治男子无碍。

经了解,男子为张某,与其发生争执的妇女为邓某。两人本是广场附近同住一幢大楼的邻居,两位平时关系还不错。邓某喜欢跳广场舞,每天晚饭后便邀约几个"老伙计"一起到广场跳舞。以前跳舞音乐声音开得也不是太大,张某也没什么意见。当天来跳舞的人有点多,为让大家都听得到音乐,邓某就将声音开得比平时大。跳了没多久,张某来到现场,称邓某等人跳舞的音乐声音太大,并踢倒了邓某等人的音响。邓某见张某一点面子也不给,双方吵了起来,情绪激动的张某顿感不适。

为切实化解矛盾,促进邻里和谐,避免事态进一步扩大,得知张某情况稳定后,民警主动找到张某、邓某双方及其家人进行调解。调解开始,双方都觉得自己占理,双方要求差距大,互不相让,导致调解不成功。眼看一对

---

〔1〕 参见刘菊红:《老汉制止跳广场舞"心脏病"复发,民警化解矛盾》,载 http://www.sohu.com/a/163031226_450937,最后访问日期:2018 年 11 月 18 日。

老邻居就要成为“仇人”，民警于是采取各个击破、分头做工作的方法，从法律角度讲明利害关系，又从邻里关系方面阐明和解的重要性，准确切中双方矛盾的焦点，分别对张某、邓某进行劝导，使双方真正认识到“和为贵”。

民警两个多小时耐心细致的工作态度感动了张某和邓某，最终同意调解，并不再因此事发生争执，两个老邻居在民警的见证下握手言和，保证以后和睦相处。

案例分析：

并不是所有的调解都能够按部就班地进行与推进，遇到一些紧急性纠纷、群体性纠纷等，需要把握时机，快刀斩乱麻，将可能进一步激化和发展的纠纷苗头阻杀在襁褓中。在此案中，民警接到报案后第一时间赶到现场，由于当场还有尚未疏散的群众，张老汉一人面对一群广场舞妇女，双方剑拔弩张，随时有可能发展为群体性纠纷，且张老汉本患有心脏病，在现场已经表现出不适，一旦性命有虞，事态将会进一步扩大。

张老汉经医院治疗后身体恢复，民警发现双方就广场舞纠纷尚未达成共识，为了切实化解矛盾，不让纠纷进一步发展，民警见单独调解无效，纠纷又不宜拖延，当机立断请来相关人员参与调解，家人的加入对调解邻里关系、帮助说明利害关系产生了明显的效果，民警结合法律、人情和道德，充分说教，实现握手言和，用了两个小时现场化解了纠纷。俗话说“远亲不如近邻”，邻里在生活中可以说是“唇齿相依”，邻里之间的和谐和睦、团结互助十分重要，不仅关乎作为社区最小单位的家庭的生活幸福，更是直接关乎社会的和谐稳定。

【案例材料4.4】一场筵席桌上的调解[1]

案情简介：

杨懋春先生在对山东一个名叫台头村的研究中发现，民间调解有着这样的程序：“首先村领导受邀或自愿去找冲突双方弄清争吵的原委，也从村民处收集有关的意见，然后根据过去的经验对这件事作出评价，提出解决的方案。……然后村庄或集镇举办正式的集会，邀请调解员、村领导、家族首

〔1〕 杨懋春：《一个中国村庄：山东台头》，江苏人民出版社2001年版，第161~162页。

领和争端双方的家长参加。这种聚会的主要特点是举办筵席,席间话题可能涉及冲突之外的事,筵席的费用由争端双方平摊或完全由一方负担。如果争吵以'妥协'方式解决,就是说双方都认错了,费用平摊;如果达成协议表明只有一方有错,那费用就由过错的一方承担;如果一方自愿选择或被迫向另一方让步,那么该方将承担全部费用。当争执双方家庭的家长或代表人进入筵席时,他们互相问候,寒暄几句。过一会儿,他们就告退离席,这样冲突就解决了。"

案例分析:

在农村有一种传统的调解方式——在民间调解的筵席上,都是严格按照长幼和辈分等的不同,按尊卑安排好座位。尊卑高下立现,调解者作为中间人,且一般是大家共同的长者或共同尊重的人,要坐在正座上,然后大家以主宾或左右尊卑的方式依次坐下,一方面,调解员的地位得到了强化,他的话和做出的决定更具威严;另一方面,纠纷双方的尊卑、亲疏的关系也可以得到彰显,如纠纷双方原为亲戚或长幼有别,则在这样一个"关系"最大化的场合,从心理上对调解员做出的决定表示接受和尊重。这种关系是很微妙的,在筵席一个小小的空间上,有时候不需要太多的利益言语和争执,只要各方按照"道理"坐好,问题就基本上得到了解决。在似乎与纠纷毫无关系的寒暄中,双方对自己做的事进行反省,进而接受调解者的解决方案。而当前相对较为正式的人民调解,在场所布置中,一般为显公正,调解员就座的位置应当距离双方当事人相同,不偏近任何一方,处于居中的位置,营造出中正、公平的环境。

(2)调解员如何组合更具有权威性?现实中不乏涉案人数众多、案情复杂的调解案例,如果案件涉及法务,又要求行业专业人员参与,还牵涉人情,该怎么确定"全能调解员"呢?尤其是随着人民内部矛盾和纠纷牵涉的利益面越来越广,所需要的知识支撑体系越来越庞大,由单一人员类别构成的调解在效率、满意度和效果上越来越差强人意。原则是,一步"到位"的调解,由当事人挑选调解员,如下文的"当事人'看单点菜'自主挑选调解员化解纠纷"案例;要经过多次调解的,则由人民调解委员会组团调解,[案例材料4.5]"'组团调解'帮企业依法维权"案例。总之,无论选择哪种调解形式,其目的都是让调解员充分依据"情理法"——兼顾情感、道德、法律,做到以情感人、以理服人、以法安人。

【案例材料4.5】"组团调解"帮企业依法维权[1]

案情简介：

2014年2月，与沈阳14家企业已经合作了3年的沈阳某超市突然拒绝结算货款。虽然14家企业先后找到该超市要说法，但该超市以各种理由搪塞，对货款不予结算。这14家企业于2011年开始与该超市合作，为该超市供货，供货产品为预包装香肠食品、洗化用品、百货用品、计生用品等，合作采取先供货后结算货款的方式，按照合同约定，该超市每个月给这14家企业结算货款一次。该超市不予结算货款之后，曾于2014年7~9月先后给14家企业中的多家企业出具了对账函，承诺按期对所欠的货款进行偿还，但该超市迟迟没有履行偿还义务。在此期间14家企业多次找到该超市催要欠款，督促该超市履行还款承诺，但该超市依旧不予答复。万般无奈之下，14家企业找到了沈阳市工商联。在此之前，该超市欠14家企业货款多的达十几万元甚至几十万元，少的也有万余元。这14家企业中，有12家企业是沈阳市工商联（总商会）供应商商会会员。经沈阳市工商联和供应商商会在共同研究之后认为，该案事实清楚，案情简单。但同时因为涉及企业众多，每家企业的欠款金额又不大，单个诉讼成本大，企业牵扯精力多，合法权益恐难得到及时有效的保障。

为了切实有效地维护会员企业的合法权益，沈阳市工商联决定对此案采取"组团调解"的方式帮助企业维权，启动了与沈阳市政府法制办、市中级法院、市人社局等部门建立的工作协调机制。首先由沈阳市工商联和沈阳市总商会供应商商会对各家企业进行走访调查，了解掌握事实，取得企业信任，得到代理原告企业进行诉讼的代理权。然后由沈阳市总商会供应商商会代表14家企业与被告进行了协商，被告也表达了协商意向。2015年11月至2016年2月，由沈阳市总商会供应商商会秘书长代理14家企业，分别通过沈阳市和平区人民法院与被告达成了民事调解。最终结果是，该超市承诺在2016年4月30日之前偿还各家企业的部分欠款，2016年9月30日之前还清全部欠款，该超市自2016年10月1日起至实际给付之日止，给付

---

〔1〕 参见程景亮：《"组团调解"帮企业依法维权》，载《中华工商时报》2017年11月6日，第4版。

14 家企业未偿还欠款的利息，按照中国人民银行同期贷款利率标准计算。事实上，此次“组团调解”顺利推进的背后是沈阳市工商联主导的不断完善的维权网络。多年来，沈阳市工商联一直致力于建立完善“市联—区联—基层商会”三级维权网络。经过不懈的努力，沈阳市 13 个区、县（市）的工商联和大多数行业、异地商会均成立了维权委员会和维权中心，基层商会设立了“维权工作站”和“维权联络员”，基本实现了法律维权组织在基层商会的全覆盖。各级工商联（商会）组织依托三级维权网络形成横向合作和上下联动机制，大力开展法律维权工作。

与此同时，沈阳市、区（县）各级工商联维权中心分别与对应区域的法院建立了工作渠道，组建了“调解委员会”并选聘了商会调解员。在 1 个区法院设立了视频调解中心，在 4 个区法院设立了工商联专门的调解室。通过组建“沈阳市工商联商会调解委员会”，沈阳市工商联与沈阳市中级人民法院合作开展了诉讼调解与商会调解对接工作。沈阳市工商联积极参与沈阳全市构建和谐劳动关系和“三方协调机制”工作，建立了沈阳市及区县（商会）两级劳动争议预防调解组织。沈阳市工商联还与沈阳市政府法制办、市中院、市人社局等部门建立了工作协调机制，定期通报情况，协商解决问题。此外，沈阳市工商联还坚持开展“法律顾问驻企业、驻商会”活动。采取组织法律顾问上门服务，送法到企业，担任专、兼职顾问等形式，为会员企业进行“法律巡诊”“法律体检”，指导企业会员完善内部治理结构。

案例分析：

此案中，由于涉及企业众多，欠款金额又不大，通过诉讼解决时间成本高、经济成本高，相比追讨的货款，有些得不偿失。因此，人民调解成为合适的解决渠道。但是，涉及多个主体，又是商业纠纷，亟须了解行业规定、具备法律知识的第三方参与调停。在此案中，“组团式”调解汇集了商会、法院、人社等多个单位，形成了联合调解，更举一反三，除了完成纠纷调解之外，进一步为所有企业提供了后续的公益性法律服务、“诉调对接”等。

组团调解意味着以“团组”方式组建调解员队伍，根据纠纷调解的需要，个性化配备专业调解团，满足冲突双方在纠纷调解过程中人情心理满足、道德价值把握和法律知识诉求等多元需求。不仅如此，以调解团为抓手，从程序上整合三类调解制度而非仅依托证据机械式地衔接，可以很大程度上节省时间成本和信息成本，实现调解的“一站式服务”。

（二）正式调解

（1）进入调解现场。调解员需要提前到达调解现场，做好场地布置，并做好紧急情况处置安排，在双方当事人到场后，安排就座，准备开始调解。

调解员提前到达调解现场，一方面需要在调解开始前，再次熟悉纠纷的情况和根据前期调查已经形成的初步调解备选方案；另一方面还需要根据双方当事人的性格和关系特点布置调解场地，在一定程度上，合适的场地布置可以影响调解实效，拉近调解员和当事人，以及双方当事人之间的心理距离，调适彼此之间的心理压力，营造舒适、平和的调解环境。主要包括桌椅布置、墙面布置及软环境布置。

如前所述，根据纠纷的复杂程度，可以分别采用圆桌调解或者会议调解方式，因此桌椅可以摆放成圆形、方形或者 T 字形等。在桌子上也可以相应地摆放表明的调解员、记录员、当事人等身份的席卡，便于区域划分和分工明确。墙面上可以悬挂人民调解委员会的组织标识、当事人权利义务的须知、调解工作程序及制度的规定，也可以设置一定的调解宣传标语。其他软环境布置就包括色彩管理、绿色植物布置、茶水准备等能够帮助当事人舒缓紧张情绪和对立心理的环境布置。

在当事人到达之后，如提前安排身份标识的席卡，按照席卡入座；如未提前安排席卡，则由调解现场工作人员安排入座。

通常，当事人应该坐在调解员的两侧，且物理空间应该保持基本一致。记录员可以坐在调解员的身边或相对离开调解桌的位置。除此之外，其他的关系人或者相关群众坐在离调解员较远的位置。

当然，在正式调解开始之前也可能存在一些紧急的特殊情况，最常见的就是一方当事人临时缺席。在调解正式开始前虽然调解员已经和当事人约定了时间地点，但是也可能存在一方当事人已经抵达、另一方未按时出现的情况。这时首先要及时主动联系另一方当事人，确认能否出席。如果出席，确认迟到的原因并且向另一方当事人做好转述的解释工作。如果确定不出席，要确认是否还有意愿参与调解，如果还想参与调解，需要向另一方当事人说明此次缺席的原因并取得谅解，避免使原来的不满情绪雪上加霜，如果无意继续调解，调解员需要询问原因，先尽可能地争取调解，如果对方坚持，也不能强制调解。

（2）正式调解。在正式调解之前，可以插入一个议程，为所有调解的参与者提供机会，使他们在非正式的缓和气氛下见面并进行沟通或者寒暄。在调解会议开始时，调解员必须简短地阐释和说明调解程序，告知当事人人民调解的性质和原则，以及当事人在调解活动中享有的权利和履行的义务，使当事人对相关注意事项等有比较清楚的了解，一方面合理运用人民调解平台和对方进行沟通与协商，另一方面自觉地配合人民调解员的工作，确保调解活动的正常进行。

当前人民调解告知的形式主要分为两种，一种是书面告知，另一种是口头告知。书面告知可以根据统一的人民调解告知书的模板，由人民调解员在调解前发给当事人；书面告知详细准确，当事人可以反复查阅，但是形式比较僵硬，对文化程度不高的当事人告知效果欠佳。口头告知比较亲切自然，对于文化程度不高的当事人比较适合，但是当事人很难对告知内容记得精确、全面。一般而言，人民调解员会将书面告知和口头告知相结合。在调解开始时，将事先制作的人民调解告知书发给当事人，同时在调解开始之前，对当事人作简要的宣讲。

在调解员开场陈述之后，要进行双方当事人的陈述，按照《人民调解法》第22条的要求，人民调解员要充分听取当事人的陈述。双方当事人的陈述是调解工作的重要环节和步骤。虽然前期已经进行过初步的事实排摸和证据搜集，但是在现场的调解进程中，随着双方当事人的互动、沟通、交流和争执，会对对方的事实表述和证据提出新的质疑和询问，调解员需要对前期的排摸中没有挖掘出的深层事实进行更深层次的把握。因此，调解员要在控制现场秩序环境下，引导当事人积极、主动地讲清事实，确认争议。有些纠纷是由平时许多微小摩擦累积成的，有些涉及多方的利益纠葛，牵涉面广。人民调解员在调解时必须条分缕析，抓住争议焦点，这样才能有的放矢，有针对性地疏导劝解。如果不能掌握纠纷争议焦点，会使当事人在纠纷的细枝末节上无休止地争吵，导致调解效果和效率大打折扣。对于部分当事人在陈述过程中对事实的故意扭曲和无理纠缠，应当及时纠正，避免进程的无效拖延。

调解员需要根据双方当事人表达出来的诉求，罗列双方的需求清单，梳理需要解决的问题清单，针对每一个问题，必须写明分歧点和共识点。清单制一方面能够帮助调解员进一步厘清纠纷的深层次的原因，另一方面有利于调解员把控气氛，防止敌对气氛和负面局势的形成，建立起理性平等地协商对话的平台。

在双方当事人充分认可话题清单之后，调解员应总结已达成的共识，并对分歧议题排序。有的情况下，先讨论分歧较大的议题，再讨论细节，一旦难啃的骨头被解决并达成共识，细节的妥协和让步就会变得轻松和简单很多。有的情况下，先讨论分歧小的议题，最后讨论分歧大的议题，因为已有的共识成果会促使冲突双方考虑到已经积累的沟通成本，可能会选择尽快达成协议。选择何种排序方式，要根据双方在沟通过程中的态度、双方关系融洽程度等综合考虑，调解员应该有意识地选择自己更熟悉、更善于把控的排序方式，控制调解走向，提高调解的成功率，避免突发状况的产生。在讨论分歧点的过程中，调解员要认真、努力地寻找相关信息，并记录下当事人带有积极倾向的用词、态度、希望等，这样有助于当事人平复情绪。问题清单的措辞必须要非常谨慎，方案清单的措辞必须内容积极、语言得体，并对可能存在的分歧点进行着重标记，以便提醒双方合作解决。

在双方当事人同台讨论分歧点前，调解员有必要就纠纷本身可能涉及的法律法规和政策、道德、人情等，进行宣讲和教育，灵活适当地说服，劝导当事人适时地转变思想，促进相互体谅。需要强调的是，由于同场调解是整个调解过程的中心环节，围绕话题清单，集体讨论，头脑风暴的过程，远比得到解决办法更加重要。在此过程中，要尽可能地促成一种平和的协商气氛，尽快找到双方能够达成一致的领域，任何微小的一致意见，逐步积累，都会有助于最后的协商成功。

(3)调解结束。一般而言，经过调解员的调解之后，调解议程上的大部分问题都能够形成和解与达成共识，但是，也会出现“最后一公里”的问题，即小部分问题无法达成共识。调解员此时应当向双方说明情况，对争议双方为了最后的和解，已经付出的巨大努力、做出的各自的妥协表示赞许；同时，鼓励争议双方打破当前的僵局。为了争取调解协议达成，调解员可以考虑如下策略：第一种，努力促成双方当事人交谈，将分歧暂时搁置。对于金钱分配问题，可以提出捐献、延长付费时间或签订新的合约等。但是如果双方分歧依然很大，甚至可能出现一方当事人离席、终止调解的情况，人民调解员应当采取第二种策略。即适时提醒双方当事人都应当受到道德约束，一旦承担了某种义务或责任，就不能随意放弃调解，不应当放弃任何走向最终和解的努力，如果有一方坚持离席，人民调解员可以提出暂停，并分开调解。如果双方当事人已经无法再继续沟通交流，相互指责，敌对的情绪明显，情感冲突激烈，并带来了混乱状态，人民调解员应当及时出面制止，采取第三种策略，用强硬的语气宣布此次沟通的无效性，停止调解。

根据《人民调解法》第 27 条的规定，“人民调解员应当记录调解情况。……”人民调解委员会在调解纠纷过程中，一般情况下会制作调解笔录或录音录像。调解员通过制作记录，记载调解的过程，确认共识事实以及证据、当事人态度和观点，已经形成的共识等重要纠纷信息及调解纪要。调解记录应当由当事人、调解员、参与人和记录人签名，便于后续再次调解时，参考已经认定的调解共识，避免工作重复。

结合调解过程，逐一确认分歧点，逐渐向合意点靠拢，基本共识达成时，调解员要趁热打铁，主持拟定调解协议，召集双方当事人，适当要求双方当事人进行角色互换，换位思考，妥善处理尚未达成的分歧。所有现场人员都要参与余下分歧点的讨论，对每一个争议方案的可行性进行排序，对各个小争议进行中庸取舍，并且对所有已经达成共识的争议处理备选方案进行纸面总结与方案确认，以便起草调解协议。

三、签订调解协议

调解协议签订是调解过程的最后环节，前期所有的调解努力和调解成果都将体现在一纸协议书上，将双方在讨论阶段的所有顾虑转化为用词恰当、可处理、可妥协、可执行的条条款款，将这些利益和情绪转化为切实的话题，用于协议书的起草和制定，是人民调解员需要做好的工作。

（一）形成调解协议

《人民调解法》第 28 条规定，经人民调解委员会调解达成调解协议的，可以制作调解协议书，当事人认为无须制作调解协议书的，可以采取口头协议方式，人民调解员应当记录协议内容。调解协议书、调解口头协议登记表如下。

人民调解协议书

编号__________

当事人姓名__________性别____民族____年龄____职业或职务_______

联系方式____________________单位或住址____________________

当事人姓名__________性别____民族____年龄____职业或职务_______

联系方式____________________单位或住址____________________

纠纷主要事实、争议事项：________________________________

____

____

____

经调解，自愿达成如下协议：______________________________

____

____

履行方式、时限______________________________

本协议一式____份，当事人、人民调解委员会各持一份。

当事人（签名盖章或按指印）________ 人民调解员（签名）__________

当事人（签名盖章或按指印）________ 记录人（签名）______________

（人民调解委员会印章）

________年____月____日

人民调解口头协议登记表

编号__________

当事人姓名__________性别____民族____年龄____职业或职务_______

联系方式____________________单位或住址______________________

当事人姓名__________性别____民族____年龄____职业或职务_______

联系方式____________________单位或住址______________________

纠纷主要事实、争议事项：______________________________

____

____

____

经调解，自愿达成如下协议：______________________________

____

____

履行方式、时限______________________________

人民调解员（签名）________

（人民调解委员会印章）

________年____月____日

备注：此表由人民调解委员会填写

如果当事人建议采取口头协议的形式，人民调解员需要将口头协议的内容记录在卷，一般是即调即结。有关口头协议相比书面协议的效力问题解决，《人民调解法》第33条还进一步规定了司法确认程序，司法确认针对的是调解协议内容，并非只针对调解协议书形式，即口头调解协议记录经司法确认后，其效力等同于书面协议。

对于调解协议书的制作、生效和留存，《人民调解法》第29条规定，调解协议书可以载明下列事项：(1)当事人的基本情况；(2)纠纷的主要事实，争议事项以及各方当事人的责任；(3)当事人达成调解协议的内容，履行的方式和期限。

调解协议书，自各方当事人签名、盖章或按指印，人民调解员签名，并加盖人民调解委员会印章之日起生效。调解协议书由当事人各执一份，人民调解委员会留存一份。

在调解中，当双方当事人都已经基本达成妥协条件，并形成缔结协议的意愿时，要"趁热打铁"，现场进行协议制作，由调解员主持调解协议的制作和达成。

而调解协议主要记录当事人双方怎样解决纠纷，如债务纠纷就要说明，当事人之间是否有债务纠纷，谁欠谁的债，数额是多少，还多少，怎么还，而履行的方式期限要看属于哪类纠纷，比如债务纠纷是一次性付清还是分次付清，是通过银行直接交付，还是某人转交，什么时间付清等——尽量细节化、可操作化。

口头协议根据《人民调解法》第30条，自各方当事人达成协议之日起生效，不需要由人民调解员当事人在调解笔录上签名盖章或者按指印。

(二)未达成调解协议/达成部分调解协议

当然，并不是所有的调解都能万事顺遂，达成调解协议。对于一些做了很多调解工作，但是依然不具备达成协议的案件，本着自愿原则，不可以强行形成协议，也不应该为了达成目的而长期拖延，对所有的调解案件应当本着"能调则调，不调则结"的处理原则。《人民调解法》第26条规定，人民调解员调解纠纷，调解不成的，应当终止调解，并依据有关法律、法规的规定，告知当事人可以依法通过仲裁、行政、司法等途径维护自己的权利。

但是对于那些最终没有达成"完美方案"的案件是不是就一点补救方法

都没有呢？难道之前的所有调解努力都要付诸东流吗？

也不尽然。如果某一个争议或者纠纷所面临的分歧太大，当事人无法做出双方都满意的妥协，此时要强行落实到书面协议，在当事人的心理预期及接受程度上，效果都会欠佳。此时可以对协议进行“降级”或者先达成部分协议。比如对已经达成的共识条款进行修改，或者对一些“无法妥协事项”补充条件，对原来确定由双方决定的事项改为由第三方进行仲裁或者协助等，可以将这些做法理解为对未来全面协议的铺垫，或者是为了让双方关系缓和的“润滑剂”。

（三）司法确认

根据《人民调解法》第 31 条的规定，经人民调解委员会调解达成的调解协议，具有法律约束力，当事人应当按照约定履行。人民调解委员会应当对调解协议的履行情况进行监督，督促当事人履行约定的义务。

调解协议达成后，如果有一方拒绝履行，当事人可以根据人民调解的特点和当事人自愿的原则，向人民调解委员会申请解决。但人民调解委员会不能强制其履行，只能建议另一方当事人向人民法院提起诉讼，或以其他方式解决纠纷。

人民调解的一个突出特点，就是自始至终不具有国家权力的强制性，这就意味着人民调解不存在执行问题和执行程序。它只有履行，而履行是出于当事人自觉自愿的行为。因此，当事人达成调解协议后出现反悔，拒不履行，或者履行了协议约定的部分义务而不履行剩余的其他部分义务的情况常常存在。

根据《人民调解法》第 33 条规定“经人民调解委员会调解达成调解协议后，双方当事人认为有必要的，可以自调解协议生效之日起三十日内共同向人民法院申请司法确认，人民法院应当及时对调解协议进行审查，依法确认调解协议的效力。人民法院依法确认调解协议有效，一方当事人拒绝履行或者未全部履行的，对方当事人可以向人民法院申请强制执行。人民法院依法确认调解协议无效的，当事人可以通过人民调解方式变更原调解协议或者达成新的调解协议，也可以向人民法院提起诉讼”。

在调解协议生效之后，双方当事人可以向有管辖权的人民法院共同申请司法确认。特别指出的是，司法确认是对已经生效调解协议的审查，并不是调解协议生效的必经程序。当事人提出司法的确认申请，向人民法院提交调解协议书、双方当事人签署的承诺书。承诺书需要写明:第一,双方当事人出于解决纠纷的目的,自愿达成协议,没有恶意串通,规避法律行为;第二,如果因为该协议内容而给他人造成损害,愿意承担相应的民事责任和其他法律责任。

人民法院在收到双方当事人提出的司法确认申请之后及时审查,材料齐备的向当事人送达受理通知书,案件将由审判员一人独任审理,双方当事人应当同时到庭。申请司法确认要求双方当事人具有完全民事行为能力,意思表达真实,调解协议的内容不违反法律法规的强制性规定以及社会公共利益;若发现调解协议损害了国家、集体或者第三人利益,以合法形式掩盖非法目的,损害社会公共利益,违反法律法规的强制性规定等,法院会判定无效或部分无效,如果调解协议内容不明确,无法确认和执行的,人民法院可以不予确认该调解协议的效力。

但是也必须认识到,司法确认程序并不能使履约结果"牢靠"。因为还面临着几个问题:第一,程序的发起需要双方共同申请。如果一方不予配合,双方申请就成了无法实现;第二,即使通过了司法确认,但从形成协议到司法确认过程中的时间差,为不配合的一方提供了时间上的便利。当然,除了比较常见的这两个问题之外,可能还存在拖延执行等其他现象。

因此,为了从本质上提升协议的履行效果,应当从根本抓起。第一,在缔约时,尽量实现双方对方案的满意度最大化。第二,"协议制定、司法确认、履行协议"的过程,尽可能"快刀斩乱麻"。第三,负责的调解员,可以根据在档的调解协议,进行定期的回访,以第三方的身份,对执行双方形成一种外部约束和监督。

【案例材料 4.6】司法确认制度助力走完调解"最后一公里"[1]

案情简介:

2014 年 8 月 12 日,海宁市盐官镇人民调解委员会调解了一起因工致残造成工伤的人身损害赔偿纠纷。王某是云南人,受雇于海宁某建筑公司。

〔1〕 参见《以案说法》:《签了调解协议对方不履行怎么办?》,载 http://law.xdkb.net/2014-08/12/content_607111.htm,最后访问日期:2018 年 11 月 18 日。

2014年5月8日,王某在工地上操作卷扬机时,因操作不当,其胸部和腹部被卷扬机夹住受伤,经海宁康华医院诊断为爆破性骨折伴脊髓瘫痪。经过调解,伤者的代理人和建筑公司的代理人对纠纷事实没有争议,对赔偿数额的分歧也逐渐靠拢。眼看这场调解即将成功时,建筑公司一方却出现了犹豫。经了解,建筑公司担心的是,支付了大笔赔偿款后,王某及其家人再反悔怎么办?为了打消建筑公司的顾虑,调解员释法析理,向他讲解了人民调解的本质,并建议双方达成协议后,向法院申请司法确认。因为当事双方达成的调解协议只具有民事合同的性质,若一方违约则无法起到定分止争的作用,而司法确认却能赋予调解协议以司法强制力。最终,双方当事人接受了调解员的建议,及时申请了司法确认,使这一起纠纷得到了圆满解决。

案例分析:

司法确认制度是指对涉及民事权利义务的纠纷,经行政机关、人民调解组织、商事调解组织、行业调解组织或者其他具有调解职能的组织调解达成的具有民事合同性质的协议,经调解组织和调解员签字盖章后,或经双方当事人签署之后,双方当事人共同到人民法院申请确认其法律效力的制度。

调解过程中,一方当事人往往对另一当事人缺乏信任基础,因此,当事人需要不断的信心确认,这在调解的最后阶段尤其重要,同时,这也是调解过程中最为艰难的部分。调解员可以向当事人解释所遇到的困难和感受到的不确定感,利用现有的制度保障如司法确认制度和担保机制,增加信心,鼓励他们继续前进,打破信任僵局。

(四)调解登记归档与回访

《人民调解法》第27条规定,人民调解员应当记录调解情况。人民调解委员会应当建立调解工作档案,将调解登记、调解工作记录、调解协议书等材料立卷归档。

人民调解的工作档案,是调解员在进行案件调解的过程当中,形成并记录的具有参考利用价值的文字、图表、声像等不同形式或者载体的文件材料,是人民调解工作的真实记录。比较详尽的档案清单见表4.1。

表 4.1　调解登记归档清单

序号	文书名称	档案页号	备注
1	人民调解申请书		
2	人民调解受理登记表		
3	人民调解调查记录		
4	人民调解记录		
5	人民调解协议书		
6	人民调解口头协议登记表		
7	人民调解回访记录		
8	本案其他材料		

调解材料的登记归档,是为了每一个案件的调解记录或等诉讼时有据可查。依托当前的信息技术条件,还可以对每一个案件材料进行电子化归档,形成调解案例库,便于对人民调解的各类型案件的调解方案进行比较、归纳、总结与相互参考借鉴,提高调解方案的可接受度和普遍适用性,从而提升调解效力,优化调解效果。

除了归档以外,如前所述,适时的回访工作有利于对当事人按时履约进行监督,巩固调解成果,并且就调解过程了解群众的意见和建议,以便将来的工作改善。

回访与调解过程中的工作方法、原则不同,回访工作首先要在协议签署完成后及时进行,对于在协议履行过程中产生的新问题、新争议进行详细记录,尽可能地做到走访到位、沟通有效。在回访后,对新问题进行思考、总结和进一步的跟踪,将可能产生的"二次矛盾"及时地"扼杀"在"襁褓"中,有效促进双方当事人的沟通,做好规劝、说服工作。

不仅如此,回访是一项"良心工作",要再次深入案件,了解协议履行效果和程度,本着对事实、对协议、对人民利益负责任的态度和精神,讲求实事求是。同时,对于那些"难案""大案"要勤回访、多督促、善反思,不仅"就案论案",还要对未来的工作进行经验总结。

第二节　调解工作技巧

调解作为一种重要的纠纷解决机制,具有鲜明的特点和独特的优势,相比诉讼及其他私法救济渠道，调解从程序上更加简便、灵活，处理纠纷更加及时、亲和、全面。在方法和技巧上，也具有更大的弹性空间，灵活多样，这也是调解的魅力之处。虽然调解技巧不胜枚举，但是随着案例的积累和经验的归纳，有三种基本的调解工作技巧被固定下来，并不断发展出新的具体方法和技术。本节将介绍人民调解三种最基本的工作技巧，即面对面调解技巧、分开调解技巧和远程调解技巧。

一、面对面调解技巧

面对面的调解技巧是在全面细致掌握纠纷事实和当事人的情况下，通过谈话，在开展大量有效说服、疏导工作的基础上，组织双方当事人当面协商纠纷解决办法的做法。

1. 适用条件与环节

一般而言，面对面调解技巧适合于调解开始阶段与最终阶段，且适合于当事人间关系相对缓和、有一定沟通基础的情况。

面对面的调解方式适用于以下几种情况。第一，只有双方有意愿开展沟通和互动，才能够以相对理性且平和的调解心态进行商谈，从而达成共识与符合预期的调解结果。当事人之间的沟通协商最终都是要面对面的，案件调解初期和中间阶段的分开调解都是为了面对面调解而打下基础和创造条件。如果分开调解足够充分，面对面调解只是用于解决“最后一公里”问题而进行的协商。

第二，一方或双方当事人同意或要求相关人员或专业人士参与，为了增强信息沟通的有效性，可以邀请当事人的亲友、领导参与调解或请专业人士参与听证，以便达到更好的组织效果，同时弥补人民调解员个人知识和经验上的不足，增强对当事人的说服力。

面对面调解适用于调解的什么阶段？面对面调解可以协助双方沟通，邀请有关人员参与，组织专业人士听证，促进形成合意，一般适用于两个阶段：开始阶段和最终阶段。在正式调解前分别了解情况的基础上，面对面调解适用于开始阶段，双方当事人在第三方的主持下进行初步的意见交换，以便调解员确认符合双方预期的“需求清单”，确认调解的内容和顺序。同时，还适用于调解进入高潮阶段，在进行分开调解之后，双方当事人有必要再次协商与互动沟通，以便再次确认共识，这是调解协议前的必要环节。

2. 关键要素

规则是调解工作中的关键要素。调解是在第三方主持下，双方当事人协商解决纠纷的方式。由于整个调解过程可能涉及的相关人不止两方，因此，“规则”对于调解员而言，具有重要的意义和价值。由于面对面的调解是所有人都在场，规则一旦被打破，调解员的公信力就会失去，这对调解的推进、调解效果的保障、当事人评价与体验等有百害而无一利。因此，坚守规则是面对面调解中的重中之重。

规则一：公正公平。在面对面调解的过程中，调解员不能掺杂私人感情的同时，也不能融入私人利益的追求。简言之，“每个人不能当自己的法官”，不要轻易尝试“大义灭亲”，这不仅会使调解员自己陷入情感困境，更可能使调解过程失去公信力。调解制度从规则设计上已经完好地解决了这个问题——回避制度。《最高人民法院关于人民法院特邀调解的规定》第15条规定，特邀调解员有下列情形之一的，当事人有权申请回避：(1)是一方当事人或者其代理人近亲属的；(2)与纠纷有利害关系的；(3)与纠纷当事人、代理人有其他关系，可能影响公正调解的；特邀调解员有上述情形的，应当自行回避；但是双方当事人同意由该调解员调解的除外。特邀调解员的回避，由邀请调解组织或者人民法院决定。

也就是说：第一，从一开始，调解员就不应该与争议双方当事人、争议标的存在直接、间接或者可能存在的合理怀疑的利害关系。第二，在调解过程中，一旦调解员自己发现后应当主动退出，如果当事人提出异议，调解员能够解释并且获得双方当事人同意的可以继续调解，否则也应该尽早退出。第三，调解结束后，如果因为当事人对调解比较满意，而给予馈赠的，应当及时拒绝，避免被另一方当事人误解为不正当获益，从而使调解努力功亏一篑。

规则二：消灭偏见。调解员本身作为一个人，有自己的道德标准与观念。一定意义上，调解员可以说是不穿法袍的法官，尽自己所能地修复被纠纷和争议破坏的某种社会关系。为了做到公正，需要保持一种内心的修为：消灭偏见。

偏见的产生有很多种的可能，结合到调解员自身的喜好、成长经历、家庭关系等，而这种偏见一旦与案件产生关联，很可能在调解过程中，通过微表情、语言等方式传递给双方当事人。作为一名调解员，可以在内心不赞赏一方当事人的行为和观念，但是必须警惕，不能让这种情感或者偏见影响判断力,也不能因为对某方当事人有好感而偏袒他,更要特别注意事前事后的利益避嫌,避免造成当事人误会,使调解成果功亏一篑。

【案例材料4.7】调解员的选择困境〔1〕

案情简介:

一次调解结束后,当事人甲公司的总经理,对调解员的法律素养、调解技巧和敬业精神,都产生了深刻的印象,当了解到调解员同时也是一位执业律师时,他找到了这位调解员,希望聘请他作为公司的法律顾问,请问,调解员是否应该接受这份聘请?

案例分析:

尽管在调解过程中,调解员并没有给予甲公司私下照顾和任何偏袒,但是,一旦调解结束后,调解员被甲公司聘任为公司法律顾问,那么,他就有与甲公司有利益关联的嫌疑。因为公众看到的往往只是事物的片面结果,而无暇去探究真相到底如何。虽然甲公司聘任他的考量是源于他的业务能力,但是其结果却无法避免公众认为它是一种利益照顾后的酬谢。第三人没有义务以最大的善意来揣测或者评价这一事件,相反事件自身可能成为某种流言或恶意揣测的导火索,结果必将导致当事人和公众对调解中立、公正性的合理怀疑。

规则三:秩序管理。尽管面对面的调解适用于关系比较缓和的双方当事人,却无法避免在调解过程中关系可能会恶化。因为,调解过程是解决冲突的过程,冲突的核心是为了保护自己最为关心的事务,如人、财、事等。冲突是在得与失中体现出的一种强烈情感,并加强自我保护的意识;因此,调解过程中划定冲突的边界,很可能会带来情感上的冲击,产生观念和判断上的影响,可能造成彼此间关系发生改变。

因此,为了保障调解的顺利进行,可以在调解准备阶段,事先拟定面对面沟通时的秩序规则。例如,一方进行陈述的时候,另一方不能随意打断,但是可以在其表达后进行补充和提出异议。如果某一方在面对面中表达内

---

〔1〕 参见黄鸣鹤:《调解员培训简明教程》,中国法制出版社2017年版,第193~194页。

容与调解员事先了解的表达内容不一致，调解员可以打断并提出疑问。在双方阐述完各自观点及需求后，调解员做出阶段性的总结，并罗列出双方当事人的需求或争议列表（现场最好有显而易见的展示渠道如白板等，便于现场的及时修正），并组织双方展开对话。

3. 面对面调解技巧的优点与缺点

面对面调解的优点在于可以改善双方当事人由于缺乏沟通和交流带来的误解、偏见，能够在互相了解、开放倾听的基础上，修正自身的错误或偏差认知，形成共同的合作意向。面对面调解的缺点在于，当双方当事人在同一空间中坐下交谈，面对面表达自己需求和纠纷时，会出于情感、面子、个人利益、压力等各种各样的原因，对部分事实、诉求的信息，表达不完全、不真实、不完整，导致当事人利益受损。此外，面对面调解时，如果任何一方当事人没有控制住自己情绪，也可能导致争执进一步激化。

二、分开调解技巧

1. 适用条件与环节

一般而言，分开调解适合于准备阶段与中间阶段，适用于当事人关系处于相对比较紧张、缺乏信任的情况。

分开调解形式，是调解员通过分别与纠纷当事人谈话，进一步地了解、核实纠纷事实，在谈话过程中，掌握当事人的个性特点，摸清当事人的诉求情况，并且就解决纠纷的各种备选方案探寻双方当事人的心理底线。

分开调解一般适用于当事人间关系比较紧张的情况。分开调解的优点在于当事人毫无顾忌地表达自己的真实诉求和预期方案，以及调解员向当事人更准确地宣传法律政策。分开调解的缺点在于双方当事人缺乏沟通导致信任无法建立起来。

在任何调解活动中，通过分开形式的调解是为了面对面协商做准备和铺垫工作。两者之间的衔接在时间上不宜拖沓过久，以免“夜长梦多”。在调解实践中，不是所有的调解案件都能够在一次分开、面对面调解后就能够得到解决。但是一般情况下，在调解之前的情况了解阶段，通过分开调解，进行初步情况排摸，建立初步信任，交换双方认识，以便为第一次面对面的调解做好准备。无论现场的第一次调解是进展顺利还是寸步难行，经过第一次面对面调解之后，接下来就要考虑在恰当的时候安排第二次分开会议，一定程度上可以作为调解中间阶段进入某些议题的僵局时的“润滑剂”，寻找到双方在“最后一公里”解决上的心理底线。在第二次面对面时,对曾经分歧点的可行方案进行第二次讨论,进一步缩小双方的分歧,促成双方各自让步。在调解过程中,调解员作为第三方,必须时刻保持中立,并协助双方当事人找到新的调解方案。

2. 关键要素

信息是分开调解的关键要素。分开形式调解的基本目的是获取更多、更准确的信息,而面对面形式调解的基本目的是建立“规则”。因此,分开调解的关键在于调解员的角色定位。

调解员是信息的接收者与筛选者。在分开调解的过程中,调解员要懂得倾听并且善于倾听每一位当事人的真实想法,深入了解诉求、立场及个性特征的信息。在倾听过程中,调解员尽可能地在掌握关键信息的基础上,对当事人的态度进行全面的把握,不仅要时刻关注信息发送者的信息输出,做好信息接收和信息筛选,还要尽可能地避免可能存在的干扰因素,在与当事人的沟通过程中,要在保持中立立场的基础上,及时给出信息获取的反馈,如眼神、表情、动作(如记录)、言语等,适当地总结当事人的观点,进行阶段性的确认,有意识地将情绪化的表达和陈述,转述为可操作的协商诉求,从而帮助交流和倾听过程的继续。可多以开放式的问题收集信息,如“对于刚才的会谈,你怎么想?关于他提出的……你怎么看?”

一旦遇到一些不配合的当事人,比如两面派、沉默派、专注于套近乎的当事人、有破坏性或者敌意的当事人等,分开调解就会遇到困难,增加了调解员的工作难度。对于一些沉默的当事人,调解员需要特别关注他们的情绪、眼神、身体语言等其他信息输出渠道,依靠聆听和积极询问打开他们的心房。在分开调解过程中,对与调解员套近乎的当事人,调解员需要保持理智和警惕,在言语、行为和立场上保持中立,避免其产生调解员的“偏好”误会,对于与案件无关的问题尽可能避开或者直白拒绝。

调解员是信息的传递者与处理者。分开调解使一方当事人获得更多的有关另一方当事人的信息、观点和态度。在分开调解中,调解员可以自由地与一方当事人探讨有关的争议、利益和诉求,也可以直接要求他们通过对方的观点和立场重新审视自身的诉求和表现。通过反复的分开调解,尽量缩小备选解决方案的范围,使当事人能够感受到在分开调解阶段取得了一些共识。调解员可以总结出来双方当事人的诉求,重组自己获取的信息,积极转述双方诉求,例如:

"当事人：我根本不相信他会补偿我……的损失。

调解员：您的意思是，你想要一些确保他履行……的保证？"

通过调解员与当事人反复沟通，可以形成一个初步的调解协议框架，这也就是最基本的方案，也是面对面调解的基础。有了这个基本方案就可以打破原有的僵局，就可以建立起一种合作纽带的意识，也有利于第二次面对面调解。

3. 分开调解技巧的优点与缺点

分开调解的优点在于增进当事人间信任和当事人的理性认知。人际交往中最重要的就是信任和理解，调解更是这样。调解员帮助双方当事人分析利弊得失和宣讲相关的人情、道德和法律，能改善双方当事人对纠纷的理性认知，同时，传递信息交换了双方当事人的认识，建构起了双方合作的基础。

分开调解也有它的缺点，与面对面调解相比，分开调解使双方当事人之间缺乏互动，致使面对面调解时难以达成共识。另外，可能因遇到一些不配合的当事人，调解员没有获取真实、准确的信息。这些都给调解员的工作提出了新的挑战。

【案例材料 4.8】打好面对面与分开调解的"组合拳"[1]

案情简介：

小谢和晓丽都是独生子女，深受父母宠爱，两人是大学同学，经过 3 年恋爱步入了婚姻殿堂。这对"80 后"小夫妻结婚没有几个月，在日常生活中因各种原因经常发生争吵。在最近的一次争吵中，小谢在愤怒中推了晓丽一下，晓丽摔在了地上，觉得十分委屈。于是她马上给父母打电话，晓丽爸爸知道之后非常气愤，让晓丽立刻回家。当天晚上晓丽就回了娘家。大约过了 3 个月，晓丽打电话给小谢，提出协议离婚，还表示如果他不同意，就去法院起诉离婚。小谢认为，两个人感情基础好，还没到离婚的地步，于是请社区调解员张大妈进行调解。张大妈打电话给晓丽了解情况，晓丽认为两人感情基础薄弱，而且事情发生之后，小谢也没有做出挽回的行动，在过去

〔1〕 参见唐素林：《民间纠纷调解要点与技巧》，知识产权出版社 2015 年版，第 103～104 页。

的婚姻生活中，两人常常争吵，于是张大妈请两位当事人到调解室进行调解，调解当天，双方都来了很多亲戚，七嘴八舌，都是数落对方的不是。

调解员张大妈暂停了当天的调解。几日后，张大妈围绕离婚纠纷的核心前提——情感基础——是否尚存进行分别确认，并通过交流、谈心等方式，引导当事人说出真实想法，在此过程中，将积极的情感回应做好传递，并且将对方的情感诉求进行转达。然后再安排仅包含两位当事人的面对面调解，动之以情、晓之以理，唤起共同的美好婚姻记忆，引导双方回顾过去，珍惜情感，定错定责，并要求小谢为错误的行为道歉，化解双方之间的矛盾。基于双方当事人情感基础尚存及和好意愿，再分别劝说双方亲属要冷静旁观子女婚姻，适当放手，给孩子以自主处理权。为了大家庭的和睦相处，张大妈又安排了一次所有人都参与的面对面调解，让小谢、晓丽以及双方父母都同场沟通、相互表态，化解彼此心里的疙瘩，从而排除了小谢、晓丽夫妻婚姻中潜在的不稳定因素，如父母干涉、翁婿矛盾等。

案例分析：

本案属于婚姻纠纷。家庭是社会的基本组成部分，随着人民生活逐渐富裕，人们的道德观念也发生了变化，越来越追求婚姻的质量。在此案中的当事人，婚姻具有多年的恋爱情感基础。在纠纷发生后，小谢曾上门致歉，但因女方家长言辞激烈，无功而返。张大妈掌握了两方仍然具有一定的情感基础，但是在朋友、父母的劝说下，进一步加深了隔阂的基本情况后，分别与双方亲友再次进行了交流，告诉他们应当以双方的幸福为重，不要随意干涉年轻人的婚姻。随后，安排了一次只有双方当事人的会面。经过张大妈的牵线，小谢当面道歉，晓丽也同意和好。两人和好之后，张大妈请来热心参与的亲友一起见证两人的复合，小谢向晓丽父母做了保证与致歉，晓丽父母也就之前的不当言行向小谢道了歉，一家人其乐融融。

一般情况下，纠纷的调解是两种形式的交替使用，或者说是打组合拳。在离婚纠纷的调解工作中，掌握离婚当事人真实的婚姻状况和内心考虑是最核心的调解要素。不能仅仅依靠单方当事人的阐述，在以情感主导的婚姻纠纷中，单方当事人容易夸大自身的受伤心理和事实感受，并且对一些不利于自身的事实和事件进行回避。

同时，更加不能简单听信一方亲友的说辞。亲友热心参与到调解过程中，过多地关注小夫妻的婚姻隐私，可能造成现场秩序混乱、当事人碍于面子和隐私不愿说真话、羞于表露情感而不挽留等状况，从而无法了解其真实的情感考虑和想法,不利于调解的开展。

三、远程调解技巧

1. 适用条件

远程调解方式适用于各类调解和调解的各环节。远程调解,是以信息化网络作为调解工作的重要载体,通过运用远程视频创新调解手段,打造各类矛盾远程视频调解的实战平台。福建、浙江、贵州等地的政府机构或社会组织利用电话调解、视频连线调解的方式成功调解了多起纠纷,开启了远程调解新模式。

在实施背对背调解、面对面调解过程中,受到时间、地理因素的限制,双方当事人之间、当事人与调解员之间会面不便,远程调解便可更好发挥作用。远程调解分为电话调解、社会化媒体调解、视频调解等。其中,与电话、社会化媒体调解相比,视频调解的适用性更大和效果更好。电话调解方便、快捷,但是无法实现三方有效沟通;社会化媒体调解(如 QQ 和微信)依靠碎片化的语音、文字,无法整合性地形成整体意见,沟通效率较低。电话调解与社会化媒体调解均不利于在人民调解员控制调解的基础上进行有效协商,达成合意。

视频调解则不然,远程视频调解和分开调解、面对面调解不同,通过信息化的技术,可以在平台上实现与背对背和面对面调解同等的效果。

2. 关键要素

信息技术是远程调解的关键技术,创新运用于调解的各个环节。

归档技术创新。根据《人民调解法》第 27 条,“人民调解员应当记录调解情况,人民调解委员会应当建立调解工作档案,将调解登记,调解工作记录,调解协议书等材料立卷归档。”在远程调解中,由于调解过程只有音频记录、视频记录和口头协议等,这些电子档案不同于纸质档案归档方法,需要根据电子归档技术进行归档处理,甚至要进行创新,以保留相关证据。例如,在一些地方实施远程调解过程中,调解员建议双方当事人签订纸质调解协议,以提高调解的有效性。

检索技术创新。在纸质调解档案中,一般建立起目录检索方式。电子档案,因有音频、视频等多种文本形式,于是,需要使用搜索技术。在实践过程中,调解机关通过建立电子案例库、电子档案库、电子调解协议书库等平台,实现平台资源共享,供有使用权限的调解员搜索、下载、阅读和研究。

分析技术创新。调解案例所积累的相关数据是观察社会矛盾变化的基础。对已有的纠纷调处数据进行阶段性的描述性统计,概括矛盾纠纷的类别及诱因,建立科学的纠纷预测预警机制,就可以对常见纠纷进行初期干预,实现调解从"以调为主"向现在的"以防为主"转变。

3. 远程调解技巧的优点与缺点

与线下调解不同,远程调解可以跨越时空的限制,整合各类人才资源和调解体系,实现多方、多渠道参与到调解工作。尤其是,远程调解可以让一些相关的行业人员、专业人员不再受时间、地点的限制,参与调解和听证,真正实现"菜单式调解"。远程调解不仅适用于跨地区、跨单位、跨行业的纠纷,久调不决或者更加有可能激化矛盾的纠纷,而且更加适用于涉及面广、危害性大、后果严重的民间纠纷,在"大调解"的环境下,极大地加快了调解进程,提升了调处能力和调处效率。

但是,远程调解虽然可以跨越时空限制,可以挣脱物理约束,但是,与线下调解相比仍有不少缺陷。一方面,由于人民调解是立足于熟人社会,调解双方受到人情道德的约束,网络虚拟空间没有,远程调解中当事人之间存在疏离感;另一方面,由于跨区域、跨国的现实条件,即使达成协议,协议执行和调解员回访的成本也相对较高。

【案例材料 4.9】和事帮手解涉侨纠纷案[1]

案情简介:

华侨赵大哥早年移居意大利,其妹妹赵小妹常年在浙江省文成县生活。因为 3 间祖宅的分配赵大哥与赵小妹起了纠纷。赵小妹一纸诉状将赵大哥告到文成县人民法院,希望得到其中两间,法院判决结果是 3 间祖宅归妹妹和哥哥共有。

"虽然案结了,但事情却还没了。因产权分配不明,矛盾依然存在。"富法成是县司法局聘请的人民调解员,担任此案的后续调解工作。他说兄妹二人都上了年纪,身处两地不说,还有 7 小时时差,用常规方法根本无法调

[1] 参见《人民日报》:《浙江文成创建海外人民调解员制度》,载 http://www.sohu.com/a/207415527_99970298,最后访问日期:2019 年 8 月 5 日。

解,但运用文成县司法局的视频调解就解决了这一难题。富法成和另一名海外人民调解员胡建金先分头做兄妹的思想工作,说人情,说道理,说法律,等两兄妹基本上想通了,再约好时间,让兄妹俩通过视频调解平台,“面对面”倾诉,这一纠纷得到完美解决。

文成县是浙江省的著名侨乡,17 万余华侨华人旅居世界 70 多个国家和地区,每年,涉侨矛盾纠纷都在 800 件以上。

案例分析:

对于跨国纠纷,当事人如果选择诉讼途径,一般需要 180 天左右甚至更长时间才有可能结案,而且还要支付诉讼费、代理费、来回飞机票等费用;而借助网络工具和信息技术的跨国调解,就有可能避免上述成本。相比线下调解,线上调解更要注意以下方面的原则:

第一,充分做好事前的背对背沟通。此案中,人民调解员和法官在前期分别做兄妹二人的思想工作,对相关的权利义务关系宣讲清楚,远程调解的“面对面”阶段,是以前期调解人员对双方当事人进行充分的信息传递、劝说、宣讲为基础的。

第二,涉及经济、法律等权利义务关系的文件、协议等要求提前进行准备,并获得双方的初步认同,以便连线的面对面沟通中可以只确认具体条款细节和签署调解协议。

第三,由于前期的沟通均通过线上进行,因此要完整保存沟通过程的录像、录音资料,并且规范调解程序,以便为后期工作提供必要的证据和事实依据。

第四,由于远程调解协议的履行缺乏可行的线下监督机制,也很难进行实地回访,因此,设置必要的时限、条件和担保是必要的。

随着“互联网 + ”时代的到来,远程调解基于其成本低、效率高的特点必然会得到更多的应用,随着技术的进一步发展,结合远程技术,组团式的线上调解,可能会成为一种新的趋势。

第三节　调解工作技术

调解过程事实上是一个由调解员主持,当事人共同参与,在谈判、较量、博弈、妥协和创新的过程当中寻求纠纷解决方案的过程。在这个过程中,调解员的身份并不是是非的裁判者,更多是中立的观察者、矛盾的化解者,甚至是一个将事态发展朝着有利方向的推动者和纠纷解决方案的助产士。调解员以这样的身份角色定位参与到调解过程当中,使用语言表达技术、资源动员的技术和信息掌控技术等工作技术,有效地促进调解顺利进行。本章将围绕这三个技术进行阐释。

一、语言表达的技术

1. 回应的语言技术

在刚接触当事人时,调解员需要与当事人适当地寒暄,以通俗易懂的语言沟通,如用当地方言或特定年龄层的语言等,提升当事人对调解员的好感。

在调解过程中,调解员应多倾听当事人的陈述,适当时,也要提供一些仔细倾听和情感的反馈,比如提出一些宽泛的问题:“是这样吗?”“那你可以再描述细致一些吗?”等等。

在倾听的过程中,调解员较少主动表达,在需要阶段性礼貌地打断并且对上一阶段内容进行总结时,需得到当事人的同意,然后,使用柔和语气提问,如“所以您的意思是……”“我可以这样理解吗?您认为……这样做比较妥当?”在与当事人核准信息的过程中,对当事人一些消极的、情绪化的表达,需要进行积极化的转述,以便于落实到调解协议中可操作的条款上。

2. 询问的技术

一般进行调解的当事人,在陈述过程中,很多时候会忽略一些重要的法律事实,或更偏向于讲述对自己有利的事实,而对自己不利的事实说得少,或者隐瞒不说,或者曲解事实。在对双方当事人的陈述进行整理时,调解员需要做好比对工作,发现有分歧的信息,以便在与当事人分开沟通的过程当中,进行询问。

询问是讲求方式方法的,对涉及当事人隐私,或者他明显刻意回避的问题,调解员要委婉或者旁敲侧击地询问。主动询问一般是在长时间地倾听当事人讲述和与当事人建立起基本的信任桥梁之后进行的。这样不会让当事人感觉到自己被冒犯,反而感到自己可以补充一些细节。调解员询问时,要使用隐含追述意思的语言,如“刚才您所说的……我没有特别理解,请问您能更加详细描述一下吗?”或者这种谈心式的语言,如“这个问题即使法律上是有规定的……您觉得如果我们……这样做会不会更好一些?”或者是围绕某一件事情、某一个要点进行讨论。

在当事人欲言又止、吞吞吐吐的时候，调解员要抓住时机与当事人建立信任，增强其安全感，此时，可以使用一些保证性的言论，如“你既然选择了调解，说明你本身是想解决这个问题的，既然要解决问题，我们需要把事情都放到台面上来说……”“你可以把事情的来龙去脉和你的诉求告诉我，我也结合你的情况设身处地帮你想想办法。”“你不要担心我会偏袒谁，既然决定了要解决问题，就公平公正、心平气和地解决纠纷，将来也好一团和气。”

3. 劝解当事人的技术

面对不同的当事人，劝解的语言技术也不同。

对于知理明法、重情重义的当事人，以理性劝诫，辅以情感渲染为主。这类当事人，对于纠纷事实、调解方案，或者双方当事人的关系，在心里已经形成了基本的认知，并且不会主动将事态扩大，触及法律底线。对于这类当事人，可以用双方当事人共同的生活记忆进行渲染，铺垫一个感情基础，然后再慢慢地引入正题。

对于脾气暴躁、好面子的当事人，争取以柔克刚。例如，当一些调解信息不能直白表达，或者为了照顾当事人的自尊和面子的时候，可以采用含蓄的用语；为了打破某些僵持的局面，活跃调解现场的气氛，缓和他内心的纠结，可以适当使用一些幽默性的用语，或者生动形象的比喻；而为了未来相互妥协达成协议，可以用期待或者说鼓励性的语言进行渲染，如“我们都希望您能更大度一些，主动化解矛盾……给他一次机会……”等等。

对于优柔寡断、缺乏主见或者固执己见、胡搅蛮缠的人，语言上可以进行适当威慑，对其形成压力，让他们能够在趋利避害的心理支配下履行义务。对于这两类人，“攻势要猛”，让他们一时间招架不住，尤其是对那些固执己见的人，可以发动群众对其行为进行评议，让他们感到孤立无援，造成思想压力。

需要注意的是，根据冲突双方的意见陈述并进行劝解的过程中，调解员可能会有自己的主观价值判断。但是，即使对当事人的一些观点心存疑虑，调解员也不能在场面上直截了当地进行道德评判，尤其不能有明确的判断言语，如：

调解员：我觉得 A 说得很对，这个责任确实应该 B 来承担。

调解员：我觉得你是很冤枉的，他和你合作了这么久还临时毁约，做人不厚道，社会影响很不好。

无论是在单独会谈还是在面对面的沟通过程中,调解员只需做好引导工作,即使最终达成的调解协议中对是非的认定和责任归属区分,也属于双方自愿处分的范畴。调解员应指出双方已经达成的共识,动之以情、晓之以理劝说双方尊重共识、争取调解成功,如"你们在这些方面既然已经能够达成共识,说明双方还是有合作的基础和意愿,我们还是互相谦让,尽可能地让双方满意吧"等。

二、资源动员的技术

所谓资源动员技术就是要发挥"借东风"的势力,有效地助推调解进程的发展,促使纠纷更快、更好地解决。

1. 邀请行业团体、专业人士听证

如果发生了一些重大复杂或者群体性的纠纷,调解人员可以请求相关部门到场协助联合调解,化解纠纷。传统的人民调解发展到今天,其调处的纠纷范围早已超出村居、镇街层面的家事或邻里纠纷,外延到当下日益增长的专业领域纠纷,于是,在一些交通事故纠纷、医疗纠纷、劳动争议纠纷、物业纠纷、消费纠纷中,专业性、行业性调解人员发挥的作用越来越大。同时,随着广大群众的维权意识不断增强,对这些纠纷专业化调处的期望越来越高,因此,为了进一步提升人民调解的专业性和调处效率,邀请相关行业性、专业性调解组织和专业人士参与听证或者参与调解,非常有必要。

2. 邀请相关人员参与,造成舆论压力

中国社会是一个熟人社会,人们在人际交往中,对于"自己人"所传递的信息比较容易认同。因此在调解中,如果调解人员的观点或劝说,并不能被当事人所接受,调解员除了应当对双方当事人进行心理疏导外,还要善于观察并且发现被当事人所信赖的人,并与之沟通,请其参加调解说服,从而利用这种认同效应,促使纠纷得以化解。这些相关人员主要来自家庭、朋友,或者当事人所在的团体。这种团体包括他所参与的社群组织以及工作单位。当然也可以通过营造社会影响和舆论压力,对当事人产生思想上的驱动。

对这些相关人员的邀请,应当遵循以下原则:第一,邀请与当事人之间存在较强信任基础的相关人员,当事人相信他们的言论。第二,相关人员本身应当是明白事理、会处理事情、知法懂礼的人,以避免给调解工作增加难度。第三,邀请相关人士,必须要尊重当事人的意愿并照顾当事人的情绪,避免盲目依靠他人调解，引起当事人的不满，造成不良后果。

【案例材料 4.10】家属参与调解“人命官司”[1]

案情简介：

张某系安徽籍来沪人员，男性，50 岁，在崇明经营了多年百货生意，其酒量较好，平时喜欢与朋友喝酒小聚。2014 年 4 月 11 日上午，张某到朋友郭某处闲聊。临近中午，张某建议联系河南籍朋友薛某和山东籍朋友陈某，一起吃午饭。经过联系，薛某、陈某来到郭某处。张某买了几瓶白酒，和朋友们边喝边聊。由于都是外地来沪人员，朋友相聚分外高兴，他们推杯换盏、你来我往，每个人都喝了不少白酒。薛某、陈某、郭某酒量较小，两小时后开始吃饭并劝阻张某不要再喝了。但是，张某酒意正浓，坚持要继续喝，三人知道张某的酒量，不愿打破高兴的氛围，就劝说张某少喝点。张某又单独喝了两杯酒。午饭后，由于四人都喝了酒，就在郭某处午睡。下午 4 点左右，薛某、郭某、陈某纷纷醒来，见张某还未起床，便去叫醒张某，发现张某脸色煞白，毫无反应。三人立即报警并拨打了急救电话。急救人员到场后，确认张某已经死亡。之后，法医对张某的死因进行鉴定，结论为醉酒窒息死亡。

4 月 12 日下午，张某的亲戚朋友 30 余人赶到崇明，和张某的家属一道，要求郭某、薛某、陈某对张某的死亡负责，并承担赔偿责任。但是，三人认为张某是自己不听劝阻醉酒而死的，与他们无关，不愿意承担赔偿责任。双方激烈争吵，争执不休。张某家属及亲戚朋友随后赶到城桥镇镇政府，集体围堵吵闹，要求政府解决这起纠纷。他们情绪激动，还扬言要抬尸至政府大门，如不及时妥善处理，有可能造成纠纷激化，引发群体性事件。

案例分析：

上述案例是一起民事纠纷，由于牵涉“人命官司”，且涉事双方在赔偿金额、责任归属等方面的争议，很大程度上受到当地文化习俗、当事人法律意识及文化教育水平等主观因素的较大影响。由行政机关根据《民法通则》进行调解和处理，确认事故是肇事方的单方责任，且不涉及刑事责任归属，公

---

〔1〕 参见崇明县城桥镇人民调解委员会人民调解员采编：《金牌调解：上海市首席人民调解员案例汇编 67》。

安局联合司法局、法院，共同组成调解组，分头做双方工作，在第一时间内组织肇事方和受害方的亲属进行调解，最终促成双方达成调解协议，妥善处理了矛盾纠纷。

三、信息掌控技术

1. 捅破窗户纸，信息公开

对于一些并不配合的双方当事人，或者以消极情绪面对调解的双方当事人，虽然心里有着合作的意愿，但谁都不愿意先提出让步。此时调解员或许可以反其道而行，为了获取更多可用于调解的信息，调解员不妨首当其冲，捅破窗户纸，公开双方的矛盾点和需求清单，供双方讨论。

一个好的调解员，绝不是一个沉默的倾听者，也绝不是一个喋喋不休的说教者。他应该擅长的是在沟通中说服，在说服中沟通。除了满足当事人情感上诉说的冲动之外，还能够从当事人诉说中发现一些被隐瞒或者忽略的事实，抓住矛盾的焦点。当然，捅破窗户纸不可避免的是，也许会导致一些对抗性的情绪，甚至会发生双方争执，但是巧妙地运用“争执”，在争执中强化沟通，在沟通中交换意见，在不违反自愿调解原则的基础上，调解中的谈判原本就是当事人间的一场博弈，调解员在双方争执的过程当中，不仅掌握更多的信息以便自己做出准确判断，同时在引导争执过程，让双方当事人加强信息交换，减少信息不对称。

2. 总结陈述，信息透明

总结技术在之前已经进行过简单的介绍，这里的总结不仅包括信息重组，还包括总结确认。由于当事人的陈述内容可能冗长、繁杂，调解员需要总结、提炼要点。例如，当事人可能存在如下这种表达：“我不相信他会同意支付我×元，他平时是一个不守信用的人，以前……（举例），我上一次选择了相信他，但是结果他并没有……，所以就算调解协议上注明了他同意赔偿我×元，我也不相信他会执行。”调解员可以总结提炼为：“当事人同意赔偿×元，但是需要执行担保，需要有监督当事人执行的条款。”调解员通过阶段性的总结，确认当事人的观点。

在调解的过程中，当事人陈述完自己的观点，调解员运用自己的语言对当事人的观点进行纲要性的提炼。在面对面调解过程中，调解员一般会总结当前双方当事人所取得的进展，并鼓励当事人继续协商，制造一种相互合作的氛围,从而为需求清单上尚未达成一致的条款的后续调解作准备,例如“到目前为止,双方在……这几个方面都达成了共识,大家都认为……对吧?那么接下来,我们还有这几个方面没有进行讨论?”

3. 抓主要矛盾,控制关键信息

在调解过程中,为了提高调处效率、优化调处效果,需要抓住纠纷的主要矛盾和纠纷的关键人物。

所谓抓住主要矛盾,就是调解员在调解的过程中,按照纠纷的具体情况对纠纷矛盾点进行排序。如果通过梳理发现,许多细小的矛盾都是基于一个主要矛盾而展开的,就要采取有效的措施,集中力量去解决好主要矛盾,这样其他矛盾也就迎刃而解了。

此外,要找到纠纷的关键人物和关键信息,在诸多案件中,双方当事人并不一定是纠纷解决的决定者,如下面案例中幕后人才是操控者。

【案例材料 4.11】如何搞定“幕后操盘手”?[1]

案情简介:

服役军人张某(男)与邮局职员王某(女)经人介绍相识。同年2月,双方办理了结婚证正式成为夫妻。结婚时,王某家要求张某支付彩礼共计人民币66,000元,张某对此表示接受。于是张某便积极筹措资金,按照要求将钱物交到王某的父母手中。谁知,因为婚前缺乏了解,又因婚后长期两地分居,夫妻之间矛盾不断,加之感情基础不牢靠,两人都萌生了离婚的念头。然而,对于当初的彩礼钱,双方却无法协商达成一致。张某认为,两人结婚时间较短,又因为他常年在外,而且其家庭经济条件一般,故要求返还彩礼钱是合情合理的;而王某认为,当初彩礼钱本来就少,虽然在一起生活的时间短,但是毕竟结婚已经两年,张某要求全部退还彩礼是不可能的。

在调解过程中,调解员确认双方感情已无修补的可能,婚后财务独立且并无存款,没有如房产等婚后共同财产。除了彩礼钱外,双方不存在其他争议点。在面对面沟通过程中,考虑到双方婚姻存续期间,由于男方工作的原因导致双方沟通少、相处机会少而离婚,调解员建议,张某给予女方王某一

[1] 参见《彩礼返还引纠纷,人民调解息争议》,载 http://www.wendangku.net/doc/88ed29d7ccbff121dc36833a.html,最后访问日期:2018年11月18日。

定金额的补偿,双方达成共识。但是,在确定最后金额问题上,调解员注意到,男方欲言又止后,于是,提出与张某私下沟通、了解缘由。经了解后发现,原来,男方原本并无讨要彩礼的打算,是男方父母对于女方婚后既无子出,且结婚不久就离婚的行为感到愤怒和不满。了解到这个情况,调解员邀请其父母通过电话一同参与到调解中,最终张某与王某达成了调解协议。

案例分析:

调解员与当事人的沟通,要按常规模式开展调解工作,也要注意到有时当事人的想法、态度及利益诉求可能受到第三人的影响,因此,需要及时探明问题背后的本质,找到关键人,开启“合作”的钥匙,掌握调解的主动权。

第五章 调解员的定位

第一节 调解员的角色

调解工作内容纷繁复杂,涉及民众生活的方方面面。面对形形色色的矛盾纠纷,作为调解员,往往要根据每件纠纷的具体情况和事件发展的不同阶段,在调解过程中充当不同的角色以应对不同的场面。那么调解员的角色有哪些?不同的角色在调解过程中发挥着怎样的作用?调解员又需要掌握怎样的技巧以充分发挥这些角色应有的作用?调解员在不同角色的转换中又有哪些注意事项?

概括来说,调解员应当是一个耐心的倾听者,一个善于说辞的解释者,更应该是一个公正热心的建言者。只有充分理解这几个不同角色的含义,掌握相应角色所必需的调解技巧以及注意事项,调解员才能在民间纠纷中根据需要更好地进行自我定位,更有针对性地根据不同角色要求进行自我完善和提升,不断提高自身业务能力和水平,更有效地解决民事纠纷中的各种问题,切实发挥好调解的"第一道防线"作用,促进社会和谐发展。

一、倾听者

调解员每天需要面对各种各样的纠纷当事人,大部分当事人在寻求调解员帮助时情绪都比较激动,或是满腔悲愤,或是怒发冲冠,或是泪流满面。调解员是争议双方沟通的桥梁,在接待当事人时首先需要认真聆听双方当事人的倾诉,疏导当事人的情绪,当好"情绪垃圾桶"。在倾听当事人宣泄不满的同时,让对方感觉到调解员是在真心实意地听其缘由,想要诚心诚意地为其解决困难。

在基层调解工作中,很多案例涉及家庭内部的矛盾或者个人的私生活,纠纷双方当事人一方面希望向调解员倾诉内心的烦恼和家庭的纷争,另一方面又担心家丑外扬,或者觉得面对陌生人难以说出自己内心的真实想法,此时倾听就显得尤为重要。调解员在充当倾听者角色的时候,应尽可能地让当事人感受到调解员对他的重视和尊重,这样有利于获得纠纷当事人的信任,便于后续调解工作的开展。

在纠纷当事人倾诉的过程中,调解员既要学会倾听,从情感上给予当事人以慰藉,又要善于倾听,在倾听中了解纠纷的基本情况,掌握当事人内心的真实想法,从错综复杂的纠纷表象中可以分析出纠纷的症结所在,并捕捉解决矛盾纠纷的关键信息。倾听者的角色就像是一把钥匙,能够打开调解工作的大门,使纷繁复杂的矛盾纠纷内在的关系越发清晰,调解员在此基础上可以有针对性地做纠纷双方当事人的思想工作,设身处地地分析情况,耐心细致地讲解相关法律法规,晓之以理,动之以情,从而达到事半功倍的效果。

【案例材料5.1】情理结合化解矛盾[1]

案情简介:

家住鞍山三村第一小区的倪某夫妇与吴某夫妇是多年的邻居。倪某的丈夫凌某系精神病人,2015年2月凌某在发病期间用刀捅伤了吴某夫妇,造成吴某轻伤、曹某重伤。事发后,倪某及其儿子也在第一时间赶到医院,支付了吴某夫妇的医疗等费用,过年期间,倪某给了吴某1000元营养费,当时对方也欣然接受了。

2015年6月16日,杨浦区人民法院就这起案件依法判决对凌某进行强制医疗。2015年8月21日,吴某就民事赔偿金额问题前来调解委员会咨询,除了医药费之外,是否能够得到伤残等级赔偿费以及精神损失费,在得到否定的答复后却激起了吴某夫妇对倪某夫妇的愤怒。10月初,吴某把倪某家的百叶窗扯坏,并扬言要闹到倪某儿子、儿媳单位去。倪某也多次联系鞍山三村居民调解委员会,希望能够给予调解,而吴某始终不愿配合。走投

[1] 参见上海市司法局编:《人民调解工作手册——上海市人民调解案例汇编》,2016年,内部资料。

无路之下,倪某找到了鞍山街道调解委员会,希望鞍山街道调解委员会出面调解其与吴某夫妇之间的人身损害赔偿纠纷。

调解当日,调解员将吴某对此事的态度与倪某进行了简单的交流。倪某也表示自己也完全没有要推卸责任的意思,同时也愿意给予吴某夫妇赔偿,但是希望在第三方的见证下进行。坐在调解室里,吴某并没有给倪某好脸色看。吴某表示她今天之所以来参加调解,完全是被调解员的诚意所打动。但是双方在沟通的过程中频频出现冲突,为了缓和气氛,让吴某的情绪得以平复,调解员询问了吴某的诉求。吴某表示她现在没有要求,她就是要去倪某儿子和儿媳的单位把这件事闹得人尽皆知。眼看矛盾一触即发,调解员也立刻表明了自己的态度:“作为一个旁观者,自己能够体会这件事给吴某一家造成的伤害,也对此深表同情。既然大家都愿意来参加这次调解,也就是说明双方都有诚意来解决问题,赌气的话对事情的解决起不了任何的作用。当务之急,是要尽早解决此事,只有解决了纠纷,吴某才能安下心来好好养病,大家才能恢复以往平静的生活。”听了调解员的话,吴某的情绪总算平静了下来,但是对于赔偿的金额双方一直没能达成一致,调解再次陷入了僵局。

至此,调解员了解清楚了双方的诉求,同时也明白“面对面”调解这条路走不通,为了避免矛盾再次升级,调解员决定迅速调整策略,先将双方当事人分开,进行“背靠背”的调解。调解员将吴某和倪某分别引进了调解室,倾听他们的心声,并劝说他们。在调解员的耐心劝解下,双方当事人再次来到了调解室并最终达成共识:一、倪某愿意为吴某一方造成的人身伤害给予48,000元的经济补偿。二、今后双方无涉。最终,双方当事人化干戈为玉帛,这起持续了半年之久的人身损害赔偿纠纷总算有了圆满的结局。

案例分析:

本案是一起特殊的人身损害赔偿纠纷,其特殊之处就在于,当事人凌某是位无民事行为能力的精神病人。根据2015年《刑事诉讼法》的规定,人民法院审理附带民事诉讼案件,可以进行调解,或者根据物质损失情况作出判决裁定。如果简单地按照法律规定予以调解,那么必定会引起吴某一家心中强烈的不满,这不仅不利于调解,而且可能导致吴某做出更为过激的行为。

在调解中,双方当事人最初的心理都是不平衡的,特别是吴某这一方,他认为除了物质损失的赔偿之外得不到任何其他赔偿根本就不合理。双方拒绝沟通的态度会导致矛盾纠纷难以解决,其实,每个人的诉求无非就是要寻求平衡,当心中充满积怨失去平衡时,就需要宣泄,从而再次恢复平衡。此时调解员应当充当倾听者的角色,让当事人充分诉说,使其在宣泄情绪后达到心理平衡,在倾听的过程中与倪某和吴某分别建立良好的信任关系,为调解工作的顺利进行打下坚实的基础。通过倾听纠纷双方当事人的诉求,调解员对矛盾的症结有了更清晰的认识,找到了问题的根源,找准切入点,因此调解员让倪某站在吴某夫妇的立场上换位思考,打破纠纷双方当事人的僵局。最后,在查清事实,分清责任的基础上,在差额幅度内根据过错责任从中周旋,达到双方都能接受的数额,最终促使调解协议的达成。

一个优秀的调解员首先一定是一个好的倾听者,那么如何成为一个好的倾听者呢?倾听是一个从他人说话过程中提炼信息的活动过程。调解员除了拥有为人民服务的热忱和公道正派的素质外,还应成为信息收集者和友善的沟通者。

1. 倾听者是一个信息收集者

倾听不是简单、被动地接受外界刺激的行为,而是一种积极、主动地从他人倾诉中获取并提炼信息的过程。倾听贯穿于调解工作始终,无论是调解前向纠纷双方当事人了解情况,还是调解中当事人的意见表达,都需要调解员耐心倾听。在这个过程中,调解员通过纠纷双方当事人倾诉时的语言、微表情、肢体动作等各个方面搜寻有效信息,在接受信息的同时还应体会纠纷当事人的心境和情感,对接收到的信息进行整合、重组理解。在完整地理解和把握双方当事人真实意图的基础上,对纠纷事项从全局上加以把握,对纠纷双方当事人的诉求有更明晰的认识。有时候倾听者的解读也许和描述者想表达的真实含义存在相当大的差距,这时候就需要调解员具有理性的分析能力,不能偏听,不能凭借自己的经验主观臆断,要始终保持中立的态度,并通过一系列与当事人的沟通获取到更多关键的信息,再依据事实及个人的身份做出结论,从而能够更好地避免对说话者做出武断的评价或是受过激言语的影响,从而更好地解决纠纷。

2. 倾听者也是一个沟通者

倾听并不是由当事人任意发泄,而是一个沟通过程。因此,一个倾听者也是一个沟通者。在调解工作中,调解员作为倾听者必须意识到应引导当事人与自己沟通,而非只是消极情绪的承担。因此,调解员在倾听过程中,可以适当用一些表情或者简短的语言引导当事人控制住自己的情绪，只要真诚倾听，用眼神，用姿势、表情语调表达调解员对纠纷当事人的关心和理解，让当事人走出个人情绪，冷静下来，才更易于找到解决问题的办法。

调解员在倾听中，应当对当事人的倾诉进行适时的询问和反馈，以表示自己正在与之沟通，如通过点头或"嗯"等语气词来表示自己正在倾听，以鼓励当事人继续说下去。要理解他人所说的内容，常常需要得到更多的背景信息，以便了解更详细的事情经过，从而辅助调解。而询问对于调解员以及当事人都有着积极的作用。首先，出于各种原因，不同的人对于同样的表述往往会存在不一致的理解，询问可以帮助调解员来澄清问题，检验调解员的理解是否有错，以求尽可能全面准确地理解当事人所要传递的意思。例如，"你的意思是……对吧？"其次，询问可以帮助调解员了解更多的相关信息。例如，"你们现在关系那么僵，是因为之前发生过什么事情吗？""他给你解释那么做的原因了吗？"对于当事人而言，调解员的提问可以帮助他们理清自己的思绪，进一步探索自己的想法和感受，同时，在这样的倾诉和沟通的过程中，当事人也能感受到调解员对自己的关心，从而得到鼓励和温暖。

【案例材料5.2】巧解女儿与继母之间的遗产之争〔1〕

案情简介：

王某与张某系继母女关系。张某爸爸与王某再婚，婚后育有一子（张某与其同父异母的弟弟从小一起长大，感情很好）。到了2015年，张某父亲患脑瘤去世（去世前留有公证遗嘱一份，张某不知晓此事），张某与继母王某、弟弟三人仍旧共同居住在周家渡辖区一套四室两厅的商品房中。2016年张某打算结婚后与男友一同住在这套四室两厅的房屋中，这引发了继母王某的强烈不满。继母不让张某办理结婚登记，双方多次发生激烈的争吵，最激烈的一次，双方的争吵从言语冲突发展到肢体冲突，王某当即拨打了"110"。由于是家庭住房矛盾，在民警的劝说下，双方同意到周家渡的老娘舅调解工作室进行调解。

调解员首先安抚当事双方的激动情绪，眼看双方剑拔弩张，立即控制场

〔1〕 参见上海市司法局编：《上海市首席人民调解员案例汇编》，2016年，内部资料。

面,请奶奶、舅舅、男友等旁系人员离场,留下张某和王某两人。待双方的情绪都有所缓和后,王某小声对调解员说:“张某的爸爸生前有份公证遗嘱,写明把这套房子全部留给我一人,张某只可分得存折上的部分存款。张某现在还不知道呢。”张某对此非常震惊,不相信这是真的。调解员了解了双方的顾虑,找到了矛盾的焦点:张某对爸爸公证遗嘱的真实性有所怀疑;王某则担心万一张某在家里结婚,就占着房子不肯再搬出去。于是,调解员请双方当事人先回去,待实地走访掌握情况后再进行调解。在公证处了解到确切的消息后,张某不得不接受这一现实,她非常失落,但希望调解员能帮她争取更多的利益。调解员在与张某的交谈中了解到其与同父异母的弟弟关系很好,随后立即联系了王某,一是告诉她张某对自己曾经冲动的举动表示后悔,二是告诉她如果这个矛盾纠纷处理得不好,可能会影响她和儿子的感情,希望她从亲情的角度出发再多为张某考虑考虑。经过几个小时的谈话,王某的态度有所缓和,调解员感到双方再次协调的时机成熟了,于是再次牵头召开协调会,双方在调解员的劝说下,各退一步,达成调解协议,家庭关系恢复如初。

案例分析:

继承纠纷通常是因为遗产分割产生争议所致,纠纷往往发生在与被继承人有着血亲关系和婚姻关系的家庭成员之间,且涉及当事人以及当事人与死者的亲情纠葛。因此,妥善解决遗产分割纠纷,对维护家庭和谐、社会安定尤为重要。调解初期,在双方当事人情绪都比较激动、容易激化矛盾时,调解员让双方当事人分置两室,分别宣泄情绪,并在倾听中给予积极的回应和反馈,平复当事人的情绪。同时调解员通过倾听张某和王某的倾诉,对整个矛盾纠纷有了更为全面且清晰的了解,找到了问题的症结所在,并以亲情为工作抓手,充分发挥了张某同父异母的弟弟在化解这场纠纷中的重要作用。调解员让各方倾听彼此心声,帮助双方当事人从财产纠葛中解脱出来,强调了亲情的重要性,重塑双方当事人感情的桥梁和纽带,使双方握手言和,重续往日亲情。

二、解释者

解释对于矛盾纠纷的解决有决定性的作用。“解释”从字面上来理解是分析阐明,说明含义、原因、理由等的意思,是指在观察的基础上进行思考,合理地说明事物变化的原因,事物之间的联系,或者是事物发展的规律。调解员在调解工作中常常扮演着解释者的角色。

1. 解释是矛盾双方重建沟通的桥梁

从狭义的角度来看，调解员在实际的调解工作中面对不同的矛盾纠纷，在某两个特定的对立个体之间充当解释者的角色。“当局者迷，旁观者清”，调解员对事件的客观分析能够帮助当事人脱离自我的小圈子，拓展看问题的视角，转变思考方式，便于尽快找到解决矛盾纠纷的突破点。与此同时，调解员通过分析和解释重新搭建起沟通的桥梁，发挥纽带作用，协助矛盾纠纷当事人消除偏见、理性对话、增进理解并最终达成共识，促进矛盾纠纷的妥善处理。

然而，解释不一定就是事实，它可能正确，也可能不正确。为了作出正确的解释，需要在获得充分证据的基础上，利用已有的知识，进行合理的思考。调解员在向当事人说明自己的分析时，通常需要充分了解矛盾纠纷的详情，并且取得当事人的信任。调解员的观点应该建立在全面的信息基础以及公正的基础上，是经过符合逻辑的推理得出的，要尽可能符合客观事实。

2. 解释是社情民意的反馈渠道

从广义的角度来看，除了具体而琐碎的矛盾纠纷调解工作之外，调解员还充当政府和群众之间的解释者的角色。《人民调解法》第 7 条规定：“人民调解委员会是依法设立的调解民间纠纷的群众性组织。”第 8 条规定：“村民委员会、居民委员会设立人民调解委员会。企业事业单位根据需要设立人民调解委员会……”人民调解委员会的设立主要依托于村委会、居委会等基层民主自治组织，分布广泛，数量庞大，是与群众联系最紧密的群众性组织，除了具有纠纷调解的功能外，还发挥着法律宣传、道德教育的作用。《人民调解法》第 17 条规定：“当事人可以向人民调解委员会申请调解；人民调解委员会也可以主动调解。……”上海推出的《“加强调解员队伍建设”30 项措施》中也明确指出：“积极参与矛盾纠纷排查，对排查发现的矛盾纠纷线索，采取有针对性的措施，预防和减少矛盾纠纷的发生。”调解员可以依托调解委员会组织的网络体系定期开展矛盾纠纷排查，特别是在节假日或重大活动期间以及社会敏感时期排查各类纠纷苗头，密切关注辖区内的社情民意和舆情，准确掌握纠纷信息，把工作做在前头，在掌握调解矛盾纠纷的主动权的同时，也可以将收集到的民声、民意向上级部门反映。

3. 解释是法律宣传的有效途径

调解员在调解过程中要依法调解，依据国家的法律、法规、规章和政策，以事实为依据，以法律为准绳，判明是非，明晰权利义务，这是对调解员的客观要求。但是调解员仅仅自身掌握法律知识还不够，还需要利用调解员的解释者角色优势，在日常工作的各个阶段加强法律宣传，贯彻落实全民普法，为全面实现依法治国添砖加瓦。

事前普法，防患于未然。调解员要在主动的矛盾纠纷排查过程中积极地向群众“释法”，尤其是民商法、劳动法等与民众生产、生活息息相关的法律法规，增强民众的法律意识和维权意识，加强社会主义法治建设。

调解、释法，一举两得。调解员在接待前来咨询的民众和处理矛盾纠纷的当事人时，除了倾听、劝慰之外还应适时普法，例如，对前来咨询的当事人讲解法律法规知识及法律程序或是在纠纷解决的过程中，针对矛盾纠纷所涉及的法律规定、需要提供证据的法律要求、调解协议的法律效力、调解协议进行司法确认的程序等有关法律知识进行讲解。将法律宣传贯穿在调解员工作的各个阶段，这不仅能够有效推进全民普法进程，也是对调解员自身素质的一种提升。

【案例材料 5.3】化婆媳间干戈成玉帛[1]

案情简介：

于某和陈某都是“80后”，经过一年多的交往，两人于2015年结婚。婚后不久，陈某便有了身孕。这对小夫妻却大吵大闹地带着一家子人折腾到了司法所。在调解室里，陈某说，结婚后她偶尔使唤老公去干个家务，婆婆也会数落自己，等等，生活尽剩下些烦心事，受不了这样日子的陈某认为婚姻走到了尽头。面对陈某的种种控诉，于某不想就这么轻易地结束这段婚姻。

在了解了夫妻双方产生矛盾的原因后，调解员发现，他们并没有完全否定对方的人格和品质，只是陈某觉得于某不理解自己。从言谈之中调解员感觉到陈某只是无法容忍丈夫只听父母的，调解员认为双方感情并未完全破裂，只是在家庭生活的观念上存在一定的差异和冲突。面对调解员的劝说，陈某的情绪也渐渐平复了下来，表示不离婚也可以，婆婆必须道歉并写

---

[1] 参见上海市司法局编：《人民调解工作手册——上海市人民调解案例汇编（2016）》，2016年，内部资料。

下保证书，要求公婆把他们现在住的这套婚房过户到丈夫于某与自己的名下。陈某的公公表示同意在房产证上加上陈某和于某的名字，小夫妻俩拥有房子一半的产权。但陈某觉得，这还不够，放出了狠话："如果房子不过户，我就去把孩子打掉。"调解员向陈某普法宣传，告知她，法律并未规定父母必须要赠予孩子房产，添加他们夫妻名字只是公公婆婆对他们的恩惠。另外，未出生的孩子是夫妻共同的，单方不能决定终止怀孕，否则违法。在双方父母及调解员的极力劝说下，陈某也认识到了自己的错误，事情最终以调解和好落幕。婆婆道了歉，写了保证书，房产证上也加上了陈某的名字。

案例分析：

本案是一个典型的家庭矛盾纠纷，在调解过程中，调解员首先普法宣传，宣传正确的婚姻观、家庭观，婚姻要建立在相互了解的基础上，婚后要有家庭责任意识，在此，调解员充当了法制宣传的解释者的角色；其次，发挥调解功能，做好思想疏导工作，调解员在当事人的倾诉中发现了矛盾双方的感情基础尚存，只不过在矛盾爆发之后，沟通渠道被切断，尤其是陈某被内心的委屈冲昏了头，甚至一度口不择言，在这种情况下是无法进行顺畅的沟通的。这时调解员充分发挥了解释者的角色特征，帮助夫妻和公婆四人消除误会，心平气和地进行对话沟通，引导小夫妻互相宽容，互相体谅，积极面对婚姻中的问题。

三、建言者

建言是调解工作中解决矛盾纠纷的关键环节，调解员通过建言为纠纷双方当事人提供解决问题的思路和方法，直接影响着纠纷处理的结果。调解员的建言者身份主要在调解工作开始前和调解工作进行中两个时间段发挥作用。

调解前积极引导。调解是重要的诉讼外解决纠纷的一种方式，有些矛盾纠纷既可以选择调解，也可以选择诉讼来解决，根据纠纷双方当事人的意见自愿选择。因此，在正式调解矛盾纠纷之前，调解员首先将纠纷解决的步骤、诉讼时效等重要事项告知当事人，帮助当事人了解调解、诉讼的一系列相关程序，同时给当事人分析选择诉讼和调解的利与弊，指出调解化解纠纷的优点，作出客观的建言。通过科学和正确的引导当事人选择化解纠纷的方式，减少时间成本和经济成本，达到了案结事了的法律和社会效果。

调解中耐心劝解。如果纠纷双方当事人选择了调解这一纠纷解决方式,调解员在倾听和解释后,当事人情绪逐渐恢复平静。这时调解员注意把握时机,始终保持中立客观的态度,结合纠纷的具体情况,综合运用多种调解方法,灵活使用不同调解技巧,既要有法律依据又要有理有据讲情讲义地劝解当事人,还要根据纠纷双方当事人的不同反馈及时调整角色,始终做到解释问题耐心、宣传政策细心、化解纠纷诚心。解开当事人的心结,达成和解,使调解工作体现人文关怀,更大地发挥调解的空间,实现“情”与“法”的和谐统一。

与前两种角色客观性较强的特点不同,调解员在扮演建言者角色时有很大的主观能动性,因而对其在工作中的要求也更为细致,为了使调解工作更好地发挥缓和矛盾,解决纠纷的作用,调解员在建言时要注意以下几点。

1. 建言要讲究“度”

说话是一门学问,也是一门技术,更是一种本领。刘墉在其《说话的魅力》一书中指出:“说话,最大的艺术就在同一句话你怎么说。哪件事先说,哪件事后说。尤其重要的是,你要知道如何说到重点。”调解员在建言时一定要注意掌握好说话的分寸,注意说话的方式方法,切不可将调解员自身的世界观、人生观、价值观强加于纠纷当事人身上来进行道德评判。要以关怀代替质问,以建议代替责难,暗示代替直言。调解过程中如果不能很好地掌握分寸,就会招来不必要的麻烦。因此,在调解过程中,要懂得怎样才能把话说到位,把握好说话的分寸,做到言之有度。

2. 建言时要懂得换位思考

调解员的建言要想真正被纠纷双方当事人接受,就需要在掌握纠纷的整体脉络和对纠纷双方当事人充分了解的基础上进行换位思考。换位思考就是站在对方立场,置身于对方所处角色和场景中,思考他会思考的事情。它客观上要求我们将自己的内心世界,如情感体验、思维方式等与对方联系起来,站在对方的立场上体验和思考问题,从而与对方在情感上得到沟通,为增进理解奠定基础。只有把握好当事人双方的观点,才能进一步做好调解。

3. 建言时要学会语随境迁

调解要顾及场合,这不仅是一种修养,更是一种艺术。因此,在调解时,切忌不分场合、随心所欲、想说什么就说什么,否则,再好的建议,再妥善的解决方案也不会有好的效果,有时甚至会适得其反。

在调解工作中,调解员的角色一直在随着调解工作的进展而发生变化,倾听是调解工作的基础性内容，解释是促进矛盾纠纷缓和的决定性步骤，建言是矛盾纠纷解决的关键性环节。三种角色相辅相成，在调解工作中，每次调解所遇到的当事人性格各异，引起纠纷的缘由不一，这就要求调解员在把握纠纷事实真相的情况下，注重调解方法和技巧的运用，充分发挥调解灵活多变的特点和优势，有针对性地开展调解工作。

第二节 调解员的职能

随着全面普法的不断推进，群众的法律意识逐渐觉醒，维权意识也越来越强，因此民间纠纷的数量也在逐年增多。调解在化解社会矛盾、维护社会稳定、促进社会和谐方面，日益发挥着不可替代的重要作用，调解员在调解工作中扮演着不同的角色，并在调解工作的不同阶段发挥着不同的职能。那么，调解员在矛盾纠纷的解决过程中起到了怎样的作用？调解员需要掌握怎样的技巧以便使这些功能效用最大化呢？

一、劝慰

劝慰就是劝说安慰的意思，是调解员的基础性职能。根据心理学的相关理论，问题的产生是由动机、情绪、事件三个要素构成的，双方当事人没有被满足的需求就成了产生矛盾纠纷的动机，情绪是外化的，当事人或是悲伤，或是愤怒，调解员可以有直观的感受，当事人的内心诉求就隐藏在外化的情绪中。调解员在调解工作中通过外显的纠纷事件本身发现当事人没有被满足的动机和情绪，并在调解中引导当事人宣泄掉附着在事件上的情绪，发现情绪背后隐藏的内在动机。因此可以说劝慰是调解员在调解工作中发挥的基础性职能，其基础性作用主要体现在以下几个方面。

1. 调解员的劝慰能够避免消极情绪的发酵

调解员通过劝慰能改变当事人的消极心理，避免矛盾纠纷的进一步恶化，及时止损，避免恶性事件的发生。心理状态对一个人的行为举止、思维意识和社会交往都具有重要的影响，当矛盾纠纷产生时，双方当事人不可避免地会产生消极心理，并将在矛盾纠纷得到解决前持续下去。消极心理会困厄泯灭人美好的向往，阻碍人前进的步伐。如果这种消极心理不能及时得到劝慰，久而久之，可能就会产生一系列消极的连锁反应。从个体案例的解决角度来说，矛盾纠纷会在这种消极情绪的支配下不断发酵升级，甚至可能衍生出恶意报复、造谣诽谤等行为。从整个社会的发展角度来说，这种消极情绪可能引发纠纷当事人的排他心理、猜疑心理和冷漠心理，不愿接受别人好的建议和新事物，或是不愿与人交际，或是总用不信任的眼光看待外界的一切事物，不断地制造隔阂。这样就会形成恶性循环，导致社会矛盾纠纷增多，调解员工作难度加大，成为构建和谐社会的不稳定因素。

2. 调解员的劝慰能够提高解决问题的效率

除了缓解双方当事人的消极心理之外，调解员通过劝慰能让矛盾双方缓和情绪，将精力投入对纠纷的有效解决中，而不是浪费在无谓的争吵中。纠纷双方当事人所处的立场不同，利益诉求不同，世界观、人生观和价值观也可能不同，因而产生矛盾冲突在所难免。在缺乏有效沟通的情况下，双方当事人往往会情绪失控。在情绪失控后，个体短时间内很难从伤害或者愤怒当中复原，这种现象被称为泛滥。处在泛滥状态下的人无法正常地听取意见和清晰地进行回应，开启应激反应下的自我防御。自我防御模式下的个体会囿于自己的价值体系和道德标准，以“受害者”或者是“弱者”的角度思考问题，对事情进行评价和判断时，只要别人的处理、行为和自己原本期望的不同，就很容易不满意，并产生意见，此时，无法换位思考的双方会爆发出更加激烈的敌对状态。调解员通过劝慰，能够帮助纠纷双方当事人缓和情绪，从宣泄、控诉阶段过渡到沟通对话的阶段，从外在的情绪表达过渡到内在动机的探索，为矛盾纠纷的有效解决清除障碍。

3. 调解员的劝慰能够取得当事人的信任

调解员通过劝慰能走进当事人的心中，与当事人产生共情，获得对方的信任，从而更好地辅助解决纠纷。所谓共情就是正确理解他人的内心世界，并能够体会其内心的真实情感和想法。共情是在调解员对纠纷双方当事人充分尊重的基础上产生的，通过劝慰，调解员营造了与当事人积极、和谐的交流环境，能够促使当事人更加主动地展示自己的内心世界和想法。当纠纷双方当事人都感受到被理解的时候，他们会更愿意向调解员敞开心扉，更加细致地探讨内心的忧虑和不满，更愿意毫无保留地展示自己的难处、承认自己的问题，促进调解员与当事人之间的情感协调，也为后续工作的顺利开展奠定良好的感情基础。调解员通过劝慰获得的信任能够让当事人更愿意相信调解员是站在中立的立场上解决问题的，也就有更大的概率会做出妥协和让步，促进纠纷的顺利解决。

调解员通过倾听和交流，与当事人建立信任关系，使其处在一个相对安全的环境中,有利于双方当事人尽快脱离负面情绪,正视自己的动机,尽快解决矛盾纷争。纠纷当事人在面对矛盾纠纷时,往往会处于或伤心,或痛苦,或愤怒的心理困境中,他们在向调解员倾诉后,如果不能从调解员的反馈中得到期望的理解和共情,反而遭遇了质疑、抱怨、责骂或羞辱,就会在情绪上进一步陷入低谷。这种不安全的状态会使当事人拒绝理解他人、拒绝沟通,从而导致调解工作进入僵局。调解员要想切实发挥好劝慰的职能,还需要掌握一定的劝慰技巧。

劝慰他人并不是一件容易的事,应该掌握一些心理学知识。首先,调解员应认真倾听对方的烦恼,做一个倾听者。劝慰不是辩论,并不是炫技或者站在道德制高点上对当事人进行审判。最重要的是在倾听时,全盘接受对方,而无论其内心是否真正认可对方的观点。调解员要带着共情去体会纠纷当事人的感受和情绪,给予相应的尊重和温暖。其次,要怀着包容的心态去接纳当事人的价值观,调解员内心需要形成弹性而多元的价值观体系。所以在劝慰当事人时,不能带着个人的价值观判断,不能利用个人的偏见去干预对方,应该保持价值观的中立,不批判、不说教。

二、协调职能

协调是调解员的技术性职能,协调是指和谐一致,调解工作的最终目标需要矛盾双方摒除成见,平息冲突,和谐一致,使当事人能够平心静气地探讨问题的解决方案。调解员在处理矛盾纠纷时,与其他置身事外的第三方不同,调解员是置身事中的博弈者,每次调解纠纷的过程都是调解员利用调解技巧与纠纷双方当事人博弈的过程。与其说调解员是调解纠纷,不如说是调解员通过自己的介入,打破原先矛盾双方二元对立的纠纷模式,在这种对立中间产生一种平衡的力量,最终形成三维合力,达成相对稳定而又统一的解决方案。

如果对调解员的工作加以详细区分,就会发现其协调功能有两方面的含义。

1. 协调能够消除双方当事人的对立状态

调解员通过协调矛盾纠纷双方当事人的关系,使其摆脱最初寻求调解时的对立状态。这是基层调解员最常见的一种调解情况,比如婚姻纠纷、遗产纠纷、赡养纠纷等家庭纠纷,邻里纠纷,朋友间的小额借贷财产纠纷等。这类纠纷具有复杂性、多变性和反复性特征,有的纠纷双方当事人互相认识,因琐事引发口角和不满,日积月累矛盾堆积爆发,最终形成对立的局面。虽然引发矛盾纠纷的导火索可能只是一件很简单的小事,但是在调解工作中可能会发掘出一系列的“陈年旧事”,为调解工作增添了不少难度。调解员在调解此类纠纷时一般都难以直接找到突破口,正所谓“清官难断家务事”,或是因为双方当事人的身份关系,或是由于纠纷的内容在“情”与“法”的交叉重叠中,很难快速地找到工作抓手。还有的纠纷发生在曾经相互信任的熟人之间,但由于导火索事件的发生,比如欠钱不还造成信任关系崩塌。要在这种不信任的状态中重建信任关系是极其困难的。调解员晓之以理,动之以情,授之以法进行协调,能够帮助纠纷双方当事人平息冲突,消除误解,以情感为突破口,促成和谐、理性的沟通和交流。

2. 协调能够搭建对话平台

当矛盾纠纷的双方当事人无法直接对话、单方面的行为造成矛盾升级时,通过调解员的工作,来协调当事人与第三方机构、法律机构或政府部门的关系。此时调解员应更多承担搭建对话平台、促进平等交流的职能。以群体性纠纷为例,随着中国特色社会主义法制建设不断取得突破性成果,民众的法律意识和维权意识也有所提高,群体性纠纷越来越常见,从偶发性逐步演化为常态化。群体性纠纷是指参与人数众多,当事人一方或双方为三人以上的民事纠纷,主要集中在物业管理纠纷、产品质量纠纷等方面。群体性纠纷的主要特点首先就是涉及人数众多、利益诉求强烈,因为这些纠纷往往发生在与人民群众切身利益相关的领域,如财产权益、居住环境等,因此利益诉求较为强烈。调解员在调解工作中需要大量走访相关群体,了解群众的呼声和利益诉求,首先使人数多的一方达成协调一致。群体性纠纷的另一个特点是,纠纷双方当事人地位不平等,沟通渠道不畅通。对立方往往是一个组织,掌握着主动权,矛盾双方原本就处于不平等的地位,甚至存在在调解员开始工作之前双方从未有过沟通的情况。此时通过调解员参与协调,必要时向居委会、街道办等寻求帮助共同向对立方施压,通过协调会、听证会的方式为矛盾纠纷双方搭建对话平台,促进沟通交流。

除了群众性纠纷外,信息时代新型纠纷的解决也离不开调解员协调职能的发挥。在调解设立初期,双方当事人都是熟人的情况居多,但是随着信息技术的发展,互联网的迅速普及,矛盾纠纷也逐渐脱离“熟人圈”,打破了时间、地域的限制,但是对话机制却难以形成。调解员在这种陌生人之间的纠纷调解方面发挥着重要的协调作用。在上海市《“加强调解员队伍建设”

30项措施》中对这一点有明确的说明:“围绕党和政府中心工作开展调解。积极协助有关部门参与重大风险防范化解、精准脱贫、污染防治‘三大攻坚战’,紧紧围绕中国(上海)自由贸易试验区、长江经济带、乡村振兴等重大战略部署和区域振兴战略,推动调解向旅游、环保、金融消费等领域拓展。引导调解员加强互联网领域调解工作。”

协调职能是调解员调解工作的关键职能,是整个矛盾纠纷调解的转折点、突破口。因此需要调解员在工作中全面了解纠纷的情况,掌握纠纷发展变化的规律,集中精力解决主要矛盾,坚持法制教育与社会道德教育相结合的原则帮助纠纷对立双方当事人平息争端。

【案例材料5.4】解民生工程中的民怨[1]

案情简介:

2015年年底,家住惠民路149弄×号的朱老伯找到晋阳居委会的调解员陈老师,称养老院改建施工队早晨开工太早,天不亮就开启电锯电钻等各种噪声极大的设备,严重影响生活,希望他能帮忙出面与施工队协商。调解员随后与养老院施工队取得了联系,希望施工队能与周边居民坐下来调解,听取居民的心声与意见,并对施工方式加以改进。然而施工队负责人却始终避而不见,并且施工方式依旧我行我素。周边居民不堪其扰,多次拨打“12345”市民热线投诉,还曾为此上访至区政府信访办,使得矛盾升级。面对这样棘手的问题,晋阳居委会的调解员在听到群众的呼声后,主动出击。晋阳居委会调解员陈老师制定了“分三步走”的调解计划,努力将养老院施工矛盾尽快解决。调解第一步:走访居民群众,倾听群众心声,调解员收集完这些资料,将其整理完善,并希望同施工单位进行沟通,转达群众的呼声。调解第二步:联系街道办,约谈施工单位。在收集了群众意见之后,调解员迅速与养老院施工方取得了联系,希望能够将居民的心声转达给施工方,以期尽快解决群众矛盾。施工队负责人仍然避而不见,并且施工方式一切如旧,丝毫不考虑周边居民的利益。面对此种情况,陈老师当即联系街道相关部门,共同约谈施工队负责人,最终负责人表示愿意与居民坐下来谈谈。调

〔1〕 参见上海市司法局编:《人民调解工作手册——上海市人民调解案例汇编(2016)》,2016年,内部资料。

解第三步:举办调解会,健全施工规范。为了使施工问题能够顺利解决,在2016年的1月和2月,陈老师联系周边居民与施工队进行了两场调解会,在会上陈老师邀请了街道相关部门的负责人,附近受影响居民的代表,以及施工方负责人。在调解员的斡旋下,施工队负责人承诺,会全面考虑居民们的请求,根据实际施工情况,把对周围居民生活的影响降到最低。至此,一件群体性矛盾圆满化解。

案例分析:

这是一个典型的调解员通过政府其他部门促进纠纷双方达成一致的和解协议的案例。在本案例中,晋阳居委会的调解员在收集了居民群众的意见后,想与养老院施工方进行调解协商。但是屡屡寻访,多次吃闭门羹。施工队存在严重的逃避行为,并且在收到群众举报后,依旧我行我素,这是一种不负责任的行为。施工扰民不可避免,群众也表示了谅解,但是对于给周围群众造成了恶劣影响却仍旧不知悔改、罔顾民意,调解员积极寻求街道办的支持和帮助,在多轮劝说下,施工办方知错并改正。

在此次养老院施工纠纷上,晋阳居委会的调解员多次走访相关的居民群众,聆听居民的意见,屡次主动邀谈施工方,联合社区居委会等相关调解机构组织居民和施工方协调会议,将双方矛盾及时扼杀在萌芽中。调解员通过对群体矛盾进行安抚和疏导,对相关责任方进行耐心劝说,最终解决了困扰居民多时的施工纠纷。晋阳居委会调解员的此次调解彰显了调解员作为化解矛盾纠纷的"第一道防线"的重要作用。

三、调停职能

调停是调解员在调解工作中的目的性和本质性职能。调停,是指调解员在调解工作中,以通过当事人双方互相让步、达成符合实际情况以及合乎情理的解决方案为目的,并根据法律规定或公正公平的程序使纠纷合理解决的职能。劝慰和协调职能都是在为调停职能的作用发挥奠定基础,实现调停职能是调解员工作的最终目的,也是调解制度设立的本质要求。

1. 调停是社会公正以及法律合规的统一

理想的调停应该是社会公正以及法律合规的统一。这就对调解员的工作提出了很高的要求。要依法调解,这里的依法包括两个方面的内容:一是调解中所涉及的调解内容要合法,最后调解的结果要符合法律、法规的要求,调解员在调解民间纠纷时应当遵照合法性的原则,严格依法律调解,当对纠纷的解决没有具体的法律规定可循时,要依照社会主义道德的要求处理;二是调解的程序要合法,调解员在操作中切不可违背程序正义。

2. 调停需要公道正派

这里的公道正派我们可以从三个方面来理解:一是调解员在工作中要平等对待纠纷双方当事人,无论是在倾听还是解释的过程中都应该对双方保持同样的语气、态度,最关键的是要在调解员的内心坚定平等对待双方当事人的信念。二是要端正自身的工作态度,本着为人民服务的宗旨,怀着对调解工作的热情,严格要求自己,自觉遵守调解员工作的职业纪律,要与纠纷双方当事人保持适当的距离,不能在调解工作过程中接受当事人的钱物和邀请。三是要坚持公平正义,调解员在调解中提倡社会主义道德规范和善良风俗,进行伦理道德的教育,一些矛盾纠纷的妥善调解可能需要调解员与社会上一些不良风气作正面斗争,这种情况下调解员必须坚持公平正义,作出符合社会伦理道德的调解。

3. 调停需要理性选择调停方案

除了上述两点原则性要求外,调解员在矛盾纠纷调解中,如何找到合适的调停方案也是一个值得探究的问题,在这个问题上,我们可以结合调解员的调解工作情况展开思考。

第一,调解员在调处纠纷时不仅要了解过去在当事人之间已发生的纠纷事实,而且还需要把将来当事人双方的关系调整也纳入视野中,尽量给予关注。在调解员的协调职能一节中,我们已经谈到,民间矛盾纠纷的对立双方多为熟人、朋友甚至是家人,民间纠纷存在易反复的特点,这就对调解员的调解工作提出了更高的要求:不能局限在纠纷本身,还需要尽可能地把未来的发展考虑进去。比如婚姻家庭纠纷,夫妻二人因为误解闹矛盾而要离婚,那么调解员在调解工作中,不仅要帮助夫妻二人消除误会和矛盾,还要利用调解技巧帮助双方认识到沟通和交流的必要性,避免日后再次发生夫妻双方因不理解而造成误解,再次导致类似矛盾纷争的发生,使调解员的调停作用具有较为长远的成效。

第二,调解员在调停时不仅应当考虑客观上发生并存在的事实,还应努力掌握当事人的感情、情绪、主观想象等心理的精神上的因素,并对症下药式地作出适当回应。民间矛盾纷繁复杂,但是也存在一定的共性,根据长期的工作经验和资深调解员的经验总结,我们可以大体将民间纠纷划分为不同的类型，并归纳出不同类型的矛盾纠纷调解的工作方法和工作特点，这些规律性的内容可以让调解员在工作中更有抓手，迅速找到工作思路和工作方法。但是仅靠规律性的总结和归纳难以真正成为一个优秀的调解员，还需要根据不同当事人的特征加以个性化的引导和帮助。调解员最终达成的调停结果应该是以共性作为指导基础，结合不同当事人的特征和内在诉求做出个性化方案。

第三，调解员在工作时要拓宽思路和视野，不能把对信息的了解和对纠纷的处理限定在当事人双方这一狭小的范围内，还有必要把一定范围内的其他人和事都纳入处理的过程中，以寻求最佳的解决方案。调解员在工作中始终保持中立的态度，能够为纠纷当事人提供比较中肯客观的建议，尤其是在处理一些家庭矛盾纠纷时，客观中立的调解员或许可以帮助双方当事人平复心情，开始沟通；然而这种矛盾冲突给纠纷当事人带来的情感创伤却很难通过调解员的劝慰来抚平。这时调解员如果能够通过前期的沟通协调，找到与双方当事人有感情连接的关键人物，并以此为突破口，以情抚情，就能让纠纷双方当事人真正的打开心结，平复心情，产生事半功倍的效果。

第四，调解员在调停时不应仅仅停留在确认纠纷事实、尊重规范基础上作出责任厘清的结论，往往还应进一步积极地教育当事人，提高其认识和道德水平，使他们能够心悦诚服地采取正确的态度和行动。这既是调解工作的内在要求，也是调解员的职业道德准则。我们应该认识到，调解员不仅是社会矛盾的化解员、和事佬，更应该是普法员和分析员。因此，调解员在调处矛盾纠纷、维护社会和谐稳定的同时，更应该以实际的调停成果对双方当事人进行法制教育和社会道德教育，推进全民普法工作的进一步贯彻落实。

只有调解员做人讲原则、做事讲方法，才能发挥其应有的作用和价值。

【案例材料 5.5】真情解开夫妻“死结”[1]

案情简介：

原告陈女士与被告吴先生于 2012 年 6 月步入婚姻的殿堂。婚后，两人感情不错，并很快有了他们爱情的结晶——儿子俊俊。可惜好景不长，陈女

〔1〕 参见上海市司法局编：《人民调解工作手册——上海市人民调解案例汇编（2016）》，2016 年，内部资料。

士渐渐发现,吴先生特别专注自己的事业,对儿子的教育及生活起居一点不上心,家中的大小事务完全是不闻不问。陈女士希望吴先生给予这个家庭更多的关心,可吴先生只是口头上予以答应,完全不落实于行动上。三个月前,两人为儿子上幼儿园迁户籍的事发生了剧烈的争吵,双方便于此后开始分居。这三个月来,吴先生没有半点表示,他对家庭的冷漠终于点燃了离婚的导火线,陈女士下定决心要结束这段婚姻。吴先生开始不同意,但经过一段时间的考虑,似乎也下了决心,准备离婚。

调解员在找到纠纷的症结后,试图劝解陈女士与吴先生和好,想不到陈女士离婚的意愿十分坚决,这起纠纷似乎已没有回旋余地,但调解员不打算放弃,而是继续寻找着解开夫妻死结的突破口。每当调解员试图劝导陈女士时,她总是滔滔不绝地“吐苦水”。和她不同的是,吴先生却表现得很是镇静,他认为婚后双方有点矛盾很正常,他坦诚自己在感情上一点没变,主要是因为工作很忙。但是陈女士对此并不认同,看着双方争执不下,夫妻关系陷入死结。

调解员改变了调解策略,请陈女士和吴先生分别说出对方的优点,找出三个对方打动你的地方,这一招发挥了特有的效果,陈女士迟疑了一会儿,说出了吴先生的三个优点,在诉说的过程中原告的脸已由阴转晴。见陈女士态度终于缓和,调解员又鼓励吴先生说出妻子的三个优点。吴先生此时已被妻子刚才的一番话所打动,终于将憋在心里的话吐露出来,承认自己之前存在不足,并希望陈女士能再给他一次机会。陈女士脸上再没有半点怨恨的神情,这场调解以陈女士撤诉的方式结束。

案例分析:

这起案例并不是很复杂,却是调解员发挥调停职能的一个典型案例。调解员较好地把握了节奏,适当运用了技巧。调解员在调解过程中,经常会遇到“死结”,例如调解最初,陈女士诉说吴先生不关心自己和儿子,对方却说自己的事业正处在需要打拼的阶段,事业家庭难以两全。陈女士认为吴先生虽然忙碌,却看不到工资增长。双方各有说法,陈女士又态度强硬,两人的婚姻似乎已无法挽回,这时就需要调解员立即调整思路,变换套路,这样才能“起死回生”。此外,在调解过程中,调解员要想方设法地对各方多加引导,不要妄下判断,也切勿指挥各方,你应该怎样,他应该怎样,你哪里对,他哪里不对。而是运用方法和技巧引导各方当事人,慢慢地自己改变认知和想法,这样调解的结果才更容易被当事人接受,调解工作结束后,也容易为当事人认真执行。最后,在调解过程中,不要轻易地见好就收,看到转机出现后,要及时适当加以巩固和推动。比如,在这起婚姻纠纷中,陈女士说了吴先生的两个优点后,内心和好的信号已经释放,但如果调解员即刻收网,当事人很可能出现反复,适时地再推一下,再加上一把火,能促使当事人和好的意愿更加坚定,这便需要适当地把握调解节奏,这种调解技巧需要反复运用,才能运用得恰到好处。

第三节 调解员的职业价值

调解制度作为我国的一种特色的纠纷解决方式,在一定历史时期,表现出了巨大的生命力以及有特色的价值体系。而在新时代的社会体系下,调解员又被法律以及人民赋予了新的责任,调解员既是群众纠纷中的"老娘舅",也是人民对话公司法人、社会机构以及政府单位的桥梁,更是基层社会最广泛的普法者。调解员通过自身专业的素质、热心的态度以及充实的法律知识调解民间纠纷,借助政府化解社会矛盾,增进人民内部团结,维护社会稳定,展现了社会以及公共价值。除此之外,调解员的个人价值也在工作中得到了体现。我们只有充分了解这些价值的含义,才能为完成好、维护好、发展好人民群众根本利益提供更好的服务。

一、公共价值

公共价值是同个体或私域价值相对应的范畴,是指同一客体或同类客体同时能满足不同主体甚至是公共民众(公众、民众)需要所产生的效用和意义,它主要指由政府或社会团体设计、开发、制造、组织、治理,提供、分配给公众进行消费和享受的公共产品和公共服务。公共价值存在于公众的共同生产和生活之中。公共价值的内涵主要有三方面的理解:一是指客体的公共效用,二是指主体的公共表达,三是指规范的公益导向。这三个方面的含义在逻辑上是彼此关联、相互隐含的,是从不同侧面对公共价值的写照。调解员的公共价值主要体现在以下几个方面。

1. 调解员能够维护社会和谐稳定

纠纷解决是调解最为重要、最为基本的功能,它为我们提供了一种使被破坏的社会秩序恢复和谐发展的方式,有助于社会的长治久安,维护社会的和谐稳定。

调解制度的和谐价值主要体现在非对抗性的矛盾中。它强调“和解”而不是“对抗”，使纠纷解决更加人性化、科学化，更有利于社会的发展，这也是调解的主要特征。由于调解以非对抗性和相对和平的方式解决纠纷，在调解过程中，矛盾冲突双方并没有像诉讼那样被明确地分为原告和被告，双方在调解中进行谈判，相对轻松的氛围和非完全对立的沟通方式减少了双方的冲突，并且增加了和解的机会，以避免形成一方赢得案件、另一方失败的结局。此外，由于人民调解协议是基于双方的，它不仅解决了争议，还修复了矛盾纠纷双方当事人的关系。调解员不仅解决了过去发生的纠纷，还更加关注纠纷前后的价值，以及对和谐社会关系损害的恢复。在以对抗为特征的诉讼案件中，解决难、执行难已成常态，还有可能走上请愿的道路。虽然这些案例只是少数，但影响极其严重，有时甚至是群体性事件。与诉讼相比，调解具有最大的人际和谐特征，最能体现中华民族以和为贵的优良传统。

同时，调解员的工作也有助于维护社会稳定，防止社会矛盾的激化。人民法院在处理纠纷时坚持“不告不理”原则，因而始终处于被动地位。调解制度却没有这一限制，它不仅可以被动地受理当事人之间的纠纷，而且可以主动地排查并介入矛盾纠纷。调解员的主动出击，能在矛盾纠纷发生的萌芽阶段有效地了解、接触矛盾，有利于及时化解各种小矛盾小纠纷，避免矛盾的进一步激化和对社会秩序的进一步破坏。

【案例材料5.6】维权调解劳资纠纷[1]

案情简介：

2014年6月12日，在龙华社区内，某劳务公司建设项目负责人因对施工质量不满意而对手下100多位农民工感到不满，要求立即终止劳务关系。而当初劳务公司与农民工只是口头聘用关系，并未签订书面合同，从而引发劳资纠纷。事件一出，农民工群体火冒三丈，冲到工地要求给个说法并要求支付当年4~6月的工资。在协商无果的情况下，农民工多次围堵工地办公室工作人员并损坏了工地办公室的财物。工地方曾多次报警，但由于劳务

---

〔1〕 参见上海市司法局编：《上海市首席人民调解员案例汇编》，2015年，内部资料。

公司法人迟迟不肯露面表明态度,纠纷无法得到妥善解决,事态陷入僵局。

为了维护地区稳定和农民工的合法权益,调解员在接到案件时制定了一系列策略,确立了调解步骤,使调解能顺利进行。首先,调解员与警方进行沟通,与派出所交流案情后,由派出所出面责令劳务公司的法定代表人出面。在派出所的协力下,劳务公司的法定代表人终于来到了调解室。劳务公司认为:农民工在劳动过程中拖延工期,不遵守劳动规则,施工草率,令他苦不堪言,因此才将他们辞退,并且自己也没有与他们签订什么劳动合同,做得好的留用,做得不好辞退是很正常的事情。因此,调解员了解到此人对法律并不熟悉,农民工在他的工地上班已经发生劳动关系,即使辞退也要结清工钱后才能辞退。在这一点上,劳务公司并不十分认可,态度模糊。

其次,由于农民工人数太多,将其中文化程度相对较高的人集中起来共计44人,作为农民工代表。在与这44人的交流中调解员发现,农民工对于工作还是有热切期望的,只是自觉待遇太低在工作中有些许懈怠,他们中的大多数人背井离乡、生活条件差、文化程度低,对法律有所畏惧,但在生存面前很可能会做出影响社会安定的事情。为此,调解员苦心劝导,让他们耐心等待,不要做出违法乱纪的事情,这件事情已经在调解过程中,如果违法很可能被扭送司法机关处理。农民工在听了劝导后纷纷表示自己也不希望出事,只是想拿回工钱而已。随后,农民工代表诉说他们在2014年4~6月的工钱至今没有结清,希望能拿回工资。

再次,在大致了解案情及双方对案件的诉求后,将劳务公司与农民工代表聚在一起,进行了一次调解。在调解中,劳务公司表示无论如何都要解除劳动关系,至于工钱也要打折扣,毕竟他们没有认真工作,况且他们还恶意破坏了工地设施,对此决不能姑息。农民工代表认为,自己在4~6月的工作中并没有什么大问题,对于工程虽不能说是做到尽善尽美但也算是按部就班,因此工钱绝对不能少,而破坏工地是因为劳务公司贸然辞退并不支付工钱才会发生的事情,是公司过错在先,被辞退也要给个说法。听取了双方的意见后,为了避免农民工采取过激行为,调解员与劳务公司进行了单独沟通:"这件事情闹到现在这样,我认为你最大的需求就是安全,安全生活,安全开工,在安全面前这点都是小钱,如果连安全都保证不了,那么什么钱也都会没了,你拖欠100多人的工钱,你觉得他们会怎么样?社会舆论都不会偏向你,你的公司以后还怎么开展工作?你这不是丢了西瓜,为了芝麻?况且,中央三令五申不得拖欠农民工工资,而农民工在你这里上班是事实,这是不容抵赖的,这4~6月的工钱根本不可能赖得了,即使他们有破坏工地的事实,也要等公安机关查实具体破坏的案值以及进行破坏的具体人员之后才能进行处理,但工钱始终是要支付的。”劳务公司代表听了以后深感有理,但还是决定要辞退这些人。在得到劳务公司的肯定后,调解员与农民工代表进行了交谈,他们认为突然辞退必须给予一定的补偿,对此,调解员与他们说:“他们贸然辞退是不对,你们冲击工地也不对,现在劳务公司只有一个要求,就是解除劳动合同,你们如果一意纠缠,我只能建议你们打官司,因为我不能决定劳务公司赔偿多少钱,更不能决定你们冲击工地需要付出什么代价,你们自己衡量一下吧。”农民工对此表态:只要4~6月的工钱能够结清,其他都无所谓了。

最后,6月17日下午,双方签订了调解协议书并与法院进行了司法确认:1.劳务公司于2014年7月5日前一次性补偿农民工4~6月的工资、剩余工程款共计人民币90余万元。2.劳务公司与100多位农民工终止劳务关系。至此这起规模庞大的劳资纠纷总算得到了圆满解决。

案例分析:

本案双方的矛盾属于劳资纠纷,其中农民工讨薪又是一个社会焦点问题,如果处理不当很容易造成大型群体性事件,不利于社会的和谐稳定。

首先,稳定农民工的情绪是关键。农民工群体在社会中属于弱势群体,他们文化程度低,维权意识薄弱,社会经济收入低下,但是他们人数众多,更因为文化程度低做事容易极端,在纠纷处理过程中必须有效减少他们的规模人数,控制他们的情绪。在交流过程中,让他们自己推选出文化程度相对较高的人担任代表,这样相对容易控制情绪。

其次,调解时间要短,效率要高。农民工多等一天就要自己多支付一天的吃饭、住宿费用,对他们而言时间拖得越长维权成本越高,越容易造成情绪波动。调解次数越少越好,人群集散次数多了,容易引起串联和群体性事件,所以调解的时候需注意,先从资方下手,在与资方有一定的共识后再开展调解,或者对于资方的要求可以有所满足的情况下再开展调解工作,比如此案中资方要求解除劳动关系,如果得到满足,就有谈判成功的可能。

再次,在调解中法与理并重。调解和庭审不同,不能仅依据法律来完成工作,在合法的前提下,让双方达成共识即可。在这类案件中,应更加讲理。劳资纠纷如果一味地走法律途径,时间会拖得很长,农民工在等待事件结果的这段时间里的生活问题难以解决,这样很容易爆发群体性事件。本着大事化小的精神,我们在处理此类案件时尽量自己掌握法律,不处处宣讲,充分肯定双方的诉求之后,再做适当的退步,而不能简单地依法办事。即有些要求虽然无法律明文支持,但依旧可以让当事人提出,只要不违法,就由双方自行讨价还价。此案中,破坏工地与辞工违约等,只要双方愿意让步,就可以支持。

最后,对于弱势群体在调解过程中的几点经验总结:

一是涉及弱势群体的纠纷处理不当就会造成恶性事件,在处理时必须把握住他们的主要需求点,此案中就是4~6月的工资,其他诉求可以通过讨价还价予以解决,但这个需求点就必须把握住。

二是弱势群体在调解过程中的过激行为,如辱骂、推搡等,并不代表他们的人品道德低下,人在无助的时候比较容易发怒和不可理喻,在这种时候我们必须给予他们实质性的帮助,向资方转达他们的诉求。

三是弱势群体的要求如超出调解员的工作范围和工作能力,调解员也必须给他们指出解决问题的途径,并教授一些必要的方法,如诉讼的渠道、方法、地址等。不然对方会误会调解是在偏袒另一方当事人,从而引起更严重的矛盾纠纷。

四是在调解趋于成功的时候,必须让农民工全体人员签字之后才能发放工资款。这件事虽然操作起来麻烦,但农民工流动性大,如果拿到钱之后就离开了事发地,后遗症就会存在,在这种情况下,必须让他们依次有序地完成最后的签字程序,不能遗漏任何一人。

2. 调解员能够帮助公民提升幸福感

在人们的日常生活中,往往会产生一些纠纷,这些纠纷或大或小,或是家庭内部矛盾,或是与他人起了冲突,抑或是与机构产生了矛盾。人们往往很难自己从纠纷中解脱,虽然大部分纠纷都能合理解决,但是其中一小部分会逐渐升级,甚至对当事人的一生产生深远影响。调解员作为最贴近社区的一线工作人员,他们往往能够最及时地给予纠纷双方帮助,从而解决问题,提升公民的幸福感。

除了日常纠纷外,公民幸福感的缺失很大程度上是由于利益诉求和权利主张得不到满足,他们不能及时维护自己的权利,对于应该享受的法律保护存在一种距离感。而调解员,作为政府机构与群众之间的桥梁,应当将法律知识、维权思维带入社区,从社会管理的角度扩大公众和社会组织对法制建设的参与度。通过对当事人普及法律常识,促使群众理解、信服法律,从而体会到法制社会下的公共幸福感。

3. 调解员有助于建立社会公平公正的价值体系

作为现代法治的重要组成部分,调解制度为当事人提供了公平、正义的保障,是他们享受到被公平对待的权利体现。自古以来,公平、正义都是作为最高层次伦理规范为人类所赞美、憧憬,作为现代法治的有机组成部分,调解制度当然也把正义作为基本的价值目标。其正义主要体现在以下几个方面。

第一,调解的自愿平等性为实现正义提供了基础。《人民调解法》第3条规定:"人民调解委员会调解民间纠纷,应当遵循下列原则:(一)在当事人自愿、平等的基础上进行调解;……"这是指当事人双方是否选择调解的方式来解决纠纷,是由当事人双方自己决定的,并且双方在调解中的地位是完全平等的,当事人双方依法享有平等的权利与义务。

第二,调解员的中立性为实现正义提供了重要保障。调解员虽然处于主导调解的位置,但也只是以指导为主,并无任何特权,不能为当事人双方中的任何一方开辟特殊通道,而最终调解结果也是以中立角度,协调双方更好地解决问题。在调解过程中要依法守规,即使没有明确的法律规定,调解员也要遵循"公序良俗"的原则。所以,调解并不是随便的"和稀泥",不是纠纷双方以及调解员的任意行为,而是要按照法律的基本原则,本着公平公正的目的展开。

第三,调解制度可以缓解实质正义与程序正义之间的矛盾。正如上一条所提到的,现实生活中往往很多纠纷是法律很难判定的,"清官难断家务事"所指的就是这种情况。事实证明,在形式正义和程序正义下,一部分纠纷可能无法得到合理的解决,在这种情况下,我们可以利用现代调解制度缓解这个矛盾,对于一些利用诉讼程序无法达到实质正义的纠纷,通过调解的手段,避开僵硬的法律程序,达到双方当事人追求的实质正义的状态。

第四,调解制度有利于避免因当事人司法资源占有不平等所带来的不正义。这是指当事人双方可能由于社会地位、社会财富等原因存在司法资源的不平等性,而人民调解是免费的,这样可以保证当事人双方被公正对待,不会因为费用问题而被拒之门外。这样就从客观角度极大地缓解了司法资源分配不均的矛盾,很大程度上减少了由于当事人双方司法资源占有不平等所带来的不正义。除此之外,在调解制度下的民事纠纷的解决,能够使公民受到公平对待,为公民在公平、正义的环境中生活提供有力的支持和保障,维护他们的个人权利。

二、社会价值

社会价值是个体通过自身和自我实践活动满足社会或他人的物质的、精神的需要所做出的贡献和承担的社会责任。社会价值是相对于个人价值而言的,侧重个体对社会的贡献。

调解是我国法制建设中一项独特的制度,是现行司法制度的一个组成部分。调解是指发生民事纠纷的双方当事人就争议事项就近向调解委员会提出调解申请,或者调解委员会主动介入,调解委员会以当事人自愿、平等为基础,以不违背法律、法规和国家政策为前提,以尊重当事人权利的原则进行调解的活动。

调解员以及调解制度本身具有非常高的社会价值,有助于促进和谐社会的建设。调解员的主要工作是在发生民事纠纷时,在符合法律法规及政策以及当事人的意愿的前提下,对纠纷进行调解。调解员的工作有助于节约社会成本,包括当事人的时间成本和经济成本,以及节约社会法律资源,同时有利于我国司法效率的提高,以及促进基层民主自治制度的发展。

1. 节约社会成本

调解员调解某些民事纠纷可以及时解决纷争,化解矛盾,使其不必进入司法诉讼程序,在一定程度上节约了社会资源成本。

当事人接受调解员的调解,可以节约其时间成本和经济成本。民事纠纷如果进入诉讼,根据相关规定,案件经过完全的司法程序需要数月时间。当事人往往需要漫长的等待才能完成其维权过程。而调解制度的存在在很大程度上解决了这一问题。调解员都是具有相关法律知识的专业工作人员,可以及时迅速地对纠纷做出判断,耐心进行调解,并在一定期限内完成解纷工作。调解制度具有极大的便利性,调解委员会大多设立在公民所在的村居委会,极具随时性和便利性。相比于诉讼程序而言,调解的工作流程对于当事人来说更加简便、及时、高效,可以极大地节省时间成本。另一方面,进入诉讼程序需要当事人支付一定的诉讼费用。对于某些民事纠纷中的当事人来说,法院的诉讼费和支付给律师的费用会造成一定的经济压力,甚至是沉重的经济负担。而人民调解是不需要支付任何费用的。

调解员的工作还可以节约国家的司法成本,避免司法资源和社会资源的浪费，提高我国司法资源的利用效率。调解很大程度上解决了这一问题，使大量的民事纠纷争端可以通过调解，在当事人双方自愿平等的情况下，切实解决问题、化解矛盾，避免进入诉讼程序，在解决争端的同时节约了社会资源。

2. 提高司法效率

英国有一句著名法谚，“迟来的正义非正义”，强调了司法程序正义这一概念。即使司法裁判的结果是公正的，但如果裁判作出得过晚或程序上不公正将使裁判变成非正义的。从诉讼的角度来讲，诉讼时间的长短以及诉讼效率的高低对于司法程序的正义极为重要。迟来的正义由于审判时间的拖延，某些案件虽然解决了问题，但是无法满足人们寻求法律帮助的初衷。如果没有调解制度，所有民事纠纷都要经历诉讼程序，很多民事纠纷的繁杂、琐碎，会使司法机关堆积大量案件，会极大地降低司法效率，导致许多重要案件无法按时完成诉讼，审判时间的拖延，不利于司法正义以及社会公平的维护。调解员可以通过其专业的法律知识、丰富的信息、耐心的劝说调停解决问题、化解矛盾，使大量未能进入诉讼程序的案件及时得到调解，在维护当事人双方权利的同时，也使司法机关可以将更多时间专注于其他要案的诉讼审判，提高了司法效率，维护了社会的公平正义。

3. 促进社会自治

我国的基层民主自治制度是中国民主政治的创新。调解是在调解委员会主持下，依法对民间纠纷当事人说服劝解、消除纷争的一种群众自治活动。调解委员会是依托于村委会、居委会等基层民主自治组织设立的。根据宪法、民事诉讼法、调解委员会组织条例的规定，调解委员会是调解民间纠纷的群众性组织，在基层人民政府和基层司法行政机关指导下进行工作。调解对于我国基层民主自治意义重大。调解员在调解委员会的指导下工作，他们认真贯彻调解“调防结合、以防为主”的工作方针，及时调解各类纠纷，并且积极联系群众，坚持调解回访制度。

在纠纷调解中，当事人可以自主参与调解，管理自身事务，因此，人民调解制度是民主自治的一种体现。调解始终坚持自愿原则，充分尊重当事人双方的权利和意愿。调解一方面有利于解决争端，消除矛盾和纷争，维护社会稳定；另一方面能够充分调动人民自主参与事务管理的积极性和主动性，在基层民主自治层面有利于政府政策的推广和执行，也有助于法律的宣传和普及。

三、个人价值

可以从两个角度来分析个人价值的内涵:一种理解是个人价值指个人或社会在生产、生活中为满足个人需要所做的发现、创造,包括个人对自我发展及社会对个人发展的贡献;另一种理解是个人价值是个体的社会价值,与个体自我价值相对应。个人的社会价值是指个人通过自己的实践活动为社会的发展需要所做出的贡献。简单地说,就是个人对社会的贡献。

在调解制度中,调解员作为一个中立、正义、秩序的代表者和维护者,为人民无偿调解矛盾、解决纠纷,不仅在公共价值、社会价值上做出了重要的贡献,对于调解员自身来说,他们的个人价值也得到了充分的体现——其中既有个人所处立场的正义性与中立性带来的自我认同感,也有无偿为他人提供帮助、为他人带来利益的自我满足感,还有个人能力、努力和付出得到迅速回应、有成就感。个人为社会带来的价值、为社会做出的贡献体现了个人价值,同时在感受到自身为社会带来的价值之后,个人自身亦构成了个人价值,并由此再对其工作、生活产生积极的影响,如此循环,调解员的个人价值、社会价值、公共价值也得到更充分的体现和发挥。调解员的个人价值主要体现在以下几个方面:

1. 维护个人权利

调解是在人民群众自愿的基础上,通过调解组织的工作促使双方协商解决民间纠纷的一种方式,而人民法院的审判工作则是以国家强制力为后盾,依法行使审判权的专门活动。调解制度下的调解员既体现了我国人民民主权利意识的强化,也切实地实践、维护了人民参与民主的权利。

调解作为我国民间调解的延续和发展形式曾经在纠纷化解方面起到十分重要的作用,被誉为“东方经验”,为西方国家借鉴并有所发展。改革开放以后,法治的深入、权利意识的强化使人们不仅在乎权利的纸面化,更在乎现实的权利及权利的实现,这也正是调解员拥有并维护民主权利的体现。

再者,调解员通过自身参与民众纠纷的调解,既维护了当事人的法律意义上的公民权利,也切实维护了自身作为公民的民主权利,即调解员通过自身参与社会内部事务的处理,切实地维护、履行了个人的民主权利,是公民积极参与国家、社会事务的重要实践和表现。

2. 提高公共事务参与度

公众参与是民主制度中民主程度的重要体现,其中公共事务参与度的高低也在一定程度上体现了民众对于社会事务的责任感。

调解员的职责是公平、正义地调解、解决民事纠纷,这在一定程度上就是深入参与公共事务。调解员的角色和职责决定了,不管是受调解对象委托,还是自发调解,或是受到上级指示进行民事纠纷的调解,调解员都需要去主动关注、发现、参与并充分了解和理解以及尽力解决纠纷,从某种意义上来说,调解员在提高公共事务参与度、体现民主方面有着重要的作用。

3. 推进全民普法

调解制度下的调解员自身需要有牢固的法律知识,同时他们在工作中接触、面对的大多为基层的民众,调解过程很大程度上也会对民主普法产生积极作用。这一点在调解员的职责内容要求中有明确的规定:一是调解员的调解工作严格按照司法部关于《人民调解工作若干规定》等规范性文件的要求,在依法、自愿、平等、尊重当事人诉讼权利的原则下开展调解工作。二是调解员应以法律为依据,以说服教育和引导的方法指出当事人过错和应当承担的责任。调解内容不能违反国家有关法律的禁止性规定,调解协议不能损害国家、集体和他人的合法权益。

严格的法律知识要求加上与基层人民的近距离接触,使普法的价值得以实现,从而营造了普法氛围,强化了依法行政。

4. 实现调解员自身的人生价值

对于调解员来说,一次又一次的纠纷处理是其本职工作,而该职责内带来的个人价值是无法用职责之内和职责之外来衡量的。调解员为他人提供服务而获得的身份感、荣誉感和被尊重的感觉,使调解员的个人价值从工作价值升华到人生价值,对自身更为肯定,对自己所做的工作也更为认可,在自己为他人带来的和谐、便利中感受到个人的能力与价值,更感受到自身对于这个社会的重要性,从而对人生的意义有更为深刻的思考和体会。

第六章 调解员的管理

第一节　调解员选拔管理

调解员是调解工作的具体承担者，肩负着化解矛盾、宣传法治、维护稳定、促进和谐的职责使命。调解员是调解工作中的关键要素，调解成功与否很大程度上依赖于调解员的职业素养、工作积极性等；因此，加强调解员队伍建设是一项重要且紧迫的任务。我国正按照法定条件和公开、公平、公正的原则，吸收更多符合条件的社会人士和专业人员参与人民调解工作，全面贯彻实施《人民调解法》，优化调解员队伍结构，着力提高调解员的整体素质，完善人才管理制度，强化调解员工作保障，不断提高人民调解工作水平，努力建设一支政治合格、熟悉法律、热心公益、公道正派、秉持中立的专兼职人民调解员队伍。

一、任职要求

我国调解员来源广泛，有在职的律师、公证员、仲裁员、基层法律服务工作者、医生、教师、专家学者等社会专业人士，也有退休法官、检察官、民警、司法行政干警以及相关行业主管部门的退休人员，更有各行各业、德高望重的人士和普通市民。尽管我国目前并没有一部专门法律对调解员进行管理，但有相关政策和法律对此做出规定，如 2011 年 1 月 1 日实施的《人民调解法》以及 2018 年 3 月 28 日中央政法委、最高人民法院、司法部、民政部、财政部、人力资源和社会保障部联合印发的《关于加强人民调解员队伍建设的意见》中对人民调解员作出了相关规定。

1. 准入条件

2011 年 1 月 1 日起正式施行的《人民调解法》第 14 条对人民调解员的

准入条件做出了法律规定:人民调解员应当由公道正派、热心人民调解工作,并具有一定文化水平、政策水平和法律知识的成年公民担任。2018 年出台的《关于加强人民调解员队伍建设的意见》除了再次确认了先前的法律规定外,还提出了建设一支政治合格、熟悉业务、热心公益、公道正派、秉持中立的人民调解员队伍。

同时,人民调解员既可以兼职,也可以专职。其中的硬性指标包括成年、中华人民共和国公民,其余均是在法律范围内允许的软性指标。可以看出,人民调解员进行调解的诀窍和优势并不在于年龄、知识水平或是法律背景,而是来自人民、为人民服务的拳拳之心、对于当地伦理传统和风俗习惯的了解运用、个人的威望地位、语言沟通技巧等。简单来说,可以分为以下几点:

(1)公道正派。所谓公道正派,是指调解员能够贯彻执行党的路线方针,具有良好的道德品质,没有犯罪记录以及其他不良声誉,为人公道、作风正派、能够客观分析判断事物,分清是非和责任,并敢于坚持原则,弘扬正气,主持正义,在群众中具有较高的威信力和社会公信力。

(2)热心人民调解工作。所谓热心人民调解工作,是指调解员热爱人民调解工作,积极、主动、耐心地从事人民调解工作,不在乎个人得失,勇于奉献,愿意用自己的时间和努力化解矛盾,具有丰富的人民调解工作经验,能够按照规范化调解程序熟练地开展调解工作。

(3)具有一定的文化水平、政策水平和法律知识,具备一定的调解理论知识,掌握一定的调解方法和调解技能。

(4)应当由年满 18 周岁的中华人民共和国公民担任。

2018 年上海市司法局印发的由上海市人民调解协会研究制定的《上海市人民调解员统一评聘办法(试行)》中规定了初任、二级、一级和首席人民调解员的任职条件。

初任人民调解员应当具备下列条件:①具有高中及高中以上学历(包括同等学力);②具有承担人民调解工作的身体条件;③按照初任人民调解员培训要求完成相关培训课程并通过考试或考核;④能独立开展调解工作,规范制作调解文书。

二级人民调解员应当具备下列条件:①具有高中及高中以上学历(包括同等学力)、从事人民调解工作 1 年以上,或者从事法律相关工作 1 年以上;②具有承担人民调解工作的身体条件;③按照二级人民调解员培训要求完成相关培训课程并通过考试或考核;④能熟练开展调解工作,规范制作调解文书;⑤从事人民调解工作期间,平均每年制作的规范人民调解协议不少于12份。

一级人民调解员应当具备下列条件:①具有大专以上学历(包括同等学力)、从事人民调解工作3年以上,或者从事法律相关工作3年以上;②具有承担人民调解工作的身体条件;③按照一级人民调解员培训要求完成相关培训课程并通过考试或考核;④能指导其他人民调解员开展调解工作、规范制作调解文书;⑤从事人民调解工作期间,平均每年制作的规范人民调解协议不少于24份。

首席人民调解员应当具备下列条件:①被评定为一级人民调解员满3年;②具有承担人民调解工作的身体条件;③按照首席人民调解员培训要求完成相关培训课程并通过考试或考核;④在人民调解工作理论和实务方面具有示范引领作用,具有丰富的调解工作经验和调解重大、疑难、复杂纠纷的能力,在推动上海市人民调解工作发展过程中做出过积极贡献。

2. 能力要求

具体而言,无论是专职还是兼职调解员都应具备以下几项能力品质:

(1)调解员应当具备适合调解工作的个性,例如热爱和认同调解,具有爱心、稳重、真诚、耐心、宽容、严谨、坚韧、谦和等品质,热心公益事业、解决矛盾,具有敏锐的洞察力等。

(2)调解员应当具备某些专业知识和社会经验,专业知识包括心理学或心理咨询知识、社会保障知识、医学知识背景、交通事故法律知识等;社会经验则包括社会常识、公序良俗、社会规范以及各种经验法则、人生感悟、生活经验等。社会不同类型的纠纷调解对于调解员的知识储备、资历背景要求不同,有些复杂的纠纷则要求调解员具备复合型的调解知识。在具备了专业知识或法律资历的基础上,调解员也需要有一定的社会经验的积累,但这些经验很难直接从学历教育或者培训当中获得。因此,较为年长或阅历丰富的调解员比较受社会青睐,当事人也会优先选择职业经历和人生经验较为丰富的调解员,期待他们提供优质的调解服务。

(3)调解员应当具备以下几种基本的调解能力:①让当事人能够信任调解程序和调解员的能力。当事人对于调解员的信任依靠调解员在整个过程中所展示出来的出色能力以及保密原则来赢得,同时也需要建立起当事人对于调解程序和调解结果的信任,鼓励当事人以诚信、诚恳、友善的态度对待另一方，并在相互理解、沟通、帮助的基础上寻求一个合作共赢的解决方案；保持公平和中立的能力，有效调解最基本的前提就是程序公平、调解员中立、结果公正。这并不意味着调解员不能在纠纷中有个人的判断和意见，而是应该能将自己的个人观点和当事人的不同观点区分开来。调解员不应对当事人的行为或观点进行批判和指责，而应平等地对待当事人，同时也应控制与双方沟通的时间和程序，避免使当事人产生不公正的感觉。②把控全局和应变能力。在调解过程中，调解员对程序具有控制权，而当事人则对实体享有自治权。因此，在有效的调解过程中，既要让双方当事人充分表达自己的感受和观点，又要控制调解的时长、气氛以及双方的情绪。调解员应提醒双方都应具有基本的礼节，避免粗暴和不文明的行为，有制止任何偏离调解程序言行的能力。但从实际情况来说，调解程序并不是一成不变或是永远正确的，调解员必须根据具体情况具体分析，很有可能需要临时设计符合事件和双方当事人需求的调解程序，这也是调解相对于诉讼等其他解决纠纷方式的优势之一。这就要求调解员一直保持冷静，根据情况随机应变，维持调解秩序、引导双方当事人理性地参与调解过程。

(4)调解员应当具备一定的特殊的调解技巧，例如尊重对方地倾听、化解矛盾、判断事实等，其中，较强的情理说服能力能够帮助更好地解决矛盾。调解所追求的公平正义与诉讼法律制度中的公平正义相比，更富有弹性，更能适应乡土社会特定法律关系的发展，且其中往往存在情理较法理更为优先适用的潜规则，人民群众信服的不仅是冷冰冰的法律条文，还有赖以生存的传统情理观念。而调解员则更应懂得如何在人情盛行的乡土社会中运用法律来修复情与法之间的裂缝，有效且有力地解决矛盾。

(5)调解员的职责还意味着，调解员应当积极参与矛盾纠纷排查，对排查发现的矛盾纠纷线索，采取有针对性的措施，预防和减少矛盾纠纷的发生；认真开展矛盾纠纷调解，在充分听取当事人陈述和调查了解有关情况的基础上，通过说服、教育、规劝、疏导等方式方法，促进当事人平等协商、自愿达成调解协议，督促当事人及时履行协议约定的义务；当事人主动申请调解的，无正当理由人民调解员不得推诿不受理；做好法治宣传教育工作，注重通过调解工作宣传法律、法规、规章和政策，教育公民遵纪守法，弘扬社会公德、职业道德和家庭美德；发现违法犯罪以及影响社会稳定和治安秩序的苗头隐患，及时报告辖区公安机关；主动向所在的人民调解委员会报告矛盾纠纷排查调解情况，认真做好纠纷登记、调解统计、案例选报和文书档案管理等工作；自觉接受司法行政部门的指导和基层人民法院的业务指导，严格遵守人民调解委员会制度的规定，积极参加各项政治学习和业务培训；认真完成司法行政部门和人民调解委员会交办的其他工作任务；等等。

3. 兼职与专职的区分

我国人民调解的工作中存在兼职化和专职化两种取向。兼职调解员，是指在本职工作以外的业余时间从事行业性、专业性调解的调解工作者，他们是在不脱离本职工作的情况下，通过推选产生从事人民调解工作的人员。兼职调解员的引入有利于调解机构的人员充实以及整体专业水平的提升，在纠纷解决机制中具有重要的作用。专职调解员，是指经过考试或考核合格，经调解机构聘任，具有专业知识、法律背景、一定调解工作技能以及良好的道德修养，在行业性、专业性调解机构中专门从事调解工作，并领取与岗位工作量和社会贡献相适应的报酬，化解行业性、专业性纠纷的职业调解工作者。

至 2017 年年底，全国共有人民调解委员会 76.6 万个，人民调解员总共约 367 万人，全国兼职人民调解员有 317.2 万人，约占总数的 86.5%；专职人民调解员 49.7 万人，约占总数的 13.5%。可以说，每年调解的 900 多万件矛盾纠纷，主要是这些兼职调解员调解的。兼职调解员必须对本行业或法律行业有一定的认识水平，可以是行业中的权威人士，这一方面减轻了调解机构针对兼职人员的培训负担，且有利于调解中协商的多角度思维凝聚；另一方面兼职调解员的专业知识、行业威信以及一定的社会关系，更有利于纠纷的平息和解决。但人民调解员的兼职身份也会大大分散他们的精力，难以把人民调解工作做细做精，难以发挥人民调解的宣传教育等功能。同时，人民调解员的兼职身份也使人民调解与行政调解的界限趋于模糊，弱化了人民调解的社会作用，降低了人民调解的社会公信力。

从 20 世纪 90 年代开始，许多地方政府和司法部门开始强化人民调解员的专职化和职业化。举例来说，上海、深圳等地的城区和经济比较发达的江浙地区开始出现专职化的调解，主要招聘退休法官、律师和年轻的法律毕业生担任专职的调解员，由政府推广乡镇社区的公益性调解。例如，上海浦东专业人民调解中心，聘请了 60 余名专职人民调解员，每年调解矛盾纠纷近 2 万件，人均调解近 300 件，成效非常明显。目前，上海市司法局正在积极地拓展人民调解工作的区域，大力推动行业性和区域性的调解委员会建设，将人民调解与仲裁调解、行业协会调解以及专业组织参与有机结合，提升专职调解员比例,完善职称评定体系。例如,上海市司法局对常驻专调中心的调委会采取政府购买服务形式,对浦东调委会的专职调解员以每人每年 6 万元额度予以经费保障。专职调解员均为全职工作人员,这支队伍平均年龄 35 岁,74% 的调解员具有本科学历。调解员根据工作表现分为 12 个职级,共分助理、初级、中级、高级 4 个等级,并根据工作年限分为 13 档,职级、档级与薪酬直接挂钩,每半年进行考核奖励和淘汰,实现了调解员队伍的职业化管理,有效促进了专业调解领域调解员的年轻化、专业化。这显示出调解工作在当代中心城市发展的一种趋势。目前,大多数调解员都处于非职业化的状态,他们在花费了大量时间、精力的情况下并无适当薪资,这降低了他们调解的积极性。可以考虑使这一职业固定化、专职化,给予调解员职业的认同及肯定,引导其尽全力投入业务,充实相关知识,做好行业性调解工作。

4. 调解员职业化趋势

从世界各国调解业务的发展来看,调解业务已经成为法律事务的增长点和律师业务的拓展领域,因此所谓调解员职业化,很大程度上是律师业与其他非法律职业在调解行业相互竞争,争夺服务市场的结果。在较为正式的法律纠纷调解中,法律职业背景非常重要,但在社区纠纷调解中,居委会和村委会的工作人员比法律职业人更适合担任调解员;在司法调解中,律师作为中立的调解员则比法官或裁决者更适合。

专业性人民调解必须具备“两性”基础:一是规范性,二是职业性。其中,规范性是首要基础,主要是调解流程的规范化。人民调解区别于诉讼的关键在于调解方案只要矛盾双方认可、不违背法律法规和社会公序良俗即可,调解过程具有一定的弹性可操作空间;而专业性人民调解区别于普通人民调解的关键则在于调解流程的规范,并且在规范化的流程下运用专业知识对事实进行调查判断,所以,规范性是人民调解得以成为专业性人民调解的核心要素。职业性是人才保障,主要指调解员必须是全日制、拿薪酬、有职业规划。调解员作为一类职业,像其他任何正规职业一样,按照国家规定上下班并以此为生计,其薪酬不应低于同等情况下的社会标准水平,并有完整的考核评价、等级晋升等远期规划,如此才能确保有合适的人来匹配专业性人民调解这项要求相对较高的工作。从长远来看,我国的调解业务将以法律职业人为主,但目前职业化调解员还仅仅存在于乡镇以上和城市的社区。但是人民调解绝不等同于简单的法律适用和判决,法律导向或民事导向的调解,对法律的要求和侧重各有不同,均应该区别于诉讼和裁判。为了保持调解的多元化和民间性优势，更多的非法律职业公民参与调解工作，将是一个必然的趋势。由此我们可以得出结论，调解是法律性在解决纠纷事件中的体现和代表，但从事调解的人却不一定要法律背景出身。

上海市出台的《关于加强人民调解员队伍建设的实施意见》指出，优先选聘高等院校法学、调解等专业的毕业生加入人民调解员队伍，注重选聘律师、公证员、仲裁员、基层法律服务工作者、医生、教师、专家学者等社会专业人士和退休法官、检察官、民警、司法行政干警以及相关行业主管部门的退休人员担任人民调解员，不断提高人民调解员的专业化水平，意在增强上海市调解人才的专业性，强调人民调解员的法律背景。随着社会分工的精细化、专业化水平的不断提高，各种行业纠纷、民事纠纷等的复杂程度也会不断加深，因此，聘用具有更高法律知识水平的人民调解员将是时代所趋。

在调解员是否需要法律职业背景的问题上，世界各国一直有不同的理解和做法。从世界各国调解员的职业背景来看，美国律师在调解业务的扩张较快。美国律师协会发现在纠纷解决领域出现了一场职业自治运动，直接威胁着法律职业者在纠纷解决领域中的地位。[1] 调解纠纷在美国更像是一种业务，而不是法律职业，因为国家尚未出台限制非法律职业者在调解纠纷领域的活动。除了业务上的竞争之外，很多律师也会作为志愿者参与公益性的调解事业，例如美国联邦法院附设调解员 3 名，他们在担任区法院调解员的同时也必须是合格的律师协会会员。这些法律调解员提供的并非是有偿服务，而是一项有意义的公益工作。很多州法院也设立了资深律师作为志愿者提供的免费调解服务。尽管律师以非常高的积极性参与美国的调解服务，但美国统一调解法至今仍未作为调解员要具有法律职业背景或职业资格的规定，而是强调社区调解中民间调解员的作用和意义，这就说明美国的调解员职业背景并未实现职业导向化，仍然保持着鼓励民间、多元的特点。

欧洲虽然有着悠久的调解历史传统，但调解行业的职业化和法律化问题也始终无一定论。《德国法律咨询法》第一章第 1 条第 1 项的解释中指出，律师是唯一被允许进入调解行业的职业群体，尤其是当事人未委托代理

---

〔1〕 See Nolan－Haley, J. M.,"Lawyers and meditation: Rethinking the Professional Monopoly from a Problem－Solving Perspective", 2002 (7), *Harvard Negotiation Law Review*, pp. 239－240.

人以及调解可能包含法律的相关争议时。法院的许多已有判例证明,法院对于非法律职业调解员的信任程度不如有法律执业资格的律师高,并普遍认为他们参与调解将直接影响无律师代理的当事人的法定权利,加剧了纠纷双方的地位不平等和矛盾的激烈程度。围绕这一规定发展出来的判例法,加剧了律师调解员和非律师调解员之间的紧张关系,也使调解员的角色究竟是辅助性的还是决定性的争论进一步升级。然而,事实上,德国始终存在各种民事和行业性的民间自治性调解机制,它们并不受上述法律规制,也并未完全被律师垄断。我们也能理解司法指向的调解和非司法、民事的调解,对于调解员的法律职业背景要求显然是不同的,将调解一概等同于法律咨询或法律纠纷解决,无疑不符合调解的规律和实际定义。律师对调解的垄断地位,也必将随着国家法律的修改而发生变化,最终实现导向的多元性。一般情况下,当今社会的条件不可能完全离开法律的指引,但是又不等同于简单的法律适用和判决。

综上可以看出,我国人民调解事业的规范化、法制化、职业化仍然充满着未知变数。例如,是否需要将调解职业化作为调解的唯一发展模式;如何在现代化调解实践中保留传统资源,尤其是基层调解的优势;如何实现调解员的多元性和综合性……这些都是在发展调解事业中所必须思考和进行规划的问题。从我国的基本国情和调解事业的基础受众来看,法律法规不宜对调解员的法律专业背景作出统一要求,即使形成高标准的要求,从实际情况来看,调解员也很难普遍达到规定的标准,因此一名合格的人民调解员,需要具备一定的法律知识和专业背景,但绝非硬性要求,至于如何定义这一标准,则需要从大量广泛的实践中去确定何为高效、高质量完成基础调解工作所应具备的知识、技能需求,以此为标准形成人民调解员的专业背景准入门槛。因此,我国司法部门在主张通过提高调解员职业准入标准来提高调解正当性的同时,也鼓励主要由具有法律职业背景的人担任调解员,但并不限制没有法律教育背景的公民加入调解行业,从调解的结果和效率角度上来看,这样规定的目的是增强调解业务和调解职业人员的一致性。

目前,我国尤其注重从德高望重的人士中选聘基层人民调解员,选聘律师、公证员、仲裁员、基层法律服务工作者、医生、教师、专家学者等社会专业人士和退休法官、检察官、民警、司法行政干警以及相关行业主管部门的退休人员担任人民调解员,不断提高人民调解员的专业化水平。

二、选拔程序

1. 认可选拔制

我国人民调解员，无论是专职还是兼职调解员，都采取了认可制选拔方式。具体而言，是指获得居民、村民推选的人民调解委员会委员以及人民调解委员会、行业性专业性调解组织所聘任的人民调解员即视为获得认可的调解员资格。认可选拔制是认可制度的深化和发展。

在认可制（certification）中，调解员可以是获得资格认可的人，也可以是未获得资格认证但具备相当资格的人。认可制的主管机构，即认可主体各有不同，既有由公权力机构对所有调解领域实行的调解员资格统一认可，也可以由法院、行政机构、行业组织、社会团体在管辖范围内对在其指导、管理下的调解组织的调解员资格进行认可，还可能由民间、私人机构对本组织所涉及的调解员进行的资格认可。目前多数国家都以认可制为主，尽管在某些专业性领域仍然实行准入制，允许符合调解员资格标准的各界人士通过认可的方式进入调解员队伍，其中包含大量的兼职调解员。例如，我国的人民调解员主要是由居民选举产生，同时又可以由司法行政机关选任、招募或任命，而不同的行业性、专业性调解员的来源则更为复杂，但只要符合调解员的基本条件，就都有资格被认可成为人民调解员。律师无须另外获得调解员资格，就可以在当事人认可的前提下开展调解业务。美国主要施行的也是认可制，其纠纷解决专业者协会认为，由政府机构对纠纷解决从业者实施许可制会建立一种专断的标准，从而限制当事人的选择自由并将一些有能力者拒之门外。而在认可制下，当事人可以基于熟悉、声望、价格、便利等原因选择那些没有获得认可的调解员。

2. 准入制

随着社会发展和调解事业发展的需要，部分特定调解领域也尝试采用准入制，如商事调解领域。准入制（licensing），即资格许可制，调解员必须得到有关部门的许可，获得执业资格（执照），方可进行调解活动。目前只有少数国家或地区要求所有调解员必须获得资格认可，很多国家则是根据需要，在特定调解机构中建立准入制，如法院附设调解、家事法院调解或商事调解等专业调解部门；日本的民事和家事调解员、加拿大魁北克省的家庭调解员和我国国际商会调解中心的调解员等，都属于这种情况。狭义的调解员的资格准入就是指这种资格认证制度，实行这种制度的前提是必须建立专门的资格审核管理机构，因此需要较高的制度成本。未来根据调解事业的发展，我国调解员可以采用多种任职要求和程序进行选拔。

三、聘任管理

为了加强人民调解员队伍的建设，充分发挥专职人民调解员的作用，根据《人民调解法》第 13 条的规定，人民调解员由人民调解委员会委员和人民调解委员会聘任的人员担任；第 9 条规定，村民委员会、居民委员会的人民调解委员会委员由村民会议或者村民代表会议、居民会议推选产生；企业事业单位设立的人民调解委员会委员由职工大会、职工代表大会或者工会组织推选产生。由此可见，目前我国人民调解员队伍的产生方式主要是聘用制和推选制相结合。

前文已经介绍了专职、兼职人民调解员的任职条件以及选拔程序，其中部分人民调解员是由人民调解委员会根据需要所聘任，并由委员会颁发聘书的专兼职人民调解员。本部分将着重论述专兼职人民调解员的聘任和管理。由于人民调解委员会是由推选产生，同时也具备管理所聘任人民调解员的职责，因此不在本部分的论述范围内。

1. 工作岗位和人员

在我国，人民调解组织主要是指人民调解委员会，目前主要存在以下几种形式。

（1）村居组织创建的人民调解委员会。人民调解员的工作岗位，一般设置在村民委员会、居民委员会的人民调解委员会，该级别的调解委员会扎根基层，贴近人民群众，规模较大，是人民自发组织创建的调解组织，也同样是国内人民调解的主体和基础。当前阶段，国内已经创建了 72 万个村级调解组织，9 万多个居民调解组织，此类调解组织大体上实现了城乡全面覆盖。然而依据城乡体制改革的相关要求，强化村、居民间自治调解组织的建设，依旧是完善人民自主管理、自助服务体系的一大重要工作。

（2）乡镇、街道的人民调解委员会。由于存在地域的局限性，村居级别的民间自治调解组织在处理涉及多类主体的民事纠纷，或者跨地区、跨机构的民事纠纷时常常无法深入。为了有效解决这一问题，《人民调解工作若干规定》添设了创建乡镇、街道民间自治调解组织的相关规定，即在村、社区级调解组织无法有效处理或涉及多个地区的民事纠纷时，通过镇（街）调解委员会进行处理。我国已经创建了 3 万多个乡镇级民间调解组织，它们在处理民事纠纷、维护社会秩序、促进社会发展上发挥了巨大作用。

(3)专业性、行业性和地区性的调解组织。人民调解员的岗位也可以设置在专业性、行业性人民调解委员会和相关部门的人民调解工作室,由委员会聘任和管理,以人民调解工作为岗位,专门从事人民调解工作,并取得相应报酬。行业性的调解性组织特指社团机构、行业协会创建的自治性调解组织,如以工会、妇联、交通主管部门为基础创建的自治性调解组织。这些为了有效处理特定行业内部的利益纠纷的调解性机构,通常具有较强的专业性,如专项解决医患纠纷的自治性调解组织。地区性民间自治的调解组织特指在特定的行政地区、特定的生产区域创建的自治性调解组织,如流动人口比较集中的地区、集贸市场、工程工地的调解性组织等。

(4)民办非企业。我国的部分调解组织也可以依据国务院《民办非企业单位登记管理暂行条例》登记注册为“民办非企业单位”。“民办非企业单位”是指企事业单位、社会团体和其他社会力量以及公民个人利用非国有资产举办的,从事非营利性社会服务活动的社会组织。首先登记注册的只是一些“人民调解工作室”,规模比较小,仅有几个调解员,经费来自政府直接财政支持或者政府购买服务对价。这类调解工作室直接属于人民调解委员会的一部分,区域依附性特征很明显。后来,一些登记注册的商事调解中心在发展的规模和内容上都有重要突破。

上海经贸商事调解中心(SCMC)就是一个商事调解中心发展的成功典例。这个调解中心具有以下特点:一是着重于自身的创收功能,实行有偿调解服务,经费完全来自业务收费和接受捐赠;二是规模不断扩大,目前有 24 名调解员,由经验丰富的专家、学者、律师、退休法官组成,还有 5 名专职工作人员和 1 名兼职的秘书长;三是制定和发布了《调解规则(试行)》《调解员守则》《调解员聘任及考核管理办法》等规章制度,实现了调解服务的规范化,建立了职业化的调解员队伍;四是注重与法院的诉调对接,利用调解确认程序,以保证其调解服务产品的可执行性;五是利用上海自贸区条件,与世界著名的调解机构共同组建联合调解庭,欲成为高端的、区域性的国际商事调解机构;六是与当地大学合作组建了全国首家商事专业调解资格培训中心,对合格的学员颁发结业证书和《中国商事调解员》资格证书;七是由民办企业向企业转变,2014 年经我国香港特别行政区公司注册处批准,成立了上海经贸商事调解中心(香港)有限公司。

事实上,上海市一直在大力发展大量包括调解工作室、调解协会在内的社工师事务所、社工服务社等专业社工服务机构，为调解员提供就业渠道和专业提升的载体，为高校社工、调解专业学生提供见习和实训基地，为政府和社会购买服务提供受理平台。上海的各区县和相关部门加大对调解工作室、服务机构的扶持力度，主动为其提供工作用房、办公设备、筹建资金和购买服务等方面的支持。上海市社工协会和各相关高校加强对服务机构的指导，帮助其提升专业化服务、规范化管理和社会化运作水平等。调解服务机构得到了政府助力之后，如雨后春笋般纷纷成立，呈现出良好的发展资源和势头，从而为上海平安社会做出了贡献。

我国民间调解组织的市场化运作可以按照《民办非企业单位登记管理暂行条例》的规定进行，但在组织内部的商业化管理模式可以有所突破，引入职业经理人加入调解组织，同时取消《民办非企业单位登记管理暂行条例》中有关不得设立分支机构的禁止性规定。将来随着调解服务行业呈现出充分竞争的态势，类似于我国律师业退出公益事业而划为营利性行业的发展，部分调解组织（特别是商事调解组织）也可转化为以营利为目的的营利性组织，由此调解员的性质也将会随着时代的变化而变化。

2. 调解员职业化管理

（1）职业化的探索

我国司法部门已经充分认识到调解职业化发展的重要性，并开始采取各项推动人民调解员职业化进程的改革措施。首先，在调解员的选任上，更加关注候选人员的法律专业背景、法律工作经验或调解工作经验。其次，在调解员的录用上，联合当地劳动人事部门共同招录专职调解员，统一出题、公开招考、择优录取。专职调解员在人民调解员群体中已成为重要部分。再次，在调解员的培养上，采取多种调解培训方式，如专家授课，组织学习调解业务知识和最新法律法规，开展论坛交流、案例分析讨论、调解案卷评比，将人民调解员请进法院，通过观摩经验丰富的审判人员调解，实现"以案代训"等。又次，在调解员的管理上，建立人民调解员等级资格评定制度，如《上海市徐汇区人民调解员等级资格评定暂行办法》将人民调解员等级划分为一级、二级、三级，《湖南省人民调解员等级资格评定管理办法（试行）》将人民调解员等级资格设定为一级（正高级）、二级（副高级）、三级（中级）、四级（初级）。最后，在调解员队伍建设上，人民调解协会应当依照章程加强行业自律，建立人民调解员信息库，实行分类登记，动态管理，并报告所在地人民政府司法行政部门和相关人民法院。

在人民调解员“职业化”路径选择上，各地司法行政系统各显神通。有的建立人民调解员“人才库”，面向社会招聘执业律师，基层法律工作者以及民族宗教人士，退休法官、检察官，开始了人民调解员由“凭热情”向“靠知识”的转变。加强与政府购买服务的主管部门沟通，积极探索实施以政府购买社会服务的形式招聘专职人民调解员，不断提高专职人民调解员的比例。有的强调人民调解员队伍职业化必须有一套健全、高效的人民调解员管理制度，要求统一人民调解员的等级和等级评定的条件，除了考虑调解员的学历、调解能力、调解工作时间外，还必须将调解员的职业道德、行为规范纳入考评体系。

(2)职业化的要求

人民调解员职业化还要求人民调解员队伍以专职人民调解员为主。专职调解员，指经过考试或考核合格，经调解机构聘任，具有专业知识、法律背景、一定调解工作技能以及良好的道德修养，在行业性、专业性调解机构中，专门从事调解工作，化解行业性、专业性纠纷的职业调解工作者。人民调解员的非专职化使人民调解员的职业荣誉感难以形成，也难以认真应对当前复杂的矛盾纠纷。唯有建立一支以专职调解员为主力的队伍，赋予人民调解员以职业保障，才能保证人民调解员队伍的稳定。因此，要积极发展专职人民调解员队伍，行业性、专业性人民调解委员会中应有3名以上专职人民调解员，乡镇(街道)人民调解委员会中应有2名以上专职人民调解员，有条件的村(居)和企事业单位人民调解委员会中应有1名以上专职人民调解员，派驻有关单位和部门的人民调解工作室中应有2名以上专职人民调解员。

总之，人民调解员的职业化是当今社会发展的必然趋势，建立一套完整的聘任机制和职业保障制度，人民调解一定大有可为。

3. 聘任过程

(1)专职调解员的聘任

专职调解员的聘任来源可以分为两类，一是经过社会的公开招聘，寻求专职的调解工作人员，并使调解成为其个人所赖以生存和发展的事业。这一类型的调解员需要进行较为全面的培训、考核之后，方可正式上岗。二是聘请富有经验的退休法官、退休检察官等法律工作者以及相关领域专家、学者，以提升行业调解的整体水平。

(2)兼职调解员的聘任

兼职调解员的选择需严格遵守规定，对其人格、专业素质、从业背景作出充分考察后方可予以聘请,并要求其必须保证足够的办案时间,强调调解案件的高质量要求,从选拔程序开始就消除其由于时间精力的有限而对调解案件重视度不足、不认真的可能性。因此,兼职调解员的聘任也需要有严格的资格条件和程序规定。如《普陀区人民调解员管理办法》规定,实行严格的准入机制,人民调解员须通过组织推选或者自荐、资格审查、面试、聘任、试用期考核合格等程序,才能最终聘用。

(3)聘任过程的实例

以中国在商事调解的《调解员聘任管理办法》规定为例,一般调解员聘任程序包括以下几步:

①报名与条件审查:申请担任调解员的,应当提交《调解员申请登记表》,同时附1~2名相关领域的专家、教授、资深从业人士或者专业团体的书面推荐意见;自荐与单位推荐相结合,上报基本条件、专业条件符合准入标准的调解员预备人选。

②资格复审及核定:调解中心秘书处对《调解员申请登记表》进行初步审查,并将审查意见、相关书面材料上报调解中心主任,由调解中心主任提交管委会讨论决定。

③结果公布与岗前培训:调解中心可以根据案件各方当事人的推荐以及本办法相关聘任条件的规定,决定是否同意聘任调解员名册以外的人士作为该案临时调解员。该项聘任应当遵守《调解规则》相应条款的规定。

对于管委会决定聘任的调解员,调解中心将颁发调解员聘书,进行培训后列入调解员名册,并在调解中心网站及相关媒体公布。

④续聘与聘任关系终止:调解员聘任期满后,调解中心秘书处根据调解员在任期内的履行职责情况和调解中心的工作需要提出是否继续聘任的意见,提交管委会决定。对于决定续聘的调解员,由调解中心重新颁发聘书。未续聘的,调解中心与调解员的聘任关系自动终止。

调解员因聘任期满等原因与调解中心终止聘任关系时,如有尚未办结的调解案件,可以继续办理至该案结束;本人不愿继续办理的,可以由调解中心在征得当事人同意的基础上指定其他调解员继续调解。

第二节　调解员培养管理

随着《人民调解法》的实施,人民调解工作在和谐社会建设中的地位越来越重要，同时人民调解规范化、职业化、专业化建设的任务也摆在了我们面前。目前我国人民调解员正处于青黄不接的阶段，一方面，现有的人民调解员年龄偏大，整体文化水平不高，具有新类型矛盾调解能力的人才稀缺；另一方面，国内高等教育体系中并没有培养人民调解员的专业，后继乏人。因此，实行调解人才的培养和管理是十分有必要的，有助于贯彻落实人民调解法等法律、法规和规章的规定，不断提高人民调解员队伍建设的规范化、科学化水平。

在已经实行调解员资格准入的国家，其资格维护主要是通过以下途径和方式实现的：薪酬管理、继续教育与职业培训、业绩评估考核与奖惩管理、身体健康、职业健康险和其他保障以及退出机制等。

一、调解员薪酬管理

（一）背景

人民调解曾经一度处于自由发展状态，直到2010年我国《人民调解法》出台，其中提到人民调解员的聘任、业务培训、误工补贴等，才打破了既有局面，是国家对人民调解员制度的新发展；但目前，人民调解员仍处于不断争取与之投入相适应的薪酬的阶段，投入与回报不成正比，虽然《人民调解法》提出要给人民调解员适当的误工补贴，但实施效果欠佳，很少落到实处；为此，当前人民调解员激励制度在工作环境、薪酬以及工作安全感方面都不同程度地存有瑕疵，而保健因素的不足则会增加人民调解员对工作的不满，严重挫伤其工作积极性。

当前，在建设社会主义和谐社会的新形势下，人民调解组织建设和调解员薪酬管理已成为城乡和谐发展的重要组成部分。相关政府部门正在建立健全对人民调解员工作的薪酬保障机制，将人民调解委员会的工作经费，人民调解员的工资、补贴经费以及指导和表彰经费纳入财政预算，予以足额预算保障；上级法院和司法行政部门进行协调，积极争取当地党委政府的关心和支持，把人民调解员的工作报酬纳入财政转移支付的范围，同时建立健全经费落实的监督检查机制，把调解员薪酬补贴、办公设施经费落实以及专项使用情况作为综合治理工作考评的一项重要内容，以使经费得以保障落实。例如，上海市正在探索制定包括人民调解员在内的社工薪酬政策，提高薪酬待遇，逐步实现调解员薪酬水平不低于同行业、同职位、同等资历相关从业者薪酬水平的目标。鼓励有条件的专业服务机构建立职业年金制度和工资基金制度,不断提高调解员等社工职业的社会保障水平,增强社工队伍的稳定性和社工专业的吸引力,促进社工人才队伍的健康发展。

结合当前人民调解员的工作性质与劳动强度,人民调解员职业化的制度保障应包括三个方面:一是保障人民调解员的职业地位。提高人民调解员的职业资格准入条件,使调解员的社会地位得到尊重,同时在保证调解员队伍规范的前提下,不被任意地免职、降职、辞退或处分。二是保障人民调解员的职业权利。人民调解工作应该始终恪守中立立场,确保其调解工作的独立性,不受其他单位、组织、个人以及内部行政力量的干扰。三是保障调解员的职业待遇。为发挥人民调解的优势,人民调解仍然保留不收费的特点。职业化的调解员的劳动报酬由当地政府财政支出,这就需要有一套职业化的保障体系,包括与其所提供服务相适应的工资待遇和福利待遇。工资待遇和福利待遇应以调解员级别、平时考核以及业务能力为评定标准,做到奖惩分明,充分调动在岗人员的工作积极性和创新性,为调解行业吸引优秀的专业人才,争取形成具有足够数量的、稳定的职业调解员群体。

(二)报酬制度

调解员所获报酬是调解员从事调解工作的劳动所得,也是他们必要的生活保障。只有保证调解员有相应的报酬,才能使他们集中精力做好本职工作。

1. 补贴标准

地方财政根据当地经济社会发展水平和财力状况,适当安排人民调解员补贴经费。人民调解员补贴经费的安排和发放标准是调解员调解纠纷的数量、质量、难易程度、社会影响大小以及调解的规范化程度。关于基本薪酬的标准认定可参照地方政府聘任人员的标准,但这笔费用需要纳入政府预算,经同级人大及其常委会审议通过方可生效。总体来说,人民调解员得到的报酬应与其劳动量相适应,即与其社会贡献相适应,与当地居民收入水平相适应。补贴标准需由司法行政部门商同级财政部门确定,明令兼职取酬的人员不得领取人民调解员补贴。对财政困难地区,统筹现有资金渠道,加强人民调解工作的经费保障。人民调解委员会设立单位和相关行业主管部门应依法为人民调解员开展工作提供场所、设施等办公条件和必要的工作经费。省(区、市)司法行政部门或人民调解员协会应通过报纸、网络等形式,每半年或一年向社会公开人民调解经费使用情况和工作开展情况,接受社会监督。

一般来说,专职调解员以工资形式计报酬,工资由"基本补贴 + 个案补贴"组成。兼职调解员一般没有"基本补贴",只以"个案补贴"形式给予一定报酬。

以上海市为例,《上海市关于加强人员调解员队伍建设的实施意见》中规定,村居、街镇人民调解委员会调解的社区类矛盾纠纷,每成功调解一件纠纷,补贴20元至500元不等(可分为简易、普通、疑难、重大四个等次)。医患、信访、物业、交通、涉校、劳动争议、治安案件、刑事和解、知识产权、金融消费等行业性、专业性人民调解补贴经费标准根据纠纷难易程度,分别按每件500元、800元、1000元执行。特别重大或群体性纠纷,每件补贴1000元。

《陕西省人民调解员管理服务办法》规定,人民调解员按照调解的案件数量发放的补贴可以按照以下标准:口头调解并经双方当事人签字确认的纠纷每案补贴不得低于50元;调解一般性纠纷,并制作调解协议书的每案补贴不得低于80元;调解复杂纠纷每案补贴不得低于500元;调解特殊或者特别复杂的纠纷,经县(市、区)人民政府司法行政部门批准后,可以适当提高补贴标准。可以看出,调解员的案件补贴是基于当地财政情况、物价生活水平与社会平均工资而制定的,各地均有不同。

2. 报酬组成

专职和兼职调解员的报酬包括工作经费、基本补贴和案补,其中基本补贴分配给街道和社区的人民调解员,案补按照统一规定执行,实行根据案件复杂程度的"一案一补"制度;行业性专业性调解经费主要从相关政府部门获得项目经费支持。

村、社区、乡镇、街道调委会调解员的"个案补贴"经费一般由县(市、区)财政承担,部分地区由县(市、区)财政和乡镇、街道财政共同承担。企事业调解委员会调解员补贴一般由企事业单位承担。专业性、行业性、区域性调解委员会调解员补贴,由县(市、区)财政、相关职能部门或社会组织承担。即使同一县(市、区)辖区范围内,不是每个人民调解委员会的调解员都能获得个案补贴。由于受地方财政等因素影响,部分地方对辖区内所有人民调解员进行补贴,有些地方则只对村、社区、乡镇、街道调委会的调解员进行补贴。一般来说,各地财政对企事业调解委员会和专业性、行业性、区域性调解委员会中的兼职调解员不给予补贴。

3. 资金来源

为了更好地调动人民调解员的积极性，保障其正常的生活水平和工作权益，有关部门着力落实人民调解员薪酬制度，紧紧围绕基本薪酬、绩效薪酬以及福利等展开。资金来源渠道提倡多元化，可通过政府购买、协会募捐等方式筹集，考虑到中国国情，通过政府购买方式获得资金更佳，以防资金链断裂导致人民调解工作难以持续开展。

由于人民调解员的工作具有明显的社会性与公益性，因而其职业报酬也理应由作为“国家管理者”身份的政府来承担，政府以购买服务的形式向人民调解员发放工资，在保障调解员基本生活需求的同时给予与其相适应的职业保障。政府购买人民调解服务实行项目化运作，需按照国家和政府购买服务的有关规定执行，所需经费列入同级财政预算。上海市已经出台了相关规定，政府购买人民调解服务的相关具体细则由市司法局和市财政局联合制定，鼓励人民调解协会聘请专职人民调解员，积极参与承接政府购买人民调解服务。同时，将行业性、专业性人民调解服务内容等纳入政府购买服务范围，将符合条件的人民调解委员会、人民调解协会等人民调解组织纳入承接政府购买服务社会组织推荐目录。在已经建立行政调解与人民调解衔接、信访工作与人民调解衔接等工作领域，相关行政机关和具有行政管理职能的事业单位按照推进社会治理社会化的要求向符合条件的人民调解组织购买人民调解服务，处理涉访涉诉类民间矛盾纠纷。

例如，为确保人民调解协会提供专业化、标准化的服务，上海市普陀区司法局制定的《普陀区司法局购买人民调解服务考核评估实施办法》中，建立了政府购买服务全程评估体系。一是组建专业评估团队。由区司法局负责组建，成员主要包括购买方、行业主管部门、相关职能部门等单位代表，以及服务对象代表、业内专家等。二是量化评估标准。围绕专业服务、完成情况、服务成效、运作管理 4 项基本标准，以及目标完成情况、服务对象满意率等 30 项子标准，对协会履约情况进行全方位考量，做到既体现过程指标，又体现结果指标；既体现客观指标，也体现主观指标。三是采用多样化的评估方法。综合运用审阅、面谈、观察、抽查等各项评估方法，对服务项目进行考核打分，各有侧重、相互补充、互为促进。四是评估与绩效挂钩。针对评估优秀的项目，区司法局给予适当的奖励，并进行表彰。由于任务未完成导致项目不合格的，敦促协会继续提供服务直到合同任务的完成，对不合格项目，视情况减扣经费。以规范化购买服务的形式为调解工作提供资金支持，增强了调解员报酬的稳定性和可控性,也为实施绩效考评和奖惩提供了基础。

(三)绩效报酬

目前,许多调解委员会或调解组织都推行以绩效为基础的薪酬计划,绩效薪酬的运用越来越广泛。绩效薪酬的有效性与绩效指标设计的科学性密切相关,关于人民调解员的绩效薪酬,应重点考虑人民调解员的业务素质,主要从调解民间纠纷之数量、质量与性质方面着手,并结合实际情况科学划分三者所占比例:调解纠纷数量的界定可以依据治理地域的纠纷总量和人民调解员的数量情况,合理设定每位人民调解员的最低工作量;调解纠纷质量的确定可以参考调解纠纷的上诉情况和法院对人民调解书的确认情况,即计算所谓的调解成功率;调解纠纷性质的认定可以考虑纠纷是否上升到法律层面,若上升到法律层面,是属于民法还是刑法调整的范畴,考核结果有必要直接与被考核者的工资和奖金挂钩,与其切身利益相关联。如浙江省温岭市出台的《温岭市专职人民调解员管理办法(试行)》中规定,月度考核奖为每月1000元,月度考核实行百分制,月度考核分在90分以上、80~89分、60~79分的,分别发给月度考核奖的100%、80%、60%,月度考核在60分以下的,不予发放当月考核奖。各司法所负责汇总专职人民调解员的当月考核结果,并于次月的5日前上报市司法局。

二、调解员职业培训与继续教育

1. 培训与继续教育的必要性

(1)培训与继续教育有利于提高人民调解员的专业素质。对于人民调解员来说,专业素质是最重要的,这不仅需要自身的努力,还需要进行相关的培训,在我国人民调解法等有关文件对人民调解员的培训有明文规定,但是由于政府和单位等方面的原因,人民调解员的培训计划一直难以落到实处,这就造成了人民调解员专业素质的普遍偏低。针对此情况,政府应该首先意识到专业培训的重要性,加大对人民调解员培训进程的监管力度,划拨经费对培训场地和设施进行改善,切实改革培训制度,让人民调解员真正从中学到知识,而不是走形式。对于条件不同的调解员要分层分类进行培训,新人应该学习最基础的调解方法,夯实基础。有经验的人民调解员应该与时俱进,接受新思想,培养自己的学习意识,跟随时代步伐,学习适用于当前社会的新的工作方法。培训工作的顺利进行依赖于政府和单位的共同重视、共同努力，把培训过程建档，建立科学化、规范化的长效培训机制，是提高人民调解员专业素质的最好举措。

(2)对调解员进行职业与继续教育是世界各国的通例。世界各国均出台了相关针对调解员的继续教育与职业培训的文件，要求已经获得资格认可的调解员进行继续学习、接受在职培训，以维持和提高调解员的能力和素质。在美国，调解员职业管理方面的一项重要内容是继续教育。为了继续维持其执业许可证书，专业人员大都被要求每年或每半年参加一定时数的继续教育。有些法院调解项目和调解员认可程序也要求调解员参与继续教育。例如，在爱荷华州，为了维持执业许可证书，调解员必须每年参与20小时的继续教育。虽然围绕执业许可或其他资格要求存在许多争论，但大家一致认同继续教育对所有调解员都是有价值的、值得推荐的。因此，关于继续教育的要求往往先于调解培训和调解员资格认可程序而设立。新加坡调解中心对调解员的委派限期为一年，期满之后重新任命。如果调解员每年能接受8小时的调解培训，并且每年至少可以处理5起调解案件（如果有此类要求），便有资格续任。[1]

在我国，开展人民调解员培训是司法行政部门的重要职责。必须坚持分级负责、专业培训、创新培训的原则与目标开展培训。

2. 培训与继续教育的原则与目标

(1)分级负责

坚持分级负责的原则，明确人民调解员的职责任务，提升调解员的职业素养。

政府以县（市、区）为主，加大对人民调解员的培训力度。县（市、区）司法行政部门主要负责辖区内人民调解委员会主任、骨干调解员的岗前培训和年度培训，指导和组织司法所培训辖区内的人民调解员；市（地、州）司法行政部门主要负责辖区内的大中型企业，乡镇（街道）和行业性、专业性人民调解委员会主任、骨干调解员的岗前培训和年度培训；省（区、市）司法行政部门负责制定本地区人民调解员的培训规划，组织人民调解员骨干示范培训，建立培训师资库；司法部负责组织编写培训教材，规范培训内容，开展人民调解员师资培训。年度培训实行省、设区的市、县（市、区）分级负责制。例如，《陕西省人民调解员管理服务办法》中规定，省人民政府司法行政部门

---

〔1〕 龙飞：《新加坡ADR制度的发展与启示》，载《人民法院报》2013年8月16日，第8版。

应当制定全省人民调解员培训规划和年度培训计划，并督促落实；设区的市人民政府司法行政部门应当组织培训县（市、区）人民调解委员会和行业性、专业性人民调解委员会中的人民调解员；县（市、区）人民政府司法行政部门应当组织培训乡（镇）、街道办事处人民调解委员会的人民调解员。乡（镇）、街道办事处司法所根据实际情况，可以组织培训人民调解员。

（2）专业培训

司法行政部门积极吸纳律师、公证员、司法鉴定人、专职人民调解员等作为专业培训师资力量，提高培训质量和水平。基层人民法院结合审判工作实际和人民调解员队伍状况，积极吸纳人民调解委员会进入人民法院特邀调解组织名册，通过委派调解、委托调解，选任符合条件的人民调解员担任人民陪审员，加强司法确认工作等灵活多样的形式，加大对人民调解员进行业务培训的力度。

（3）培训创新

不断创新的培训内容和形式越来越受到调解员的欢迎。司法行政部门和人民调解员协会根据本地和行业、专业领域矛盾纠纷特点设置培训课程，重点开展社会形势、法律政策、职业道德、专业知识和调解技能等方面的培训。创新培训方式和载体，采取集中授课、研讨交流、案例评析、实地考察、现场观摩、旁听庭审、实训演练等形式，提高培训的针对性、有效性。上海市普陀区司法局依托人民调解员培训实践基地，实施分层次、分类别的培训制度，设置初任培训、骨干培训、全员培训、跟班培训等培训模块，涵盖法律事务、物业管理、民事法律、征收新政、征收法律知识、调解技巧、人民调解协议书制作等课程，切实提高了培训工作的针对性和有效性。顺应“互联网+”发展趋势，建立完善人民调解员网络培训平台，推动信息技术与人民调解员培训的深度融合。依托有条件的高校、培训机构开展培训工作，开发人民调解员培训课程和教材，建立完善人民调解员培训质量评估体系。

3. 培训的基本内容

培训的内容重点是开展专业知识、调解技能、法律政策、社会形势和职业道德等方面的培训。

（1）在活动规范化方面，加强诉调对接知识教育

首先，学习多元化纠纷解决机制改革的最新精神，知晓调解与诉讼的对接工作内容，提高诉调对接的规范化、常态化以及精细化水平。其次，注重重点领域和关键环节的协调联动。调解工作目前呈现出行业化、专业化的

发展趋势，针对这些特点，人民法院将加强分类指导，在医疗侵权、道路交通、劳动争议、物业管理、环境污染等方面加大指导力度，实现协调联动，进一步加大对人民调解员的业务培训，采取多种形式，针对专业化、行业化调解工作的发展趋势，法院将选派对口专业的法官进行专业领域的培训。再次，人民法院将通过吸纳符合条件的人民调解员和调解组织，参与司法调解，选任调解员担任人民陪审员，邀请人民调解员旁听案件等多种形式进一步深化人民法院与人民调解组织和人民调解员的联系。最后，在培训过程中，还需将调解工作与信息化建设的融合进一步加强。比如注重相关案件的智能推送，调解员在进行相关案件调解的时候，可以了解法院诉讼的案件在审理中大致的思路和法律依据等。

(2)在思想方面，加强政治原则建设

组织广大人民调解员认真学习宣传贯彻党的十九大精神，坚持以习近平新时代中国特色社会主义思想武装头脑、指导工作。教育引导人民调解员牢固树立政治意识、大局意识、核心意识、看齐意识，自觉在思想上、政治上、行动上同以习近平同志为核心的党中央保持高度一致。加强人民调解员职业道德教育，深入开展社会主义核心价值观和社会主义法治理念教育，弘扬调解文化，增强人民调解员的社会责任感和职业荣誉感。党员人民调解员应积极参加所属党支部的组织生活，加强党性修养，严守党员标准，自觉接受党内外群众的监督，发挥党员在人民调解工作中的先锋模范作用。支持具备条件的人民调解委员会单独建立党组织，落实基层党建基本制度，严格党内政治生活，突出政治功能，发挥战斗堡垒作用。

(3)在作风建设方面，加强调解员的纪律作风建设

完善人民调解员的行为规范，教育人民调解员严格遵守和执行职业道德和工作纪律，树立廉洁自律的良好形象，培养优良作风。建立投诉处理机制，及时查处人民调解员的违法违纪行为，不断提高群众满意度。

(4)在扩大知识面建设方面，加快发挥高等院校在调解员培养中的作用

上海市委办公厅、上海市人民政府办公厅在2012年7月出台了《关于推进本市社会工作人才队伍建设的意见》，提出大力加强学科专业建设，增强人才培养的系统性和计划性。从调解员的社会工作者身份来看，调解员培训以实务应用为导向，完善课程设置，创新教学方法，评估教学成果。鼓励专业教师加入调解机构，不断提高实务教学能力；加强专业见习基地建设，拓展学生实务训练领域，确保实务训练课时，提高学生的实际操作能力。

(5)在培训课程内容建设方面,加大分层分类培训人民调解员的力度

业务培训可以分为初任培训、年度培训、专项技能培训等,培训时间均不少于24课时/人。年度培训采取全员轮训形式,由各区司法局组织实施,人民调解员每年至少参加1次。全市各行业性、专业性人民调解组织的专职人民调解员需定期接受专项技能培训。首席人民调解员的培训由市司法局负责组织,拟晋升其他业务等级的人民调解员培训由各区司法局组织。上海市特别强调社工岗位培训项目,实施“万名社工岗位培训项目”,有计划、分层次地对实际从事调解员或其他社工职位的在职人员进行岗位培训,鼓励他们参加进修、实习、短训、函授等,逐步提高专业理论素养和专业化服务水平。普陀区司法局与区法院联合印发《关于进一步加强人民调解员培训工作的实施意见》,依托区法院的优质资源,在区诉调对接中心建立本区人民调解员培训实践基地,建立“3+6”的培训目标模块。“3”即“三级”培训网络,由区司法局(协会)、培训基地、司法所三个层面开展人民调解员培训,形成分工协作、上下联动的培训格局。“6”即建立“全员培训、初任培训、示范性培训、岗位培训、实务培训、日常培训”六大培训模块,形成全方位、多层面的培训工作体系。

4.继续教育

(1)加强专职人民调解员的登记备案管理

登记备案制管理是进行继续教育的基础和前提。对选聘的专职人民调解员通过定身份、定职责、定待遇的“三定”方式予以稳定,确保专职专用,真正做到“术业有专攻”。同时,挖掘和培养树立人民调解员的优秀典型,充分发挥示范引领作用,大力宣传和表彰工作中涌现出的人民调解先进集体和先进个人,为大力加强人民调解员专职化建设营造良好的社会氛围。在落实首席人民调解员制度的基础上,探索实行人民调解员分级管理,发挥首席调解员化解复杂疑难纠纷的示范带头作用。根据化解不同领域矛盾纠纷的需要,以县(市、区)为基础单位,分类建立人民调解员专家库,实行人民调解员分类管理,使人才储备适应矛盾纠纷日益复杂的需要。

(2)持续加大人民调解员继续教育培训力度

持续加大对人民调解员的教育培训力度是健全完善专职人民调解员的岗前培训和在职培训制度的重要内容。上海市定期对取得职业资质的初、中、高级调解员等社会工作者开展政策法规、职业伦理、专业理论和实务技能的培训,不断完善知识结构,提高专业技能与综合素质。开展国际合作交

流，选送上海市优秀社工赴境外见习和培训，邀请境外社工专家来沪开展培训和指导工作。

(3)推行人民调解员以老带新培养模式

作为继续教育的新方法和新模式，以老带新培养模式突出加强对人民调解委员会负责人和专职人民调解员的重点培训，发挥他们的传帮带作用，达到培训一批、带动一片的效果，同时实现老新双向的激励和培训效果。上海市率先建立起社工督导培养机制，实施开展包括多名人民调解员在内的“百名优秀社工督导培养项目”，建立社会工作者服务督导制度。采取引进和培养相结合的方式，逐步建立起一支以市社工协会为依托、专业社工机构为载体、高校教师和高级社工为骨干的社工督导队伍，对一线社工开展服务技能、专业知识、工作态度和工作关系等方面的督促和指导，提高社工的实务能力，确保社会工作的服务品质。其中，人民调解员是极为重要的社会工作行业的从业者，也得到了社工协会、专业机构、高校教师和高级社工的大力支持和培养。上海市普陀区积极与区诉调对接中心合作，每月开展居(村)委人民调解员跟班实务培训。截至2016年6月，共有来自10个街道(镇)的42名居村委调解员参与，带教老师手把手教学，增强了人民调解员的理论知识和实务水平。2016年9～11月，组织开展全区专职人民调解员“大练兵、大比武”系列活动，共有70余名调解员、16支调解队伍参加，通过网上知识竞赛、协议书制作、现场互动三个环节，从对法律条款的理解、规范履职的水平、纠纷化解的能力等方面，多角度、全方位考量并展示区人民调解员的工作能力和水平。

同时，推进法官指导人民调解工作制度化、长效化。人民法院建立了指导人民调解工作的法官名册，强化法官指导责任，通过庭审指导、案例指导、司法确认讲评等形式，提高指导效果。鼓励基层法官、人民调解员依托信息技术等适当方式加强日常联系，实现疑难复杂纠纷预防化解工作的“零距离”沟通。同时重视兼职调解员的培训，抓住业余时间提高业务水平，并且能做到专职调解员与兼职调解员进行配对，共同开展培训和学习，提高了培训的质量和效率。

5. 培训时长

根据《澳大利亚调解员认可标准》规定，已经获得认可的调解员每两年需要进行一次再认可(re - approval)。并且已经获得认可的调解员申请再认可时，必须再次满足初次“调解员认可条件”。此外，调解员申请再认可必

须每两年提出一次,并提供证据证明其具有充分的实践经历和最低限度的职业进修经历,具体包括下面内容:

(1)在两年的时间内从事了至少25小时的调解、联合调解或调停工作(合计);

(2)调解员不能提供上述证据,原因是:缺乏工作机会(调解新手);一直都在从事纠纷管理者、辅助者、冲突教练或相关的工作;因家庭、职业或学习而中断;生病或受伤。此时被批准的调解认可组织(RMAB)可以要求调解员在两年内至少完成10小时的调解、联合调解或调停工作,并且可以要求调解员参加"提高"培训或再评估。

有些国家最低限度的职业进修时间是两年内至少20小时,也可以由下列情形予以替代:参加有关调解的或有关《从业标准》所列调解员核心能力的职业继续进修课程、教育项目、座谈会或培训班(至少20小时);其调解实践接受了外部的监督或审核(至少15小时);在有关调解的座谈会上发言,每发言1小时另加2小时准备时间(至少16小时);在4次调解中代理当事人参加调解(合计至少8小时);培训、指导受训者或经验较少的调解员(至少10小时);为受训的调解员和参加调解评估的候选人进行角色表演(至少8小时);指导经验较少的调解员,并使其有观摩的机会(至少10小时)。

我国并未有统一的法律和政策对调解员培训时间进行规定。一些地方政府根据当地调解事业发展的需要确定调解员的培训时间。

三、调解员考核与奖惩管理

1. 奖惩原则

人民调解员的奖惩原则可分为以下四类。

(1)明确专职、兼职调解员相区分的原则

专职调解员与兼职调解员的工作时长、工作性质均有所区别,如果对于不同性质的调解员实施同样的奖惩和考核机制,是不科学也是不客观的,因此,考虑到两者不同的工作性质,对于这两类调解员的奖惩原则应从根本上进行区分。虽然各地出台的专兼职调解员薪酬补贴机制不尽相同,但一般来说,专职调解员的薪酬由基本工资、绩效工资、个案补贴等构成,而兼职调解员多数采取工作的时薪与绩效工资相结合的方式发放薪酬,基本没有个案补贴;针对专职调解员的奖惩规章制度全面成文,以便形成更强的导向性和约束性，而兼职调解员的奖惩制度除了原则性的规定，如职业道德底线、法律底线等，其余的考评和奖惩制度可以设置一些弹性规定，以便更好地应对兼职调解员不同的工作环境、基础背景，更充分地发挥奖惩制度的导向和激励作用。

（2）完善评价考核体系的原则

评价考核体系由两个部分构成，一是司法行政机关对人民调解组织和人民调解员调解工作的考核体系，二是各级党委政府对相关职能部门就购买公共法律服务情况进行考核。第一个层面的考核建议司法行政机关作为考评主体，可以委托第三方中立组织进行考核。明确考核评价指标，包括单位时间内人民调解组织受理的案件数量，达成规范化书面调解协议的数量，当事人对调解的履行情况，调解对于群体事件、刑事案件的防控情况等要素，并充分考量社会公众、纠纷当事人、人民调解员、人民调解组织对人民调解活动的评价，将以上相关因素运用加权法来确定最终评价指标，并将考核评价标准和奖惩标准结合起来，综合确定奖惩结果。第二个层面的考核建议各级党委政府作为考核主体，将购买行业性、专业性人民调解组织服务的情况作为对基层政府和相关职能部门绩效考核的内容，以促进人民调解奖惩工作的推进。

（3）物质激励与精神激励相结合的原则

物质激励相当重要。当前中国社会处于转型期，民间纠纷数量增长迅速。这些社会现实状况增加了人民调解员的工作量，人民调解员的工作时间持续加长。人民调解以解纷时效快见长，能及时消除后续隐患，理应发挥社会治理功效。但是，人民调解员因薪酬低导致对人民调解工作存有不满，也导致调解积极性不高，案件积压较多。如果不重视物质激励，恐怕难以调动人民调解员的工作积极性。可是，只重视人民调解员的物质激励也难以行得通，马斯洛曾将人的需要分为五类，并指出当人的低层次需要得以满足后，便会继续追求更高层次的需要，物质激励属于生存需要的范畴，而获得认可、尊重和自我实现的需要都偏向于精神层面，此类需要也是人民调解员不可或缺的，如果意图提升人民调解员在这些方面的满意度，只有采取精神激励手段。为此，完善人民调解员激励制度需要坚持物质激励和精神激励相结合的原则。

（4）正向激励与负向激励相结合的原则

正向激励与负向激励是一种通俗易懂的说法，西方社会偏好用“胡萝卜加大棒”的方式予以阐释。正向激励，是从正面对调解员的行为作出肯定，采用认可、赞赏、增加工资等形式；负向激励，是从负向对调解员的行为作出否定，采用批评、降级、扣发工资等形式。实践证明，只有从正、负两个相反角度同时对工作和行为进行评价与反馈，才能更好地调动员工的工作积极性。对待人民调解员也不例外，人民调解组织应及时掌握人民调解员的工作状况，对人民调解员优良的工作业绩予以表扬，使之获得工作团队和服务对象的认可，这既可激励其他人民调解员认真工作，也可使自身保持优良的工作状态。而对人民调解员的不良表现，须根据行业制度进行严厉查处，倘若出现违法犯罪现象，则交由司法机关处理。因为解纷工作属于公共事务范畴，它与整个社会发展相关联。此外，使用负激励手段应因人而异，毕竟人民调解员的年龄、个性、心理需要和承受能力等都存有差异。为此，完善人民调解员激励制度需要坚守正激励和负激励相结合的原则。

2. 具体考核和奖惩制度

（1）资格维护

资格维护的目的是保证调解员的素质，为此就需要根据考核的结果进行奖惩，并使不符合资格标准的人退出调解员职业队伍。目前根据调解员的类别，一般有行业自律、市场淘汰和国家强制等多种方式。制度化和公益性调解组织对专职调解员的资格多采用强制标准，出现违法、违纪和道德问题，不适于继续担任调解员的会被强制退出，兼职调解员则采用市场淘汰和行业自律的方式进行维护，而引导职业化和市场化的调解机构和调解员则更注重行业自律的品质。

我国在积极探索调解员的信息与资格维护制度。上海市目前正在建立人民调解员名册制度，各区司法局定期汇总人民调解员的基本信息，及时向社会公开并通报人民法院，以方便当事人选择和监督。建立岗位责任和绩效评价制度，完善评价指标体系。浙江温岭市也出台了《温岭市专职人民调解员管理办法（试行）》，规定专职人民调解员的任期为 3 年，到期后经过考评可以连续聘任；同时，对专职人民调解员进行考核，月度考核主要由履职情况、日常考勤、学习培训、职业道德、执业纪律等内容组成，具体考核办法由各镇（街道）或人民调解委员会自行制定。上海市徐汇区司法局也在大力完善以医患纠纷为代表的人民调解员考核机制。制定绩效考核实施方案，成立考核考评领导小组和工作小组，建立考核档案，每月对人民调解员的工作质量、工作数量、工作效率、调解对象满意度等指标进行考评，并将考评结果作为评比先进、续聘和发放津贴的主要依据。同时,探索建立退出机制,对3次考评不合格的人民调解员予以解聘,以确保考核工作落到实处。

(2)职称评定

当前,各地司法行政部门都建立了职称评定制度对人民调解员的执业水平进行测评,试图通过职称评定的奖惩措施促使调解员自主地提高执业技能。毋庸置疑,职称评定制度对于培养人民调解员职业意识具有非常积极的意义。然而,从近年各司法行政部门对人民调解员职称评定的内容来看,就培养调解员的职业意识而言是不周全的。事实上,各司法行政部门设置的人民调解员职称评定标准五花八门:上海浦东新区将人民调解员分为4个等级,分别为首席人民调解员、一级人民调解员、二级人民调解员、三级人民调解员;《普陀区人民调解员等级评定办法》规定由普陀区调解协会每年对人民调解员负责实施等级评定,主要围绕调解经历、培训课时、专业技能、工作实绩等方面,分为首席、一级、二级、助理人民调解员,并与评选市级首席人民调解员相衔接;浙江省根据人民调解员的政治素质、职业道德、工作业绩、工作能力、从事人民调解工作时间等情况进行等级评定,人民调解员等级评定共分特级、一级、二级、三级4个等级,并颁发等级证件;江苏省根据人民调解员的工作业绩、工作能力、从事人民调解工作时间等情况,经评定,分为一级、二级、三级、四级人民调解员,并颁发等级证书。等级评定标准主要参考因素是职务(是否担任调解委员会主任)、学历、制作的规范调解协议书的份数、是否因调解不当发生民转刑和非正常死亡事件等。各级司法行政机关指导本级人民调解协会研究制订切合自身实际的人民调解员业务职称制度,制定出台人民调解员等级评定办法,并将人民调解员业务职称和等级评定与薪酬保障挂钩,实行评聘分离,为人民调解员提供职业发展空间,充分调动他们的工作积极性,提高人民调解员的公信力和影响力。

同时,对有突出贡献的人民调解员可以按照有关规定给予表彰奖励,增强人民调解员的职业荣誉感和自豪感。做好首席人民调解员选聘工作,积极推荐优秀人民调解员参加"平安英雄""全国模范人民调解员""全市司法行政工作先进个人"等评选活动。大力推荐优秀人民调解员担任人大代表、政协委员、人民监督员、人民陪审员等。大力宣传人民调解员的先进典型。充分运用传统媒体和网络、微信、微博等新媒体,积极宣传人民调解工作典型人物和先进事迹,扩大人民调解工作的社会影响力,为人民调解员开展工作创造良好的社会氛围。

(3)“以奖代补”激励机制

“以奖代补”激励机制核心内涵契合激励目标的实现,有利于政府有限的财政投入获得最大化的调解员激励效果。“以奖代补”激励机制不同于传统的财政补贴。传统的财政补贴是将经费直接划拨给人民调解组织,不考虑调解的数量和效果,很难真正调动人民调解员的工作积极性和主动性。“以奖代补”激励机制是以案件为核心,以纠纷的难易程度、调解工作量多少、社会影响力大小、调解办案效率效果、协议履行情况以及调解规范化程度为标准,以调解成功为目标来确定奖金数额,对人民调解员给予物质奖励,将奖励与调解工作效果结合起来,能够充分调动人民调解组织和人民调解员的工作积极性。

人民调解“以奖代补”机制的运行,关系到人民调解在解决纠纷、化解矛盾中的社会效果,也关系到人民调解委员会和广大人民调解员的切身利益。在推进全面依法治国背景之下,“以奖代补”激励制度必须做到统一、规范、科学、稳定。标本结合地确定奖励评价标准,既要考虑是否达成书面调解协议,又要关注调解的实际效果和人民调解员在纠纷解决中的劳务付出,不能以达成书面调解协议作为唯一标准。

调解员所在的部门和单位,尤其要做好表彰奖励工作,对于表现优异的调解员,在晋升、嘉奖、培训、体检、保险等方面给予优先和照顾。鼓励有条件的区县和部门,探索建立调解员发展专项基金,吸引社会力量支持做好表彰奖励工作。以制度化的奖励机制保障调解员的应有利益和工作福利,“以奖代补”,充分调动了调解员的工作、晋升、培训积极性。

四、身体健康、职业责任险及其他保障

为了保证调解员能够正常开展业务,很多国家要求对调解员(尤其是专职调解员)提供身体健康、职业责任险以及其他制度等进行保障。

1. 国际比较

国外调解员可以在制度保障下定期进行健康检查,由政府为其缴纳职业责任险。例如,奥地利的《民事案件调解培训法》规定,调解资格申请人在申请时必须年满28岁,并且政府需为其缴纳至少每案40,000欧元的保险。已经取得调解员资格者还要按每5年50小时的继续培训,使其能够保留在联邦司法部的调解员名册上。有关调解员名册的执行和维持的争议,可以提交调解咨询委员会小组委员会(a Sub – Committee of the Advisory Council for Mediation）讨论解决。

2. 我国经验

关于人民调解员的福利，我国政府监督人民调解员协会为人民调解员缴纳社会保险、制定抚恤帮扶政策等，以减少人民调解员的后顾之忧。同时，司法行政部门及时了解和掌握人民调解员需要救助的情况，协调落实相关政策待遇。符合条件的专兼职人民调解员因从事调解工作致伤致残，生活发生困难的，当地人民政府按照有关规定提供必要的医疗、生活救助。在人民调解工作岗位上因工作原因死亡的，其配偶、子女按照国家规定享受相应的抚恤等相关待遇。探索多种资金渠道为在调解工作中因工作原因死亡、伤残的人民调解员或其亲属提供帮扶。人民调解员依法调解民间纠纷，受到非法干涉、打击报复或者本人及其亲属人身财产安全受到威胁的，当地司法行政部门和人民调解员协会应当会同有关部门采取措施予以保护，维护其合法权益。探索建立专兼职人民调解员人身保障机制，鼓励人民调解委员会设立单位和人民调解员协会等为人民调解员购买人身意外伤害保险等。

第三节　调解员退出管理

目前，我国调解员尚未普遍实行严格的资格准入和退出管理制度，但现有的商事调解组织已经针对资格维护建立了基本的制度和规则，而其他各类调解组织及调解员或受司法行政机关等主管机关管理监督，或受基层法院的指导，尽管没有严格意义上的资格维护制度，但是基本上都处于国家的监管之下。调解员退出管理将是顺应政策和时代发展的创新做法，不仅有利于提升人民调解员整体的素质和水平，还将造福于调解员的职业发展和个人能力提升。不过，基层村居委的人民调解组织还受村居委组织法的调整，调解员应由村民或居民选举产生，因此，严格的资格维护制度对于这部分调解员并不完全适用。尽管如此，建立健全对调解员的监管、纪律和伦理审查、业绩考核、继续教育、当事人和公众评价等有效的监督制约和退出机制仍然是非常必要的，这些退出机制将为“调解员该往何处去”的职业困境提供指导和出路。

一、调解员的退出要件

人民调解员调解民间纠纷,应坚持原则、明法析理、主持公道、调解有效;反之,则构成了调解员应退出或可退出的前提。我们可以将调解员的不同表现区分为应解聘和可解聘情形。应退不退的人民调解员,司法行政部门应及时调整统计情况,向社会公布并通知所在地基层人民法院。

根据上海市人民调解协会制定的《上海市人民调解员统一评聘办法(试行)》规定人民调解员在任期内具有下列情形之一的,人民调解组织应予解聘:(1)受到刑事处罚的;(2)受到行政处分的;(3)违反《上海市人民调解员行为规范》的;(4)其他原因不适合继续从事人民调解工作的。根据上述规定,如有以下行为或影响构成了调解员的退出要件,聘任部门需依法予以教育批评、罢免、解聘或准予退出:

(1)偏袒一方当事人,侮辱当事人,索取、收受财物或者牟取其他不正当利益,徇私舞弊,吃请受礼,偏袒一方,压制打击、报复当事人,或泄露当事人的个人隐私、商业秘密的人民调解员,由其所在的人民调解委员会给予批评教育、责令改正;情节严重的,由推选或者聘任单位予以罢免或者解聘。

(2)违法违纪不适合继续从事调解工作的,应及时解聘或罢免。

(3)严重违反管理制度、怠于履行职责造成恶劣社会影响的,应及时解聘或罢免。

(4)违反调解纪律,强行调解造成严重后果的,应当终止聘请。

(5)不能胜任调解工作,因身体原因无法正常履职的,应及时予以办理退休或解聘。

(6)年度考核不合格的,调解委员会从事人民调解工作不到 1 个月或不服从组织安排调解工作的,由聘任单位予以辞退。

(7)自愿申请辞职的人民调解员,司法行政部门应及时督促退出或者聘任单位予以罢免或者解聘。

二、调解员退出

当调解员出现上述涉及的情况时,相关部门应当及时办理调解员的退出程序。参考我国公务员的退出机制,主要有 4 种程序,即解聘、退休、辞职、辞退。良好的退出机制可以有效地发挥激励作用,促进调解员队伍的新陈代谢和公共服务效率的提升。许多发达国家十分重视退出机制的建设,我国也应通过合同聘用制、考核评价制度、约束制度、退休制度等管理制度，形成合理畅通的调解员退出渠道。

1. 合同聘用制

在合同聘用制的管理下，无论是专职还是兼职调解员，政府与其都形成了雇佣与被雇佣关系，当合同到期时，政府根据工作需求、经济形势、调解员个人能力等多方面因素决定是否续聘调解员。当调解员出现违反合同约定的行为时，政府根据情节轻重决定是否解除合同关系，这种灵活雇佣关系的引入强化了调解员的服务意识，促进了人力资源效率的提高。

2. 考核评价制度

在考核评价制度中，科学有效的考评过程是专职调解员合理退出的基础，考核结果是专职调解员辞退、开除、职务和薪酬调整的主要依据，许多国家都十分重视对考核评价制度的建设。另外，在许多国家的专职调解员考核评估中，考核结果差的调解员都面临被免职、辞退的风险。年度绩效考核结果为“较低”“非常低”的调解员将予以免职，绩效考核连续多个月不合格且经过教育、指正仍未达到要求的将予以辞退。

科学有效的考评过程是结果公平的基本保障，许多国家重视对考评方法的完善，努力细化考评指标、增强考评的针对性，并且多使用定性与定量相结合的方式。例如，美国采取综合测评体系，根据职位分析方法确定不同岗位的工作标准，包括数量、时间要求、方法等，对不同岗位的调解员工作情况进行分类考核。德国对不同级别的调解员进行分级考核，中低级调解员主要进行业绩方面的考核，如工作数量、质量、团队精神和责任感等，中高级调解员考核指标体系包括业绩考核和综合能力评估两部分，并且各项指标更为细致全面。

3. 约束制度

调解员约束制度常常与辞退、辞职相联系，对调解员违反基本规范和纪律的行为发挥着防范和惩罚作用。根据不同情节的严重程度，违纪调解员将面临口头警告、书面批评、降职、停职、撤职、责令辞职的处罚。

另外，引咎辞职机制也是专职调解员约束制度的一种。美国、英国、日本等发达国家均有主动和强制引咎辞职机制，即当专职调解员由于自身原因或他人过错造成重大工作过失时，通过辞去所担任的领导职务来承担责任的一种方式。引咎辞职机制有利于加强对行政权力的制约、淘汰不合格的专职调解员。

4. 退休政策

灵活的退休政策可调动部分专职调解员退出的积极性，特别是工作热情不高的专职调解员，从而保持调解员队伍的生机与活力，如提前退休或终止合同的等，主要分为四种类型：一是强制性提前退休或终止合同，当存在严重的机构管理困难或专职调解员工作效率长期极其低下时，政府有权强制性要求裁减冗员；二是弹性提前退休或终止合同，在机构调整、专职调解员个人能力有限等情况下，政府可对调解员提出退休要求；三是经批准的提前退休，例如，50岁以上且有多年良好工作经历的人员可申请退休，同时，政府根据公共管理的需求可要求50岁以上且有至少5年良好工作经历的人员退休；四是因健康原因可以提前退休。

三、调解员的职业生涯管理

职业生涯管理是人力资源管理的重要内容之一，是帮助专兼职调解员制定职业生涯规划和帮助其职业生涯发展的一系列活动。在现代组织中，个人最终要对自己的职业发展计划负责，这就需要每个调解员不仅都清楚地了解自己所掌握的知识、技能、能力、兴趣、价值观等，还必须对调解工作有较深的了解，以便制定目标、完善职业计划。主管部门必须鼓励专职调解员对自己的职业生涯负责，在进行个人工作反馈时提供帮助，并提供他们感兴趣的有关调解工作、职业发展机会等信息。当个人目标与宏观目标有机结合起来时，调解员职业生涯管理就会意义重大。

1. 职业生涯规划

人民调解员职业生涯规划是对个人在人民调解员职业上所度过的、与工作密不可分的连续经历，它包括人民调解员个人职务变化及职务级别的晋升、职称的晋升等。做好人民调解员个人职务变化及职务级别的晋升工作，需改变当前人民调解组织相互独立的局面，只有这样才能为其创造更好的晋升环境。建立与各行政层级相对应的人民调解员协会，由国务院到乡、镇，各级协会负责统筹行政区域内的人民调解员工作，并且遵从下级服从上级原则，既然有不同层级协会组织的存在，协会的各个层级都会设置职务，专职人民调解员可从委员、副主任委员、主任委员晋升为各级协会副会长、会长。人民调解员的职称晋升制度可借鉴江苏昆山市首创的人民调解员职称评定制度。具体来说，由地方司法局和人事局共同出台《人民调解员职称资格评定办法》，将人民调解员的职称资格分别设定为调解员、助理调解员、调解师、高级调解师,具备评审条件的人员可向市人事局申请职称评定,市人事局统一开展人民调解员职称评定。通过评审的,由市人事局统一颁发证书,并规定评定将每两年举行一次,不同职称的人民调解员在享受薪酬待遇方面存有显著差异,而且职称评定结果可作为人民调解组织指派人民调解员的依据,以提升解纷成功率。简单的纠纷只需指派调解员和助理调解员,复杂的纠纷由调解师、高级调解师出面解决。此外,人民调解员职称的评定不对“专职”和“兼职”作任何区分,只要是人民调解员,都可申请职称评定。

2. 职业衔接

人民调解员职业与其他职业的相互衔接,可保障人民调解员的职业发展,可增加人民调解员个人的成长、晋升空间,提升他们对工作的满意度,继而激发工作热情。不难发现人民调解、行政调解与司法调解存有相似性,由此,在人民调解员与行政调解员以及司法调解员之间可以建立起良好的衔接制度,实现人民调解、行政调解与司法调解的联动发展,制度架构为:要求行政调解员和司法调解员从人民调解员中产生,即具有人民调解工作经历。这不仅从制度上明确了人民调解员的职业发展空间,可由聘任制转为国家编制内人员,可以调动人民调解员的工作积极性,而且使行政调解员和司法调解员积累了基层调解经验,能更好地履行职位职责。

操作过程中应注意几个问题:其一,考取行政调解员和司法调解员的人民调解员应是专职人民调解员,因为行政调解员和司法调解员属于国家公务员行列,招录要求较高,尤其在文化程度、专业背景等方面,兼职人民调解员往往难以满足,而专职人民调解员的选择率先从这些方面作出了明确规定。其二,绩效考核优秀的人民调解员或者荣获县、市级以上表彰的人民调解员,在考取行政调解员与司法调解员时可获得不同层次的加分奖励,实行荣誉级别越高,加分越多原则。其三,人民调解工作经历的时间标准,参考其他国家公务员职位招考对工作经验的要求,建议以 2 年为限,这样,一方面可让人民调解员深入群众内部,积累调解经验和技巧,另一方面可增加人民调解员与行政调解员和司法调解员的接触机会,提前了解工作内容。其四,在兼职人民调解员的职业衔接过程中,可以引导其先进入专职调解员序列,在积累了一定的专职工作经验后,再考取行政调解员或司法调解员,同时可以考虑将其兼职工作经历和经验纳入考核标准中,在准入条件上给予一定的宽限。

第七章 调解员职业伦理

第一节 调解员职业伦理的内涵与意义

随着我国改革开放的纵深发展,社会矛盾纠纷日益呈现多元化、复杂化与专业化的特点,建设和加强职业化的人民调解员队伍成为一项迫切的要求。人民调解员职业化将成为调解制度完善与发展的重点工作。其中,职业伦理是职业化不可或缺的一个要素,人民调解员的职业化要求必须以利他主义为行为准则,以调整人民调解员与社会大众以及相关人员的行为关系为内容,目的是使人民调解员能够获得当事人的内心信任,并获得外部支持的道德依托。而这些准则是通过“职业伦理”这个概念来描述的。

一、调解员职业伦理的内涵

1. 职业伦理的概念与内涵

首先,从“伦理”一词来看,在中国的词源中,“伦”主要是指秩序、次序,如《孟子》的“识人事之序,从人从伦”;“理”的本意是根据玉石的纹路“治玉”,后来则表示当然之则或所以然之势,即指道德和准则。伦理就是指人们处理人与人之间关系的道德与准则。在英语中,“伦理”一词的英文是ethics,是指一套在人们中形成共识的理念,这种理念可以控制人的行为,强调人与人之间关系中遵守道德的重要性。人类社会是由各种社会关系所缔结而成的一个复杂的系统,伦理与各种社会关系相结合便形成了各种各样的伦理关系,所以说伦理关系的本质就是人与人之间的特殊关系。[1]

---

〔1〕 参见袁建辉:《政府公共服务中的伦理关系研究》,湖南大学出版社2011年版,第46页。

在此基础上,本章将职业伦理定义为一种根据职业性质的要求来处理人与人之间关系的准则,或者说确定职业从业者的行为准则。

2. 调解职业伦理的概念与内涵

人民调解员的职业伦理是指人民调解员在从事人民调解这一职业时所必须遵守的伦理准则,是包括调解员职业精神、伦理准则以及职业规范的集合体。人民调解职业伦理既包括对人民调解员这一专业职业群体的一般性要求,也表现在工作过程中具体的规范要求。

人民调解员职业精神是指人民调解员应具备的与调解工作相关的精神与操守,它反映了调解员的职业素质,包括正直、责任、奉献。调解员伦理准则是指职业道德规范的原则和依据,包括依法、照理、移情,强调法情理相结合。调解员职业规范是指对人民调解员的统一的准入标准与行为规范的总称,包括独立身份、公正立场、利益无涉、意思自治与保密原则。

二、调解员职业伦理的意义

人民调解员职业伦理具有十分重要的意义。第一,对调解员个人而言,职业伦理为调解员提供专业服务的指引,指导调解员判断其专业行为是否具有适当性,从而规范其服务行为。通过职业伦理的规定,可以让人民调解员对专业与工作的价值与形式具有更具体的认识,并将之转换成实践的行动。同时,职业伦理也可以帮助人民调解员去判断其专业行为是否具有适当性,如是否在其能力范围内提供服务、是否以服务对象的最大利益来服务等。

第二,对调解职业而言,职业伦理是改善工作、推动调解工作职业化的催化剂。当调解员将职业伦理转化并应用于实际工作时,可能会产生伦理困境与伦理抉择的疑惑,这些问题会促使他们重新反思在实际工作中可能的改进,以适应时代与社会的发展。[1]

第三,对社会发展而言,调解职业伦理为社会大众提供了对人民调解工作的信任基础。人民调解延续了我国历史悠久的民间调解传统,是一种深受人民群众欢迎的民间纠纷解决方式。人民调解在实现群众自治、维护社会稳定等方面发挥重要的作用。人民调解职业伦理能够从微观层面反映我

---

〔1〕 参见沈黎:《职业伦理,社会工作职业化专业化发展中的重要内容》,载《中国社会工作》2017 年第 6 期(上)。

国司法部门的形象和公信力。只有人民调解员遵守职业伦理,处理好与党和国家、与职业、与利益、与他人及自己的关系,才能真正将“调解千万家,温暖万人心”的职责落到实处,真正成为群众信赖、政府依赖的“第一道防线”,真正助推社会平安、稳定与和谐。

第二节　调解员职业精神

职业精神是职业化的从业人员,在对其职业规范与要求深刻认识的基础上,表现出的行为特征和思想成果,并逐步深化为一种高品位的职业风范和精神境界。

调解员职业精神,指人民调解员应具备的与调解工作相关的精神与操守,它反映调解员的职业素质,反映调解员的精神追求与精神境界。调解员职业精神形成于职业实践,又反过来引领和激励着职业行为,是一种推动调解员自身不断发展的内生动力。调解职业精神包括正直、责任与奉献。

一、正直

1. 正直的概念

“志毋虚邪,行必正直。”正直,是指做人做事公正坦率,不偏邪。这对调解员职业要求有两点:第一,作为调解员,应树立廉洁自律的品格;第二,在调解矛盾纠纷时坚持是非分明、不偏不倚。

2. 正直的具体要求

(1)廉洁自律

廉洁自律是指不贪污钱财,不收受贿赂,自我约束,保持清白。

人民调解员廉洁自律是根本,是人民调解员应该具备的基本素养和职业操守,是人民调解工作职业伦理的底线,是人民调解员公正合理调解的前提。人民调解员应时刻牢记自己的职责和使命,堂堂正正做人,干干净净做事。应该公正、勤政廉政、严格自律、自觉抵制外来诱惑,始终保持一身正气、两袖清风,才能在自己的岗位上尽职尽责争创一流工作业绩,任劳任怨履行职能,处处为群众排忧解难,赢得群众的支持。

人民调解员不得因调解索取、收受财物或牟取其他不正当利益。如果当事人发现人民调解员有违反廉洁自律要求的,就可以要求该人民调解员回避;人民调解委员会发现人民调解员违反廉洁自律要求的,可以对其进行批评教育，情节严重的应当将其解聘或辞退。[1]

(2)是非分明，不偏不倚

在调解矛盾纠纷时，人民调解员应坚持是非分明、不偏不倚。具体是指人民调解员在调解民间纠纷时，坚持实事求是，依据法律和政策规定，不偏向任何一方当事人，对纠纷当事人孰是孰非做出明确而公正的判断。只有做到这一点，人民调解员才能找到合情合理的解决纠纷的办法，双方当事人才能心服口服，调解协议才能得到自觉履行。

在调解矛盾纠纷时，人民调解员要出于公心，坚持真理，不徇私情，不畏权势，依法调解，秉公办事。这是调解工作的原则和调解人员的纪律，也是人民调解员应具备的基本条件和职业道德之一。只有做到这一点，才能真正分清是非，说服纠纷当事人，平息纠纷，维护当事人的合法权益。

同时，人民调解员应强化自我专业修养，因为个人的内化和发自内心的敬畏才是职业伦理落地生根的关键。唯有发自内心的认同，才能在提供专业服务的过程中不踩红线，才能取信于民，成为有信念、有情怀的人民调解员。

【案例材料7.1】定分止争的"铁娘子"[2]

案情简介：

梁慧丽，上海市普陀区桃浦镇莲花公寓社区居委会党总支书记、居委会主任及调解委委员会主任。作为人民调解委员会主任，梁慧丽始终坚持原则，明法析理，主持公道。面对小区中存在的种种矛盾纠纷，梁慧丽充分听取当事人的陈述，耐心疏导，细心讲解有关法律、法规和国家政策，在当事人平等协商、互谅互让的基础上提出纠纷解决方案，帮助当事人自愿达成调解协议。

与小区一墙之隔的某家具厂油漆车间有18个排风口对着小区排放气体，居民意见很大，居委会多次找家具厂协商都没有结果。小区里陆续有居民因癌症去世，大家怀疑罪魁祸首就是家具厂，于是有人组织居民准备强行

---

〔1〕参见刘敏：《人民调解制度的创新与发展》，载《法学杂志》2012年第3期。

〔2〕参见上海市普陀区司法局：《定分止争的"铁娘子"——记党的十九大代表、上海市普陀区桃浦镇莲花公寓社区人民调解委员会主任梁慧丽》，载《人民调解》2017年第12期。

冲进家具厂，让其停工。得知这一消息后，梁慧丽立刻阻止了居民的行动，建议大家通过合法渠道反映情况、表达诉求。随后，梁慧丽多方联系协调，为居民奔走呼吁，引起了社会的重视，最终促使这一老大难问题得到妥善解决，使一场有可能发生的群体性事件被顺利化解。

案例分析：

梁慧丽在调解工作中始终坚持原则，坚持正义，不畏权势，秉公办事，主持公道。她始终将人民调解工作作为自己的使命，在调解中坚持是非分明，坚定维护人民群众的利益，调解结果令双方当事人心服口服，也赢得了群众的支持。

二、责任

1. 责任的概念

梁启超曾言："人生须知责任的苦处，才能知道尽责任的乐趣。"职业责任是人们在一定职业活动中所承担的特定的职责，包括人们应该做的工作和应该承担的义务。

职业责任是一种能力，又远胜于能力，是一种精神，更是一种品格。只有树立强大的责任意识，才能自觉、认真地履行工作职责，并将责任转化到行动中去。因此，人民调解员应具备责任意识：一是对本职工作的"事业心"，即作为人民调解员，应对自身职业负责，刻苦、努力提升职业水平；二是对人民群众的"责任心"，即在具体调解过程中，调解员应对人民群众负责，为人民群众服务。

2. 责任的具体要求

(1)对本职工作的"事业心"

人民调解员应具备对本职工作的"事业心"，勤勉敬业、刻苦钻研、提升职业能力。具体包括以下四方面要求：

一是要学好调解工作的理论知识。作为人民调解员一定要增强自身理论学习的自觉性，努力用科学的理论武装头脑，包括政治知识、法律知识等，不断提高理论素养和思想政治素质。

二是要学好调解工作的业务知识。从事调解工作，仅有满腔热情是不够的，还必须有从事调解工作的技能，包括法律知识、调解方法和技巧。"工欲善其事，必先利其器"。要做好基层司法行政工作，必须具有娴熟的法律法规业务知识。人民调解员要精通各种法律政策业务，只有靠兢兢业业、勤勤恳恳、大胆实践的工作精神，才能成为基层司法行政工作的行家里手。[1]

三是要与时俱进，学好具体专业领域的知识。负责调解专业类型纠纷如金融纠纷、医疗纠纷等的人民调解员，应该主动学习，必要时应接受专业知识培训或继续教育，积累相关专业领域的知识，才能解决当前日益复杂的专业领域问题纠纷。

四是要加强实践锻炼。人民调解员综合素质的形成要靠平时不断的积累和培养。每调解一起纠纷，就是一次学习的机会。人民调解员除了要努力学习政治、法律和调解业务知识外，更要结合调解工作实践，掌握调解民间纠纷的程序、方法，注意总结不同类型纠纷的科学调解方法，不断提高调解工作水平，充分发挥人民调解在化解矛盾纠纷、维护社会稳定方面的独特功能与优势。

（2）对人民群众的"责任心"

人民调解员应树立对人民群众的"责任心"，为人民调解，为人民服务。人民调解工作本质上是一种法律公共服务。公共服务的职业属性要求从事公共服务的人员必须具有为公共利益服务的职业精神，更要求从业者遵守公共服务职业伦理规范。

从公共服务的角度出发，公共服务伦理有两方面要求，一是从外部用职业伦理道德规范来规避公共服务主体在提供公共服务过程中可能会发生的不道德行为；二是在内要求公共服务主体不断提升自己的伦理道德修养，为公民提供更优质的公共服务。[2] "公共性"是公共服务的本质属性，强调公共服务是为实现公共利益服务的。[3]

作为法律公共服务的提供者，服务群众不是一句空话。人民调解员在具体工作的过程中，要牢固树立"群众利益无小事、全心全意为人民"的意识，真诚对待每一名群众，认真倾听群众的合理诉求，积极引导群众正确理解法律法规、方针政策，以群众熟悉的语言释法说理，以群众认可的方式解决纠纷，在为人民群众提供优质、高效的调解服务的同时，把工作做到群众

---

〔1〕 参见赵廷河：《司法助理员应着力把握好"五讲"》，载《人民调解》2006年第11期。

〔2〕 参见陈雅檀、李长泰：《公共窗口的服务伦理问题研究述评》，载《管理工程师》2015年第5期。

〔3〕 参见汪来杰：《一种伦理新视角：公共服务职业伦理》，载《道德与文明》2011年第4期。

的心坎上，让人民群众切实感受到司法的温暖。

【案例材料7.2】调解普法的“暖心人”[1]

案情简介：

顾玉娟，闵行区人民调解中心涉访调解部部长，上海市首席人民调解员。2008年顾玉娟从原区工商局专职信访岗位退休后，为了发挥专长，加入了闵行区专职人民调解员队伍继续为人民服务。多年来，她始终立足岗位、全心全意为百姓分忧解难，受到社会各界的一致好评。

顾玉娟始终坚持“群众的满意，就是对人民调解工作最大的肯定”的工作格言。作为区人民调解中心涉访调解部的负责人，她认真倾听群众的合理诉求，积极引导群众正确理解法律法规、方针政策，正确行使公民权利、履行义务，理性合法地表达诉求，自觉维护信访秩序，做好当事人的思想和息诉罢访工作。

信访移送转办案件往往具有纠纷类型多、矛盾交叉多、涉及法律法规广、纠纷累积持续时间长、信访人情绪焦虑多等特点。要适应这项工作、努力做好这项工作，顾玉娟认为必须不断加强学习，提高法律素养，不断钻研，提升调解技巧，不断总结，坚持践行党的群众路线，依据人民调解职能定位，围绕预防和化解社会矛盾这个重点，以法治思维贯穿接待、纠纷调解的全过程，将服务融于法制宣传、引导群众理性维权之中，通过访调对接平台，扎扎实实地为群众服务，为群众排忧解难，要让百姓群众更深切地体会到人民调解的便捷性、公正性和公信力。

案例分析：

顾玉娟将群众满意作为自己调解工作的标准，她坚信“群众利益无小事”，在处理信访事件中，她直面责任、善于学习、敢于担当、任劳任怨。多年来，顾玉娟不知调解了多少纠纷，人民群众的利益已经深深地铭刻在她的心上，“俯首甘为孺子牛”，她始终坚持无怨无悔地做一名使群众满意、让人民信赖的调解员。

---

〔1〕 事迹内容来源于上海市闵行区司法局“人民调解那些事”专栏。

三、奉献

1. 奉献的概念

奉献,是指人民调解员应注意将自身存在淡化,在个人利益与人民利益之间,选择人民利益;不争地位高低,不图名气大小,不计个人得失,安于平凡地工作,任劳任怨,坚持不懈。

人民调解员的工作平凡,工作内容繁杂重复,工作形式主要是协调、劝说、服务,这些都从一个侧面决定了它的“配角”地位。作为人民调解员,首先要具备为人民服务的思想观念,乐于奉献,甘当社会矛盾的化解员、和事佬。只有淡泊名利、甘于平凡、积极奉献,才能在服务群众的事业中实现自我价值,对社会做出贡献。

2. 奉献的具体要求

(1)吃苦耐劳,任劳任怨

在调解工作过程中,人民调解员要能吃苦,任劳任怨。

人民调解员的职责是调解民间纠纷,哪里有纠纷,哪里就有人民调解员的身影。随着改革开放的不断深入,民间纠纷数量增多,问题性质越来越呈现多样化、复杂化和专业化特点。面对日渐复杂的社会矛盾和民众解决诉求的多元化需求,基层人民调解员的工作难度不断加大,压力不断增加。因此,人民调解员要发扬奉献精神,必须吃苦在前,享受在后;就要不怕吃苦、不怕受累,不计较个人得失,始终把人民调解工作放在第一位,扎实苦干,不懈进取,真正做到平时工作看得出来,关键时刻站得出来,危险关头豁得出去。

(2)保持恒心,坚持不懈

保持恒心,坚持不懈是人民调解员奉献的要求。

人民调解员要时刻铭记自己的身份,遇到调解纠纷难题和困境时,要去除心急气躁的心理,沉得住气,静得下心,坚持不懈,直到真正解决群众的纠纷问题。因为只有真正扑下身子,上千家门,知万家情,才能解万家愁,暖万人心,即所谓的“一枝一叶总关情”。[1]

---

〔1〕 参见赵廷河:《司法助理员应着力把握好“五讲”》,载《人民调解》2006 年第 11 期。

【案例材料 7.3】走街串巷的“解纠者”[1]

案情简介：

邵新华，女，1953 年 3 月生，大专学历，1995 年 4 月至 1999 年 4 月在上海市闵行区七宝镇蒲汇居委会工作，1999 年 4 月至 1999 年 10 月在红明居委会工作，1999 年 10 月任牡丹居委会主任兼调委会主任，自 2005 年起专职担任调委会主任。其间，她曾多次获得七宝镇“社会治安综合治理”先进个人、七宝镇“平安建设工作”先进个人等称号。2009 年 8 月 25 日，邵新华同志在下班途中，遭犯罪嫌疑人打击报复而被杀害，时年 56 岁。

一直以来，邵新华始终默默奋斗在基层人民调解工作的第一线，以化解矛盾纠纷为主线，以维护社会和谐稳定为目标。近三年来，她共调处各类矛盾纠纷 54 起，纠纷调处率达 100%。自她从事人民调解工作以来，未发生一起因调解不当或调解不及时而使矛盾激化转为刑事案件。邵新华同志担任居委主任以来，十分重视人民调解工作，亲自参与每一起纠纷的调处，尤其是对影响稳定和谐的突出问题和群众关注的难点、焦点纠纷，及时向有关部门通报，争取得到有关职能部门的支持，共同加以妥善解决，避免群体性事件及民转刑案件的发生。2009 年 4 月，小区内的两个居民李某与高某因小事一言不合就在小区门口大打出手，高某被李某用砖头砸破了头，李某被高某推倒在地上。邵新华得知此事后，马上赶到现场劝解并拨打“110”报警。民警到场后给二人做了笔录，并开出验伤单，高某头部缝了 6 针，李某手部软组织挫伤。高某认为自己无业，无收入，又是对方先用砖头砸伤自己，要求赔偿医药费、精神损失费、后续治疗费等共计人民币 2 万元。李某则认为起因的责任在对方，而且自己从外地退休回沪且工资不高，双方都受了伤，医药费等应双方自己解决。高某坚持不肯，双方多次发生争吵，还扬言如不赔偿就叫外地人来砸李某儿子的车子，还要到李某儿子工作单位去闹事，让他失去工作。邵新华感到事态严重，如果处理不当，极有可能发生刑事案件。为此，她放弃了自己许多休息时间，一次又一次地在当事人之间奔波，

[1] 参见上海市司法局：《关于追授邵新华同志“上海市优秀人民调解员”称号的决定》，载 http://www.justice.gov.cn/info/c573d62a88b14e90b199f0ce4488d288，最后访问日期：2019 年 8 月 7 日。

并从多个角度苦口婆心地开导他们，晓之以理，动之以情，请他们考虑到多年的邻居关系的客观情况，摆正心态解决问题，最后终于说服了双方当事人，使双方达成调解协议。一场极易转化成刑事案件的民事纠纷终于在邵新华同志不懈的努力中化解了。

案例分析：

人民调解员就是那样一群人，他们活跃在基层各个角落，他们不计回报地奉献自己的人生，维护一方的平安。他们的工作是忙碌的，走乡访户、早出晚归，反反复复化解矛盾是常态；他们的工作是烦琐的，小到婆媳争吵、夫妻不和、邻里矛盾，大到征地拆迁、财产分割、损害赔偿，但他们都能合法、合情、合理地解决。

第三节　调解的伦理准则

调解的伦理准则，是指调解职业道德规范的原则和依据，包括依法、照理、移情，强调法理情相结合，即人民调解员在具体调解过程与调解结果的达成上要合法、合理、合情，于法彰显正义，于理凸显公平，于情充满温暖。

一、依法

1. 依法的概念

伯尔曼曾言："法律必须被信仰，否则它将形同虚设。"依法，是指人民调解员要熟悉案涉纠纷相关法律法规的强制性规定，不能在调解中触碰法律的底线。依法原则是人民调解的核心。

法律素质是人民调解员职业必须具备的素质，依法调解也是化解各种矛盾纠纷的重要前提。相较于司法诉讼坚持对法律的执着追求，人民调解作为一种群众自治，虽然更加注重当事人内心的真意表达，强调自愿原则，但尽管如此，调解依然要遵循强制性法律法规的要求，"戴着合法的镣铐跳舞"。[1]

该原则内容包括：人民调解必须在法律允许的范围内进行；人民调解必须遵循以事实为依据、以法律为准绳的法定原则；调解的结果和当事人权利义务的确定，必须符合法律、法规和国家政策；调解程序必须符合相关的法

---

〔1〕参见谢林罕：《如何提升调解能力——以调解员为视角》，载《法制与社会》2017年第15期。

律规定。

2. 依法的具体要求

(1)遵纪守法,依法办事

人民调解员要做到遵纪守法,依法办事。忠于宪法和法律,坚持以事实为根据,以法律为准绳,严格依法办事。随着当前社会纠纷多元化趋势越发凸显,家庭、邻里、劳动、消费、拆迁、医疗等传统纠纷和现代纠纷比比皆是,要合情合理地为当事人化解矛盾需要人民调解员具备一定的法律专业知识和法律素养,这不仅要求人民调解员掌握和熟练运用相关的法律条文,还要正确地根据法律法规制定调解协议,最大化地保障双方当事人的权利。[1]

调解员依法办事,不仅要清楚法律的具体规定,更要引导当事人进入既定的程序或是处理机关,根据具体的法定程序进行,而不能自行其是、自行解决。人民调解委员会作为基层自治的调解机构,直面群众利益诉求,是引领广大群众依法办事、依法维权的第一道防线,必须时刻以法律为准绳。

(2)根据事实,坚持原则

人民调解员要做到坚持原则,依法办事,这既是适应新形势、完成新任务的需要,也是对人民调解员的基本要求。[2]

在工作中遇到的热点、难点问题,社会上存在的诸多矛盾,有很大一部分是由于没有坚持原则、依法办事造成的。要切实做到在法律允许的范围内活动,绝不做违反法律法规的事情。对改革、发展、稳定工作中遇到的新情况、新问题,要注意从现实角度去观察和思考,善于运用法律手段去协调和解决。

【案例材料 7.4】及时拆除老厂房,合理补偿承租人[3]

案情简介:

上海某工贸有限公司是庆丰村民奚某个人投资兴办的民营企业,坐落

[1] 参见王静文:《人民调解员思想政治教育问题及对策探析》,吉林大学 2015 年硕士学位论文,第 10 页。

[2] 参见赵廷河:《司法助理员应着力把握好"五讲"》,载《人民调解》2006 年第 11 期。

[3] 参见《上海市人民调解员案例汇编(2016)》,浦东新区合庆镇庆丰村人民调解委员会采集。

在龙东大道和G1501公路的交叉处。该企业占地面积8亩，厂房有证建筑面积1600平方米，中石油油气管道埋设于企业围墙的西侧。由于G1501公路跨线立交桥扩建工程，不能影响中石油油汽管道，跨线立交桥出口东移8米，且该企业被列入建设用地减量化，必须在2015年年底之前拆除。

2014年11月，上海某工贸有限公司业主奚某将企业厂房租赁给上海某物流有限公司作仓库使用，并与上海某物流有限公司业主张某签订了一份《厂房租赁协议》，租赁期限20年，从2014年12月1日至2034年11月31日。年租赁费58万元。

2015年10月初，合庆镇开展G1501公路以东环境综合治理工作，规定凡G1501公路以东的企业全部纳入建设用地减量化范围，在2015年年底前拆除。奚某接到村委会的《告知书》上写明，上海某工贸有限公司厂房要在12月底前完成拆除任务，清除地面和地下障碍物，不拖合庆镇环境综合整治任务的后腿，确保G1501公路跨线立交桥扩建工程的顺利推进。奚某接到了村里关于厂房拆除的通知后，他马上表示："支持国家重点工程建设，我们企业义不容辞，责无旁贷。"他立即把拆除的要求告知承租方——上海某物流有限公司业主张某，要求他在一个月内搬走物品，清空厂房。因某物流公司与某工贸有限公司签订的《厂房租赁协议》的租赁期限为20年，但从签约以来，实际使用时间却不满一年。某物流公司业主提出了赔偿经济损失200万元的要求。其中包括厂房装修50万元、违约金100万元、设备搬迁费30万元、停业损失费10万元、人员安置费10万元。该赔偿要求遭到奚某的拒绝，张某当场表示拒绝搬迁。奚某认为，厂房拆除是为了支持国家重点工程建设，而承租方抓住其"违约"趁机敲一笔钱。于是其要求村人民调解委员会予以调解。

调解过程：

承租方张某认为：与奚某签订的《厂房租赁协议》租赁期限20年，实际使用的时间却不满1年，是出租方违约在先。现在收到的除了搬迁通知外，作为房屋承租人对厂房拆迁事宜一概不知。调解员仔细阅读了《厂房租赁协议》，其中第7条约定："凡因发生严重自然灾害、政府征地或其他不可抗力致使任何一方不能履行本合同时，遇有不可抗力的一方，应在三十日内提供不可抗力的详细情况，遭受不可抗力的一方免除赔偿。"由于G1501公路跨线立交桥扩建是国家重点工程，上海某工贸有限公司企业被拆除，必然会导致与物流公司的租赁关系终止。奚某创办的工贸有限公司必须如期拆除，属“不可抗力”。由此看来，张某提出的赔偿100万元违约金的要求是没有法律依据的。经过调解员耐心的宣传和解释，承租方张某同意出租方不承担违约责任。

承租方提出的关于赔偿厂房装修费用50万元的诉求，依据《最高人民法院关于贯彻执行〈中华人民共和国民法通则〉若干问题的意见》第86条规定：“非产权人在使用他人的财产上增添附属物，财产所有人同意增添，并就财产返还时附属物如何处理有约定的，按约定办理；没有约定又协商不成，能够拆除的，可以责令拆除；不能拆除的，也可以折价归财产所有人，造成财产所有人损失的，应当负赔偿责任。”承租方在使用前，对厂房进行了简单装修，但在签署的《厂房租赁承包协议》上，没有约定赔偿。依据相关法律规定，按照评估价格，由出租方对承租方予以适当补偿。对此，厂房出租方和承租方都无异议。

通过耐心的调解，出租方和承租方达成了共识：上海某工贸有限公司是厂房所有人，拆除协议由出租方——上海某工贸有限公司法定代表人奚某与政府签署。有关厂房、速迁奖金和出租方原有资产等内容的补偿，应归出租方所有；有关停业损失、搬迁费用、人员安置等费用，由出租方按原来约定和评估价格，对承租方给予补偿。经合情合理的测算，出租方应补偿承租方45万元整。调解成功，双方在调解协议上签名，承租方在一个月内清空了承租厂房。合庆镇政府于11月中旬与上海某工贸有限公司业主奚某签署《实施建设用地减量化拆除协议》。12月20日，该公司全面完成了拆除，比协议签订的日期提前了5天。

案例分析：

案例中调解员做到了坚持学习政策法律，依法依规调解。每调解一起纠纷，就是一次学习法律、法规和政策的过程。本案涉及房屋租赁合同纠纷，首先调解员自己要学懂清楚与房屋拆迁有关的法律、法规和政策，使自己的业务水平和工作能力能够驾驭矛盾纠纷。其次，在矛盾纠纷的调解过程中，要始终贯穿和体现法律的精神，遵循社会公德，依法依规调解纠纷。最后，要进行调查研究，掌握调解纠纷的切入点。本案调解过程中，调解员始终深入实际、调查研究，及时发现纠纷苗头，控制事态的扩大发展；掌握纠纷的起因、特征、实质，以及纠纷双方当事人的性格；按照法律、法规、政策，对症下药；掌握纠纷发生的全过程情况，用事实说话，用证据说话，善于思考问题，找准解决问题的切入点，最终妥善解决了纠纷。

二、照理

1. 照理的概念

照理的含义为按照情理，情理则包括民间社会规范、道德、人情、社会关系和常理、常识、公理、人伦等规范。[1] 情理属于社会公共道德范畴，是社会大众所接受并遵循的人与人之间交往的法则。[2] 人民调解的照理原则是指，在法律、法规、规章和政策没有规定的情况下，人民调解员可以依照社会公德、道德伦理、风俗习惯、乡规民约等社会道德规范进行调解，在不违反法律的前提下更多地运用情理规范规劝和疏导纠纷当事人，合情合理地解决争议，促使当事人达成利益共识。

2. 照理的内涵与意义

《人民调解法》第22条规定，人民调解员根据纠纷的不同情况，可以采取多种方式调解民间纠纷，充分听取当事人的陈述，讲解有关法律、法规和国家政策，耐心疏导，在当事人平等协商、互谅互让的基础上提出纠纷解决方案，帮助当事人自愿达成调解协议。这一规定的立法基础在于，我国一向就有注重实体正义的传统，实体正义观念的产生很多情况下源于人们对于很多行为的内心情感和朴素的正义观念。首先，在现实生活中，人们往往习惯于用是否合情合理的眼光来审视、评判纠纷裁断的对与错，在很多情况下他们并不关心法律制度的设计是否合理，而只关心案件的处理结果是否符合他们日常生活中所认定的某种正义。[3] 也就是说，如果完全按照法律来调解，那么有可能不符合人们内心对于正义的认同。

其次，运用情理，可以给每个当事人各自面临的具体情况以细致入微的考虑，在不违背法律和行政法规等强制性规定的情况下，创造性地解决纠纷，从而在一定程度上弥补法律的局限和不足。

最后，在调解过程中照理的最终目的是实现法理情相结合。情理与法律相结合，有利于纠纷的彻底解决。很多情况下，人们选择调解，其目的就是为了解决纠纷而非单纯地判断是非曲直。人民调解工作从国家法律和社

---

〔1〕 参见范愉、史长青、邱星美：《调解制度与调解人行为规范——比较与借鉴》，清华大学出版社2010年版，第85页。

〔2〕 参见刘最跃：《人民调解原理与实务》，湖南人民出版社2008年版，第47页。

〔3〕 同上书，第49页。

会道德标准的多重角度对案件进行评判,将社会公众的良心善恶标准、是非观念融入调解之中,可以使调解的结果更贴近民众,增加当事人的可接受性,实现纠纷的彻底解决。

3. 照理的具体要求

通过情理对当事人的心理情感进行调解是调解工作极为重要的一环。特别是在处理家庭纠纷的案件中,调解员应注重在法律调解之外,从情理入手,主打当事人感情牌。

首先,调解员应与当事人进行深入交流,了解案件的前因后果,抽丝剥茧,摸清矛盾纠纷中的情感脉络,一步步走近当事人的心灵深处,以真情换信任。其次,要把握好调解工作技巧,努力推进矛盾双方的沟通交流,过程中注意疏导情绪,实现双方的平静对话,帮助当事人意识到心结所在。最后,晓之以理、动之以情,在当事人仍念及感情的情况下,积极推动当事人有所感悟与反思,实现互相理解,解开心结。只有让矛盾双方能互相体谅、互相理解,纠纷调解才是真正意义上的成功。

【案例材料 7.5】真挚调解使父女重归于好[1]

案情简介:

2016 年 1 月 21 日,一位年轻女孩来到豫园司法所要求申请人民调解,调解员在和女孩的交谈中了解到女孩姓马,这次前来是为了调解与自己父亲马某的纠纷。小马的父母在她很小的时候就离异了,小马被判归父亲抚养,小马自小就和父亲交谈不多,父母离异后,父亲因为在外忙于工作,与小马的沟通就更少了,父女俩的感情也越趋冷淡,关系也越来越差。小马成年之后就搬离家中,独自在外租房居住,但每月都会向父亲寄送 500 元贴补家用。成家以后,因为与父亲在观念上的矛盾越来越大,有一次在和父亲大吵一架后,双方断绝来往整整 3 年,小马也再未向家里寄过钱。2015 年 12 月底,小马的父亲马某突然找到小马,向她索要 3 万元,称用于自己治病,但小马不同意,认为是父亲要骗取自己的钱财,双方为此爆发了更激烈的冲突,小马无奈找到了豫园司法所寻求帮助。

---

[1] 参见《上海市人民调解员案例汇编(2016)》,黄浦区豫园司法所采集。

调解过程：

此次纠纷是因子女是否需要赡养父母、如何赡养父母等法律问题而引发的家庭纠纷，是当今社会中时常出现，极为典型的纠纷矛盾类型。单亲家庭出身的小马和其父亲马某本就因情感交流的不顺畅而存在隔阂，又牵涉赡养老人等问题使他们的矛盾升级。要顺利解决该纠纷，更要从情理结合、入情入理的调解方式着手，调解的手段更具复杂性、技巧性。在仔细考量了小马和其父亲马某之间纠纷的相关问题，调解员认为他们之间矛盾纠纷的处理要更快速及时，防止他们之间的矛盾再继续加深、情感继续破裂，调解员当即打电话约定两人在第二天召开调解会议。

真挚交流，把控事态。1月22日调解会议开始后，调解员先要求小马和父亲马某各自谈一下看法、表达一下各自的诉求，但出乎意料的是，小马和父亲相对无言，竟都不肯表态。眼见双方陷入僵局，调解员只有请求作为长辈的父亲马某拿出姿态，先主动表达自己的看法。马某听了调解员的劝说后，表示自己这次前来，目的很明确，就是希望女儿能拿出3万元给自己治病，自己现在退休了，退休工资不足以支付自己的医疗费用，如果不是出于无奈，决不会去找女儿的。在双方僵局打破后，女儿小马也表达了自己的看法，反驳称3年前父亲曾和自己书面约定脱离父女关系，自己补偿父亲5万元，双方以后断绝来往。这次父亲遇到困难，自己也没有义务负责。父亲马某听了小马的辩解后，愤怒地表示，自己一个人将小马抚养长大，为小马付出巨大，小马3年前支付给自己的5万元根本不足以补偿自己的付出，这次若不是走投无路，是不会想到找小马求助的，小马应该为自己现在的情况负责。

调解员首先单独和小马的父亲沟通，对马某以自己作为一个父亲的角度、感受，真诚地对他劝解到，马某作为父亲，首先是应对女儿付出无限的爱，本就不该有和女儿约定断绝父女关系这样荒唐的做法。马某和女儿本身也没有什么特别重大的矛盾，只是因为双方沟通不多而造成的一些日常小事而发生的矛盾，他和女儿之间的关系其实极容易修补，现在他自己遇到困难，也应和女儿好好商量，相信女儿也会尽可能帮助他的。马某在听了调解员真挚的劝说后，也不知不觉陷入沉思，思考起调解员的话来。

在马某认可了调解员的观点后，调解员又要求再和小马单独进行劝解，向小马劝说道，作为女儿，不管和父亲有怎样的矛盾，首先应该谅解父亲，父亲作为单亲爸爸，一个人把小马抚养长大是十分不易的，小马自己怎能一时冲动就和父亲断绝来往,她和父亲签订的断绝父女关系的书面证明在法律上也根本不存在效力。现在父亲确实抱恙在身,小马作为女儿在法律上有不可推脱的赡养父亲的责任,这是她应尽的义务。小马在调解员入情入理、感人至深的劝说后,也泪如雨下,边哽咽边说道,其实自己很敬爱父亲,但父亲总是对自己漠不关心,有困难才想起找自己,而且现在自己也育有孩子,生活困难,一下子拿不出3万元给父亲治病,若是在自己能力范围之内,也一定会帮助父亲的,毕竟血浓于水。

确定方案,解决纠纷。看到父女两人的态度都有所松动,调解员又重新让两父女面对面坐下来协商。调解员将小马现在的生活状况告知了父亲马某,马某在听到女儿生活现在也存在困难,一下子无法拿出3万元给自己时,他表示可以理解,但自己现在确实需要一笔钱用来支付医疗费,希望女儿能尽可能地帮助他。女儿小马看到父亲诚恳的表态,答应先给父亲2万元作为医疗费,也同意以后每月再给父亲500元作为赡养父亲之用。调解员看到父女两人协商一致,十分高兴,第一时间让两父女签订了调解协议,并请小马的两位朋友做了见证,父女两人的矛盾终于得到了解决,父女俩也纷纷向调解员表示以后会加强感情沟通,遇事好好商量,努力维护父女之间的亲情。

案例分析:

家庭纠纷其实在社会日常生活中是最难处理的,毕竟"清官难断家务事",因此要妥善解决这类纠纷就需要调解员用耐心、恒心、诚心去做矛盾双方的工作,要把握好调解工作技巧,努力推进矛盾双方情感的交流,情理结合、真诚热情地化解矛盾双方的纠纷。只有让矛盾双方做到互相体谅、互相理解,对双方之间的矛盾求同存异,双方之间能各自作出让步,才能将纠纷真正化解。所以,调解员要在日常工作中善于总结经验,把握调解工作重点,努力磨炼调解工作技巧,做好社区调解工作,为维护社会的和谐稳定做出自己最大的贡献。

三、移情

1. 移情的概念

移情又称共情,是设身处地地理解他人感受,并能够客观理解、分析他人情感的能力。中国是一个人情社会,情感是人们在日常生活中相互联系的纽带，在维系和修复共同体内成员关系方面起重要的“黏合剂”和“润滑剂”作用。

移情实质上反映了人民调解员所具有的一种人文情怀，是从人道主义和人文主义出发所体现的为人处世的一种胸怀，强调的是做事和待人应理解人、尊重人、关心人、体谅人、宽容人，甚至要有悲天悯人的情怀。[1]

2. 移情的具体要求

(1)富于同情，善于倾听

在调解过程中，要做到移情，第一个要求是做一个富于同情的倾听者。纠纷发生后，当事人往往互不信任，各自顽固坚持对方所不能接受的立场，继而产生并长久沉浸于愤怒、绝望、伤心等负面情绪中，这时调解员需要给当事人宣泄情绪的机会，“冷却”当事人的情绪，并建立调解员与当事人之间的信任关系。因为在当事人直接协商受阻于偏激情绪的情况下，他们需要向一个富于同情的倾听者讲述自己的遭遇。在没有对方当事人在场的情况下，人民调解员应认真倾听一方当事人的诉说，了解他所反映的情况和信息。如果当事人情绪激动，就有必要向对方表示友善和兴趣，这样才能在一定程度上满足当事人的情感需求。当事人在情感得到宣泄的情况下就能够更清醒、客观地处理他们之间的纠纷，坦诚地披露信息、倾听对方的看法与主张。这样，当事人的态度实有所转变，调解的成本可以降低，压力与风险也得以控制，[2]调解能够顺利进行下去。

但需要注意的是，调解员在倾听的过程中不要求对所听到的内容表示赞赏和支持，而应该对当事人的述说和感受进行言辞、神情、肢体语言的反馈，使当事人明白他们的意见和立场受到了关心和尊重，调解员与自己的情绪和主张感同身受。

(2)换位思考，以心换心

在调解过程中，要做到移情，第二个要求是换位思考，做到以心换心。人民调解员在分别倾听了双方当事人的诉说，了解了所反映的情况和信息，掌握了各自的利益与情感诉求之后，在思考具体解决方案时，应采取换位思

---

〔1〕参见刘昂：《法律人的职业伦理——以法官为例》，载《北京政法职业学院学报》2016年第1期。

〔2〕参见［美］威廉·L.德威尔：《美国的陪审团》，王凯译，华夏出版社2009年版，第225～226页。

考的方法,思考"如果我是当事人,我遇到这种事情,我最希望解决什么问题?最想得到什么帮助"?设身处地地站在对方的立场上体验和思考问题,体察对方的感受和态度,实现与对方在情感上的交流。

(3)巧用情感,以情动人

在调解过程中,要做到移情,第三个要求是始终以情感为基调,做到以情动人。特别是人民调解员在处理邻里纠纷和婚姻家庭纠纷时,常常要考虑当事人双方的情感问题。毕竟,民间纠纷的当事人往往存在邻里关系或血缘、姻亲关系。从维护邻里、家庭关系的目的出发,具体来说,人民调解员可以采用帮助当事人回忆双方以前的良好关系和共同的经历,引导当事人为了挽留和珍惜可贵的情感作出让步或者达成和解,这也就是人民调解员经常讲到的"巧打感情牌"。

第四节　调解的职业规范

人民调解员的职业规范是针对人民调解员的统一的准入标准与行为规范的总称,是将调解员职业精神与职业伦理规范化与可操作化的表现。

调解职业规范的主要目的在于规范、指导调解员的职业行为、保障调解程序顺利高效进行,以及保障当事人的合法权益。

一、能力要求

调解员必须具备必要的资质以满足调解工作、当事人对调解员能力的要求。只有称职的调解员,才能有效地完成调解工作并符合当事人以及公众对调解作为纠纷解决有效方式的预期。

我国现行法律与政策对于调解员的资格作出了规定。《人民调解法》第14条第1款规定:"人民调解员应当由公道正派、热心人民调解工作,并具有一定文化水平、政策水平和法律知识的成年公民担任。"《人民调解委员会组织条例》第4条规定:"为人公正,联系群众,热心人民调解工作,并有一定法律知识和政策水平的成年公民,可以当选为人民调解委员会委员。"

《人民调解法》与《人民调解委员会组织条例》均对我国人民调解员的年龄(年满18周岁)与国籍(中国公民)做了硬性规定,但对文化水平、能力条件与素质水平的规定较为宽泛。如此规定的原因是考虑到我国人民调解员的优势并不在于年龄、文化水平及法律教育背景,尤其在传统的基层社会,调解员的优势在于对当地风俗习惯、人情世故的了解以及当地居民对调解员的信任与认可,更多地依赖于调解员的威望。

但是,随着现代社会问题专业化、复杂化程度的提升,调解员必须与时俱进,掌握特定的调解技巧,调解过程也离不开法律知识的支撑。这就对调解员的能力资格提出了要求。

美国《调解人示范行为准则》规定,调解员应该在他们能够胜任,并能够满足当事人的合理期待时才能进行调解;专业训练、经验积累、调解技巧、文化理解以及其他一些素质往往是一个调解员所必需的能力;如果调解员能够满足当事人的期待,使之认为该调解员是称职的,那么调解可以有效进行;调解员应该参加教育项目以及其他相关的活动,以保持和加强调解员的知识和技术水平。

澳大利亚的《实践标准》规定了调解员被要求确保的职业发展能力包括:(1)知识:熟悉冲突的性质;调解处理某冲突的合适性和不合适性;调解前准备;沟通模式;谈判力度强弱;跨文化议题;调解过程中的原则、阶段和功能;调解过程协助者的角色和功能;关于保密、协调协议执行和调解员责任的法律规定。(2)技巧:能够准备和纠纷诊断;审查双方当事人和纠纷以判断是否适合调解;调解过程的行为和控制;恰当的沟通技巧、谈判技术;调解员的适时介入;对情绪激动、双方力量失衡以及暴力的可能反应;使用单独会议;对于合适的情景和调解协议草拟的询问。(3)伦理理解:应该避免利益冲突;在调解中推销和广告的伦理要求;保密、隐私和其他报告义务;中立和公平;信用的责任;正直和平等;退出和调解过程的终止。[1]

我国台湾地区的调解分为乡镇市调解委员会的调解与法院附设调解。其中乡镇市调解委员会对调解员的要求是“乡镇内具有法律或其他专业知识及信望素孚之公正人士”。法院附设调解对调解员的要求为:(1)品行端正,很有信誉;(2)对调解工作富有热忱;(3)生活安定且有充裕时间;(4)身心健康且有说服能力;(5)对解决民事或家事纠纷具有专门经验;(6)具有丰富的社会知识和经验;(7)其他经认可适当者。[2]

综合上述规定,我国的人民调解员能力的具体要求包括法律与调解专业知识要求、调解技巧要求等硬性要求,实践经验要求,以及工作能力要求

---

〔1〕 参见赵云:《调解实务与技能》,清华大学出版社 2011 年版,第 33 页。

〔2〕 参见黄鸣鹤:《调解员培训简明教材》,中国法制出版社 2017 年版,第 184 ~ 185 页。

等软性要求。

1. 法律与调解专业知识要求

第一,作为基层公共法律服务者,人民调解员必须知晓各类法律法规,在调解过程中才能熟用、善用法律,使调解工作依法进行。

第二,人民调解员需要不断学习人民调解理论与知识,更新自身的知识储备,才能解决当前日益复杂的专业领域的纠纷。《中国国际贸易促进委员会/中国国际商会调解员办案守则》规定调解员应接受调解中心的培训,应具备调解技术方面的理论知识与实践经验。

2. 调解技巧要求

调解技巧是调解专业知识应用于实践操练而积累的成果,对促成调解的成功达成有着重要意义。以沟通技巧为例,调解员必须具备很好的沟通技巧。双方当事人正是由于不能通过谈判或其他方式友好解决争议,才需要调解员从中帮助他们沟通。因此,在调解过程中,调解员必须掌握合适的沟通方式,避免僵局,促进双方当事人的互信和交流。此外,调解员还必须能够通过观察当事人的语言和有关肢体活动,探查出当事人的心理动态,以便及时把握有关信息,推动调解的进展。

3. 实践经验要求

真正的调解能手,是经过实践磨炼出来的。丰富的调解实践不仅会带来实操经验的积累,而且会锻炼调解员的诸如逻辑性、创造性、灵活性等"巧实力"。调解员本身必须具有较强的逻辑思维,对双方当事人的争议必须给出客观意见并指出问题所在。同时帮助双方当事人理解利益所在,必要时还可以根据具体情形帮助当事人提出新的方法来解决争议。每个调解过程都是不同的,调解员必须根据自身对调解的理解以及对争议背景的了解,以及根据调解进展的具体情况来决定所采取的方法和步骤。

4. 工作能力要求

调解员要有热情,有同情心,直觉能力强,待人真诚,反应快,有同理心,有创意与引导能力。

二、独立身份

1. 独立身份的概念

在诉讼中,司法者应当中立,司法者中立是程序公正的首要要素。调解是在中立第三方主持参与下,帮助纠纷当事人协商解决纠纷的方式,因此,中立对于调解具有十分重要的意义。在人民调解程序中，人民调解员也应当保持中立，不偏不倚。只有保持独立身份，才能做到客观调解，获得当事人的信任与信赖，有助于调解结果的顺利达成。

2. 独立身份的具体要求

（1）坚持一个法律人的个体独立

独立身份要求人民调解员坚持一个法律人的个体独立。法律人的思考与行动应具有专业独立性，在职业活动中要体现独立的意识、行为和要求，只能服从法律，依照法律的程序和职业伦理的要求履行职责，免受法律之外的各种干预和压力。[1]

我国《人民调解工作若干规定》第 4 条规定，人民调解委员会调解民间纠纷，应当“依据法律、法规、规章和政策进行调解，法律、法规、规章和政策没有明确规定的，依据社会主义道德进行调解”。

（2）扮演中立的第三方角色

在与当事人关系上，人民调解员应扮演一名中立的第三方角色，取得双方当事人信任的同时，与当事人保持恰当的距离，不偏向任何一方当事人，要求调解员将自己的观点与调解的过程和结果相分离，在不偏向任何一方当事人的情况下，协助引导当事人做出他们自己的决定。

与当事人关系的建立，是调解工作开展的第一步。俗话说“万事开头难”，与当事人建立良性的关系十分重要。取得当事人的信任，不是简单打成一片即可，调解员的角色应该是一个中立的纠纷解决者，要与当事人保持恰当的距离。因为在对方当事人看来，过分亲近的行为已经使调解员失去了中立的立场，可能会对之后的调解方案有抵触的情绪，不利于调解工作的顺利进行，而且也可能会使当事人一方对调解结果有高于合理的期待。因此，调解员必须学会与当事人建立正确的沟通关系，让当事人觉得你是中立的第三方，有能力并且期望帮他们解决纠纷。在与当事人交流的过程中，不应为了亲近当事人，枉顾调解员的职业操守，不惜以低俗的共同兴趣作为亲近的桥梁。[2]

---

〔1〕 参见张浪：《共识与形塑：法律职业伦理教育的内涵及路径》，载《集美大学学报》（教育科学版）2017 年第 5 期。

〔2〕 参见谢林罕：《如何提升调解能力——以调解员为视角》，载《法制与社会》2017 年第 15 期。

我国最高人民法院2005年《法官行为规范（试行）》第42条规定，法官在调解过程中：①除应当依法行使释明权外，不随意表态；②确因调解需要应当表态的，要注意方式方法，努力促成当事人达成调解协议。这一规定可以视为法官在调解中的中立的行为准则要求，可为人民调解员提供参考。

加拿大《调解人行为示范法典》对调解人的独立和公平作出明确规定：①除非当事人同意，调解人应当全程保持独立；②调解人应当保持完全的中立，不应当同时成为任何一方的代理人；③调解人不应当就调解事项与任何一方当事人存在职业上的关系，或者担任任何一方当事人的代理人，除非调解人就前述事项向当事人完全披露后，所有当事人都表示同意；④如果调解人已知自己失去了公平性，应当将该事实立即告知当事人，并应退出调解。[1]

（3）中立而非消极

在具体调解过程中，人民调解员要时刻保持中立的地位，不偏向于任何一方当事人，更不能对当事人进行压制，谨言慎行，不激化矛盾纠纷，不违背当事人的意愿，以不正当手段迫使当事人接受调解。按照相关法律规定，及时完成调解。具体应该做到：

第一，不能作为有关案件的调解员或关涉与自己有某种特定关系的人的案件的调解员。第二，与案件处理结果有利害关系的调解员应当自行回避，但双方当事人均同意调解的除外。任何一方当事人要求调解员回避的，调解员应当回避。第三，纠纷的解决结果不含有调解员的个人利益或他的近亲属的利益。第四，调解员要具备较高的情感水平，能够使自己在他人的消极情绪中保持冷静和中立，保持理性、平和、文明的态度，反对感情用事，尽快与双方当事人进行沟通，解决问题。第五，调解员不能在主观上对一方当事人有好恶偏见，不能偏袒或歧视任何一方。第六，调解员不应因其调解活动获取私利，也不应以获取私利为目的进行调解。

但是，调解员的中立不等于调解员的消极不作为。调解员为了解纠纷事实，可以查看现场，调解员可以提出自己的调解方案；调解员中立也不意味着不能对一方有同情心，在调解过程中要法情理相结合。

---

〔1〕 参见范愉、史长青、邱星美：《调解制度与调解人行为规范——比较与借鉴》，清华大学出版社2010年版，第163页。

三、公正立场

1. 公正立场的概念

公正是对人民调解员独立身份的进一步要求，是人民调解员的必备条件。它要求人民调解员必须坚持客观中立，不偏不倚，要与双方当事人保持同等的距离，平等对待双方当事人，对案件持客观公正的态度。

公平正义是人类社会最古老、最重要的道德概念，引入司法领域后，成为司法活动的重要原则和对司法活动的评判标准，是法治的生命线。人民调解员只有具备为人公正的高尚品德和情操，才能为群众所信赖。人民调解员在调解过程中是作为中立的第三方，只有做到公正、公平，不偏袒任何一方，才能更合理、有效地解决纠纷。

2. 公正立场的意义

调解员保持公正立场，是增强司法公信力，提高司法权威性的保证。公信力是使公众信任的力量，因而，提升司法公信力具有重要价值与意义。第一，提升司法的权威性。公民的信任是司法的合法性根基。司法只有被公民自发信仰时，司法的运行才具有实效性。公民如果对司法的权威产生怀疑，则司法作为纠纷解决的根本途径将会失效。第二，司法公信力有利于司法效率的提升以及司法成本的控制。司法以解决纠纷为根本任务。如果民众对司法产生高度的信任，将会有利于司法的正常运作。在当前社会纠纷日益复杂繁多、诉讼爆发时期，司法公信力将有利于司法成本的控制，使纠纷得到快速解决，社会关系得到有效修复，缓解案多人少的矛盾。[1]

人民调解的公信力，是指公众对人民调解员、调解过程以及调解结果的信服程度。随着社会经济的快速发展，群众法律意识逐步提高，人民调解员必须坚持公正立场，才能增强人民调解的权威性、严肃性和可操作性，进而提高调解协议对当事人的约束力。如果缺少公正性，那么当事人眼中的调解员就丧失了解决纠纷的权威和能力，最后达成的调解协议也会因当事人对调解员与调解过程存疑不履行而变成一纸空文。

---

〔1〕 参见秦禹：《公共关系视角下司法公信力的提升研究》，广西民族大学2017年硕士学位论文，第6页。

3. 公正立场的具体要求

(1)公道正派，坚持原则

首先应做到公道正派，坚持原则，这是做好调解工作的前提。坚持公道必须尊重事实，尊重法律，秉公调解。只有这样，才能保持人民调解组织和人民调解员的良好形象，保证调解工作的顺利开展。

美国《调解人行为示范准则》中规定，调解员应以公正的方式进行调解，并避免给人以不公正的印象。调解员不得收受或给予当事人礼品、好处、借款或者其他实质上或有可能导致其公正性受到质疑的有价值的物品。

在我国，《人民调解法》第 15 条对人民调解员公正立场做出明文规定：人民调解员不得偏袒一方当事人，不得侮辱当事人，不得索取收受财物或者牟取其他不正当利益，不得泄露当事人的个人隐私、商业机密，否则将由其所在的人民调解委员会给予批评教育、责令改正，情节严重的，由推选或聘任单位予以罢免或者解聘。

(2)全面了解，避免预断

调解员在调解过程中对情况与结果不得有预断。预断是在没有对事实进行全面了解以及掌握的情况下作出的预先判定，并将这种判定固化。[1] 调解员应当避免先入为主的预断，在调解活动中做到：第一，在对冲突事实全面了解和掌握前，不对冲突及解决方式形成先验的结论或倾向；第二，对冲突主体各方的请求或主张予以同等的重视；第三，在了解冲突事实过程中所形成的义愤、同情或其他情感不直接体现在对冲突事实的解决中，尤其不表现为诉讼过程中对冲突主体一方的歧视或偏爱。

(3)一视同仁，杜绝偏见

调解员应认识到并认可其服务的当事人由于来自不同地域及不同成长环境，可能拥有不同的宗教信仰、文化价值、生活习惯、个人特质等差异，并对当事人的个别差异予以尊重及接纳。调解员不应因当事人的种族、背景、社会地位、信仰等而存在偏见，而进行不公正的职业行为。[2] 上述的因素可能会使调解员轻率地将某人认为是好人，而将另外一些人视为坏人。调解员必须摆脱自我的偏见对调解所可能产生的不公正影响，尊重事实、尊重

---

〔1〕 参见顾培东：《社会冲突与诉讼机制》，法律出版社 2004 年版，第 215 页。

〔2〕 参见蒋丽萍：《调解员职业道德的内涵与规范》，载《人民法院报》2015 年 5 月 15 日，第 5 版。

法律,做出公正而合理的调解结果。美国《调解人行为示范准则》中也规定,调解人不应当基于调解参与人的人格特征、背景、价值观和信仰以及在调解中的表现或其他原因,而对其抱有偏见。

【案例材料 7.6】司法巧解民工意外死亡赔偿纠纷案[1]

案情简介:

2015 年 5 月 2 日上午,刘某在某环保公司面试时突然晕倒,公司派人立即将刘某送至安亭医院抢救。由于病情较为严重,当天就送至嘉定区中心医院抢救,并确诊为脑溢血。5 月 29 日,刘某最终抢救无效死亡。就此事,刘某家属找到了某环保公司,要求给予赔偿。而环保公司觉得公司并无过错,不愿意承担任何责任,致使双方矛盾一触即发。

AT 镇人民调解委员会得知此事后,及时介入调解,并邀请区劳动争议纠纷人民调解委员会首席调解员到安亭镇人民调解委员会主持双方调解。调解员耐心劝导刘某家属保持冷静、克制情绪,任何冲动、不理智的行为都不利于事情的解决,既然双方都愿意接受调解,说明大家都有诚意解决问题。

刘某的家属始终认为环保公司在这起事件上有不可推卸的责任,环保公司应承担一切责任。家属认为刘某在环保公司里倒下的,应该由环保公司承担责任,而且刘某的父母年老多病,家住外地农村,经济困难,刘某本人离异后独自生活,两个女儿虽已成年但是均跟随母亲生活,刘某没有尽到抚养义务,所以家属谈及刘某也是非常无奈,且年迈的父亲也无力承担医药费。环保公司认为,刘某还不是他们的员工,在其晕倒后将其送到医院,已经尽到了人道上的义务,不愿意承担医药费,同意最多在人道上补贴家属 1 万元将此次事件一次性了结。家属则提出要求支付 70 万元才能一次性了结。环保公司对于家属的要求置之不理,表示不愿再与之协商。由于双方分歧过大,均不肯让步,调解未成。

调解员在了解双方当事人的想法后,耐心细致地分别与当事人进行沟通,一方面从法律上和道德上做公司负责人的思想工作,指出死者的突然离

---

〔1〕 参见《上海市人民调解员案例汇编(2016)》,嘉定区安亭镇人民调解委员会采集。

世，意味着这个家庭突然失去了一个劳动力、主心骨，对于这个家庭来说，这是一个很大的打击，希望公司能从家属的实际情况考虑，作适当补偿；另一方面，调解员积极做刘某家属的思想工作，安抚其情绪，宣传法律法规，引导其依法解决问题。调解员明确指出，刘某去环保公司面试，在面试过程中突发情况，双方并没有形成劳动关系，刘某的死亡也不能认定为因工死亡。通过对法律依据的讲解，让刘某家属充分了解到，刘某的死亡在法理上确实与环保公司没有太大关系。

调解员从情、理、法等方面进行疏导，据理力争。经过几天努力，最终促使双方达成协议，环保公司对家属作出了一次性人道主义补偿×万元，双方签订了协议，此次意外死亡事件迅速被平息。

案例分析：

劳动争议纠纷行色各异，通过此次案件，调解员一方面要站在当事人的立场上考虑问题，与双方当事人、相关工作人员、亲属家人进行积极的沟通，积极化解矛盾，另一方面更要站在法律的角度，公平公正、不偏不倚、有理有据地与双方进行沟通。从当事人的切身利益出发，寻求当事人心理能够接纳的平衡点，这样才能有助于矛盾的钝化、调解协议的达成。

四、利益无涉

1. 利益无涉的概念

利益无涉是基于利益冲突提出的概念，国外的统一说法为利益冲突原则，本章采用利益无涉这一概念进行具体阐释。

利益冲突是指提供专业服务的执业者（代理人）的利益与委托人的利益之间存在某种形式的对抗，有可能导致委托人的利益受损或带来专业服务品质的实质性下降。存在利益冲突必将伤及专业服务的职业精神和特定职业的社会公信力，因此，自古以来就有“避险”之说，而在现代社会，立法或职业道德规范均要求专业服务者或机构有义务采取有效措施避免出现利益冲突。[1]

调解中的利益无涉规则是指，人民调解员应当避免与任何一方当事人

〔1〕 参见范愉、史长青、邱星美：《调解制度与调解人行为规范——比较与借鉴》，清华大学出版社2010年版，第165页。

发生利益冲突,一旦发现与某一方当事人存在可能影响其中立性和公正性的情形,应当立即予以披露,并及时退出调解,但双方当事人均同意其继续留任的,则可以继续主持调解。

2. 利益无涉的意义

利益无涉原则是保障调解员中立的重要手段。当调解员与当事人存在利益冲突时,根据通常的趋利避害心理,调解员很难再对案件的实体结果保持超然的中立态度,即使调解员能够克服利己之心,不计自身利益得失而恪守其职业责任,其外观上的中立地位也已经大打折扣。利益无涉原则的意义,不仅有利于确保调解员恪尽职守,更在于取得社会大众对人民调解这一职业的信赖,提升人民群众对调解员工作乃至对我国司法的信任度。

3. 利益无涉的具体要求

(1)调解员个人信息的披露

调解员与调解案件是否存在利益冲突,首先需要通过披露调解员相关的信息,让当事人了解并作出判断。在当事人选择调解员的情况下,可以直接排除有利益冲突的调解员。而调解员本人则有义务对相关信息进行披露。

美国《统一调解法》第9条规定,调解员对相关的利益冲突负有披露义务。首先,调解人在接手某一具体的调解案件之前,应当进行有关利益冲突的合理调查,以判别是否存在任何合理推断可能影响调解人公正的事实,包括与调解结果存在财产或人身利益,以及与调解当事人或可预见的其他调解参与人存在或曾经存在某种关系。调解人在接手调解案件之前发现上述事实的,应当在接案前立即向当事人披露。如果调解人在接受调解业务之后发现了上述事实,则应当在发现之后尽快披露。调解人必须处于利益无涉的中立状态,除非调解人按照上述要求对事实予以披露后,当事人仍然同意其担任调解人。[1]

欧洲《调解人行为法典》规定了调解人披露义务适用的情形:①与一方当事人具有私人的或者业务上的关系;②与调解结果具有直接或间接的财产上或其他方面的利害关系;③调解人或调解人所在事务所的其他成员曾经为一方当事人担任过代理人。如果涉及上述情形,调解人仅在符合下列条件时才能接受或继续进行调解:①调解人能够保证独立和中立地进行调

〔1〕 参见范愉、史长青、邱星美:《调解制度与调解人行为规范——比较与借鉴》,清华大学出版社2010年版,第168页。

解;②当事人明确表示同意的。

但是,调解员个人信息的披露不应是绝对性义务,而是相对性义务,旨在保障调解员的利益不受损害,即调解员合理的被调查义务。

(2)回避、拒绝或退出调解

利益冲突是否会妨碍调解员的公正调解,判断和决定的权利首先在当事人。因此,调解员人选、是否回避以及在信息披露后调解员是否继续调解等,完全由当事人决定。当事人有权拒绝特定调解员主持调解,有权要求特定的调解员回避,有权退出调解。调解机构应当公布调解员的基本信息供当事人选择,调解人也可以根据自身的情况请求自行回避等。

但是,如果调解员自认为利益冲突的表象无法保证其独立、中立和公正地进行调解,为了"避嫌",亦有权不顾当事人合意要求其留任的意愿而退出调解或拒绝调解。

加拿大《调解人行为示范法典》规定,调解人事先知道或者被指定后知道其与本案存在私人利益、利益冲突、偏见或可能被合理怀疑存在偏见的情形,应当立即向当事人披露。调解人做出上述披露后应当退出调解,除非当事人一致同意其留任。

澳大利亚《从业标准》第5条规定,调解人对当事人做出披露后,必须告知所有当事人他们有权自行终止调解程序。调解人不应当与当事人存在可能削弱其专业判断力或可能损害当事人利益的任何关系。除非基于某种文化上的需要,调解人不应当处理其亲密的朋友、亲戚、同事/上级主管或学生作为一方当事人的纠纷。

(3)调解后的利益无涉

调解后的利益冲突主要是指限制调解员在调解不成的情况下继续担任当事人的代理人或裁决者。这种情况主要是指因调解员在后续程序中的角色,即代理人或裁决者而产生的利益冲突。如果调解员在调解失败后作为同一案件一方当事人的代理人而进行诉讼,那么可能因在调解中对另一方的信息十分了解而对另一方当事人产生不利。

美国《调解人示范行为规范》规定:调解完成后,调解员也不得再与任何参加者发生任何可能影响调解结果的关系。若调解员与当事人以及调解所涉其他个人或组织发生了私人或职业的关系,在判断此种关系是否可能产生潜在或实际的利益冲突时,调解员应考虑调解完成后经过了的时间长短、所形成关系的性质及其所提供服务的内容等因素。

2009 年我国最高人民法院颁布的《关于建立健全诉讼与非诉讼相衔接的矛盾纠纷解决机制的若干意见》第 27 条规定,调解员应当遵守调解员职业道德准则。人民法院在办理相关案件过程中发现调解员与参与调解的案件有利害关系,可能影响其保持中立、公平调解的,或者调解员有其他违反职业道德准则的行为的,应当告知调解员回避、更换调解员、终止调解或者采取其他适当措施。除非当事人另有约定,人民法院不允许调解员在参与调解后又在就同一纠纷或者相关纠纷进行的诉讼程序中作为一方当事人的代理人。第 16 条规定,开庭前从事调解的法官原则上不参与同一案件的开庭审理,当事人同意的除外。

五、意思自治

1. 意思自治的概念

当事人意思自治,是指在调解过程中,无论是调解程序的启动还是调解方案的最终达成都取决于当事人的合意。人民调解作为一种重要的合意性纠纷解决方式,理应将尊重当事人意思自治作为人民调解的指导理念,将其贯穿于人民调解的全过程。

我国《人民调解工作若干规定》第 4 条规定:“人民调解委员会调解民间纠纷,应当遵循下列原则:……(二)在双方当事人自愿平等的基础上进行调解;(三)尊重当事人的诉讼权利,不得因未经调解或者调解不成而阻止当事人向人民法院起诉。”《关于落实二十三项司法为民具体措施的指导意见》中要求:诉讼调解以当事人自愿为原则,不得强制调解,不得以判压调,也不得以调解拖延办案。

人民调解蕴含自由的伦理精神,人们习惯于自主认识、自主选择,而不是被动地接受。意思自治原则是由人民的自主性与人民调解的自治性决定的。在社会契约理论的视野之下,当事人仅仅向调解机构及调解员让渡了对纠纷解决程序的控制权。调解在本质上仍然属于自治的纠纷解决方式。调解制度追求的是权利救济、权利“双赢”、对未来关系维护等多元价值的实现。调解的纠纷解决必须贯彻当事人自治的基本精神,这是调解正当化的保障。[1]

---

〔1〕 参见李德恩:《民事调解中的当事人自治原理研究》,上海交通大学 2011 年博士学位论文,第 16 页。

2. 意思自治的具体要求

(1)尊重当事人的意愿

人民调解员应当尊重当事人的意愿。自愿原则是人民调解的基础,贯穿人民调解活动的始终。

调解员应以尊重当事人的意愿为前提进行调解。当事人意愿的内容包括,可以在调解的任何阶段提出选择调解员、回避、设计程序、参加调解、退出调解和作出决定等。[1]《民事诉讼法》第93条明确规定,调解必须在当事人自愿的基础上进行。第96条更是明确规定:"调解达成协议,必须双方自愿,不得强迫。……"《人民调解法》第23条规定,当事人在人民调解活动中享有下列权利:①选择或者接受人民调解员;②接受调解、拒绝调解或者要求终止调解;③要求调解公正进行或者不公开进行;④自主表达意愿、自愿达成调解协议。

要尊重当事人,就要真正将纠纷当事人作为纠纷解决的主体。尊重当事人,一方面要求在言行上尊重纠纷当事人,严禁侮辱当事人;另一方面要求尊重当事人在调解协议形成过程中的意思自治,尊重当事人对调解结果的自主选择。人民调解最重要的特征,就是强调当事人在纠纷解决过程中的自主性。[2] 我国《人民调解委员会组织条例》第6条规定:"人民调解委员会的调解工作应当遵循以下原则:……(二)在双方当事人自愿平等的基础上进行调解;(三)尊重当事人的诉讼权利,不得因未经调解或者调解不成而阻止当事人向人民法院起诉。"

加拿大《调解人行为示范法典》对自治的规定是:调解人应当在调解开始之前向当事人告知其自治权,即有权对事实做出决定的是当事人而不是调解人。为了坚持当事人自治原则,调解人不应当向当事人提供法律或专业意见。但是调解人应当在适当的时候建议无代理人的当事人,从法律专家处获得独立的法律意见,从其他专业人士处获得专业意见。

为了强调调解自愿原则,2004年11月1日起施行的《最高人民法院关于人民法院调解工作若干问题的规定》第12条明确规定,调解协议违背当事人真实意思的,人民法院不予确认。

---

〔1〕 参见蒋丽萍:《调解员职业道德的内涵与规范》,载《人民法院报》2015年5月15日,第5版。

〔2〕 参见刘敏:《人民调解制度的创新与发展》,载《法学杂志》2012年第3期。

(2)尊重当事人的处分权

尊重当事人在人民调解过程中的处分权,即调解程序是否启动、选择哪位调解员、调解的最终解决方案都由双方当事人自行决定。人民调解员应当为双方当事人搭建沟通平台、为双方当事人传递信息并提供中介服务。任何人不得强制当事人接受调解结果。

美国《调解人示范行为准则》对自治的规定就体现了这一概念:自治是指每方当事人都有权在信息充分的前提下和进行自由选择的基础上对过程和结果自愿地而非受强制地作出决定。当事人可以在调解的任何阶段行使其自治权,包括调解人的选择、调解过程的设计、参与或退出调解程序、调解结果。调解人不得基于以下原因损害任何一方当事人的自治权:高和解率、自我利益、高报酬,或者来自法院人员、项目管理人员、提供调解案件的组织、媒体或其他来源的压力。

值得注意的是,尊重当事人意愿,并不排除一定情形下的"强制"调解。正确理解当事人意思自治,还要避免一个认识的误区,即不能认为人民调解委员会主动介入调解是违背当事人意思自治的表现,应该看到人民调解提前介入是为了预防纠纷,避免更激烈的纠纷和冲突发生。而且,在调解员介入纠纷解决后,当事人又未明确拒绝调解的,可以认为当事人已经默示同意了人民调解委员会和人民调解员的调解。[1]

六、保密原则

1. 保密原则的概念

保密原则,是指人民调解员在调解过程中与调解程序结束后,均不得向任何人泄露关于调解过程与调解结果的任何内容。

调解保密原则是由意思自治的性质决定的。与诉讼不同,无论是诉讼外调解还是裁判过程中的司法调解,调解更多体现的是当事人的意思自治,是当事人根据自己的决定处分权利。因此,保密具有十分重要的意义。

对人民调解员的保密要求体现在几个方面:一是人民调解员不得向其他人公开调解的结果。除非纠纷双方当事人同意,否则人民调解员不得向任何人泄露调解协议的内容。二是人民调解员对在调解过程中接触到的当事人隐私、商业秘密等,应当保守秘密,不得对外泄露,也不得向对方当事人

〔1〕 参见刘道龙、廖永安:《人民调解经典案例评析》,湘潭大学出版社2016年版,第13页。

泄露。三是人民调解员获得的调解信息不得向其他人公开。这里的调解信息是指与此纠纷相关的一般信息,包括当事人在调解过程中披露的信息,当事人提出的以达成协议为目的的调解邀请、建议或方案,当事人在自调解过程中做出的陈述与承认,调解员提出的调解建议或者方案等。[1]

调解保密原则具有吸引当事人参与调解的制度魅力,也是影响调解成功与否的核心要素,更是调解的生命所在。《关于建立健全诉讼与非诉讼相衔接的矛盾纠纷解决机制的若干意见》明确将保密作为调解的基本原则加以确立,其中包括调解过程保密和信息保密两个方面,即调解过程不公开,但双方当事人要求或者同意公开调解的除外。第 19 条规定,从事调解的机关、组织、调解员,以及负责调解事务管理的法院工作人员,不得披露调解过程的有关情况,不得在就相关案件进行的诉讼中作证。当事人不得在审判程序中将调解过程中制作的笔录、当事人为达成调解协议而作出的让步或者承诺、调解员或者当事人发表的任何意见或者建议等作为证据提出。《人民调解法》第 15 条规定,人民调解员泄露当事人的个人隐私、商业秘密的,由其所在的人民调解委员会给予批评教育、责令改正,情节严重的,由推选或者聘任单位予以罢免或者解聘。因此,保密既是对人民调解员的职业伦理要求,也是人民调解员的法律义务。

【案例材料 7.7】调解彭宇案

案情简介:

2006 年,南京市民彭宇陪同一摔伤徐姓老太到医院检查,后老太指认系彭宇将其撞伤,而彭宇则称其系做好事,双方就事实真相争论不休,经互联网及传媒的传播方式成为公共事件。一审法院判决彭宇需承担 40% 的赔偿费。当事人提出上诉后,在二审审理过程中,当事人自行达成和解协议。但当事人拒绝向社会公开和解协议的内容,法院也谢绝了媒体的采访。

案例分析:

司法的过程是需要公开的。在诉讼程序中,除了国家秘密、个人隐私、商业秘密保护、未成年人权利保障等特殊原因外,审判必须公开进行,即使

[1] 参见廖永安:《如何当好调解员:中美调解培训启示录》,湘潭大学出版社 2012 年版,第 120 页。

是不公开开庭的审判,也必须公开宣判。司法公开的依据是司法正义,其意义是促进公民对司法的信任和对法律的信仰。调解过程是需要保密的,特别是“彭宇案”这一公共事件,被赋予了太多法律之外的内容与关注,公众虽强烈要求“知情权”,但调解结果是在双方当事人合意的基础上达成的,当事人有权要求保密,法院也无权公开和解协议的内容。

2. 保密原则的具体要求

(1)调解保密原则的形式要求

调解保密的形式要求主要体现在调解程序问题上。相比审判公开原则而言,调解一般是不公开进行的。未经允许或法律的明确规定,与调解案件无关的人员不得旁听,新闻媒体也不得对调解活动进行公开报道。即使是被允许旁听的人员也不得泄露调解案件中的信息。调解保密原则的形式要求是调解保密原则的最基本含义,其目的在于保持调解程序的独立性,避免在调解过程中公开的信息外露,保证当事人对调解程序的信任度,保证当事人在调解程序中能够坦诚相见、开诚布公地进行调解。

(2)调解保密原则的内容要求

调解保密原则的内容要求主要体现在案件所涉信息在调解程序中应当保密问题上。其最直接的体现就是一方当事人在调解过程中披露的信息,未经该当事人的许可,不得向对方当事人和与案件无涉的其他人公开。根据参与的主体范围的不同,调解可以分为面对面调解和背靠背调解两种模式,尤其是在背靠背的调解程序中,一方当事人可能会透露自己的底线以及披露一些不愿意让对方当事人知道的案件信息以及个人隐私等,在此情形下,调解员应当履行保密义务。

美国《统一调解法》对调解中应当保密的与不需要保密的信息进行了明确的规定。应当保密的具体信息是:构成主张的陈述,该陈述可以是口头形式或者记录形式,陈述做出的时间是包括调解准备阶段和调解阶段在内的调解全过程。调解中不需要保密的信息是:在调解过程中形成的不涉及“陈述”的主观印象;调解过程中观察到的行为;原本具有可采性或可以被发现的证据或信息。

(3)调解保密原则的附随要求

调解保密原则的附随要求的主要体现是调解信息在后续程序中保密。这一要求的基本内涵是,当事人在调解程序中展示的信息不能够作为后续的法律程序中对其不利的证据，即在后续的相关法律程序中不得要求调解员作为证人展示当事人在调解程序中已经披露的信息。这样的要求使当事人相信自身的权利有保障，更加放心地在调解程序中披露信息，不必担心这些信息会在后续的程序中成为对其不利的证据呈现，有利于调解活动的进行和调解协议的达成。调解保密原则的这一要义充分体现了调解话语空间与对抗式诉讼话语空间的断裂，增强了调解程序对诉讼程序的规制。

调解程序保密原则是调解保密原则的直观体现，[1]调解信息在调解程序中的保密是调解保密原则的核心和精髓，调解信息在调解过程中和后续诉讼中保密是调解保密原则的必要延伸。三者有机统一，共同构成了调解保密原则的制度内涵，共同促进了调解制度的完善和发展。

七、同事关系

当前，基层人民调解委员会覆盖广泛，个人调解工作室也纷纷设立，调解员队伍在不断壮大。调解员正确处理好与同事之间的关系，对调解员自身发展、调解工作的顺利开展、机构的长久发展具有重要意义。

1. 尊重

调解员应尊重同事。尊重其他调解员与专业人士、志愿者的不同意见及工作方法。任何建议、批评及冲突应以负责任、建设性的态度进行沟通和解决。对所有人都应一视同仁，不得进行人身攻击，包括针对某人的人格及诚信发表侮辱性的言论等。

2. 合作

在必要时调解员可与同事或专业同人合作，共同解决当事人的纠纷，促进专业水平、工作效率和服务效能的提高。

(1)为了提升专业技能及服务成效，调解员应乐意与其他同事分享专业知识、技能和工作经验。

(2)当调解员作为某工作团队的一员时，应本着专业的视角、价值和经验，参与和促成将会影响服务对象福祉的决定。应尽量促使和协助该工作团队清楚界定团队整体及其成员个人的专业和道德责任。

---

〔1〕 参见肖建华、唐玉富：《论法院调解保密原则》，载《法律科学》(西北政法大学学报)2011年第4期。

(3)若工作团队的集体决定与调解员个人伦理道德产生分歧,调解员应通过恰当方式解决分歧。若仍未能解决分歧,调解员应寻求其他适合且符合服务对象利益的方法来解决问题。

3. 支持与监督

调解员有责任在工作范围内建立良好的同事关系,在对方需要专业帮助时予以一定的支持。同事间相互监督,督促该同事尽力为服务对象提供更有质量的服务。

(1)当发现同事因个人能力、家庭问题、心理社会压力、药物滥用等原因而影响其工作表现和工作效果时,应给予该同事情绪支持,并与该同事协商讨论如何采取适当的补救措施。

(2)当发现同事能力不足,或因为自身及环境等原因无法胜任专业工作,经提醒后,该同事仍未采取适当的行动去面对或处理问题时,应向所属机构反映该情况,并协助机构采取相应行动。

八、机构责任

调解员作为调解委员会或调解工作室的成员,对所属机构具有伦理责任。调解员应认同机构的使命与发展目标,遵守机构的规章制度,按照机构赋予的职责开展专业服务,促进自身与机构的成长。

1. 负责

调解员应向所属机构负责,信守机构的守则、规范,提供具有效率及效能的专业服务。若调解员发现所属机构的政策及规章制度削弱了其服务的效率和成效,或损害了服务对象的利益,应提醒其所属机构注意。

2. 言行

调解员在对外发表任何公开言论或进行公开活动、接受媒体采访等情况下,应表明自己是以个人身份还是代表团体或机构行事。

(1)在未得到所属团体或所属机构批准时,应避免使用任何与所属机构有关的身份或文件。

(2)不得在未经其服务机构同意下,利用机构财产或资源谋取私利。

3. 发展

调解员应采取建设性及负责任的行动,以影响并改善所属机构的政策、程序及工作方式,力求使机构的服务水平不断提升。

(1)应积极参与所属机构举办的相关专业培训,提升自己的专业素养,加强专业知识和技能。

(2)当发现机构内部制度或相关规定在一定程度上限制了机构在专业层面的发展和提升时,应向机构指出,并提出改善的建议和想法。

第八章 发展中的调解事业

第一节　调解员的职业发展

20 世纪 60 年代以来，许多国家在实践中发现，民事司法制度已无法满足社会需求。[1] 在改革浪潮中，调解作为 ADR（替代性纠纷解决机制）的一种受到了极大的关注和发展。近年来，调解员的职业化和地方化得到进一步的探索，同时，调解组织的行业化、社会化和团队化也有了新发展。

一、调解员的职业化

“职业化”可被认为是一个特定的同质化群体，因运用独特的知识、方法、技能和思维而专门从事某类工作，为了提高其专业程度和工作效能，而对群体成员提出的标准化、规范化、制度化等要求。从某种程度上讲，调解的工作成效与调解员的能力、知识、经验、个人魅力密切相关，故而调解员的管理成为影响调解职业化的重要因素。

在这一方面，各国态度不一。以匈牙利和葡萄牙为代表的许可模式要求调解员经官方许可注册后才能执业；以奥地利为代表的激励模式允许任何人充当调解员，但部分规定只有在注册调解员主持时才适用；以英美为代表的市场模式，排斥公权力的干涉。[2]

《中共中央关于全面推进依法治国若干重大问题的决定》指出，要加强法律服务队伍建设。推进调解员的职业化建设，是完善多元纠纷解决机制、加

---

〔1〕 参见齐树洁主编：《外国 ADR 制度新发展》，厦门大学出版社 2017 年版，“出版说明”第 2 页。

〔2〕 同上书，“绪论”第 29 页。

强法治工作队伍建设必须重视的一个重要环节。《司法部、中央综治办、最高人民法院、民政部关于推进行业性专业性人民调解工作的指导意见》指出："要按照《关于加强社会工作专业人才队伍建设的意见》要求，把人民调解员纳入社会工作专业人才培养、职业水平评价体系，积极探索人民调解员专业化、职业化发展的途径。"考虑到行政调解和司法调解的特殊性，本节主要探讨人民调解员的职业化。2018 年 3 月，中央全面深化改革委员会第一次会议通过了《关于加强人民调解员队伍建设的意见》，迈出了人民调解员职业化的又一大步。

1. 人民调解员职业化的内涵

与兼职的人民调解不同的是，人民调解员职业化覆盖面更广。

人民调解员的职业化意味着调解员应当专门从事人民调解工作，把主要工作时间和精力放在调解上，应当公道正派、廉洁自律、热心人民调解工作。与传统调解讲情讲理不同的是，随着现代化的社会发展与结构转型，现在调解工作面临着矛盾纠纷多元化、复杂化、行业化等特点，调解员不仅需要了解法律法规，还需要了解相关专业知识和行业惯例；不仅需要讲法释法、以理服人，还要依托专家咨询鉴定才能厘清事实；不仅需要懂得当地民俗、风土人情，更要了解现行政策与规范规定。调解工作难度的提升，要求一批专职而非兼职的工作人员，一心扑在调解上，发展调解事业。

人民调解员的职业化意味着调解员需要具备一定的专业知识和技能以胜任该工作。任何一项职业都需要一定的知识和技能。面对形形色色的当事人和纷繁复杂的矛盾纠纷，调解员需要了解专业的法律、政策知识，采取多元多样的方式方法，才能胜任难度越来越高的工作。基本法、专门法、国家政策、地方政策等都需要了解，调解员也需要将沟通、观察、分析、协调等技能和情理法合一、模糊处理等方法融为一体。唯有将知识和技能综合运用，其专业性才能保证调解结果的公平公正与合理合法。

人民调解员的职业化意味着它需要有充分的物质和安全保障。对于专职调解员来说，物质保障是其工作积极性的前提和保证，也是保护和维持工作热情的必要条件。人民调解员应当得到与其工作量、社会贡献相匹配，与当地经济发展相适应的物质报酬，提倡无偿、志愿的专职调解员工作。同时，人民调解员应根据工作任务量、特殊工作性质获得相应的工作经费和工作环境经费，以保障其工作的顺利开展。同时，考虑到工作的特殊性，还应当有相应的抚恤政策、人身保护等。人民调解员依法调解纠纷矛盾，不排除会有遭到打击报复、人身财产安全受到威胁的可能性,应当建立相应的人身保障机制,做好兜底工作。

人民调解员的职业化意味着须有系统的人民调解员管理制度设计。对专职人民调解员来说,从资格准入、聘任选拔,到薪酬、培训、奖惩、考核,再到生涯发展和退出机制,职业发展需要一套完整合理的管理制度,才能更好地保障在职人员的权益,吸引更多优秀人才从事这一职业。

2. 调解职业化的理由

我国目前进入社会转型的"深水期",经济、政治、文化、价值观念等都发生着变化,社会矛盾尖锐多发,纠纷冲突类型多样,呈现出主体多元化、诉求复杂化的特点。随着体制机制的更替,社会转型促使社会阶层流动分化加快、社会交往增多,矛盾主体呈现多元化趋势,纠纷当事人双方可能在经济能力、社会地位、教育背景等方面有较大差异。与此同时,社会发展日新月异,人们追求利益的方式渠道不同,也就产生了纷繁复杂的利益诉求。[1]

如上文所述,人民调解虽然有"东方经验"的美称,但在外国已经落地生根,成为 ADR 制度的一种。随着全球一体化的脚步,我国与国外经济、政治、文化交往都逐渐增多,自然会产生矛盾冲突,这时就需要跨国跨地区开展调解工作。与国外的调解员职业化制度相衔接,培养出素质高、水平高、战斗力强的调解员,是我国调解工作接轨国际、重新绽放"东方之花"的新要求。

改革开放以来,诉讼成为人民钟爱的纠纷解决方式。但现阶段诉讼案件过多,导致法院工作人员超负荷运转,更直接影响到了诉讼本身的质量,由此出现了执行难、息诉难等情况,信访工作一度也呈现"井喷"状态。为了更好地解决纠纷、消除矛盾、拔除隐患、维护社会稳定,调解员需实现职业化,才能最大化地实现调解制度的维稳解纷的功能。

3. 调解员职业化的探索

一些地区开始探索人民调解员的职业化道路。如上海市的"李琴工作室""杨伯寿人民调解工作室"等都是调解员职业化的典型,并在全市范围内推广;[2] 浙江省宁波市海曙区于 2004 年开始调解员职业化工作建设,以

---

〔1〕 参见李洁:《人民调解员职业化研究》,湘潭大学 2013 年硕士学位论文,第 12 ~ 20 页。

〔2〕 参见高帆:《人民调解员职业化现状分析》,载吴军营主编:《人民调解理论与社会管理创新》,上海社会科学院出版社 2011 年版,第 12376 页。

“人员职业化、工作专业化、待遇工薪化”为目标，通过统一招考向社会公开招聘64名社区专职调解员，由区、街道两级政府保证经费报酬，并出台了相应管理制度；[1]昆山市经人事部门认可，将人民调解员作为社会公益性岗位，向社会公开招聘专职人民调解员，并建立了薪酬保障、职业准入、培训考核、实名册、职称管理等一系列管理机制。[2] 虽然各地资金来源、招聘方式、人员配备等均不相同，但人员专业化水平较高、管理制度都在稳步完善。

2018年发布的《关于加强人民调解队伍建设的意见》从优化结构、提升素质、规范管理、做好保障四个方面为人民调解员的职业化走向指明了方向。在优化结构方面，除要求大力选聘社会专业人士和相关行业主管部门退休人员担任人民调解员，以提高专业化水平外，还对各类调委会的专职人民调解员数量提出了要求；在提升素质方面，对人民调解员的思想作风建设和业务培训两方面作出要求。着重抓好思想政治建设、纪律作风建设和党的建设，加大业务培训力度，丰富培训内容，创新培训方式；在规范管理方面，日常管理着重聘用、学习、培训、考评、奖惩等各项制度，名册、岗位责任、绩效评价、退出机制都意在加强调解员的责任意识和职业意识；在做好保障方面，覆盖了从物质到人身安全各方面，让调解员再无后顾之忧。

二、调解员的地方化

矛盾纠纷具有地方特点，与地方政策、风俗习惯紧密相关，如矛盾纠纷当事人用方言发表自己的观点，又如调解员调解矛盾纠纷时既运用地方政策，也运用地方风俗习惯。事实上，人民调解员会充分利用地方人情世故解决矛盾纠纷。对人民调解来说，“情”一字是拉近调解员与双方当事人之间距离的重要纽带。在中国，人情社会拥有巨大的能量，它维系着家庭，维系着人际关系，是部分纠纷的来源，更是调解矛盾的重要抓手。人与人之间的身份关系与感情纽带无法体现在司法中，但却是人民调解员深入群众、解开心结、情理疏导的好帮手。它们不一定落实在纸面上，但却深入我们的思想和血液，仍然调整和规范着我们的行为。调解员应在实际工作中认真学习、

---

[1] 参见高帆：《人民调解员职业化现状分析》，载吴军营主编：《人民调解理论与社会管理创新》，上海社会科学院出版社2011年版，第12376页。

[2] 参见何阳、孙萍：《有序推进人民调解员职业化——兼评昆山市人民调解员职业化制度》，载《中国劳动关系学院学报》2017年第3期。

体会人情经济和传统美德，了解和熟悉当地民俗和风土人情，合理适当地运用公序良俗进行调解。尤其在处理婚姻家庭纠纷、邻里纠纷等矛盾时，不能将当事人单纯地视为形式平等、地位无差别的民事主体。调解员应做到知人情、懂人情、用人情，以人情道德为调解依据，用柔性手段化解矛盾纠纷，尽力弥补心理创伤和关系裂痕。调解员有时也需要以道德规范弥补正式规范的不足，通过人情伦理和传统美德打开当事人的心结，避免生硬僵化地套用法律规范，导致情理不分、案结事不了。

首先，调解员对当事人要充分地尊重和接纳，真诚地理解和关注其处境，努力体验其内心感受，设身处地地为当事人着想。唯有如此，才能感同身受地理解当事人所处的环境、人际关系与社会关系，了解其性格特征、为人处世，为提出合情理、易接受的调解方案打好基础。

其次，调解员应当合理运用人情和美德进行调解。这里的人情绝不是指走后门、收受财物等违法违规行为。调解员应当在充分了解当事人社会关系和性格特点的基础上，通过情感疏导找到当事人真正的诉求和冲突点，并以此为突破口，积极寻找各方当事人共同的诉求、情感寄托或期待，塑造良好的合作氛围，将解决思想问题与实际问题并行。

最后，调解员应当熟悉当地习俗和风土人情。我国地大物博，不同区域拥有差异较大的风俗习惯和人情基础。调解员扎根群众，应当熟悉地方的社会关系、区域特色和民族特点，才能有针对性地开展工作。在面对一些法律条款不够清晰、政策文件尚未覆盖、地方习俗更有权威的案件时，在不违反宪法法律的基础上，应灵活、适当地运用当地风俗和风土人情作为调解依据，用道德规范来弥补法律规范的不足。

【案例材料8.1】巧用传统美德进行调解〔1〕

案情简介：

张某与李某是一对年轻夫妻，住在产权属于张某父母的房子里。二人感情和睦且有一女，但总因为婆媳关系而引发家庭矛盾。李某希望拥有自己的生活空间，但公婆周末总会不打招呼、径开房门闯入儿子住处。张某迫

〔1〕 参见吴军营主编：《人民调解理论与社会管理创新》，上海社会科学院出版社2011年版，第11470～11472页。

于父母威严不敢沟通，李某开始有意无意躲避公婆，不尊重老人的举动时有发生，还经常回绝公婆节假日邀请共享天伦的要求。2009 年，老两口提出一起过国庆节，否则要求儿子立即离婚。张某无奈之下采取拖延战术，混过了国庆和元旦。但元旦刚过，老两口要求小夫妻限期搬离房屋，并立即离婚。调解员受理后，先找李某沟通，对其不尊重老人的举动进行了批评。李某认识到了自己的过错。随后，调解员通过张某母亲的老战友帮忙做工作，以"家和万事兴"和孙女儿为切入口，让张某带着女儿先与老人家团聚，李某也亲自给老人道歉。调解员婉约告知老人其不告而至的探望方式需要改进，纠纷顺利解决。

案例分析：

本案中，李某不应当不尊重老人，张某不应当以欺骗搪塞来逃避。从家庭伦理来看，老人希望家庭团聚的要求正当。调解员准确抓住了矛盾症结所在，并通过"孝顺""家和万事兴"等传统美德进行调解，成功化解了家庭矛盾。

三、调解组织的行业化

随着我国社会分化的不断加深，新时期出现了新的人民调解机制，即行业性人民调解。行业性人民调解最大限度发挥了人民调解在化解行业、专业领域矛盾纠纷的重要作用，为维护社会和谐稳定发挥积极作用。

1. 行业协会参与调解

行业协会代表着本行业全体企业和成员的共同利益，具有服务行业成员、沟通企业与政府、协调行业内企业经营行为、制定并执行行规行约、监督行业产品和服务质量等职能。许多行业协会自身内部就有纠纷解决机制，其解决纠纷效率高，根据行业特点设置的程序灵活，方便快捷，行业协会也承担着行业内权威的纠纷处理角色，不仅有行业内龙头老大的权威意见，而且相较非从业者更熟知行业规范与习惯，能够保证结果公平合理。同时，诉诸行业内纠纷解决而非提起诉讼，有利于之后交易伙伴关系的延续，顺应了和气生财的理念。

【案例材料8.2】行业协会纠纷调解中心调解盗刷纠纷案[1]

案情简介：

2011年3月10日，吕某发现自己在某行开立的银行借记卡内资金不明原因地减少了，当即到银行柜台进行查询。柜台人员查询后告知吕某所持的银行借记卡于2011年3月3日在其省某市固定POS机消费支付人民币147,700元。吕某随即向公安机关报案。公安人员查明吕某被测录的借记卡在商户通机器上被盗刷，通过其他渠道转至10张借记卡上。公安机关正在并案侦破，到目前为止案情没有新的进展。一年以来，吕某多次找到银行强烈要求银行尽快解决个人损失问题，并向法院提起诉讼，2012年10月17日，经双方同意，西城法院就该起纠纷委托北京市银行业协会金融纠纷调解中心调解。

根据协会的相关规定，双方当事人自选了3名业内调解员组织调解。调解员初步推测为借记卡被不法分子测录后导致的盗刷。同时也就案件情况向法院咨询，法官指明法律关系和责任承担规定。调解员运用自身优势，对法官提供的法律意见进行了客观分析，最终双方达成调解协议。

事后，北京市银行业协会进一步发挥自律组织作用，就信用卡盗刷问题向银行提出了整改意见和建议。

案例分析：

此案中行业协会充分发挥行业自律作用，借助金融纠纷诉调对接机制，灵活运用专业知识和行业规定，顺利解决了纠纷。

2. 调解行业化的重点领域

2011年，司法部发布《司法部关于加强行业性、专业性人民调解委员会建设的意见》，要求积极推动行业性、专业性人民调解委员会建设。人民调解协会、相关行业协会等社会团体和其他组织可以设立行业性人民调解委员会，也可以依托现有的人民调解委员会设立人民调解工作室。2014年，《司法部关于进一步加强行业性、专业性人民调解工作的意见》指出，在当前

---

[1] 参见任伊珊、张卫主编:《中国调解制度与最佳调解事例》，法律出版社2015年版，第284～286页。

新形势下，要重点加强医疗卫生、道路交通、劳动争议、物业管理、环境保护等领域的组织建设。2016年，《司法部、中央综治办、最高人民法院、民政部关于推进行业性、专业性人民调解工作的指导意见》指出，要总结借鉴医疗卫生、道路交通、劳动关系、家事关系等领域的人民调解工作经验，相关部门也分别发布了《关于加强劳动人事争议调解工作的意见》《关于加强医疗纠纷人民调解工作的意见》和《推行人民调解委员会调解道路交通事故民事损害赔偿工作的通知》。由此可见，目前形势下，医疗卫生、道路交通和劳动争议是行业性、专业性人民调解工作的重点。

【案例材料8.3】借力调解破美容纠纷僵局[1]

案情简介：

患者Y某，女。2014年3月患结肠癌，经手术、多次放疗与化疗。因该病复发，一月前再入院治疗。出院后，2015年7月19日到甲院做面部美容，门诊拟“颏畸形”收入院，1个多小时后即在全麻下行“下颏成形术 + 外板去除术”。术后创面不断渗血，血压下降，甲院抢救无效即主动联系“120”转乙院救治。术后约5小时患者到乙院。乙院诊断：下颌骨颜面发育不全、昏迷，予收治入院。经医治26天，病情好转后，转丙院继续治疗。丙院诊断：下颌骨颜面发育不全，术后窒息，缺血缺氧性脑病，继发性癫痫，气管切口术后，肺部感染，结肠癌根治术后。经进一步抗炎、对症处理等治疗，目前病情逐步稳定进入康复阶段。该患者因美容不成反致病，遂与甲院发生纠纷。该纠纷曾通过多种媒体近一年时间的报道，已成社会关注热点，可是纠纷解决却无实质进展。

2016年6月，医调委来了自称患者家属的人咨询，调解员热情接待，给予耐心解答。几日后，某卫视栏目播放了暗访录音录像，使得该纠纷再次引起社会关注，也因为调解员的热情规范接待，形成了对医调委的正面宣传。之后，患者和甲院均申请该调解员调解。

调解员介入后，迅速组织召开专家咨询会，认为医方对患者术前检查不够全面，手术指征有欠缺；术后病情观察也存在不足。患者目前状况与医方

---

〔1〕 参见《上海市人民调解案例汇编（2017）》，第25页，由上海市浦东新区专业人民调解中心采集。

该次诊疗行为存在直接因果关系，医方应承担相应的赔偿责任。

在赔偿标准上，患者母亲以患者需到美国作后续治疗为由，坚持要按美国相关标准计算费用，遭医方拒绝，双方出现僵持局面。此时正遇患者大姨来探望，经了解，患者大姨在家族中有一定威望，且较易沟通。于是调解员借患者大姨有效传达调解信息，并影响患者及其母亲的态度。患方听了调解员的分析，看到调解员做出的种种努力非常感动，表示同意按我国现行法律及标准尽快解决纠纷。虽然患方同意按我国现行人身损害赔偿标准计算，但坚持要按最高标准，医方表示不能接受。对此，调解员不厌其烦地反复疏导，患方表示愿做出适当让步。调解员同时也引导医方领导站在患方、调解员的角度考虑解决问题的最佳方案。但是因甲院是民营医院，院长权力有限，无法做通董事长的工作，调解再入僵局。鉴于此，调解员请来卫生工作者协会的有关人员一起给医方董事长做耐心细致的说明，举例分析本案如不妥善解决，医方将承担的各种风险。经权衡，医方逐渐做出了让步。历经一个多月的调解，医患双方终于达成了协议。

案例分析：

调解员多次巧借外力，使调解达到事半功倍的效果。通过借助卫视媒体报道，宣传了医调委简便、经济、快捷、公平、公正调解医疗纠纷的特点，为社会输入了正能量，调解员本人也取得了医患双方的信任；借专家咨询明确了医患责任，为调解方案的制定奠定了基础；调解员抓住与患者大姨的沟通机会，借其传达调解信息，并影响患者与其母亲对本案的处理态度，取得较好效果；当医方领导出现权限受限时，再借助卫生工作者协会有关人员的力量，打破僵局，使调解最终成功。

四、调解组织的社会化

传统的民间调解以小共同体为基础，扎根于社会关系网络，本身就具有社会化的特征。现代人民调解继承了民间调解的特点，但所处的社会背景已经有了一定变化。随着现代化、市场化、信息化的发展，社会关系越来越复杂，矛盾纠纷也呈现主体多样性、复杂化的特点，因此，人民调解的社会化也在逐渐走向多元。时任上海市司法局局长的缪晓宝提出："所谓社会化，就是利用社会组织、社会机构、社会力量化解矛盾纠纷；政府作为行政管理部门，不应走在调处矛盾第一线，应采取经济的、行政的等各种手段，积极扶持、支助人民调解工作,从而形成良好、规范、有序的社会自律机制。"[1]

1. 社会人(个体)参与调解:名人调解

在日常社会生活中,作为一个社会人,路遇纠纷冲突,热心人总会上前劝说几句,使大事化小小事化了,以和为贵。然而在一定的生活共同体中,早有社会人作为"名人"活跃在解纠舞台上,凭借他们在本共同体中的权威、声名和对情理法的认识,调解着大大小小的纠纷。

提到"柏万青"这个名字,上海人一定不陌生。作为上海市人大代表、上海市静安区老年协会秘书长,柏万青被大家亲切地称为"柏阿姨",因为她还有另外一重身份——上海电视台娱乐频道《新老娘舅》节目的调解员。

《新老娘舅》电视节目自 2008 年 1 月首播后,在短时间内迅速家喻户晓,收视率名列上海前茅,同时涌现了许多深受上海市民喜爱的"调解明星",柏阿姨正是其中之一。[2] 类似的电视节目有很多,如江西卫视的《金牌调解》、北京卫视的《第三调解室》等,其中必不可少的调解员,就是主要以情动人、以理服人的社会贤达人士。

这些调解员与争议案件并无关联,不是政府部门或司法机关的工作人员,也不属于法律或所涉行业的专业人士或从业者,更谈不上专家学者,他们更像是上海地区家族的"老娘舅",有威望、讲公道,在媒体调解下更具有"名人调解"的特色。

与之类似的"老人协会"的调解,潮汕地区尤为明显,又称老人组、理事会等。老人协会的根源是传统社会中以血缘为纽带的宗族组织,后不断发展为兼具血缘和地缘特征,在有些地区的纠纷调解中扮演着不可或缺的角色。他们主要调解婚姻家庭纠纷、邻里纠纷等。他们经验丰富、德高望重,具有较强的号召力、影响力和说服力,在本地区的小共同体内也具有一定的"名人调解"特色。

---

[1] 熊易寒:《基层治理体系中的人民调解——以上海市杨伯寿工作室为个案》,载徐昕主编:《调解:中国与世界》,中国政法大学出版社 2013 年版,第 288 页。

[2] 参见瞿琨、戴燚:《媒体调解:一种新型调解方式——以〈新老娘舅〉电视节目为例》,载吴军营主编:《人民调解理论与社会管理创新》,上海社会科学院出版社 2011 年版,第 10701 页。

【案例材料8.4】浮西村老人协会调解[1]

案情简介：

浮西村在城市化过程中并入城区街道管辖，村里还保留了一座祠堂和池塘。由于土地资源有限，村民不断填池塘以扩充自己的土地，池塘面积越来越小。2009年，村委会决定把新填的土地挖出来重新恢复池塘，这一决定遭到了村民的反对，几经争执没有结果，双方关系恶化。后来，老人协会出面协调，认为池塘一定要恢复，村民们无人反对。对于老人协会依据乡规民约作出的各种调解方案，村民们都更为认同。对于实在解决不了的问题，村民才会去找村委会。

案例分析：

此案非常生动地体现了"老人协会"作为当地"名人"，相较公权力更具有说服力、权威性和影响力。

2. 社会组织参与调解

1978年以来，随着市场经济的发展，各类社会组织如雨后春笋般出现在中国的大地上，成了现代社会管理不可或缺的中坚力量。《中共中央关于构建社会主义和谐社会若干重大问题的决定》强调，要健全社会组织，支持社会组织参与社会管理和公共服务。

社会组织参与调解，可充分利用自身的专业优势，在行业性、专业性人民调解中发挥重要作用。社会组织根植于社会、贴近城市社区，与群众建立了密切的日常关系，更与特定群体有着相互信赖和互动关系，因而可以更方便、快捷、直接地为相应群体提供矛盾化解服务。尤其在发生群体性纠纷事件时，可以在政府和民众之间搭建桥梁，起到沟通、缓和矛盾的作用。

2004年9月，"小小鸟人民调解委员会"在"小小鸟"热线的基础上挂牌成立。"小小鸟"成立于1999年，是以维护农民工权益为宗旨的NGO组织。该调委会专门为外来务工人员提供服务，受理调解申请后，一般先

[1] 参见张勤：《权力网络中的村落调解组织》，载徐昕主编：《调解：中国与世界》，中国政法大学出版社2013年版，第279页。

给资方打电话核实情况、了解想法，如果有必要，调解员和志愿律师将上门调解。涉及人数多、款项大、影响恶劣的，调委会还会利用媒体力量一起出面，如果还不能解决，则指导申请人向劳动部门投诉或提起诉讼。[1]

除此之外，社会组织还可以通过政府购买服务，以独立的第三方地位化解社会纠纷，如上海著名的“李琴工作室”，就是人民调解探索社会化、专业化、职业化的有效案例。2003 年 11 月，“李琴工作室”成立，通过签订工作责任书的方式运作。2004 年，江苏街道与工作室签约，以此为平台，构建了街道大调解网络格局，及时化解矛盾纠纷。

3. 社会力量参与调解

除了具有“名人效应”的单个社会人和社会组织之外，其他有生社会力量也参与到调解工作中来，著名的“说事评理”和“民调评议”即为如此。

“说事评理”是深圳市西乡街道探索出来的调解机制。2009 年西乡街道颁布了《西乡街道人民调解委员会市民评理规则（试行）》，作出了规范化尝试。市民评理机制是街道调委会组织市民解纠的终端机制，其适用于疑难复杂的纠纷。说事评理机构由 7～13 名评理员组成，他们由争议双方当事人从评理人员库中公开抽签产生，数据库主要由辖区内人大代表、政协委员、与争议案件有关联的公职人员、与争议案件发生地相关并且无利害关系的社区党员干部、社会贤达人士组成。[2]

“民调评议”机制主要针对调解难以成功的案例。2007 年 4 月，湖南省华容县试行《重大复杂矛盾纠纷评议员参与评议》的办法，已初步建立覆盖全县的民调评议网络。评议员分为长期和临时聘任两种，按照热心解纠、有一定法律知识和政策水平、主持公道、在当地有较高威望和影响力、语言表达能力较强的要求选定评议员。[3]

---

〔1〕 参见毋爱斌：《人民调解的中国经验：类型化考察》，载徐昕主编：《调解：中国与世界》，中国政法大学出版社 2013 年版，第 241 页。

〔2〕 同上书，第 242 页。

〔3〕 同上书，第 241 页。

五、调解组织的团队化

所谓团队化，是指无论是人民调解委员会还是司法调解、行政调解的调解员均来源广泛而且专业领域众多，有律师、心理学专家、节目主持人、社会名人、行政官员和有任职资格证的人民调解员。他们之间长期合作、配合密切，形成了善于控制调解现场局面和长于把握调解节奏的战斗性团队。

调解组织之所以呈现出团队化趋势，是因为要应对社会矛盾的复杂化。随着市场经济的发展和利益关系的多元化，矛盾纠纷日益复杂，人民调解员面临着纠纷更加多元、领域更加广泛、专业要求更加精深的现实情况，因而要求调解员具备一定的专业知识以适应新形势。在面对专业性、行业性较强的矛盾纠纷时，如果调解员不了解专业知识及行业习惯，就无法科学、准确地了解双方当事人的争议点，公正、合理地定分止争也就无从谈起。《司法部关于进一步加强行业性、专业性人民调解工作的意见》指出，要注重运用专业知识进行调解。但是，每个调解员掌握的专业知识有限，于是，由具有不同专业知识的人才组成团队是最好的应对办法。

团队化的好处在于能够妥善处理调解员的“专才”与“通才”的矛盾。对于人民调解员来说，有些专业知识通过定期培训、专门学习和实际应用是可以上手的，如道路交通安全、劳动争议、物业管理、消费、保险、教育等领域的相关知识，这些知识与日常生活联系紧密、专业门槛较低，调解员无须了解过多理论性、专业性知识，能够熟悉核心概念、熟练运用关联法律及相关政策，了解相关行业习惯，科学、公正地处理纠纷即可。但有些专业知识无须钻研精通，交由相关专家或从业人员进行厘清责任、定损止争则更为恰当，如医疗纠纷、商事纠纷、环境污染纠纷等。这些领域的知识门槛更高，对从业经验更为看重，调解员应注重发挥相关行业、专业领域专家学者的专业优势，根据调解纠纷的需要邀请相关专家参与调解工作。当然，行业性、专业性人民调解员应具有相关行业、专业知识或工作经验。对于术业有专攻的调解员，应认真钻研、积极发挥专业优势，以便为矛盾纠纷提供科学、合理的化解之道。

当然，调解员也应当学习法学、心理学、社会工作等专业知识，善于运用专业知识调解，将法、理、情相结合，既讲法律政策，又合行业实际，也重情理疏导，唯有如此，才能不断提高调解成功率、协议履行率和人民群众的满意度。

【案例材料 8.5】人民调解中巧用专业知识[1]

案情简介：

2014 年 4 月 25 日晚 10 时 20 分左右，患者臧某某驾驶过程中呕吐昏倒在马路上，“110”接警后通知家属送往宝山区某医院抢救。医院抢救 3 小时后宣布患者臧某某死亡。患方认为医院抢救措施不力导致患者死亡，要求医院赔偿患者父亲 20 年赡养费共计 24 万元。医院认为病人来院时间很短，真正死因不明，建议患方做尸检和医疗事故责任鉴定，但均遭患方拒绝。医院表示对患者给予了及时、正确的治疗，患者的死亡与院方的医疗行为不存在因果关系，但出于对患方的人道安抚，愿意给患方一定金额的补偿。医患双方在补偿金额上差距甚大。

宝山区医患纠纷人民调解委员会闻讯主动介入。调解员详细了解了事实经过和患方诉求，并启动专家咨询程序，分别与医患双方见面，详细了解患者症状和抢救过程后，判定依据现有资料医疗行为和死亡结果不存在因果关系，不构成医疗事故，但指出医院在预检分诊、病史记录等方面存在一定瑕疵。经过多轮调解，调解员一方面向患方当事人指出根据鉴定结果，只能在最低责任事故赔偿范围以下进行赔偿；另一方面也与医院沟通，应适当考虑死者家属、家庭经济、社会稳定等因素，在原有赔偿基础上少许提升一定幅度。最终医患双方签订了人民调解协议书，双方均对赔偿金额表示认可。

案例分析：

坚持尊重科学是此次调解的基础。由于家属对医学知识的不了解和丧失亲人带来的巨大伤痛，他们往往先入为主地认定医院“将好端端的大活人致死”，而医院在没有做出相关鉴定的情况下也不会轻易承认错误。而医疗行为和死亡结果关系的有无、责任的大小、医疗过错的多少直接关系到赔偿金额的确定以及双方是否接受，甚至关系到调解成功的可能性。调解员及时启动专家咨询，由医学领域权威人士对医方治疗过程进行客观评估，科学界定医疗责任，以此为基础确定调解思路，提高了调解的权威性和公信力。

---

〔1〕 参见《上海市首席人民调解员案例汇编 44》，宝山区医患纠纷人民调解委员会采集。

第二节　调解工作综合化趋势

在一个法治社会和公民权利张显的世界中，国家知识成为显性知识，直接决定了人们的日常行动。因此，当一个人遇到矛盾纠纷时，在国家的法律法规、政策知识指引下，影响他选择解决纠纷的方式的因素有权利边界、专业机理和综合接受度。权利边界是指当事人知晓自己的选择范围，专业机理是理解选择原因，综合接受度是指当事人在平衡后选择各种结果。权利边界是由法律确定的，在具体的社会矛盾纠纷案件中，当事人的权利边界往往由法律专业人才（律师或法官）帮助解析和界定；社会事务的专业机理由公共政策予以明确的。因此，权利边界告知了矛盾纠纷当事人的权利选择范围，而专业机理厘清了案件事实的来龙去脉和因果关系。当事人在明确自己权利边界以及案件事实的专业机理之后，会综合权衡，做出最有利于自己的选择。这就是综合接受度。[1]

一、调解方式融合

目前，我国人民内部矛盾纠纷化解的组织主要有三类，分别为人民法院、人民政府的行政机关和社会自治组织。每桩矛盾纠纷案件的处理者是这些组织的成员，如人民法院中的法官、人民政府中的行政人员和社会自治组织中的志愿者。他们是不同类型知识的携带者，法官精通法律知识，行政人员娴熟于专业知识，而社会自治组织中的志愿者则通达于当地人情世故的实践知识。法律知识和专业知识市场被划定为国家知识范畴，而地方的人情世故的实践知识是典型的地方知识。法律知识、专业知识和实践知识分别通过法官、行政人员和纠纷解决的志愿者并传播并影响着矛盾纠纷的当事人，影响到他们选择不同纠纷的解决方式。于是，矛盾纠纷解决组织通过知识机制影响到矛盾纠纷当事人的选择。

所谓调解就是在第三方主持下，矛盾纠纷当事人形成共识和达成解决问题方案的方式。对于调解需要消除两个误解：一是调解是化解矛盾纠纷的方式之一，并不是唯一的方式。并不是要求人民必须选择调解方式，而是

---

〔1〕 参见李瑞昌：《论社会治理新格局站位下的人民调解制度建设方略》，载《湘潭大学学报》2018 年第 2 期。

引导人民尽可能选择调解方式。因为,在解决社会矛盾纠纷时,不同组织都可能部分环节或全程使用调解方式。二是人民调解只是调解方式之一,而非调解方式的全部。根据主持调解的组织不同,我国调解制度总体可以划分为:人民调解、行政调解和司法调解。人民调解是由人民调解组织主持的,从事调解的专项工作的组织。行政调解是由行政机关主持的,是行政职能部门依据自身职能受理相关行政复议或行政争议案件并作出调解或裁决。司法调解是人民法院对受理的民事或轻微刑事案件审理之后判决之前,依法作为第三方调解原被告诉求,达成相互认可的协议。

从严格的制度定义上看,我国目前只有人民调解方式建立起了完整的人民调解制度。2010 年出台的《人民调解法》规定了人民调解组织、人民调解规则和人民调解理念。行政调解方式和司法调解方式并未形成严格的调解制度。人民调解组织是专门从事调解工作、以调解作为主要工作职责的组织。人民调解制度也是由国家法律确定的社会制度。[1] 调解制度作为一种社会制度,即社会内部个体、组织及其二者之间化解矛盾纠纷的方式,是社会自治制度的一部分。

从三种调解方式的公信力来看,人民调解的公信力源自人民调解员的所累积的经验和威信,即实践知识。人民调解员依托自身积累的生活经验以及在人民群众中树立的威信帮助纠纷当事人解惑纾困,从而让纠纷当事人之间达成合情合理的和解方案;行政裁决和司法诉讼的公信力源自主持组织所负载的法律知识和专业知识。在行政裁决过程中,行政人员因长期从事专业管理活动,积累了大量的专业知识,能够对矛盾纠纷进行专业性机理解析,判断其中真伪,而在法院的审判过程中,法官深谙法律条文,长于析法明理,善于将法条与案件事实契合起来,从而作出公平、公正的裁判。

从三种调解方式的依据来看,社会矛盾纠纷调解所运用的依据无非是"情理法"。所谓的"情"是人情,即人的所有情感;所谓的"道"是道理,即事物本身所隐含的专业机理;而所谓的"法"是法律,即由统治者所确立的法律规则。因此,人民调解是以情感人,行政调解是以理服人,而司法调解则是依法安人。所谓以情感人是指作为第三方的人民调解组织借助人情世故劝

---

〔1〕 参见强世功:《调解、法制与现代性:中国调解制度研究》,中国法制出版社 2001 年版,第 534 页。

说矛盾纠纷当事人相互体谅、相互礼让,从而化解当事人间的矛盾纠纷。所谓以理服人则是指作为第三方的行政组织通过向矛盾纠纷当事人明事透理、还原真实,从而形成共识性方案。所谓依法安人是指作为第三方的法官通过向纠纷当事人讲清法理、明确事理,让纠纷当事人了解自己的权利界限,同时借助司法权威告知调解协议的可落实性,让纠纷当事人安心下来,接受裁判结果。

因此,因不同组织所使用的调解方式,从而形成了事实上的三种调解制度,即人民调解制度、行政调解制度和司法调解制度。三种调解制度的差别在于调解过程中运用的知识差异,人民调解多运用社会知识、以情感人,行政调解更偏向用专业知识、以理服人,而司法调解倾斜于适用法律、依法晓人。于是,实践中形成了个体选择司法诉讼、行政裁决和人民调解的调解制度情景,即矛盾纠纷当事人可以上法院或找政府或寻求人民调解员解决矛盾纠纷。在法治社会中,人民之所以愿意选择其中一种调解方式,其根本的原因在于它们作用于矛盾纠纷解决的知识机制不同(见图8.1)。

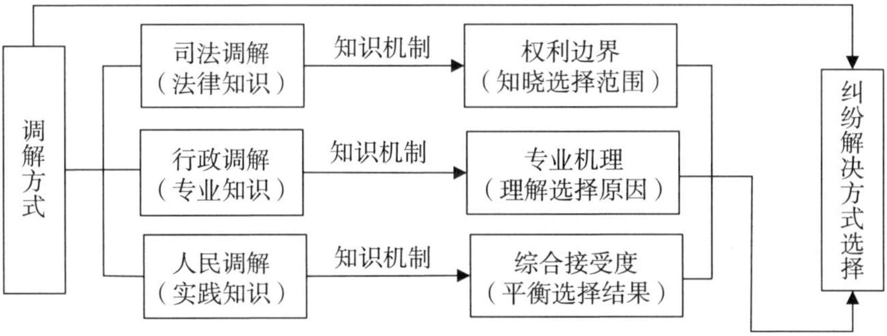

图8.1　调解方式融合发展

矛盾纠纷当事人选择去法院打官司的司法诉讼方式解决纠纷,是否仅因为法官善用法律知识呢?答案是未必。因为法院不仅具有调解职能还拥有审判职能。从解决矛盾纠纷的"自治、调解、裁决"三种方法的归属来看,不同的矛盾纠纷化解组织具有使用这三种方法的不同权力。人民调解组织只有调解功能,而行政机关和人民法院兼具调解和裁决两项功能。因此,人民调解不成功后可以继续申请行政裁决或诉讼审判,因而,矛盾纠纷当事人选择行政裁决和司法诉讼往往具有"一石二鸟"的功效。

但是,矛盾纠纷当事人选择行政裁决和司法诉讼也有弊端,具体为:一是这两种方式解决纠纷过程的耗时长、时间成本高;二是这两种方式结果的伤害大、隐性成本高。由于这两种方式不仅受理案件数多而且审理程序复杂,纠纷当事人时常可能付出巨大的等待成本和精神力量,而且这两种方式均不符合中国人所言的“撕破脸皮”的底线思维,一旦“告官”(无论是行政官员还是法官出面处理),也就意味当事人之间的关系彻底破裂,留下长久隐患,“和气生财”“远亲不如近邻”“一日夫妻百日恩”“兄弟姊妹血缘亲情”“父母子女恩情”等中国社会独特的情感诉求就会遭到冲击。

进一步讲,纠纷当事人之所以承受着时间成本和精力成本大的压力选择司法诉讼,其基本的动因是相信法律和追求自己权利的实现。因为,在司法诉讼中法官和律师携带着法律知识,可以帮助当事人实现自己的权利。事实上,任何知识都是由调解者所携带的。如法律知识时常由法官和律师所运用,专业知识则是由职能部门行政人员所掌控,而实践知识是由基层的、经验丰富的人民调解员所携带。因此,要让矛盾纠纷当事人选择人民调解而不走司法诉讼途径的关键措施,就是改善人民调解员的知识结构或者人员构成。由于我国人民调解员大都是兼职的而非专职,因此,人民调解员多属于社会贤达或离退休人员,未接受过法律专业知识的训练,且他们年龄较大难以再次接受系统法律知识的培训。

二、调解机制综合化

调解机制的综合化强调人民调解与行政调解、司法调解的衔接配合机制,整合政法、综治、信访和有关行政职能部门及工会、共青团、妇联等调解资源和力量,综合运用各种技术手段开展矛盾化解工作,实现大调解。

2010年,中央社会治安综合治理委员会办公室发布《关于切实做好矛盾纠纷大排查、大调解工作的意见》,指出要深入推进大调解工作体系建设,建立矛盾纠纷联排联调的大调解工作平台。实践中,各地涌现出许多各地创设的、各具特色的大调解模式,[1]从而,进一步完善了人民调解、行政调解、司法调解联调联动的衔接机制。

1. 调处中心模式

南通市位于江苏东部,是1984年国家首批沿海对外开放城市之一。作

---

〔1〕 参见胡洁人:《健全社会矛盾纠纷调解机制:当代中国“大调解”研究》,上海交通大学出版社2017年版,第46~77页。

为国家首个大调解体系的试验点，南通最大限度地整合了已有纠纷解决的资源，实行“党委政府统一领导、政法综治牵头协调、调处中心具体运作、司法部门业务指导、职能部门共同参与、社会各方整体联动”的社会矛盾纠纷大调解工作格局。先是构建了包括市级大调解指导委，县、乡调处中心，村(社区)调处站，十户调解小组和基层调解信息员的纵向6级大调解工作网络；随后建立医患、劳资、环保、拆迁等专业调解组织机构，并依托政府职能部门，将部门资源、政法资源和专业资源有效结合起来；在实际工作中，大调解体系拥有“矛盾纠纷交办专办”“督查考核”“指导协调”“情况通报”“人事建议”“一票否决建议”共6项权力；乡镇、街道调处中心强调“分流指派”“调处调度”“调处督办”“一票否决建议”和“渎职责任追究”5项职权；村居社区调处站执行纠纷排查、报告、调解、回访4项职能。各级调解组织免费咨询、免费调解、免费服务，并实现一个窗口对外和“一站式”服务。同时，各县(市、区)建立了大调解视频指挥系统，基层调解组织每天向中心汇报当天的各类纠纷情况。

2.“三调合一”模式

大调解“广安模式”是继南通模式之后较有影响力的大调解体系，即人民调解与法院、信访、公安、卫生、教育、消费者协会等单位实现对接，并建立了一大批行业性、专业性调解委员会，创建了“以市、县(市、区)人民调委会联合会为龙头，市、县(市、区)人民调委会为主导，乡镇、村(居)调委会为基础，行业性、专业性调委会为补充”的5级网络体系，同时，“广安大调解”还吸引了社会组织参加纠纷解决的工作，基本上形成了“党政统一领导、综治牵头协调、部门各负其责、社会广泛参与”的大调解工作格局；广安还进一步完善了诉调、诉检、检调、诉裁对接，诉访互动等联动机制，充分实现了各种矛盾纠纷解决机制衔接。同时，建立大调解信息管理系统，实现了互联互通、网上登录、网上测评。

总结来说，大调解工作体系首先要坚持在党委领导和政府支持下推进完成；其次建立健全大调解工作网络是关键，包括纵向各级调处中心、横向各级政府部门、司法部门、社会组织与行业组织；最后要充分衔接人民调解、行政调解、司法调解间的衔接机制，充分沟通，实现“三调合一”(人民调解、行政调解和司法调解合力运行)。此工作体系应当由党委政府统一领导，由政法、综治统一协调，相关部门各司其职，社会广泛参与，充分衔接三大调解。

【案例材料8.6】大调解体系解决学生死亡纠纷案[1]

案情简介：

2009年3月22日，四川省广安市广安城区学生陈某在学校沐浴时身亡。公安机关经调查证实，陈某酒后沐浴醉倒，手中热水瓶破裂，使其失血性休克死亡。家属不接受此解释，并提出学校应赔偿80万元人民币。学校只同意支付该生在校期间花费8.5万元和困难补助金6.5万元。协调未果，事态有逐渐扩大可能。

28日，市委市政府召集市维稳办、中级人民法院、公安局、司法局、教育局、学生户籍所在地的岳池县委政法委及死者所在乡镇党政人员共商方案。随后，市联合会抽调专家库成员与死者方会面，同意调解。初次会面因赔偿差额太大而以失败告终。

30日，家属情绪激动，一行十余人再向“学校”要人，声称要到市委市政府门前聚集“讨说法”。再度调解的时候，又因学生家属对赔偿数额“拿不准”而不了了之。31日，死者家属从邻近某市聘请了律师参与调解，又因部分赔偿事宜未达成一致意见而推延。调解员遂分头做工作，特别针对死者死因和校方依法应该承担的责任对家属进行明确说明，并在情绪上给予安抚，最终于次日双方达成调解协议。

在调解过程中，由县委常委、政法委书记或县委常委、常务副县长为组长，联合政法委、宣传部、维稳办、法院、公安、群众工作局、教育局、司法局等部门，成立纠纷化解领导组。维稳办、法院、公安局、教育局、司法局等协同讨论处理方案，按职分工成立不同工作组。

乡镇工作人员安抚家属，社会秩序维护组包括公安局、教育局和乡镇街道人员对校方、家属及相关秩序进行控制；舆情处理组掌控社会和网络舆情；情绪安抚组随时关注重视家属情绪，积极进行疏导沟通；法律咨询组依法依规进行法律评估，明确当事人责任；新闻发布工作组草拟政府新闻发布会文稿。调解工作组由联合会在专家库中选派政治过硬、业务能力强的调解员参加调解。整个工作由政法委牵头，法院、公安、法制办、司法局、教育

[1] 参见胡洁人：《健全社会矛盾纠纷调解机制：当代中国“大调解”研究》，上海交通大学出版社2017年版，第62～63页。

局负责和参与。

案例分析：

案件属于极易激化升级的纠纷，但在广安大调解模式下，各部门各司其职、高度配合，市委市政府重视，将各调解资源有效整合，10 天内调解成功，不得不说是一次优秀的调解实践。

3. 诉调对接的大调解

建立健全多元化纠纷解决机制是国家治理体系和治理能力现代化的重要内容，调解在促进纠纷解决和权利救济、维护社会和谐稳定等方面发挥重要作用。人民法院始终高度重视推进调解工作发展。法院对调解工作的业务指导涵盖人民调解、行政调解、行业调解、商事调解等方面，并通过司法确认赋予调解协议法律上的约束力与执行力。各地法院大力加强法院调解工作，普遍建立了诉讼服务中心，促进诉调对接，积极构建具有中国特色的特邀调解制度，并运用信息化手段建立在线纠纷解决机制，推动调解工作向科学化、体系化、规范化方向不断发展。多地法院邀请外籍人士作为调解员参与涉外商事案件的调解工作，妥善化解矛盾纠纷，为推进“一带一路”建设、营造法治化营商环境发挥了积极作用。

三、调解程序制度化

1. 仲裁调解的新发展

仲裁调解是将仲裁与调解衔接于仲裁程序中，将仲裁的程序性、意思自治性、调解的灵活性注入仲裁调解程序，进而发挥两者融合之功效，形成更为快捷、高效、低成本的纠纷解决机制。仲裁调解旨在尊重当事人的私权处分，贯彻意思自治原则，提高仲裁程序的灵活性，以进一步发挥其制度优势。

目前仲裁调解主要适用于劳动人事纠纷调解、土地承包经营纠纷和商事纠纷等案件之中。其中，我国已颁布《劳动争议调解仲裁法》和《农村土地承包经营纠纷调解仲裁法》，依法确立了调解仲裁的法律地位，进一步明确了对上述两类争议调解仲裁的具体标准和规范等。但是，商事仲裁调解尚未有立法或司法解释，对商事仲裁调解案件的适用范围、原则、期限、程序等缺乏统一的法律规定，由各地商事仲裁部门自行探索使用，如中国国际商会、中国国际贸易促进委员会于 2012 年修订的第 8 套《中国国际贸易促进委员会对外贸易仲裁委员会仲裁程序规则》第 54 条就具体规定了仲裁与调解相结合制度。

在现实中，仲裁调解依自愿进行，在调解开始时，受当事人意思自治制约，由双方当事人自由选定仲裁员。因此，仲裁调解与当事人有较强的人身信赖关系。这种信赖关系保证了仲裁调解的顺利进行。如果仲裁员的调解行为不能让双方当事人满意，当事人也可提出停止调解。各地仲裁规则对此多有规定，如成都《仲裁暂行规则》第53条规定："自行和解与调解不成的，当事人不得在其后的仲裁程序中援引对方当事人曾提出过的、承让的或者否定过的任何陈述意见作为其答辩或提出反请求的依据。"

仲裁调解在我国尚未有明确的法律规定。我国《仲裁法》第51条、第52条及相关司法解释仅就仲裁中的调解作出框架性规定，而未涉及更微观的问题。例如，仲裁调解发生的时间，《仲裁法》第51条将仲裁调解时间规定为"裁决作出前"，学术界和实务界却将仲裁调解发生的时间界定为"仲裁庭组建后裁决作出前"。于是，在实践过程中形成了仲裁前调解和仲裁中调解两种形式。

仲裁前调解，是指当事人将仲裁申请提交仲裁机构时，由仲裁立案部门或办案秘书在征得各方当事人同意后，案件进入仲裁调解部门进行调解，若调解成功，制作调解协议。调解协议由各方当事人及仲裁员签字并加盖仲裁调解部门印章后，即具有民事合同性质，对各方当事人具有约束力。当事人也可以请求仲裁机构出具仲裁裁决书，为其调解协议赋予强制执行力。若调解不成功，则予以立案进入仲裁程序进行裁决。

仲裁中调解，是指根据当事人的仲裁申请，先启动仲裁程序，在仲裁程序进行的过程中，由仲裁员对案件进行调解或经当事人同意，可邀请或委托其他争议解决机构或与当事人有特定关系的企事业单位、社会团体，或其他组织和具有一定专业知识、特定社会经验的个人进行协助调解，若调解不成，再恢复仲裁程序。

目前，仲裁调解仍然处于探索发展之中，缺乏规范化的程序和协议效力的规定，但是，已经被一些仲裁组织或调解组织在实践过程中使用。

2. 行政调解的法定化

行政调解是行政机关对经济活动和社会生活执行管理、监督和服务的一种方式，其在化解社会矛盾方面被誉为新时代人民调解"枫桥经验"的有益补充和拓展。当前绝大部分行政调解案件产生于行政管理领域内的民事纠纷，如交通事故处理、物业管理纠纷、环境污染案件等，这些矛盾纠纷的解决要求行业主管部门发挥自身的专业性、权威性，故行政调解大有用武之地。相较于司法调解，迅速、低廉、简便是行政调解特有的优势。行政调解期限远短于复议、诉讼期限，调解不成也不影响当事人此后对权利的主张和救济。在调解程序中，当事人可以综合表达自己的意愿，不需要为规范语言概括诉求而产生额外的支出，自然更容易被当事人选择适用。此外，行政机关的服务功能，不仅体现在行政许可、审批、决定等传统意义的行政行为中，而且体现于行政指导、行政建议等柔性行政行为中。可以说，行政调解对保护公民、法人和其他组织的合法利益不受侵犯，为调整经济关系和社会关系，维护社会稳定，推动社会主义经济建设发挥了重要作用。

近年来，我国为了发挥行政调解在解纠止争的作用，出台了一系列规章制度，以推动行政调解工作的常态化、程序化和正规化。2010 年《国务院关于加强法治政府建设的意见》明确提出，“要把行政调解作为地方各级人民政府和有关部门的重要职责，建立由地方各级人民政府负总责、政府法制机构牵头、各职能部门为主体的行政调解工作体制，充分发挥行政机关在化解行政争议和民事纠纷中的作用。完善行政调解制度，科学界定调解范围，规范调解程序。对资源开发、环境污染、公共安全事故等方面的民事纠纷，以及涉及人数较多、影响较大、可能影响社会稳定的纠纷，要主动进行调解”。2015 年 12 月，中共中央、国务院印发的《法治政府建设实施纲要（2015—2020 年）》进一步提出完善行政调解，行政调解也迎来了新的发展高潮。在此推动下，各地开始将行政调解作为政府的重要任务，并积极推动行政调解的法治化进程。很多地方政府不再使用“意见”“通知”等红头文件的形式推动行政调解工作，而是积极立法，引导行政调解在法治的轨道上展开。例如，2012 年实施的《贵阳市行政调解暂行规定》，2013 年实施的《云南省行政调解规定（试行）》《深圳市行政调解实施办法（试行）》，2015 年实施的《广州市行政调解规定》《辽宁省行政调解规定》《北京市行政调解办法》，2017 年实施的《邯郸市行政调解办法》，2018 年实施的《遵义市行政调解办法》《武汉市行政调解暂行办法》都是专门以行政调解作为规范对象，对行政调解的含义、原则、内容、程序、效力等方面进行了规定。随着党和政府提出建立矛盾纠纷多元化解机制，很多地方也陆续出台了相关的地方性法规，如 2015 年《厦门经济特区多元化纠纷解决机制促进条例》、2016 年《山东省多元化解纠纷促进条例》、2017 年《福建省多元化解纠纷条例》、2018 年《黑龙江省社会矛盾纠纷多元化解条例》，其中对行政调解也有规定。行政调解有了地方性法规或规章作为依据，逐渐走向了法治化的轨道。

第三节　调解技术的信息化

随着现代信息技术的革新,调解实践也在不断向前发展。在大调解体系构建下,许多地方将大数据、互联网和调解工作相结合,推出了“网上调解”。从目前各地的实践探索来看,有以下四种基本形态。

1. 专(热)线调解。专(热)线调解是通过在互联网上建立起互动平台,让双方当事人、第三方相互交流。专(热)线调解常见于商业平台,如各大商业销售平台上申诉调处机制。近年来,一些市场监管部门也建立起了调解平台,专门调解网络销售中的业务纠纷。这种调解平台,所针对的也是单一业务的纠纷议题,均采用简易程序和快速解决问题的做法,致力于提高调解效率。

2. 网上联合调解。网上联合调解是通过在互联网上建立互动平台,将不同部门联合起来作为调解的第三方,合作化解当事人双方的纠纷。网上联合调解所针对的是单一领域问题,处理的是专业事务,仍属于专业调解平台,如中国电子商务协会调解中心。

3. 网格调解。近年来,随着城乡实施网格化管理模式,网格的功能也在不断扩大,逐步承担了调解功能。为了便于同一地域当事人双方解决矛盾纠纷,社区组织利用网格建立起调解平台,协商解决同一地域中当事人的矛盾纠纷。常见的网格调解平台有社区物业调解中心,如上海闵行区的物业纠纷调解中心和南京的社区物业纠纷调解中心。

4. 网络调解大平台。网络调解大平台是通过开发特殊的调解软件,将由多个部门构成的第三方聚合到虚拟平台上,将不同领域的矛盾纠纷登记到调解平台的数据库,并将不同地域的双方当事人接入到网上调解平台,从而实现网络上面对面的调解。网络大调解平台实现了根据矛盾纠纷的类型组合调解员的专业化需要,同时,又实现了处于不同地域的当事人网上见面调解的便利。

福建省莆田市城厢区探索成立了首个“网上大调解中心”,推行“互联网+调解”“行业+专业”的大调解模式,建立横纵向矛盾纠纷排查调处网络,实现了调解空间虚拟化。“网上调解中心”联合了大调解办、公安、法院、司法局、信访局、人社局、国土局等单位,由区委政法委牵头,旨在通过网上调解平台对纠纷进行调解。当事人不需要面对面,只需通过视频与调解员见面。

达成调解协议后，需约定现场当面签署，才可成为具有法律效力的协议书。上海市徐汇区司法局开发并逐步完善了“大调解信息管理平台”，强调“受理一口对外、过程一路可查、数据一目了然、队伍统一管理”，实现了矛盾纠纷的网上排查预警、受理、查询、分流、统计、考核一体化。[1] 大调解机制的数字化、网络化有利于实时反馈，高效便民，提高了工作效率和业务处理能力，是进一步推动“大调解”工作体系建设的重要创新。

创新发展调解工作，可以从三方面推进：一是发展调解工作的新理念。深入分析研究调解工作面临的新情况新问题，进一步推进调解理论和实践创新。坚持依法调解，使调解工作更加符合意思自治、权利保障、程序正义等要求。在实现定分止争、案结事了的目的基础上，更加注重促进各方当事人破解困境、实现合作、创造价值，努力实现互利“双赢”的效果。二是建设现代制度。推动构建更为成熟完善的现代调解制度，统筹协调各种争端解决方式。加强各部门之间的协作，形成信息互享、优势互补、协作配合的互动机制。要积极发挥法院诉讼服务中心的作用，依托诉讼服务中心平台，充分发挥人民调解、行政调解、行业调解、民商事调解的各自优势，不断拓展律师调解、专家调解、中立评估等制度的发展空间。三是不断提升调解实效。要充分运用人文关怀、情感教化的传统调解手段，积极探索现代科技手段在调解工作中的应用，充分运用互联网、大数据、人工智能等技术，使调解工作更加符合时代要求和实践需要。

〔1〕 参见胡洁人：《健全社会矛盾纠纷调解机制：当代中国“大调解”研究》，上海交通大学出版社2017年版，第74～75页。

附录

《调解工作总论》题库

第一章　调解工作概述

一、单选题

1. 以下有关调解员准入资格,表述错误的一项是(　)。

A. 年满十八岁

B. 具有中华人民共和国国籍

C. 对教育背景有硬性要求

D. 需要具有一定的法律知识,并对人情世故、风俗习惯有一定的了解

答案:C

2. 人民调解的基本组织形式是(　)。

A. 居委会、村委会设立的人民调解委员会

B. 企事业单位设立的人民调解委员会

C. 乡镇、街道设立的人民调解委员会

D. 行业性、专业性的人民调解委员会

答案:A

3. (　)是人民调解员开展工作的前提。

A. 热心人民调解工作

B. 公道正派

C. 具有文化水平、政策水平和法律知识

D. 成年公民

答案:C

4. 以下有关回访制度的说法中,错误的是(　)。

A. 回访工作要求调解员必须实事求是，认真负责、及时实效，避免走过场的形式主义

B. 回访对象仅包括双方当事人

C. 进行回访时，对于已经达成协议的，要对协议履行情况进行跟踪；未达成协议的，可适时了解纠纷解决状态和发展动态

D. 需形成回访记录备案

答案：B

5. 根据《最高人民法院关于审理涉及人民调解协议的民事案件的若干规定》第1条“经人民调解委员会调解达成的、有民事权利义务内容，并由双方当事人签字或者盖章的调解协议，具有民事合同性质”的规定，当签字的一方不具有代理权时，调解书约定的义务由（　）承担。

A. 实际签字人

B. 被代理人

C. 调解书失去效力

D. 调解员

答案：A

6. 口头协议自（　）之日起生效。

A. 各方当事人签名、盖章或按指印

B. 人民调解员签名

C. 加盖人民调解委员会印章

D. 各方当事人达成协议

答案：D

7. 以下有关人民调解协议说法正确的一项是（　）。

A. 人民调解协议不具有法律约束力

B. 口头协议的达成无需调解员记录在案

C. 如果人民调解协议出现部分无效，那么其余部分也失去了效力

D. 人民调解协议的第一要件是经由调委会、调解员调解达成

答案：D

8.《人民调解法》第33条规定，经人民调解委员会调解达成调解协议后，双方当事人认为有必要的，可以自调解协议生效之日起（　）内共同向人民法院申请司法确认。

A. 七日　　B. 十五日　　C. 三十日　　D. 六十日

答案:C

9. 以下有关人民调解委员会组建说法错误的一项是(　)。

A. 村居委会的人民调解委员会由村民会议或村民代表会议、居民会议推选产生

B. 企事业单位的人民调解委员会是必须要设立的

C. 乡镇、街道设立的人民调解委员会,其委员应具备高中以上文化程度

D. 社会团体或者其他组织可以结合相关行业和专业特点,在县级司法行政机关的指导下,设立行业性、专业性人民调解委员会

答案:B

10. 随着我国的社会转型,利益格局深刻调整和变化对社会矛盾纠纷产生了影响,社会矛盾纠纷的形式发生变化的表现是(　)。

A. 当事人由单纯的公民,过渡至公民、法人、政府部门、其他社会团体,还有可能出现涉及三方甚至多方主体的情况

B. 传统的婚姻家庭纠纷、邻里纠纷依旧存在,同时,出现了众多新型矛盾:房屋宅基地纠纷、生产经营纠纷、损害赔偿纠纷、征地拆迁纠纷、医疗纠纷、物业纠纷、电子商务纠纷、跨国涉外纠纷、商事纠纷等

C. 由过去较为单纯的民事纠纷逐渐过渡为民事纠纷、行政纠纷、轻微刑事纠纷等

D. 人民日益增长需要同落后生产之间的矛盾

答案:C

11. 调解工作的作用不包括(　)。

A. 消除纠纷　　B. 化解矛盾　　C. 宣传法治　　D. 维护稳定

答案:A

12. 以下三种调解制度中,适用范围最为广泛的是(　)。

A. 人民调解　　B. 行政调解　　C. 司法调解　　D. 街道调解

答案:C

13. 人民调解、行政调解、司法调解三者之间的共性是(　)。

A. 都具有公权力色彩

B. 主体都是群众性组织

C. 都有专门的法律法规明确规定范围

D. 都是第三方介入解决纠纷

答案:D

14. 从行政调解的主体来看,不同类型案件应当向不同的部门申请行政调解,以下案件中,应当由主管行政机关进行主持的行政调解的是(　)。

A. 一般民事案件

B. 相关行业性、专业性案件

C. 与相关团体、相关组织有关的民事案件

D. 刑事案件

答案:B

15. 轻微刑事违法行为引起的纠纷是起诉才处理的刑事(　)案件。

A. 公诉　B. 私诉　C. 自诉　D. 他诉

答案:C

16. 法院处理家事矛盾案件的首要选择是(　)。

A. 调解　B. 判决　C. 协商　D. 调停

答案:A

17. 一切调解活动的根本原则是(　)。

A. 合法调解　B. 非公开及保密原则

C. 当判则判　D. 当事人自愿调解

答案:D

18. 法官的权威来自于法律的(　)。

A. 专业性　B. 正当性　C. 强制性　D. 公正性

答案:C

19. "成年公民"这一要求保障了调解员拥有独立分析和解决问题的能力,也具有完全(　)。

A. 民事责任能力　B. 民事行为能力

C. 民事权利能力　D. 刑事责任能力

答案:B

20. 以下有关人民调解协议的司法确认制度说法错误的一项是(　)。

A. 司法确认需双方当事人共同通过口头或书面形式申请确认

B. 各方当事人,需要同时到庭

C. 人民法院确认调解效力的决定自送达当事人后发生法律效力

D. 司法确认是使调解协议生效的必要程序

答案:D

二、判断题

1. 调解是我国最基本、最常用的化解手段,政府部门和司法机关是化解矛盾纠纷的主要力量。( )

答案:√

2. 人民调解是唯一的调解方式。( )

答案:×

3. 调解,是通过邀请被称为调解员的第三方来促进纠纷当事人以自决协议来处理纠纷的一种方式。( )

答案:√

4. 调解员提供无偿服务时,如不愿意,可不受职业纪律的约束。( )

答案:×

5. 口头协议可不记录。( )

答案:×

6. 人民调解仅限于民事纠纷。( )

答案:×

7. 任何调解工作都不应收费。( )

答案:×

8. 司法确认由人民调解委员会申请。( )

答案:×

9. 人民调解协议履行情况不佳时,当事人只能诉诸诉讼或仲裁。( )

答案:×

10. 矛盾纠纷类型不同,需要针对性选择适用范围的调解方式进行解决。( )

答案:√

11. 目前司法调解的范围可包括行政案件、刑事自诉案件、轻微刑事案件、刑事附带民事案件、国家赔偿案件和执行案件,建立覆盖全部审判执行领域的立体调解体制。相较人民调解和行政调解,司法调解的适用范围更为广泛。( )

答案:√

12. 轻微刑事违法行为引起的纠纷是起诉才处理的刑事自诉案件,在当事人不向人民法院起诉,或起诉后又撤诉的,人民调解委员会可作为一种特殊的民间纠纷进行调解。( )

答案:√

13. 除法律另有规定的以外,法官调解时应真正尊重当事人的意愿,是否接受调解、何时调解、调解的方式方法、是否结束调解、是否接受调解协议等均需出于其个人意愿。法官尤其注意不得违反当事人意愿强制调解,尤其不得以判压调、以拖促调。( )

答案:√

14. 在行政调解中,法律法规授权的组织可以被认为是国家机关和行政主体。( )

答案:×

15. 随着调解工作的发展,受理范围逐渐扩大,包括商事纠纷、医疗纠纷、劳动争议纠纷、轻微刑事案件等。( )

答案:√

16. 根据纠纷矛盾的复杂程度、影响力、紧急程度不同,选派调解员的人数、类型也有不同。( )

答案:√

17. 在实践中,调解建立在法官主持的基础上,双方当事人通过平等、自愿原则进行协商,妥善处理自身诉讼权益。( )

答案:√

18. 调解作为法院处理案件的首要选择,已经将工作范围由民事案件扩展至行政案件、刑事自诉案件、轻微刑事案件、刑事附带民事案件、国家赔偿案件和执行案件,建立覆盖全部审判执行领域的立体调解机制。( )

答案:√

19 法官在面对特定民事案件时,应在开庭审理前先调解。( )

答案:√

20. 当事人享有接受调解、拒绝调解或者要求终止调解的权利,可在调解程序的任一阶段提出终止调解。如果当事人决定终止调解时,为了避免当事人意气用事,调解员可向当事人充分说明调解的可行性和必要性,尽可能让当事人继续调解。( )

答案:×

三、简答题

1. 简述调解的基本内涵。

答案:总体上看,调解有两个基本内涵:一是作为纠纷解决方式的调解,广泛运用在行政活动、司法活动和社会活动之中;二是作为纠纷解决制度的调解,最为典型的是人民调解制度。现存的解决纠纷方式主要有:当事人间谈判,当事人向法院提起诉讼,当事人向第三方提起仲裁和当事人向第三方申请调解等。即谈判、诉讼、仲裁和调解 4 种解决纠纷方式。

作为解决纠纷方式的调解,可以发生在行政活动和司法活动的过程之中。如政府机关在行政活动中,可以对有矛盾纠纷的行政当事人双方进行调解,以便于化解社会矛盾或确保行政活动顺利进行。而在法院审判案件过程中,亦可以根据原告与被告的同意,法官主持调解,促进原被告尽快解决争议。当然,也有社会生活中,普通民众帮助邻里调解纠纷。

作为解决纠纷制度的调解则主要发生在社会活动的过程之中。目前来看,我国《人民调解法》将人民调解作为解决矛盾纠纷的一项法律制度,同时也作为社会自治的一项制度,广泛运用于社会治理过程之中。

2. 简述担任调解员的基本条件。

答案:具体而言,成为人民调解员应满足的基本条件包括"公道正派""热心人民调解工作""具有文化水平、政策水平和法律知识""成年公民"。

其中,"成年公民"是人民调解员开展工作的基础。它保障了调解员拥有独立分析和解决问题的能力,也具有完全民事行为能力。"具有文化水平、政策水平和法律知识"则是人民调解员开展工作的前提。《最高人民法院、司法部关于进一步加强新时期人民调解工作的意见》规定:"要按照不同类型、不同层次人民调解委员会工作范围的特点和要求,明确各类人民调解员必须具备的法律水平和文化程度。"调解员的文化程度、对政策和法律的熟悉和了解程度,某种意义上会影响到自身业务水平,进而影响调解结果的合理合法性和调解过程的顺畅度。但考虑到不同地区的文化发展水平差异较大,对调解员的受教育程度不宜采用"一刀切"的硬性要求,满足工作需要即可。

"热心人民调解工作"是人民调解员开展工作的动力。调解员接触的矛盾纠纷琐碎、数量多、涉及面广、易反复,还可能面对反复调解不成、当事人误解等情况。工作量不可谓不轻,这时就需要真心热爱调解工作的调解员才能坚持不懈地完成繁杂的工作。

"公道正派"是人民调解员开展工作的保障。调解员须为人公道,作风正派,才能在调解时公正对待双方当事人,并坚持实事求是、不偏不倚,才能取信于民,更好地开展工作。

当然,要成为人民调解员还要愿意接受职业纪律约束和工作原则的限定。《人民调解法》第 15 条规定了人民调解员的职业纪律,具体来讲,包括不得偏袒一方当事人、不得侮辱当事人、不得索要或收受财物、不得谋取不正当利益、对当事人隐私及商业秘密需保密。第 21 条规定了调解员的工作要求,包括坚持原则、明法析理、主持公道,也强调调解民间纠纷应及时、就地进行,防止矛盾激化。《人民调解法》第 3 条对人民调解工作的基本原则作出了规定,可归纳为自愿平等原则(尊重自愿)、不违背法律法规和国家政策(尊重规范)、尊重当事人权利原则。

3. 简述村居会的人民调解委员会的性质。

答案:村居委会的人民调解委员会是人民调解的基本组织形式,它作为深入基层、贴近群众的自治性组织,是处理村居民纠纷的有力抓手。

4. 简述人民调解的回访制度。

答案:回访制度是纠纷调解后处理的重要工作之一。对于调解员来说,尤其是较复杂、易反复、协议执行难度大的案件,需要通过回访来及时了解情况,发现并采取措施解决可能出现的新情况、新问题,尽可能彻底地化解矛盾纠纷。回访工作要求调解员必须实事求是,认真负责、及时实效,避免走过场的形式主义。对于调解员来说,回访对象包括双方当事人及相关知情人,还可向周围群众收集意见,全面了解情况。对于已经达成协议的,要对协议履行情况进行跟踪;未达成协议的,可适时了解纠纷解决状态和发展动态。同时也要形成回访记录备案。

5. 请简述人民调解协议书的生效要件。

答案:根据《最高人民法院关于审理涉及人民调解协议的民事案件的若干规定》第 1 条"经人民调解委员会调解达成的、有民事权利义务内容,并由双方当事人签字或者盖章的调解协议,具有民事合同性质"的规定,协议书合法生效的要件包括:(1)当事人具有完全民事行为能力;(2)意思表达真实;(3)没有法定的合同无效的情形。根据《合同法》第 52 条的规定,合同无效的情形包括:一方面以欺诈、胁迫的手段订立合同,损害国家利益;恶意串通,损害国家、集体或者第三人利益;以合法形式掩盖非法目的;损害社会公共利益;违反法律、行政法规的强制性规定。另一方面,调解员也需要提醒当事人注意对方是否有代理权,否则调解书约定的义务只能由实际签字人承担。

6. 简述调解工作的性质。

答案:(1)调解工作是公共法律服务工作。调解是公共法律服务体系的重要组成部分。公共法律服务,是司法行政机关统筹提供、旨在保障公民合法权益、实现社会公平正义的法律服务,是司法行政机关的基本职责任务。公共法律服务体系建设是统筹推进司法行政各项工作的总抓手。

(2)调解工作是公共服务工作。公共法律服务是政府公共服务体系的重要组成部分,调解又是公共法律服务体系的组成部分;所以,调解工作是公共服务工作。根据《"十三五"推进基本公共服务均等化规划》和《全国司法行政工作"十三五"时期发展规划纲要》中的规定,调解工作(尤其是人民调解工作)是基本公共服务的内容,也是司法行政工作的一部分。

(3)调解工作是一项法律服务工作。法律服务,是指律师、非律师法律工作者、法律专业人士(包括法院的在职人员,退、离休政法人员等)或相关机构以其法律知识和技能为法人或自然人实现其正当权益、提高经济效益、排除不法侵害、防范法律风险、维护自身合法权益而提供的专业活动。调解工作是法官、人民调解员和行政人员等法律专业人士提供法律专业服务工作,属于法律服务工作的范畴。

(4)调解工作是社会服务工作。加强《关于人民调解员队伍建设的意见》(2018 年 3 月 28 日发布)规定:人民调解员纳入社会工作专业人才培养和职业水平评价体系,于是,调解工作也可以纳入到社会服务工作范畴。社会工作是社会建设的重要组成部分,是一种体现社会主义核心价值理念,坚持"助人自助"宗旨,遵循专业伦理规范,在社会服务与管理等领域,综合运用专业知识、技能和方法,帮助有需要的个人、家庭、群体、组织和社区,整合社会资源,协调社会关系,预防和解决社会问题,恢复和发展社会功能,促进社会和谐的职业活动。

7. 简述行政调解的分类。

答案:行政调解是以国家行政机关为调解主体,依据法律法规、政策等规范性文件规定,在行使行政管理的职权范围内,对特定纠纷进行调解。行政调解并无专门的法律规定,相关的法律法规中也没有明确地规定其范围。如若从行政调解主体来看,即可了解不同类型案件应向哪些部门申请行政调解。

其中,一般民事案件主要由基层人民政府主持;我国行政机关在其职权范围内,可对相关事项的纠纷进行调解;与相关团体、相关组织有关的民事案件可由法律法规授权的组织主持开展行政调解。

8. 简述处理轻微刑事违法案件时应如何组成调解团。

答案:轻微刑事违法行为引起的纠纷是起诉才处理的刑事自诉案件,在当事人不向人民法院起诉,或起诉后又撤诉的,人民调解委员会可作为一种特殊的民间纠纷进行调解。在处理此类案件时,因案件已经构成犯罪,特别需要退休法官、检察官或律师的参与,以便更好地厘清事实、划分责任、定分止争,也可选派当地德高望重、说话有分量的名人调解员参与,晓之以理,动之以情,在调解案件的基础上,积极讲法释法、推进法制宣传,普及法制观念。

9. 如何理解专家调解?

答案:随着我国经济结构的转型升级,新型矛盾纠纷日益增多,并且多数带有较强的专业性或技术性特点,对于调解员的专业知识和法律要求较高。尤其是在飞速发展的今天,立法和司法实践难以跟上社会日新月异变化的脚步,这就需要相关领域的专家参与纠纷解决。他们扎实的理论基础、丰富的实践经验和专业背景都更易于让当事人信服,也更有利于科学、合理地提出调解方案。

由于立法程序的限制,无法随时出台法律法规和政策文件进行规制。这就需要有不同行业领域的资深从业者和多年处理专业领域纠纷的法官、检察官和律师作为专家加入调解工作;专业学者作为专家参与调解,其优势在于高超的理论水平和深厚的学术素养,尤其是在高等院校中有专门研究领域的法学法律学者,以及在与相关行业有关的学科领域从事研究的学者,如医疗、环境保护、金融等;人民调解员长期浸润在调解工作环境中,面临对各种各样的当事人和形形色色的调解案件,自然而然会根据个人知识背景和工作经验总结出适用自己的方式方法,也会逐渐找到自己较为擅长的案件类型领域,通过总结其特点和规律,加强对相关理论和方法的梳理和研究,将经过实践检验行之有效的个案调解方法,提升为同类案件的调解技巧,由此不断丰富调解的形式和手段,成为相关领域的调解专家。

10. 阐述调解工作的作用。

答案:调解工作贯穿于行政工作、司法工作和社会工作过程之中,属于社会治理的重要内容。人民调解作为公共法律服务体系的重要组成部分,它承担着化解矛盾、宣传法治、维护稳定、促进和谐的重要职责,起到化解社会矛盾、防范社会风险、实现社会和谐的作用。

第二章 调解工作的历史沿革

一、单选题

1. 纵观中国历史,作为制度形式,调解始于西周,发展于秦汉,成熟于(　),并作为一种地方治理制度被固定下来。

A. 隋朝　B. 唐朝　C. 北宋　D. 南宋

答案:B

2.(　)的调解基本形成制度,调解制度得到法律确认,被引入司法程序。

A. 宋代　B. 元代　C. 明代　D. 清代

答案:A

3. 中国古代三种最主要的调解形式是(　)。

A. 州府调解、宗族调解与基层调解

B. 行会调解、宗族调解与官府调解

C. 官府调解、官批民调与民间调解

D. 官府调解、民间调解与宗族调解

答案:C

4. 中国古代调解工作的特点有(　)。

A. 广泛性、道德性、强制性和地缘、血缘性

B. 被动性、道德性、强制性和地缘、血缘性

C. 专制性、广泛性、道德性和地缘、血缘性

D. 被动性、专制性、强制性和广泛性

答案:A

5. 唐朝开元年间,循吏韦景骏调处母子相讼一案,他不但反复开导当事人,甚至痛哭流涕地自责"教之不辛,今之罪也"。此外,他还送给两母子《孝经》诵读,终使"母子感悟,请自新,遂称慈孝"。在这类案件中,除了调停矛盾外,调解主要发挥的是(　)的功能。

A. 社会维系　B. 依法调解　C. 亲亲相隐　D. 道德教化

答案:D

6. 19世纪末20世纪初时,西方各国在民事法律制度上,已经建立起了一套完整的体系,但是各国仅在民事调解制度设计方面略有不同,主要分为

(　)两种。

A. 自行调解和官方调解　　B. 内部调解和外部调解

C. 任意调解和强制调解　　D. 依法调解和私下调解

答案:C

7. 民国初期,全国性的、大规模的民间调解组织尚未建立。传统的民间组织仍在断事评理、化解纠纷上发挥重要的作用。南京国民政府通过在全国各地建立息讼会与(　),来尝试规范民间调解,整合各种调解资源。

A. 调解委员会　　B. 官民互通会

C. 息争会　　D. 断难会

答案:C

8. 民国时期的民间调解制度,基本上继承了传统古代民间调解制度的功能与特点,在表现形式及大体程序上也基本相同,但是在(　)方面发生了转变。

A. 鼓励诉前调解,禁止诉后的不当私了

B. 鼓励行业内部调解纠纷和乡镇地方组织调解纠纷

C. 推进司法体制改革、建立现代法院,并整合了各种纠纷解决资源

D. 以上均正确

答案:D

9. 1943 年,中华民国政府司法行政部会同内政部公布施行(　),经过中央政府的推动和地方的努力,各地相继建立调解委员会。

A.《乡镇自治施行法》

B.《区乡镇坊调解委员会权限规程》

C.《乡镇调解委员会调解规程》

D.《乡镇调解委员会组织规程》

答案:D

10. 陕甘宁边区人民调解制度的审判外调解主要包括(　)。

A. 群众团体调解、党团调解和民间自行调解

B. 群众团体调解、政府调解和党团调解

C. 政府调解、党团调解和民间自行调解

D. 群众团体调解、政府调解和民间自行调解

答案:D

11. "马锡五审判方式"主要有两大内容,分别是(　)。

A. 巡回和调解　　B. 调查和理解

C. 坚持党的领导与群众路线　　D. 严肃处理与高度重视

答案:A

12.(　)年,中央人民政府在总结新民主主义革命时期的调解立法和新中国成立后人民调解工作经验的基础上,制定并颁布了《人民调解委员会暂行组织通则》,标志着人民调解作为一种法律制度在我国正式确立。

A. 1953　　B. 1954　　C. 1955　　D. 1956

答案:A

13. 1978 年 4 月 24 日至 5 月 22 日,最高人民法院召开第八次全国人民司法工作会议,人民调解开始按照这次会议的精神,以及 1963 年第一次全国民事宣判工作会议所提出的(　)的民事审判工作方针,进行制度的恢复和重建。

A. "调查研究,就地解放,调解为主"

B. "调解为主,审判为辅"

C. "自愿调解,就地解决"

D. "调查研究,平等调解"

答案:A

14. 1982 年《宪法》第 111 条第 1 款规定:居民委员会、村民委员会设(　)、治安保卫、公共卫生等委员会,办理本居住地区的公共事务和公益事业,调解民间纠纷,协助维护社会治安,并且向人民政府反映群众的意见、要求和提出建议。

A. 基层调解　　B. 党支部调解　　C. 人民调解　　D. 互助调解

答案:C

15.(　)起施行的《人民调解法》,人民调解这个植根于中国大地,为基层民众广为熟知的矛盾解决方式,实现了法律化。

A. 2009 年 1 月 1 日　　B. 2010 年 1 月 1 日

C. 2011 年 1 月 1 日　　D. 2012 年 1 月 1 日

答案:C

16. 2004 年《最高人民法院关于人民法院民事调解工作若干问题的规定》(法释〔2004〕12 号),区别于过去的最显著功能是(　)。

A. 确立人民调解协议的民事合同性质

B. 强调人民调解的重要性,提升人民调解的质量

C. 规定了“委托调解”和“邀请调解”

D. 确认“委托调解”和“邀请调解”

答案:C

17. 2011 年至今的调解体制被称为(　)体制。

A. 分层　　B. 单位调解　　C. 行政　　D. 社团

答案:D

18. 总体上来看,新中国成立后社会治理结构突出(　)目标。

A. 效率　　B. 公平　　C. 效益　　D. 法治

答案:C

19. 案件调解的基本依据是(　)。

A. 法律　　B. 能人　　C. 科层制　　D. 人民

答案:A

20. 新中国调解工作的变化实际上是(　)共同作用的结果。

A. 调解对象、调解环境和调解机关　B. 调解对象、调解环境和调解工具

C. 调解对象、调解机关和调解工具　D. 调解环境、调解机关和调解工具

答案:B

二、判断题

1. 自古至今,深受法家文化影响,人们普遍追求人际关系和谐,一旦人与人之间产生了纠纷,人们主要通过和解、让步,以及沟通协商,甚至劝说他人来恢复关系。(　)

答案:×

2.《说文解字》中解释:“诉,告也。讼,争也。”可以发现,诉讼源于争夺。“自有生民以来,莫不有讼。讼者,事势之所必趋,人情之所不能免也。”可见,自古以来诉讼就是中国人解决问题的最佳手段。(　)

答案:×

3. 周朝的调解制度是以“周礼”为调解原则,以“明德慎罚”为指导思想。(　)

答案:√

4.《周礼》记载:西周设置了“调人”的职务,职责是“司万民之难而谐和之”。一些婚姻、田土等“细故”纠纷则调和之,过失杀人、伤人的刑事案件则不可以用调解方式解决。(　)

答案:×

5. 秦汉时代，县乡各级单位各自承担调解民间纠纷的任务，使民间纠纷合理有序被治理。（ ）

答案：×

6. 民国时期的民间调解制度，基本上继承了传统古代民间调解制度的功能与特点，在表现形式及大体程序上也基本相同。（ ）

答案：√

7. 民国时期任意调解主要指经过当事人申请，法院同意的其他民事诉讼事件。（ ）

答案：√

8. 民国时期的民事调解制度是在继承和变革过程中发展完善的，而《民事调解章程》在这一演变过程中处于核心地位。（ ）

答案：×

9. 革命根据地时期调解以调解员的积极介入为主要特点，它既符合走群众路线的中国共产党的执政方针，又可以改变坐堂办案、不告不理的现代司法制度留给民众的，所谓"官僚主义"作风的刻板印象。（ ）

答案：√

10. 解放战争的胜利，使人民调解制度由城市向农村发展。（ ）

答案：×

11.《陕甘宁边区民刑事件调解条例》的公布，阐明了边区政府的新司法政策，也批评了司法工作中的"敷衍主义"。（ ）

答案：×

12. 陕甘宁边区的群众团体调解，大体可以分为自发性的群众团体调解，和非自发性的群众团体调解。（ ）

答案：×

13. 政府调解是陕甘宁边区政府三种调解形式中影响最大，占主导地位的调解形式。（ ）

答案：√

14. 革命根据地时期，调解方式是依照如下几个原则确立的：必须符合政策法律，符合善良风俗人情；旧社会陋习痼疾、封建迷信不得沿袭；贯彻照顾贫苦的原则，执行"富裕帮贫苦"的民事政策，以体现调解工作的人民性。（ ）

答案：√

15. 1966 年"文化大革命"开始后，人民调解被当作阶级调和路线的产

物、“修正主义”货色而被完全取消。(   )

答案:√

16. 从1949年至1994年,中国调解体制可以概括为“社团调解体制”。(   )

答案:×

17. 单位调解制度最主要的功能是被赋予了特别重要的政治职能,如贯彻党的政治主张等,但也着眼于解决“鸡毛蒜皮”的琐事,化解民间矛盾。(   )

答案:×

18. 2011年《人民调解法》标志着人民调解的法制化。(   )

答案:√

19. 生产力变化是新中国调解工作变化的社会动力,而生产关系变化则是新中国调解工作变化的制度背景。(   )

答案:×

20. 依法治国的实质是党领导人民依法治理国家。(   )

答案:√

三、简答题

1. 简述调解制度形成的经济、社会及文化基础。

答案:(1)以自给自足的自然小农经济为主体的经济基础。

小农经济以土地为一切经济的纽带,这种经济形式的突出特点是封闭性、等级性、血缘性和集团性。在一个相对比较封闭的熟人社会中,纠纷发生的基本内容不超出自然经济的限制,即使产生纠纷,也会因为地缘血缘的关系而冲淡了对立情绪。

(2)“无讼论”是调解得以发展的重要社会基础。

从统治者的角度来看,诉讼往往会引起一连串的不稳定因素,从而对统治秩序造成不利影响;从老百姓自身的角度来看,由于封建衙门刑罚的残酷与腐败,进入公堂诉讼并不一定就能保证公平、维护权利,很难避免造成更大的损失,从而引起无休无止的对立和冲突。

(3)“宗法制”是调解制度形成的重要文化基础。

中国的传统社会是家国同构的。家庭以血缘为纽带,连接彼此,并形成宗族,以宗族划分村落,形成社会。由于世代居住在一起,人们之间的联系过于紧密。家国一体的特征决定了任何矛盾纠纷都不主张采用对抗性的方式,或者通过诉诸衙门来解决,而是偏重鼓励民间调解,用这种既不伤和气,又能够维护社会稳定的解决方式来化解矛盾。

2. 简述中国古代民间调解的类型。

答案:历史上的民间调解,大致有半官方的"乡治调解"、部落宗族内部的"宗族调解"、行业中的"行会调解"和社会普遍存在的"邻友调解"四种形式,这些调解方式是伴随着生产力的发展产生的,同时促进了种族延续和社会发展。调解制度作为司法制度的补充,是中华民族"和为贵"思想文化传统的良好体现。

3. 简述中国古代调解工作的依据。

答案:从中国传统调解的实践来看,调解依据呈现多元化的特征,主要包括:风俗习惯、家法族规、乡规民约、行帮规章和国家法律。

4. 简述民国时期调解委员会的一般流程。

答案:调解委员会调解事项来自行政交办和当事人的申请。其流程一般包括:

(1)接受调解申请,民事事项在10个调解日内,刑事事项5个调解日内,召开调解会议。

(2)民事事项当事人申请延期的可以延长10个调解日。

(3)确定调解日期后,由乡镇公所通知当事人亲自到场。

(4)调解委员会开会必须有过半数调解委员出席。

(5)调解委员对于调解事项涉及本身或其同居家属的,应当回避。

(6)调解遵循自愿原则。民事调解事项须经当事人的同意,刑事调解事项须经被害人同意,才能进行调解。

(7)调解委员会不得有强迫调解及阻止告诉的各种行为。

(8)调解委员会可评定赔偿,但无处罚权。

(9)如果调解成立,调解委员会根据双方当事人的意思,出具书面调解字据。

(10)调解委员会应将已调解成立的事项,详细列明当事人姓名、性别、年龄、住址及事由概要,调解成立的年、月、日,由乡镇公所呈报县政府及该管法院备案。对于不能调解事项,也应当说明不能调解的缘由,分报备案。

5. 简述革命根据地时期的人民调解起源与发展。

答案:人民调解制度是从传统民间调解中孕育和发展起来的,最早可以追溯到20世纪20年代初第一次国内革命战争时期的工农运动之中,是在继承和发扬中国民间调解传统的基础上,经历了新民主主义革命和社会主义建设的实践后,逐步发展起来的。主要萌发于中国土地革命时期,是具有中国特色的民主法律制度。

首先,革命根据地人民调解的政治需要:在抗日战争时期,陕甘宁边区、山东抗日根据地、晋察冀边区、苏中区等地的乡村都设有较为完备的调解组织,主要是以民主自治的方式,由农民自己解决彼此之间的纷争,以及调解农会之间的矛盾。

其次,是革命根据地人民调解的司法探索需要。人民内部矛盾应通过民主批评说服和教育的方法,而不是强迫压制的方式来解决。当时大量的民事纠纷,已经可以通过人民调解来处理,而传统民间调解在人民调解的发展中,起到了制度延续和文化延续的作用。

6. 简述陕甘宁边区人民调解制度的调解原则。

答案:陕甘宁边区政府和高等法院关于调解的范围划分是有原则的,即凡侵害的客体是国家、损害的是公共利益,社会危害性较大的案件,不能调解;凡侵犯的客体是个人,损害的是私人利益,社会危害性较小的案件,可以调解。实践证明,这一时期关于调解范围的规定基本上是正确的。

陕甘宁边区调解原则的形成,也如其调解范围一样,经历了一个曲折发展的道路,是一个不断总结经验教训的过程。直到 1948 年 9 月 1 日的陕甘宁边区高等法院的指示信中,才提出了比较科学、完善的调解原则:

“(一)双方自愿,不许有任何强迫;

“(二)要遵守政府政策法令、照顾民间善良习惯;

“(三)任何人不愿调解或不服调解,有权直接向司法处或地方法院起诉。调解不是诉讼的必经程序,不得加以任何阻止或留难。”

7. 简述陕甘宁边区人民调解制度的主要特点。

答案:制度化法律化趋势明显、政治性强、前期强制性要求明确。

(1)制度化、法律化:推广人民调解制度,将调解工作确认为边区司法诉讼审判制度的重要补充,是抗日时期民主政权司法制度的重要特点之一。

(2)政治性:共产党已将调解纳入了他们重新安排中国社会并动员群众支持执行党的政策的努力之中。

(3)基层社会的教化功能突出:农民政权的司法体制一开始就面临着纠纷繁多、司法资源短缺的问题,还面临着根据地阶级关系错综复杂,人与人之间的摩擦增多,纠纷大量产生而且难以处理的情况。在这种局面下,人民调解作为工农参与社会治理和政权建设的基础学校具有重大意义。

8. 简述我国 1949 年至 1994 年的单位调解体制特征。

答案:(1)人民调解组织规范化。(2)司法调解优先化。(3)单位调解体制的主要目标是解决本单位内的人民内部矛盾纠纷,营造和谐的单位气氛。

9. 简述 2011 年至今的调解工作。

答案:2011 年至今的调解体制之所以被称为社团体制,是由于新组建的调解组织具有社团特征:调解组织既有正式组织也有非正式组织,调解员既有专职的也有兼职的,调解活动时间既有固定时间也有约定时间,经费来源既有由政府购买公共服务支出,也有会员交费、自筹,还有调解的收费。社团调解体制的主要目标是保护行业内(或区域内、团体内)个体成员的权益,减少成员个体之间的冲突,尽量做到利清气平。

为了适应经济社会发展的新形势,调解制度必须创新,才能解决"新经济、新业态和新模式"中的社会矛盾。各地根据实践的需要,先后创造出"医患纠纷调解"、"商事纠纷调解"、"大调解"和"网上大调解"等多种调解方式;与此同时,利用名人社会效应的人民调解组织、利用专家知识的专业性调解组织、利用行业协会的行业调解组织和利用政企合作的商事调解组织蓬勃兴起,分门别类地化解社会矛盾。

这些调解组织的成员构成和经费来源千差万别。总体而言,多数调解员是兼职的,有些机构是临时组建起来的,这样既可以保证有固定的专职和兼职调解员又可以避免运行经费过高。当然,兼职调解员由于还要从事本职工作,不仅可以防止调解员脱离社会实践,而且可以防止调解员的专业知识水平下降。此外,调解组织经费来源也不一样,既有政府购买公共服务获得经费,也有通过收费方式获取经费(如商事调解)。而网上大调解不仅由政府对基本设备埋单,而且不收取调解费用,因此,当事人的调解成本降到了最低。

在充分发挥人民调解、行政调解、行业调解、民商事调解各自优势的前提下,地方政权不断拓展律师调解、专家调解、第三方中立评估等制度的发展空间,并且逐步整合各类调解组织力量,形成合力化解复杂的社会矛盾。同时,地方政权也充分运用人文关怀、情感教化的传统调解手段,积极探索现代科技手段在调解工作中的应用,充分运用互联网、大数据、人工智能等技术,使调解工作更加符合时代要求和实践需要,不断提升调解实效。

10. 分析新中国调解体制变化的成因。

答案：(1)社会矛盾变化;(2)治理制度选择;(3)治国理政思想演变;(4)信息技术发展;(5)定分止争的工具变革。

归纳起来,新中国调解工作的变化实际上是调解对象、调解环境和调解工具共同作用的结果。其中,调解对象是社会矛盾,调解环境是治理思维,调解工具是信息技术,导致调整制度变迁化转轨的原动力是经济社会体制变革。“面子、利益和权利”是中国社会矛盾丛生的三大根源,也是“情理法”作为调解依据的根本原由,更是采用息事宁人、理顺法律关系的调解基调的出发点,还是选择“同意应履行、同意必实施和同意需实施”等方式落实调解结果的缘由。

第三章 调解工作原理

一、单选题

1. 调解的工作依据中,作为正式规范、具有强制性和约束力的是( )。

A. 政策依据 B. 公序良俗 C. 法律依据 D. 相互约定

答案：C

2. 调解是一种( )纠纷解决方式。

A. 自愿性 B. 合意性 C. 强制性 D. 自主性

答案：B

3. 以下有关法律解释的说法错误的一项是( )。

A. 当代中国建立了以全国人民代表大会常务委员会的立法解释为核心,司法解释、行政解释和地方国家机关的解释分工配合的法律解释体制

B. 法律解释可以作为调解工作的法律依据

C. 司法解释指最高人民法院和最高人民检察院在适用法律过程中对具体应用法律问题所作的解释,包括审判解释、检察解释和联合解释

D. 行政解释特指国务院对有关法律、法规和部门规章的解释

答案：D

4. 消费纠纷主要指在商品服务的生产者、提供者与购买商品或服务的消费者之间,围绕商品和服务内容、质量等发生的纠纷,是买卖双方发生的与( )相关的争议。

A. 消费者权益 B. 生产者权益

C. 提供者权益　　　　D. 商品或服务质量

答案:A

5. 由于调解的(　　),目前国际或涉外、涉及港澳台地区的商事纠纷也在寻求通过调解解纠的实施路径。

A. 灵活性高、成本高　　　　B. 灵活性低、成本低

C. 灵活性低、成本高　　　　D. 灵活性高、成本低

答案:D

6. 人民调解的权威来源是(　　)。

A. 宪法　　　　B. 人民的信任和委托

C. 法律解释　　　　D. 历史传统

答案:B

7. 以下情况中,调解员不可以介入调解的是(　　)。

A. 调解员发现某一纠纷可能会进一步激化

B. 放任纠纷可能会引发重大群体性事件

C. 当事人由口头或书面提出拒绝

D. 当事人认为调解员与自己或与对方当事人或与案件存在利害关系,但是双方当事人均同意其调解

答案:C

8. 当事人双方经过调解达成合意的协议,在后续实行中一方当事人拒绝履行协议,对方当事人不可以采取的行为是(　　)。

A. 对不履行协议的当事人进行惩罚

B. 提出司法监督和法律救济

C. 调解协议若经人民法院司法确认有效,可申请强制执行

答案:A

9. 以下有关人民调解委员会说法正确的是(　　)。

A. 人民调解委员会掌握强制权力

B. 在征得当事人同意的基础上,人民调解委员会可以根据纠纷需要指定人民调解员

C. 人民调解委员会是行政机关

D. 人民调解委员会是审判机关

答案:B

10. 在调解工作时,调解员不能凭借主观想象、推测或想当然来处理案

件,需要通过当事人的帮助,了解事实。以下说法中,错误的一项是(　)。

A. 在当事人的帮助下,深入实际,通过各类调查方法了解事实,查明案件的基本情况

B. 当调解员与双方当事人建立了充分信任时,某一事实没有有力举证,但双方当事人认可、经调解员认定确为真实情况时,可将此认定为事实

C. 当部分涉案事实究竟如何可能并无定论或无法勘验时,调解员可以参考专业意见,引导双方将关注点放在解决问题、提出方案上

D. 对于当事人陈述的事实中的一些细节或隐情,需要刨根问底、要求当事人举证或详细说明,即便这可能会触及当事人的隐私,也要了解事件的全部事实和真相

答案:D

11. 由于调解员的经验能力、纠纷本身的性质类型、当事人的背景资源等存在差异,调解工作并没有严苛的程序要求,但需要遵守一定的程序规范。那么人民调解所需要遵循的调解程序基本规范为(　)。

A. 调解确认阶段—启动受理阶段—调解准备阶段—调解中间阶段—调解最后阶段

B. 启动受理阶段—调解准备阶段—调解中间阶段—调解最后阶段—调解确认阶段

C. 调解准备阶段—调解确认阶段—启动受理阶段—调解中间阶段—调解最后阶段

D. 调解准备阶—启动调解阶段—调解中间阶段—调解最后阶段—调解确认阶段

答案:B

12. 人民调解必须保证遵守程序规范。程序保障是保证调解(　)和(　)的必需条件。

①非对抗性　②公正性　③合法性　④正当性

A. ①③　B. ①④　C. ②④　D. ③④

答案:C

13. 以下有关人民调解程序表述错误的一项为(　)。

A. 程序的不公正可能会导致结果的不公正,因此调解员必须严格遵守调解程序,并不能够对程序进行调整,不能出现程序上不严谨的现象

B. 人民调解的重要价值之一在于其灵活性,因此调解员要遵守程序

规范

C. 遵守基本的程序规范是为了保证当事人双方享受平等的权利，达成更好、更可行的调解协议，确保调解活动和结果的公正公平

D. 调解员可以根据个人情况发展出适合自己的工作程序与特色

答案：A

14. 在获取不同信息时，调解员使用的询问方式和措辞应当是不同的。为了解双方当事人表述冲突、主要争议点，调解员可采取的询问方式为（　）。

A. 提出引导式问题　　B. 封闭式询问

C. 开放式询问　　D. 澄清式询问

答案：D

15. 从理性经济人角度出发，纠纷的形成经常是由于（　）冲突。

A. 义务　　B. 权利　　C. 利益　　D. 权力

答案：C

16. 以下有关诉讼与调解说法错误的一项是（　）。

A. 尊重自愿在某种程度上是区分调解与诉讼的重要因素

B. 诉讼和调解都要求严格的程序性和公开性

C. 凡是可作为诉讼依据的法律，都可以作为调解的法律依据

D. 调解对于事实的查明无须经过法庭调查和辩论

答案：B

17. 人民调解协议的履行分为主动履行和（　）。

A. 督促履行　B. 监督履行　　C. 强制履行　　D. 被动履行

答案：A

18. 在协议达成后，调解员应当适时、及时进行回访，尤其对于案情复杂、耗时长、当事人履约存在一定困难的案件，积极了解和掌握协议履行情况，促使案结事了，保证纠纷彻底解决。如果调解员发现当事人没有履行协议，以下何种行为是不能够采取的？（　）

A. 向法院提起诉讼

B. 进行说服教育，向当事人深入宣传法律法规等规范性文件知识，弘扬公序良俗

C. 强制当事人履行协议

答案：C

19. 调解原则中最重要的一条是(　)。

A. 尊重事实　B. 尊重自愿　　C. 尊重规范　　D. 尊重法律

答案:B

20. 除非当事人明确提出,否则调解应(　)进行。

A. 开放　　　B. 非开放　　　C. 公开　　　D. 非公开

答案:D

二、判断题

1. 在处理物业管理纠纷时,调解员可使用的法律依据包括《最高人民法院关于审理物业服务纠纷案件具体应用法律若干问题的解释》等法律解释。(　)

答案:√

2. 公序良俗作为人类社会古老的纠纷调解依据,现在依旧保持着极大的活力,但行业规范不应作为调解依据。(　)

答案:×

3. 根据《人民调解法》第20条的规定,当事人在人民调解活动中享有的权利有:选择或接受人民调解员,接受调解、拒绝调解或者要求终止调解,要求调解公开进行或者不公开进行,自主表达意愿、自愿达成调解协议。(　)

答案:√

4. 在调解过程中,调解员可以代替当事人作出协议决定。(　)

答案:×

5. 在商事纠纷中,如果案结事了,当事人在纠纷解决过程中提出的证据或主张可以不再作保密处理。(　)

答案:×

6. 调解员在工作需要时可任意邀请第三方参与调解。(　)

答案:×

7. 作为调解员,尊重事实是调解工作的重要原则之一,在确认受理纠纷后,调解员需要了解、核查纠纷事实。故而,调解员应当打破砂锅问到底,不放过任何蛛丝马迹。(　)

答案:×

8. 沟通时调查方法中的重要一环,只有通过有效的交流沟通,调解员才能充分理解当事人陈述的事实并作出判断。在当事人倾诉自己的负面情绪甚至不合法、不合理诉求时,调解员需要立即打断他。(　)

答案：×

9. 由于调解的保密性，一般情况下调解员需要缩小参与调解人员的范围。但有时候为了达到更好的说服效果、推动调解进程，调解员可寻求其他关键人的帮助，有选择地邀请其他人员共同参与调解。这时必须征得双方当事人同意才可以。（ ）

答案：×

10. 调解员应充分关注是否存在一方当事人迫使另一方当事人达成协议的情况，如有，应当立即中止协议签订，进行批评教育。（ ）

答案：√

11. 一方当事人利用对方当事人处于某种不利境况或迫切需要的情况，迫使对方当事人接受违背自身意愿和利益的、明显不公、违反社会公德的协议；或利用经济和信息优势或对方当事人缺乏经验、轻率等事实达成明显有失公平的协议，均视为无效协议。（ ）

答案：√

12. 在征得当事人同意的基础上，人民调解员可由相关社会组织的人员组成。（ ）

答案：√

13. 调解员在着手开展方案可行性审查时，首先应确保调解协议符合《最高人民法院关于审理涉及人民调解协议的民事案件的若干规定》第5条的规定。（ ）

答案：√

14. 对于调解来说，调解员与当事人之间建立信任关系有助于调解的开展，可以收当事人及其代理人、利害关系人的礼物等心意表示。（ ）

答案：×

15. 随着调解工作的发展，受理范围逐渐扩大，包括商事纠纷、医疗纠纷、劳动争议纠纷、轻微刑事案件等。（ ）

答案：√

16. 当部分涉案事实究竟如何可能并无定论或无法勘验，尤其是在没有充分证据、无第三人目击、通过专业鉴定也无法给出定论的情况下，调解员应参考专业意见，引导双方不纠缠于无法确定的细节事实，淡化和隐去一些无原则纠纷，将关注点放在解决问题、提出方案上，尽量协调双方利益进行调解。（ ）

答案：√

17. 在司法调解、行政调解和人民调解中都可适用的调解工作基本方法包括帮助调解员了解事实、明确责任的调查方法和以人为本、以法规范、以理喻人、以情晓人的说服方法。( )

答案:√

18. 在调解过程中,调解员引导双方当事人进行换位思考,有助于拉进双方当事人之间的心理距离,也有利于双方当事人误会的消弭和情感的弥合,解开思想的疙瘩。( )

答案:√

19. 说服方法在调解过程中至关重要,调解员可以通过了解当事人的背景与文化和双方的利益诉求,并找到双方当事人的共同点,进行利弊分析。( )

答案:√

20. "面子、人情和权利"是中国社会矛盾丛生的三大根源,也是"情理法"作为调解依据的根本缘由。( )

答案:×

三、简答题

1. 简述需要非正式调解依据的理由。

答案:非正式依据包括政策依据和公序良俗。

(1)政策依据:有关产业发展、社会民生等政策对公共生活和人民生活都有重大影响。尤其是中共中央制定的相关政策,对于国家机关在处理实际事务时,有重要的指导作用。地方政策对调解方案的达成也有较强的影响力,尤其是土地、房产、落户等与社会民生息息相关的地方政策。政策作为法律依据未涉及细节的补充参考,可以帮助调解员判定事实、厘清责任,形成有据可循的调解方案。

(2)公序良俗:在市场经济体制下,人民生活与交往日益繁荣,日趋复杂,公序良俗填补了法律与政策未及时作出禁止性规定的空白。在有些纠纷中,当事人的行为并不违法,是违反了公序良俗,或因处理问题的方法不当、误解等引起纠纷,这时就可使用公序良俗作为依据进行调解。

2. 如何理解尊重自愿和主动调解?

答案:尊重当事人自愿是调解的灵魂和最基本特征,也是调解结果公平、公正的基本保障。调解员应在调解工作进行的任一环节以当事人完全的自愿为基本原则,尊重当事人自愿、充分、真实地表达自己意愿和诉求的权利,不强迫、诱哄当事人接受调解方式、协议或结果。尊重自愿是调解原则中最重要的一条。

调解工作只有充分尊重自愿,建立在当事人自主表达意愿、自愿达成协议的基础上,才能真正厘清事实、划定责任,达成可行的调解协议。调解员应充分尊重当事人自主表达意愿的权利,包括但不限于当事人是否选择调解方式解决争执、选择哪种调解方式,选择或是否接受哪位或哪几位调解员,是否接受目前的调解形式、程序及进度,是否接受调解时间、地点、参与调解的其他人员,是否终止调解,或转用其他纠纷解决方式。当事人可以通过明确的口头或书面方式表达自己的意愿,调解员不得忽略。

当事人享有接受调解、拒绝调解或者要求终止调解的权利。当协议不成、一方或双方当事人决定终止调解时,为了避免意气用事,调解员可向当事人充分说明调解的可行性和必要性。但如果当事人依旧坚持终止调解,调解员固然会产生失望、难过的情绪,但必须充分尊重当事人的意愿,依据规定,告知当事人可以依法通过仲裁、行政、司法等途径维护自己的权利。调解员不得出于对纠纷解决利益的追求、对调解方式的推行目的来强制当事人接受调解,也不得以任何方式强迫当事人继续接受调解。

当事人自愿调解并不仅指"当事人提出调解请求"。当事人没有申请,不代表没有调解的需求。如果调解员发现某一纠纷可能会进一步激化,或者放任可能引发重大群体性事件时,应当积极了解并判断情况,变主动为被动,如属于调解可受理范围,则应在当事人申请调解之前主动介入,将纠纷大化小、小化了,实现调解预防矛盾纠纷的功能。如果主动介入后当事人没有拒绝,则认为当事人接受调解,符合尊重自愿原则;但调解员主动介入后,当事人通过口头或书面明确提出拒绝,则需要依照此原则放弃调解。

3. 如何灵活运用尊重事实原则?

答案:与诉讼不同的是,调解对于事实的查明无需经过法庭调查和辩论。在无充分证据、部分事实无法查清的情况下,调解员需灵活运用此原则。

(1)在调解员与双方当事人建立了充分信任后,某一事实没有充分证据,但双方当事人认可、经调解员认定确为真实情况时,可将此认定为事实。如果调解员看到的纠纷冲突仅是冰山一角,双方一定有隐藏在海平面下、巨大的关系历史时,调解员仅需了解基本事实和关键情况即可,对于某些细节或隐情,以不必刨根问底、要求当事人举证或详细说明。由此不仅可以保护当事人的隐私,也可让当事人感受到尊重与关照,从而拉进与调解员的关系。

(2)在某些纠纷中,涉案的部分事实无定论或无法勘验,尤其是在没有充分证据、无第三人目击、无专业鉴定作出定论的情况下,调解员应能够参考专业意见,引导双方不要纠缠于无法确定的细节,淡化和忽略一些无原则纠纷,关注要解决的问题和方案上,尽量协调双方利益,实行调解。应注意的是,调解员要充分、完全尊重当事人意见,双方当事人均认可才可模糊处理。同时调解员要确认经此达成的协议,不违背法律法规和政策的规定,不侵害国家、集体或第三人的合法利益,不违反公序良俗。

4. 简述保密性的重要性及其应用。

答案:《人民调解法》第 23 条的规定,当事人有权要求调解公开进行或者不公开进行。《最高人民法院关于建立健全诉讼非诉讼相衔接的矛盾纠纷解决机制的若干意见》第 19 条明确规定:"调解过程和结果以不公开为原则,以公开例外。"

保密性有助于建立调解员和当事人之间的信任关系。调解员能够更加深入地了解当事人的真实想法,对纠纷发生的表面和深层原因、矛盾触发点、双方当事人冲突的焦点和分歧、是否存在难言之隐或利益胁迫情况、当事人的心理底线等有了更加全面的了解,这有助于调解员针对具体情况创新性地提出解决方案。

调解员需根据当事人要求,对调解过程、内容、结果进行保密。对于不同的主体,具体保密什么内容、保密多久、向谁保密,都可能会有不同。但一般来说,调解程序不公开进行,未经允许或法律明确规定,无关人员不得旁听;一方当事人在调解过程中讲述信息未经允许不得向对方当事人和他人公开;如果调解发展至后续相关法律程序,当事人在调解过程中讲述的不利己方信息不能公开,甚至调解员可拒绝出庭作证。

5. 阐述如何在调解中遵守程序规范。

答案:首先,人民调解必须保证遵守程序规范。程序保障是保证调解公正性和正当性的必需条件。要求调解员遵守程序规范,是因为人民调解的重要价值之一在于其灵活性,在程序上体现为形式简便、不必严格遵守举证、质证等规则、非对抗性、不公开、交易可能性等。然而,在无法保证当事人严格自律、调解第三方公正公平的情况下,这种程序上的不公正可能就会导致结果不公正。故而,调解员应认识到,遵守基本的程序规范是为了保证当事人双方享受平等的权利，达成更好、更可行的调解协议，确保调解活动和结果的公正公平。调解员需要注意的可能发生的程序问题包括：受理未登记或登记不全；忽略了调解告知当事人调解的性质、原则和效力，以及当事人享受的权利和承担的义务；调解过程未记录或记录不全、不规范；未充分查证第三方参与人资格即同意参与调解；调解协议书制作不规范、内容模糊；调解卷宗未及时建档归档或不符合规范要求等。

其次，调解程序必须灵活。人民调解员面对的是千家万户，千人万面的复杂案例，自然不能生搬硬套地运用调解程序，而是要根据双方当事人关系、纠纷特点、调解进度等情况，时刻调整。孙子说："不拘常法，临时适变从宜而行之谓也。"调解不要求固定先后或所谓正确的程序，需要调解员根据个人情况来发展出适合自己的工作程序与特色。相较于追求严苛的程序，调解员应更重视调解结果的公平、利益的平衡和双赢协议的达成。故而只要双方当事人自愿认同和接受最终达成的结果，除非存在重大的、导致结果不公平的程序错误，一般对于程序上存在的适度调整、不严谨等不需要过分纠结。

6. 阐述如何理解遵守形式规范。

答案：形式规范强调的是调解过程中，调解员与当事人双方都需遵纪守法，不能使用不正当的手段谋求利益，达成协议方案。调解员本身应遵循公正、公平的职业操守，不掺杂个人利益，以绝对中立的立场进行调解。调解员无论出于任何种原因，均不能在当事人不知情或有重大误解的情况下，欺骗、诱哄当事人达成和解；同时也应擦亮双眼，积极辨别当事人是否存在虚假调解、一方当事人被变相强迫达成协议的情况。

首先，调解员应确认自己是否与双方当事人、纠纷或争议标的存在直接、间接可能会引起他人合理怀疑的利害关系，或者与当事人或代理人及其近亲属间存在现存或过往的、会引起他人合理怀疑的私人或职业关系。其次，调解员不应从调解过程或由此建立的与双方当事人关系中获利，也不应出于追求更高的调解成功率、更短的调解时间、更高的收费等利己主义动机而通过暴力或其他手段开展工作。最后，调解员应当在充分信任当事人的基础上，明辨是非，防止当事人出于不正当目的而采取违法违规或违背公序良俗的行为达成协议，保护涉案人的利益，维护公正公平。

7. 简述倾听和询问的工作要点。

答案：(1)倾听的工作要点：首先，调解员在听取陈述时应一直保持耐心、积极的倾听状态，全身心地投入与当事人的交谈。其次，耐心倾听还要求调解员在听取陈述时应一直充满诚意、摒弃偏见。

(2)询问的工作要点：首先，恰当询问要求内容相关。其次，恰当询问要求方式适当。

8. 简述如何在调解中寻求第三方的帮助。

答案：(1)专家协助调查。在部分行业性、专业性案件中，由于纠纷内容涉及专业知识和技能，超出了普通人的认知范围；或者在纠纷发生后，其发展过程和表现形式涉及专业知识和技能，影响了双方当事人对于纠纷起因、损害、结果和责任划分的判断，这类案件的事实认定和责任划分就需要专业意见的介入才能进行。为此，调解员需要根据纠纷的实际情况和焦点问题，依法依规邀请相关方面的专家、学者或者相关行业的专业人士进行协助调查，充分发挥行业性、专业性人民调解委员会的功能。

(2)寻求其他关键人的帮助。由于调解的保密性，一般情况下调解员需要缩小参与调解的人员范围。但有时候为了达到更好的说服效果、推动调解进程，调解员可寻求其他关键人的帮助，有选择地邀请其他人员共同参与调解。《人民调解法》第20条规定，人民调解员根据调解纠纷的需要，在征得当事人的同意后，可以邀请当事人的亲属、邻里、同事等参与调解，也可以邀请具有专门知识、特定经验的人员或者有关社会组织的人员参与调解。

9. 简述如何在确认方法中尊重自愿。

答案：在调解协议形成书面文字后，调解员首先需要再次向双方当事人确认，是否真实自愿达成、同意、接受此协议。调解协议虽然是在调解员主持下达成的，但调解员也必须确定由他人提出的意见和方案为当事人所接受，已经转化为当事人自己的意志，此份协议已经体现了当事人一致的意思表示，才能达成协议。

同时，调解员也应确认，双方当事人在做出决定时，并未受到来自任何人员的直接或变相欺诈、胁迫和乘人之危的情形，不存在对于调解相关依据的重大误解，并知晓和了解了所有可能影响公正的案情事实及责任划分。调解员应当仔细把握当事人在调解过程中的思想和心理变化，如果遇到僵持不下、突然改变主意的情况，应当及时确认。

如果存在一方当事人利用经济和信息优势或对方当事人缺乏经验、轻率等事实达成明显有失公平的协议，或一方当事人故意告知对方当事人虚假情况、隐瞒信息，诱使对方当事人在基于错误认知而违背其真实意思情况下达成协议，均是违背了尊重自愿原则，属于以欺诈手段订立的调解协议。

胁迫则是指一方当事人利用可能发生或直接实施侵害来威胁对方当事人，使之违背意愿达成协议；乘人之危则指一方当事人利用对方当事人处于某种不利境况或迫切需要的情况，迫使对方当事人接受违背自身意愿和利益的、明显不公、违反社会公德的协议。为避免重大误解，需要调解员确保当事人对于调解协议的重要事项不存在认识上的明显错误、缺陷，能够达到当事人同意协议时的预期目标。如果调解员发现有以上情况时，可以以调解协议违反了"当事人自愿原则"而不予出具调解书。

10. 简述如何进行协议可行性审查。

答案：首先，调解员应确保调解协议符合《最高人民法院关于审理涉及人民调解协议的民事案件的若干规定》第5条的规定。协议不得损害国家、集体或第三人利益，但调解员需引导当事人注意，大型国有企业、国家行政机关、金融机构、集体经济组织等的利益不等同于国家利益，这些经济组织与另一方当事人法律地位平等；协议不得以合法形式掩盖非法目的；协议不得损害社会公共利益，尤其指公序良俗；协议不得违反法律、行政法规的强制性规定。

其次，调解员应注意审查调解协议的条款对于双方当事人是否具有较高的可执行性，包括是否存在模糊或有歧义的语言表达、当事人是否就潜在的困难、风险、矛盾有过交流。比如，在一方当事人为公司或组织时，协议条款内容是否符合一般的政策或习惯做法、是否得到上级支持；协议条款牵涉赔偿时，金钱、物质、设备、时间、人力等内容是否在客观上切实可行；双方当事人是否具有足够的能力，包括技巧、知识、信息、工具来履行协议；双方当事人是否有足够的动力来执行协议。同时，如果协议涉及当事人以外的关键人，调解员需要提醒当事人进行确认。

第四章　调解工作流程

一、单选题

1. 请问纠纷调解的受理方式有（　）。

A. 当事人申请　　B. 调解组织主动介入

C. 移交受理　　D. 以上全部

答案：D

2. 确定调解员的渠道主要有(　)。

A. 机构推荐、律师推荐和企业或行业的公认组织

B. 亲属推荐、律师推荐和企业或行业的公认组织

C. 亲属推荐、机构推荐和企业或行业的公认组织

D. 亲属推荐、律师推荐和机构推荐

答案:A

3. 通常,当事人应该正好坐在调解员的(　),且物理空间应该保持基本一致,从而形成一种中立的心理感觉。

A. 对面　　B. 左侧　　C. 两侧　　D. 右侧

答案:C

4. 在正式调解之前,调解员应当对调解程序进行简短的阐释和说明。告知当事人人民调解的(　),以及当事人在调解活动中享有的权利和履行的义务。

A. 性质和原则　　B. 性质和目的

C. 目的和原则　　D. 以上均错误

答案:A

5. 在双方当事人分别陈述时,调解员要懂得(　),尽可能地在掌握关键信息的基础上,对当事人的态度进行全面的把握。

A. 理解　　B. 记录　　C. 倾听　　D. 沟通

答案:C

6. 司法确认制度是指对涉及的民事权利义务的纠纷,经行政机关、人民调解组织、商事调解组织、行业调解组织或者其他具有调解职能的组织调解达成的具有(　)性质的协议。

A. 法律　　B. 官方　　C. 民事合同　　D. 合意

答案:C

7. 调解过程中,当事人往往需要不断的信心确认,这在调解的最后阶段尤其重要,同时,这也是调解过程中最为艰难的部分。调解员可以向当事人解释其所遇到的困难和感受到的不确定感,利用现有的制度保障如司法确认制度和(　),增加信心,鼓励他们继续前进,打破信任僵局。

A. 保险机制　　B. 记录机制

C. 行政确认制度　　D. 担保机制

答案:D

8. 根据《人民调解法》第 30 条,口头协议的生效条件为(　)。

A. 由人民调解员当事人在调解笔录上盖章

B. 由人民调解员当事人在调解笔录上按指印

C. 各方当事人达成协议之日起生效

D. 由人民调解员当事人在调解笔录上签名

答案:C

9.《人民调解法》第 26 条规定,人民调解员调解纠纷,调解不成的,应当终止调解,并依据有关法律、法规的规定,告知当事人可以依法通过(　)途径维护自己的权利。

A. 仲裁　　B. 行政　　C. 司法　　D. 以上全部

答案:D

10. 调解协议达成后,如果有一方拒绝履行,当事人可以根据人民调解的特点和当事人自愿的原则,向(　)申请解决。

A. 行政机关　　B. 人民调解委员会

C. 司法机关　　D. 以上全部

答案:B

11. 根据《人民调解法》第 33 条,经人民调解委员会调解达成调解协议后,双方当事人认为有必要的,可以自调解协议生效之日起(　)内,共同向人民法院申请司法确认。

A. 三十日　　B. 十五日　　C. 两周　　D. 一周

答案:A

12. 调解的基本形式有(　)。

A. 面对面调解、第三方调解和单独调解

B. 面对面调解、分开调解和远程调解

C. 面对面调解、第三方调解和远程调解

D. 面对面调解、第三方调解和分开调解

答案:B

13.(　)是调解工作中关键要素,是调解公信力的保障。

A. 依法办事　　B. 当事人双方需求

C. 规则　　D. 调解态度

答案:C

14. 调解的规则有(　)。

A. 公正公平、依法办事和秩序管理

B. 依法办事、消灭偏见和秩序管理

C. 公正公平、依法办事和消灭偏见

D. 公正公平、消灭偏见和秩序管理

答案:D

15. 一般而言,分开调解适合于(　)与中间阶段。

A. 开始阶段与中间阶段　　B. 准备阶段与中间阶段

C. 中间阶段与结束阶段　　D. 准备阶段与结束阶段

答案:B

16. 分开调解的关键要素是(　)。

A. 信息　　B. 理解　　C. 规则　　D. 信任

答案:A

17. 远程调解方式适合于调解的(　)。

A. 各个阶段　　B. 准备阶段与中间阶段

C. 中间阶段与结束阶段　　D. 准备阶段与结束阶段

答案:A

18. 调解员的身份应该更多的是(　)。

A. 裁判者　　B. 中立的观察者

C. 规则制定者　　D. 引导者

答案:B

19. 对于脾气暴躁、好面子的当事人,应该(　)。

A. 理性劝诫　　B. 言语适当威慑

C. 情感渲染为主　　D. 争取以柔克刚

答案:D

20. 在实际操作当中,一些比较复杂,或者社会关系广泛、涉事范围广、影响力大的案件,涉及邀请亲属、邻里、行业相关人员等参与到调解过程中,人民调解员就需要积极(　)。

A. 面对面沟通　　B. 与第三人沟通

C. 分开沟通　　D. 使用语言的艺术

答案:B

二、判断题

1. 人民调解像司法诉讼一样具有严格的时限、程序设置。(　)

答案：×

2. 调解工作的程序，基本可以分为受理、办理和履约。（ ）

答案：√

3. 人民调解要抓住最根本的自愿原则，在调解过程当中，任何一方当事人明确表示不愿意继续调解，并要求终止的，调解就必须结束。（ ）

答案：√

4. 法律、法规规定不仅仅只能由专门机关管辖处理的，或者法律、法规禁止采用民间调解方式解决，人民调解委员会不得调解。（ ）

答案：×

5. 与诉讼不同，人民调解需要给当事人送达统一的受理通知书，只要人民调解委员会认为申请事项属于调节的工作范围、符合调解条件，就应当对纠纷进行调解。（ ）

答案：×

6. 冲突双方的调解效果只取决于内在的利益调和程度。（ ）

答案：×

7. 正式的会议调解，适合相对较为简单的纠纷，平等协商和友善沟通的环境有助于当事人在放松的环境中进一步交流观点，缓解彼此的不满情绪和对抗心理，在平和的互动中消除成见。（ ）

答案：×

8. 遇到一些紧急性纠纷、群体性纠纷等，需要把握时机，快刀斩乱麻，将可能进一步激化和发展的纠纷苗头阻杀在襁褓中。（ ）

答案：√

9. 当前人民调解告知的形式主要分为两种，一种是口头告知，另一种是书面告知。（ ）

答案：√

10.《人民调解法》第33条还进一步规定了司法确认程序，司法确认针对的是调解协议书，并非只针对调解协议。（ ）

答案：×

11. 人民调解的一个突出特点，就是有国家权力的强制性。（ ）

答案：×

12. 司法确认是已经生效调解协议的必经过程。（ ）

答案：×

13. 调解登记的归档,只是为了每一个案件的调解记录或等诉讼时有据可查。( )

答案:×

14. 人民调解作为一种重要的纠纷解决机制,具有鲜明的特点和独特的优势,相比诉讼及其他私法救济渠道,人民调解在程序上更加的简便、自主,处理纠纷更加及时、亲和、全面。( )

答案:√

15. 一般而言,分开调解只适合于中间阶段,适用于当事人关系处于相对比较紧张、缺乏信任的情况。( )

答案:×

16. 沟通是分开调解的关键要素。( )

答案:×

17. 在分开调解的过程中,要懂得倾听并且善于倾听每一位当事人的真实想法,深入理解其诉求、立场及个性特征。( )

答案:√

18. 远程调解方式适合各类调解和调解的各个阶段。( )

答案:√

19. 调解过程事实上是一场由调解员主持,当事人共同参与,在谈判、较量、博弈、妥协和创造的过程当中寻求纠纷解决的过程。( )

答案:√

20. 所谓动员技术就是要发挥"借东风"的势力,有效地助推调解进程的发展,促进纠纷更快、更好地解决。( )

答案:√

三、简答题

1. 根据2002年司法部颁布的《人民调解工作若干规定》和《民间纠纷处理办法》,以及近年来的部分省市实践,简述调解的可调解范围与不可调解范围。

答案:可调解范围:

(1)各类民事纠纷:婚姻、邻里、劳动、债务、赔偿、房屋、宅基地、土地、山林、水利、承包、租赁、农业机械等;

(2)民事违法行为引起的纠纷;

(3)轻微刑事违法行为引起的纠纷;

(4)因民间纠纷引发的故意伤害致人轻伤案；

(5)其他民间纠纷。

不可调解范围：《人民调解工作若干规定》第22条规定了人民调解委员会不得调解的情形：

(1)法律、法规规定只能由专门机关管辖处理的，或者法律、法规禁止采用民间调解方式解决的；

(2)人民法院、公安机关或者其他行政机关已经受理或者解决的。

同时，《民间纠纷处理办法》第9条规定，“当事人已向人民法院提起诉讼的纠纷，以及基层人民政府已经处理过、当事人没有提出新的事实和理由的纠纷，基层人民政府不予受理。”

2. 简述正式确认受理之前必要的程序规范。

答案：当事人申请的调解，首先，要审查双方当事人的主体资格，确认有明确的双方当事人，确认当事人是否具有民事行为能力，以及是否是所涉案件的当事人。其次，要确认纠纷当事人的明确诉求及相关的事实依据。最后，确认申请调解的纠纷是属于该人民调解组织主管、管辖及可受理范围内的案件。一般包括如下具体的执行步骤：

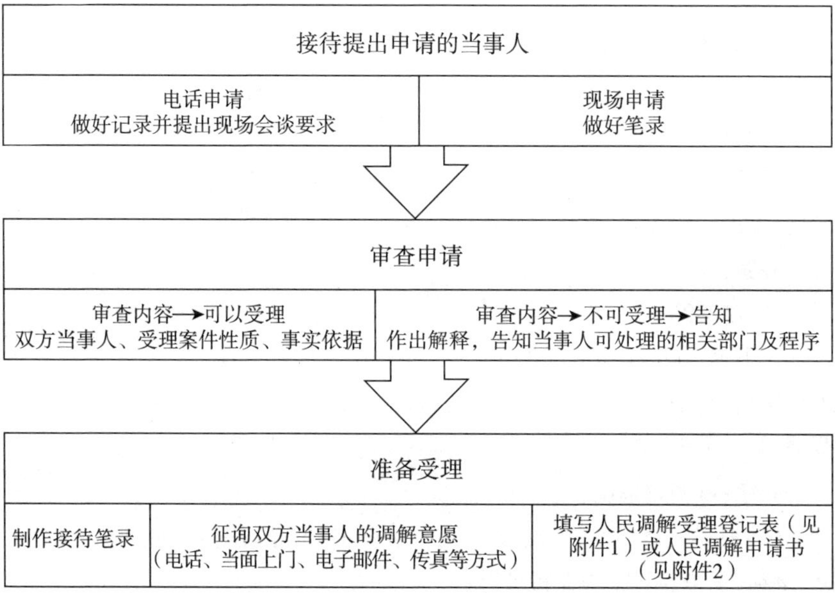

3. 简述拟定调解方案的流程。

答案:《人民调解法》第28条规定,经人民调解委员会调解达成调解协议的,可以制作调解协议书,当事人认为无须制作调解协议书的,可以采取口头协议方式,人民调解员应当记录协议内容。

如果当事人建议采取口头协议的形式,人民调解员需要将口头协议的内容记录在卷,一般是即调即结。有关口头协议相比书面协议的效力问题解决,《人民调解法》第33条还进一步规定了司法确认程序,司法确认针对的是调解协议内容,并非只针对调解协议书形式,即口头调解协议记录经司法确认后,其效力等同于书面协议。

对于调解协议书的制作、生效和留存,《人民调解法》第29条规定,调解协议书可以载明下列事项:(1)当事人的基本情况;(2)纠纷的主要事实,争议事项以及各方当事人的责任;(3)当事人达成调解协议的内容,履行的方式和期限。

调解协议书,自各方当事人签名、盖章或按指印,人民调解员签名,并加盖人民调解委员会印章之日起生效。调解协议书由当事人各执一份,人民调解委员会留存一份。

在调解中,当双方当事人都已经基本达成妥协条件,并形成缔结协议的意愿时,要"趁热打铁",现场进行协议制作,由调解员主持调解协议的制作和达成。

而调解协议主要记录当事人双方怎样解决纠纷,例如债务纠纷就要说明,当事人之间是否有债务纠纷,谁欠谁的债数额,是多少?还多少?怎么还?而履行的方式期限要看属于哪类纠纷,比如债务纠纷是一次性付清还是分次付清?是通过银行直接交付,还是某人转交,什么时间付清等——尽量细节化、可操作化。

口头协议根据《人民调解法》第30条,自各方当事人达成协议之日起生效,不需要由人民调解员当事人在调解笔录上签名盖章或者按指印。

4. 简述如何处理未达成调解协议或达成部分调解协议的情况。

答案:当然,并不是所有的调解都能万事顺遂,达成调解协议。对于一些做了很多调解工作,但是依然不具备达成协议的案件,本着自愿原则,不可以强行形成协议,也不应该为了达成目的而长期拖延,对所有的调解案件应当本着"能调则调,不调则结"的处理原则。《人民调解法》第26条规定,人民调解员调解纠纷,调解不成的,应当终止调解,并依据有关法律、法规的规定，告知当事人可以依法通过仲裁、行政、司法等途径维护自己的权利。

如果某一个争议或者纠纷所面临的分歧太大，当事人无法做出双方都满意的妥协，此时要强行落实到书面协议，在当事人的心理预期及接受程度上，效果都会欠佳。此时可以对协议进行“降级”或者先达成部分协议。比如对已经达成的共识条款进行修改，或者对一些“无法妥协事项”补充条件，对原来确定由双方决定的事项改为由第三方进行仲裁或者协助等，可以将这些做法理解为对未来全面协议的铺垫，或者是为了让双方关系缓和的“润滑剂”。

5. 根据《人民调解法》第29条规定，简述调解协议书需要载明的事项。

答案：《人民调解法》第29条规定，调解协议书可以载明下列事项：(1)当事人的基本情况；(2)纠纷的主要事实，争议事项以及各方当事人的责任；(3)当事人达成调解协议的内容，履行的方式和期限。

调解协议书，自各方当事人签名、盖章或按指印，人民调解员签名，并加盖人民调解委员会印章之日起生效。调解协议书由当事人各执一份，人民调解委员会留存一份。

6. 简述司法确认程序可能面临的问题及处理措施。

答案：司法确认程序能面临以下问题：第一，程序的发起需要双方共同申请。如果一方不予配合，双方申请就成了无法实现；第二，即使通过了司法确认，但从形成协议到司法确认过程中的时间差，为不配合的一方提供了时间上的便利。当然，除了比较常见的这两个问题之外，可能还存在拖延执行等其他现象。

因此，为了从本质上提升协议的履行效果，应当从根本抓起。第一，在缔约时，尽量实现双方对方案的满意度最大化。第二，“协议制定、司法确认、履行协议”的过程，尽可能“快刀斩乱麻”。第三，负责的调解员，可以根据在档的调解协议，进行定期的回访，以第三方的身份，对执行双方形成一种外部约束和监督。

7. 简述面对面调解技巧的优点与缺点。

答案：面对面调解的优点在于可以改善双方当事人由于缺乏沟通和交流带来的误解、偏见，能够在互相了解、开放倾听的基础上，修正自身的错误或偏差认知，形成共同的合作意向。面对面调解的缺点在于，当双方当事人在同一空间中坐下交谈，面对面表达自己需求和纠纷时，会出于情感、面子、个人利益、压力等各种各样的原因，对部分事实、诉求的信息，表达不完全、不真实、不完整,导致当事人利益受损。此外,面对面调解时,如果任何一方当事人没有控制住自己情绪,也可能导致争执进一步激化。

8. 简述分开调解技巧的优点与缺点。

答案:分开调解的优点在于增进当事人间信任和当事人的理性认知。人际交往中最重要的就是信任和理解,调解更是这样。调解员帮助双方当事人分析利弊得失和宣讲相关的人情、道德和法律,能改善双方当事人对纠纷的理性认知,同时,传递信息交换了双方当事人的认识,建构起了双方合作的基础。

分开调解的缺点在于,与面对面调解相比,分开调解使双方当事人之间缺乏互动,致使面对面调解时难以达成共识。另外,可能因遇到一些不配合的当事人,调解员没有获取真实、准确的信息。这些都给调解员的工作提出了新的挑战。

9. 简述远程调解的优缺点。

答案:与线下调解不同,远程调解可以跨越时空的限制,整合各类人才资源和调解体系,实现多方、多渠道参与调解工作。尤其是,远程调解可以让一些相关的行业人员、专业人员不再受时间、地点的限制,参与调解和听证,真正实现"菜单式调解"。远程调解不仅适用于跨地区、跨单位、跨行业的纠纷,久调不决或者更加有可能激化矛盾的纠纷,而且更加适用于涉及面广、危害性大、后果严重的民间纠纷,在"大调解"的环境下,极大地加快了调解进程,提升了调处能力和调处效率。

但是,远程调解虽然可以跨越时空限制,可以挣脱物理约束,但是,与线下调解相比仍有不少缺陷。一方面,由于人民调解是立足于熟人社会,调解双方受到人情道德的约束,网络虚拟空间没有,远程调解中当事人之间存在疏离感;另一方面,由于跨区域、跨国的现实条件,即使达成协议,协议执行和调解员回访的成本也相对较高。

第五章 调解员的定位

一、单选题

1. 调解员在调解过程中,下列不属于开放式问题的是( )。

A. 请问一下你们的上一次见面是什么时候

B. 你们平时还有什么其他的接触吗

C. 你对他的这个行为怎么看

D. 这个问题你认为如何解决比较好

答案:A

2. 关于调解员调解过程中倾听角色的说法错误的是(　)。

A. 倾听是调解工作的第一步

B. 倾听是一种参与性技术

C. 倾听是矛盾双方重建沟通的桥梁

D. 倾听是调解员与纠纷当事人建立信任关系的基础

答案:C

3. 在调解过程中,(　)是建立调解员与纠纷双方当事人良好调解关系的关键。

A. 倾听　　B. 解释　　C. 建言　　D. 调解

答案:A

4. 一个优秀的调解员首先一定是一个好的倾听者,一个好的倾听者不应该的行为有(　)。

A. 在倾听中全面收集信息

B. 在倾听中要适时作出恰当的反应

C. 适当用一些表情或者简短的语言引导当事人做决定

D. 积极表达自己的想法,可以打断当事人的陈述

答案:D

5. 调解员的解释角色的职能不包括(　)。

A. 解释是矛盾双方重建沟通的桥梁

B. 建立调解员与纠纷双方当事人良好调解关系的关键

C. 解释是法律宣传的有效途径

D. 解释是社情民意的反馈渠道

答案:B

6. 关于调解委员会下列说法不正确的是(　)。

A. 主要依托于村委会、居委会等基层民主自治组织

B. 分布广泛,数量庞大,是与群众联系最紧密的群众性组织

C. 除了具有纠纷调解的功能外,还发挥法律宣传、道德教育的作用

D. 以上都错误

答案:D

7. 关于调解员的建言者身份不正确的观点的是(　)。

A. 建言是调解工作中解决矛盾纠纷的关键环节

B. 调解员的建言者身份只能在调解工作进行中发挥作用

C. 调解员通过建言为纠纷双方当事人提供了解决问题的思路和方法

D. 调解员在扮演建言者角色时有很大的主观能动性

答案:B

8. 调解员在工作中在位当事人建言的时候应当注意的是(　)。

A. 调解员在建言时一定要注意掌握好说话的分寸,注意说话的方式方法

B. 必要时可以调解员自身的世界观、人生观、价值观进行道德评判

C. 建言时为了保证公正客观,要尽量少地换位思考

D. 调解要顾及场合,但是建言时要直接提出

答案:A

9. 对调解员的角色认识错误的是(　)。

A. 倾听是调解工作的基础性内容

B. 解释是促进矛盾纠纷缓和的决定性步骤

C. 解释是调解工作的基础性内容

D. 建言是矛盾纠纷解决的关键性环节

答案:C

10. 劝慰是调解员在调解工作中发挥的基础性职能,其基础性作用不能体现在(　)。

A. 调解员的劝慰能够避免消极情绪的发酵

B. 调解员的劝慰能够提高解决问题的效率

C. 调解员的劝慰能够取得当事人的信任

D. 调解员的劝慰能够改变当事人的意思自治

答案:D

11. 调解员在调解工作中如何更好地发挥劝慰职能(　)。

A. 调解员应认真倾听对方的烦恼,做一个倾听者

B. 遇见特别不讲道理的当事人可以站在道德制高点上对当事人进行审判

C. 如果内心没有的真正认可就不要全盘接受对方

D. 接纳当事人的价值观,但可以根据个人的价值观进行批判说教

答案:A

12. 不是调解员的协调职能的有(　)。

A. 使矛盾纠纷双方当事人摆脱最初寻求调解时的对立状态

B. 协调当事人与第三方机构、法律机构或政府部门的关系

C. 解决群体性纠纷等参与人数众多,当事人一方或双方为三人以上的矛盾民事纠纷

D. 能使当事人放弃自身利益

答案:D

13. 群体性纠纷的特点有(　)。

①参与人数众多,当事人一方或双方为三人以上

②主要集中在物业管理纠纷、产品质量纠纷等方面

③矛盾纠纷双方当事人地位不平等,沟通渠道不畅通

A. ①②③　B. ①②　C. ②③　D. ①③

答案:A

14. 调停是调解员在调解工作中的(　)职能。

①基础性　②目的性　③功能性　④技术性

A. ①②③④　B. ①③　C. ②④　D. ①③④

答案:C

15. 在调解过程中调解员做出理想的调停,应具备的条件是(　)。

①符合社会公正　②需要公道正派

③需要理性选择调停方案　④符合法律法规

A. ①③④　B. ①②③　C. ①②③④　D. ②③④

答案:C

16. 调解员在协调过程中为了选择合适的调停方案需要做到(　)。

①要拓宽思路和视野,以寻求最佳的解决方案

②掌握当事人的精神上的因素并作出适当回应

③了解过去在当事人之间已发生的纠纷事实,不一定需要把将来当事人双方的关系调整也纳入视野之内

④应进一步积极地教育当事人,提高其认识和道德水平

A. ①③④　B. ①②③　C. ①②④　D. ②③④

答案:C

17. 调解员的公共价值主要体现在(　)。

①维护社会和谐稳定 ②提高公民的幸福感

③有助于建立社会公平公正的价值体系 ④节约社会成本

A. ①③④ B. ①②③ C. ①②④ D. ②③④

答案:B

18. 调解与法院判决相比,在纠纷解决上的特点主要有( )。

①通过对抗性和相对和平的方式解决纠纷

②相对轻松的氛围和非完全对立的沟通方式

③增加了和解的机会

④不仅解决了过去发生的纠纷,关注纠纷前后的价值

A. ①③④ B. ①②③ C. ①②④ D. ②③④

答案:D

19. 调解员的工作有助于建立社会公平公正的价值体系,主要体现在( )。

①调解的自愿平等性为实现正义提供了基础

②调解员的中立性为实现正义提供重要保障

③调解制度可以缓解实质正义与程序正义之间的矛盾

④调解制度有利于避免当事人司法资源占有不平等带来的不正义

A. ①③④ B. ①②③④ C. ①②④ D. ②③④

答案:B

20. 调解员工作的个人价值主要体现在( )。

①提高公民的幸福感 ②促进社会自治

③提高公共事务参与度 ④维护个人权利

A. ③④ B. ②③ C. ①② D. ①④

答案:A

二、判断题

1. 调解员在调解过程中应当是一个耐心的倾听者,一个善于说辞的解释者,更应该是一个公正热心的建言者,这三种角色虽然存在共通之处,但是不能随意转换。( )

答案:×

2. 在纠纷当事人倾诉的过程中,调解员既要学会倾听,从情感上给予当事人以慰藉,又要善于倾听,在倾听中了解纠纷的基本情况,掌握当事人内心的真实想法,从错综复杂的纠纷表象中分析出纠纷的症结所在,并捕捉解

决矛盾纠纷的关键信息。(　)

答案:√

3. 调解员的调解工作能够为纠纷双方当事人提供一些建议,替双方当事人做决定,但是不能替别人承担责任。(　)

答案:×

4. 调解员在倾听中,应当对当事人的倾诉进行适时的询问和反馈,如通过点头或"嗯"等语气词来表示自己正在倾听,以鼓励当事人继续说下去,对于当事人而言,调解员的提问可以帮助他们理清自己的思绪,进一步探索自己的想法和感受。(　)

答案:√

5.《人民调解法》第17条规定"当事人可以向调解委员会申请调解",因而调解委员会只能够依申请开展调解工作。(　)

答案:×

6. 调解员在承担解释者角色时,所阐述的观点应该建立在全面的信息基础以及公正的角度上,是经过符合逻辑的推理得出的,要尽可能符合事实客观。(　)

答案:√

7. 调解员可以依托调解委员会组织的网络体系定期开展矛盾纠纷排查,把工作做在前头。(　)

答案:√

8. 调解员在调解过程中要依法调解,依据国家的法律、法规、规章和政策,以事实为依据,以法律为准绳,但是不排除特殊情况下也可以稍微超越法律的规定进行调解。(　)

答案:×

9. 调解员在调解工作中通过外显的纠纷事件本身看到当事人没有被满足的动机和情绪,并在调解中引导当事人宣泄掉附着在事件上的情绪,发现情绪背后隐藏的内在动机。(　)

答案:√

10. 协调是调解员在调解工作中发挥的基础性职能。(　)

答案:×

11. 协调是调解员在调解工作中发挥的技术性职能。(　)

答案:√

12. 调解员通过自己的介入，打破原先矛盾双方二元对立的纠纷模式，在这种对立中间产生一种平衡的力量，最终形成三维合力，形成相对稳定而又统一的解决方案。(　)

答案:√

13. 劝慰职能是调解员调解工作的关键功能，是整个矛盾纠纷调解的转折点、突破口。(　)

答案:×

14. 协调是调解员在调解工作中的目的性和本质性职能。(　)

答案:×

15. 劝慰和协调职能都是在为调停功能的作用发挥奠定基础，实现调停职能是调解员工作的最终目的，也是调解制度设立的本质要求。(　)

答案:√

16. 坚持社会公正以及法律合规的统一和公道正派是调解员在调解工作中的两点原则性要求。(　)

答案:√

17. 调解制度的市场价值主要体现在非对抗性的矛盾中。(　)

答案:×

18. 在形式正义和程序正义下，一部分纠纷可能无法得到合理的解决，在这种情况下，我们可以利用现代调解制度缓解这个矛盾，对于一些利用诉讼程序无法达到实质正义的纠纷，通过调解的手段，避开僵硬的法律程序，达到双方当事人追求的实质正义的状态。(　)

答案:√

19. 调解员调解某些民事纠纷可以及时解决纷争，化解矛盾，使其不必进入司法诉讼程序，在一定程度上节约了社会资源成本，这是调解员的公共价值。(　)

答案:×

20. 调解员的职责是公平、正义地调解、解决民事纠纷，一定程度上来讲就是深入参与公共事务。(　)

答案:√

三、简答题

1. 列举并简述调解员在调解过程中扮演的角色。

答案:调解员在调解过程中扮演倾听者、解释者和建言者的角色。

倾听者。倾听是调解工作的第一步,也是调解的一种参与性技术,是调解员与纠纷当事人建立信任关系的基础,是建立调解员与纠纷双方当事人良好调解关系的关键。

解释者。解释对于矛盾纠纷的解决有决定性的作用,能够重建矛盾双方沟通的渠道,促进社情民意的反馈,并能有效地进行法律宣传。

建言者。建言是调解工作中解决矛盾纠纷的关键环节,调解员通过建言为纠纷双方当事人提供了解决问题的思路和方法,直接影响着纠纷处理的结果。调解员的建言者身份主要在调解工作开始前和调解工作进行中两个时间段发挥作用。

2. 简述调解员在调解过程中如何做一个好的倾听者。

答案:一是全面收集信息。通过纠纷双方当事人倾诉时的语言、微表情、肢体动作等各个方面搜寻有效信息,把握双方当事人的真实意图,始终保持中立态度,明确当事人的诉求。

二是要适时作出恰当的反应。恰当的反应包括引导和询问。引导是指调解员在倾听过程中,可以适当用一些表情或者简短的语言引导当事人做决定;询问是指调解员在倾听中,应当对当事人的倾诉进行适时的询问和反馈,从而更好地获取信息。

3. 简述解释角色在调解员的调解过程中发挥着怎样的作用。

答案:(1)解释是矛盾双方重建沟通的桥梁;(2)解释是社情民意的反馈渠道;(3)解释是法律宣传的有效途径。

4. 简述调解员的建言者身份是如何发挥作用的。

答案:调解员的建言者身份主要在调解工作开始前和调解工作进行中两个时间段发挥作用。

一是调解前积极引导。调解是重要的诉讼外解决纠纷的一种方式,根据纠纷双方当事人的意见自愿选择。在正式调解矛盾纠纷之前,调解员首先将纠纷解决的步骤、诉讼时效等重要事项告知当事人,帮助当事人了解相关程序,为当事人分析选择诉讼和调解的利与弊,宣讲调解化解纠纷的优点,做出客观的建言。通过科学和正确地引导当事人选择化解纠纷的方式,减少时间成本和经济成本,达到了案结事了的法律和社会效果。

二是调解中耐心劝解。调解员保持中立客观的态度,结合纠纷的具体情况,运用多种调解方式和调解技巧,既要有法律依据又要有理有据讲情讲义的进行劝解当事人,又要根据纠纷双方当事人不同的反馈来及时地做角色调整,始终保持解释问题耐心、宣传政策细心、化解纠纷诚心。解开当事人的心结,达成和解,使调解工作体现人文关怀,更大的发挥柔情调解的空间,实现"情"与"法"的和谐统一。

5. 简述调解员的职能。

答案:调解员具有劝慰、协调和调停的职能。

劝慰是调解员的基础性职能,调解员在调解工作中通过外显的纠纷事件本身发现当事人没有被满足的动机和情绪,并在调解中引导当事人宣泄掉附着在事件上的情绪,发现情绪背后隐藏的内在动机。通过劝慰,能够避免消极情绪的发酵,提高解决问题的效率,并取得当事人的信任。

协调是调解员的技术性职能,调解员通过自己的介入,打破原先矛盾双方二元对立的纠纷模式,在这种对立中间产生一种平衡的力量,最终形成三维合力,成相对稳定而又统一的解决方案。协调能够消除双方当事人的对立状态并帮助矛盾纠纷当事人搭建对话平台。

调停是调解员在调解工作中的目的性和本质性职能,劝慰和协调功能都是在为调停功能的作用发挥奠定基础,实现调停功能是调解员工作的最终目的,也是调解制度设立的本质要求。

6. 调解员的劝慰职能是如何发挥作用的。

答案:(1)调解员的劝慰能够避免消极情绪的发酵。调解员通过劝慰能改变当事人的消极心理,避免矛盾纠纷的进一步恶化,及时止损,避免恶性事件的发生。

(2)调解员的劝慰能够提高解决问题的效率,调解员通过劝慰能够帮助纠纷双方当事人缓和情绪,从宣泄、控诉阶段过渡到沟通对话的阶段,从外在的情绪表达过渡到内在动机的探索,为矛盾纠纷的有效解决清除障碍。

(3)调解员的劝慰能够取得当事人的信任,调解员通过劝慰获得的信任能够让当事人更愿意相信调解员是站在中立的立场上解决问题的,也就有更大的概率会做出妥协和让步,促进纠纷的顺利解决。

7. 调解员的协调职能是如何发挥作用的。

答案:协调职能是调解员调解工作的关键功能,是整个矛盾纠纷调解的转折点、突破口。

(1)协调能够消除双方当事人的对立状态,调解员通过协调矛盾纠纷双方当事人的关系,使其摆脱最初寻求调解时的对立状态,能够帮助纠纷双方当事人平息冲突,消除误解,以情感为突破口,促成和谐、理性的沟通和交流。

(2)协调能够搭建对话平台,当矛盾纠纷的对立双方当事人无法直接对话、单方面的行为造成矛盾升级时,通过调解员的工作,来协调当事人与第三方机构、法律机构或政府部门的关系。

8. 简述调解员调停时如何理性选择调停方案。

答案:选择理想的调停方案首先要坚持社会公正以及法律合规的统一和公道正派的两个基本原则,除此之外还要坚持以下四点:

(1)调解员在调处纠纷时不仅要了解过去在当事人之间已发生的纠纷事实,而且还需要把将来当事人双方的关系调整也纳入视野中。调解员不能局限在纠纷本身,还需要尽可能地把未来的发展考虑进去。

(2)调解员在调停时不仅应当考虑客观上发生并存在的事实,还应努力掌握当事人的感情、情绪、主观想象等心理的精神上的因素,并对症下药式地作出适当回应。调解员最终达成的调停结果应该是以共性作为指导基础、结合不同当事人的特征和内在诉求做出的个性化方案。

(3)调解员在工作时要拓宽思路和视野,不能把信息的了解和纠纷的处理仅限定在当事人双方这一狭小的范围内,可以有必要把一定范围内的其他人和事都纳入处理过程中,以寻求最佳的解决方案。

(4)调解员在调停时还应进一步积极地教育当事人,提高其认识和道德水平,使他们能够心悦诚服地采取正确的态度和行动。这既是调解工作的内在要求,也是调解员的职业道德准则。

9. 简述调解员的工作具有的公共价值。

答案:(1)调解员能够维护社会和谐稳定。

调解制度的和谐价值主要体现在非对抗性的矛盾中。与诉讼相比,调解具有最大的人际和谐特征,最能体现中华民族"和谐"的优良传统。同时,调解员的工作也有助于维护社会稳定,防止社会矛盾的激化。

(2)调解员能够提高公民的幸福感。

调解员作为最贴近社区的一线工作人员,他们能够最及时地给予纠纷双方帮助,从而解决问题,提升公民的幸福感。除了日常纠纷外,公民幸福感的缺失很大程度上是由于利益诉求和权利主张方面的。调解员从社会管理的角度扩大公众和社会组织对法制建设的参与度。通过对当事人法律常识的普及,促使群众理解、信服法律,从而体会到法制社会下的公共幸福感。

(3)调解员有助于建立社会公平公正的价值体系。

作为现代法治的重要组成部分,调解制度为当事人提供了公平、正义的保障,是他们享受到被公平、正义对待的权利体现。调解的自愿平等性为实现正义提供了基础,调解员的中立性为实现正义提供了重要保障,调解制度可以缓解实质正义与程序正义之间的矛盾。此外,调解制度有利于避免当事人司法资源占有不平等所带来的不正义。

10. 简述调解员的工作的社会价值。

答案:(1)节约社会成本。

调解员调解某些民事纠纷可以及时解决纷争,化解矛盾,使其不必进入司法诉讼程序,在一定程度上节约了社会资源成本。当事人接受调解员的调解,可以节约其时间成本和经济成本。调解员的工作还可以节约国家的司法成本,避免司法资源和社会资源的浪费,提高我国司法资源的利用效率。

(2)提高司法效率。

调解员可以调停未解决问题、化解矛盾,使大量无须进入诉讼程序的案件及时得到调解,在维护当事人双方权利的同时,也使司法机关可以将更多时间专注于其他要案的诉讼审判,提高了司法效率,维护了社会的公平正义。

(3)促进社会自治。

调解是在调解委员会主持下,依法对民间纠纷当事人说服劝解、消除纷争的一种群众自治活动。调解员在调解委员会的指导下工作,他们认真贯彻调解“调防结合、以防为主”的工作方针,及时调解各类纠纷,并且积极联系群众,坚持调解回访制度。调解一方面有利于解决争端,消除矛盾和纷争,维护社会稳定;另一方面能够充分调动人民自主参与事务管理的积极性和主动性,在基层民主自治层面有利于政府政策的推广和执行,也有助于法律的宣传和普及。

第六章 调解员的管理

一、单选题

1. 担任人民调解员的硬性指标包括( )。

A. 具有律师资格证

B. 高中以上文化水平

C. 中华人民共和国的成年公民

D. 专职法律工作者

答案:C

2. 在社区纠纷调解中,(　)的工作人员比法律职业人更适合作调解员。

A. 调解人律师　　B. 居委会和村委会

C. 调解协会　　D. 仲裁机构

答案:B

3. 上海市出台的《关于加强人民调解员队伍建设的实施意见》中指出,优先选聘(　)加入人民调解员队伍。

A. 基层法律服务工作者

B. 社会专业人士

C. 相关行业主管部门退休人员

D. 高等院校法学、社会工作等专业的毕业生

答案:D

4. (　)是人民调解得以成为专业性人民调解的核心要素。

A. 灵活性　　B. 专业性　　C. 职业化　　D. 规范性

答案:D

5. 准入制即资格许可制中,调解员必须得到有关部门的许可,获得执业资格(执照),方可进行调解活动。因此实行准入制的前提是(　)。

A. 建立特定调解机构　　B. 建立专门的资格审核管理机构

C. 建立调解从业协会　　D. 建立人民调解委员会

答案:B

6. 我国的人民调解员,无论是专职还是兼职调解员,都采取(　)选拔方式。

A. 准入制　　B. 认可制　　C. 选拔制　　D. 考核制

答案:B

7. 人民调解员由人民调解委员会委员和(　)担任。

A. 调解协会成员　　B. 人民调解委员会聘任的人员

C. 人民调解工作室　　D. 基层法律服务工作者

答案:B

8.《人民调解工作若干规定》添设了创建(　)的相关规定,在村、社区级调解组织无法有效处理的或涉及多个地区的民事纠纷时,通过该组织进行处理。

A. 专业性、行业性人民调解委员会

B. 相关部门的人民调解工作室

C. 乡镇、街道民间自治调解组织

D. 基层人民调解委员会

答案:C

9. 我国民间调解组织的市场化运作可以按照《民办非企业单位登记管理暂行条例》的规定进行,但在组织内部的商业化管理模式可以有所突破,引入(　　)加入调解组织。

A. 职业调解人　　B. 职业律师

C. 职业法官　　D. 职业经理人

答案:D

10. 人民调解员职业化还要求人民调解员队伍以(　　)为主。

A. 专职人民调解员　　B. 兼职人民调解员

C. 退休法官、律师　　D. 调解协会成员

答案:A

11. 开展人民调解员培训最重要的是要坚持(　　)的原则。

A. 分级负责　　B. 专业为本

C. 岗前岗后相结合　　D. 创新形式

答案:A

12. 上海市规定人民调解员划分为(　　)个等级。

A. 1　　B. 2　　C. 3　　D. 4

答案:B

13. 人民调解员评价考核体系由两个部分构成,一是司法行政机关对人民调解组织和人民调解员调解工作的考核体系,二是各级党委、政府对相关职能部门就(　　)进行考核。

A. 聘任人民调解员

B. 购买公共法律服务情况

C. 人民调解员绩效与职业保障情况

D. 调解案件的数量和质量

答案:B

14. “以奖代补”激励机制是__________以为核心,以纠纷难易程度、调解工作量、社会影响力大小、调解办案效率效果、协议履行情况以及调解规范化程度为标准,以__________为目标来确定奖金数额,对人民调解员给予__________。

A. 案件　调解质量　精神奖励

B. 调解员　调解质量　物质奖励

C. 案件　调解成功与否　物质奖励

D. 调解员　调解成功与否　精神奖励

答案:C

15. 以下不属于调解员的退出机制的是(　)。

A. 解聘　　B. 辞退　　C. 辞职　　D. 调职

答案:D

16. 下列关于人民调解员退出机制的表述错误的是(　)。

A. 考核结果是专职调解员辞退、开除、职务和薪酬调整的主要依据

B. 在合同聘用制的管理下,政府不与兼职调解员之间构成雇佣与被雇佣关系

C. 美国采取综合测评体系,根据职位分析方法确定不同岗位的工作标准,包括数量、时间要求、方法等,对不同岗位的调解员工作情况进行分类考核

D. 引咎辞职机制也是专职调解员约束制度的一种

答案:B

17. 下列关于人民调解员职业生涯规划的表述正确的是(　)。

A. 人民调解员职称的评定不对"专职"和"兼职"作任何区分,只要是人民调解员,都可申请职称评定

B. 由国务院直接负责统筹各行政区域内的人民调解员职业生涯规划工作

C. 人民调解员与行政调解员以及司法调解员之间很难建立良好的衔接制度

D. 只要能够实现调解员的个人目标,调解员职业生涯管理就会意义重大

答案:A

18. 兼职人民调解员考取行政调解员或司法调解员正确方法是(　)。

A. 绩效考核优秀的兼职人民调解员或者荣获县、市级以上表彰的兼职人民调解员,可直接考取行政调解员或司法调解员

B. 兼职调解员工作经历和经验可纳入考核标准

C. 有 2 年以上人民调解工作经历即可

D. 引导其先进入专职调解员序列，积累一定专职工作经验后，再考取行政调解员或司法调解员

答案：D

19. 下列关于调解员准入条件的表述错误的是（　）。

A. 我国司法部门在主张提通过提高调解人职业准入标准来提高调解正当性的同时，也鼓励主要由具有法律职业背景的人担任调解员

B. 我国对于没有法律教育背景的公民加入调解行业几乎没有限制

C. 法律法规应当对调解员的法律专业背景作出统一高标准要求

D. 从长远来看，我国的调解业务将以法律职业人为主

答案：C

20. 人民调解协会加强行业自律的重要渠道之一是（　）。

A. 建立人民调解员等级资格评定制度

B. 联合当地劳动人事部门共同招录专职调解员，统一出题、公开招考、择优录取

C. 建立人民调解员信息库，实行分类登记，动态管理，并报告所在地人民政府司法行政部门和相关人民法院

D. 采取多种调解培训方式

答案：C

二、判断题

1. 人民调解员应当由公道正派、热心人民调解工作，并具有一定文化水平、政策水平和法律知识的成年公民担任。（　）

答案：√

2. 上海市出台的《关于加强人民调解员队伍建设的实施意见》中指出，要注重选聘高等院校法学、调解等专业的毕业生担任人民调解员，不断提高人民调解员的专业化水平。（　）

答案：×

3. 我国人民调解的工作中存在专职化、职业化两种取向。（　）

答案：×

4. 专业性人民调解必须具备规范性、职业性的基础。（　）

答案：√

5. 无论是专职还是兼职调解员都应具备适合调解工作的个性、具备某些专业知识和社会经验、具备基本的调解能力、具备特殊的调解技巧。（　）

答案:√

6. 人民调解组织主要是指人民调解委员会,目前存在的形式主要包括:村居组织创建的人民调解委员会,乡镇、街道人民调解委员会,调解工作协会。( )

答案:×

7. 人民调解员职业化的制度保障包括保障人民调解员的职业地位、保障人民调解员的职业权利、保障人民调解员的职业晋升、保障调解员的职业待遇。( )

答案:×

8. 有经验的兼职调解员可以通过直接选聘的方式成为专职调解员。( )

答案:×

9. 人民调解员补贴经费的安排和发放应考虑调解员调解纠纷的数量与质量、调解的规范化程度、难易程度、社会影响大小。( )

答案:√

10. 为了加强专职人民调解员的登记备案管理,对选聘的专职人民调解员通过定身份、定职责、定待遇的方式予以稳定,确保专职专用。( )

答案:√

11. 人民调解员的奖惩原则可分为、正激励与负激励相结合的原则、明确专职、兼职调解员相区分的原则、完善评价考核体系的原则、物质激励与精神激励相结合的原则。( )

答案:√

12. 选聘成为首席人民调解员是给予有突出贡献的人民调解员的相应奖励之一。( )

答案:√

13. 为兼职调解员购买终身人身意外伤害保险是人民调解员的职业保障之一。( )

答案:×

14. 调解员的退出要件包括偏袒一方当事人,侮辱当事人,索取、收受财物或者牟取其他不正当利益,违法违纪不适合继续从事调解工作,自愿申请辞职,不能胜任调解工作,因身体原因无法正常履职等。( )

答案:√

15. 根据不同情节的严重程度,违纪调解员的处罚中不包括撤职、责令

辞职的处罚。( )

答案:×

16. 专兼职人民调解员都可以考取行政调解员和司法调解员。( )

答案:×

17. 以中国在商事调解的《调解员聘任管理办法》规定为例,一般调解员聘任程序包括报名与条件审查,资格复审及岗前培训,颁发调解员聘书,进行培训列入调解员名册等。( )

答案:√

18. 在已经实行调解人资格准入的国家,其资格维护主要是通过薪酬管理、继续教育与职业培训、业绩评估考核与奖惩管理和身体健康、职业健康险以及退出机制等途径和方式实现的。( )

答案:√

19. 兼职调解员的固定报酬包括个案补贴。( )

答案:×

20. 建立政府购买调解服务全程评估体系采用单一固定的评估方法。( )

答案:×

三、简答题

1. 阐述人民调解员的准入条件。

答案:(1)公道正派。所谓公道正派,是指调解员能够贯彻执行党的路线方针,具有良好的道德品质,没有犯罪记录以及其他不良声誉,为人公道,作风正派,能够客观分析判断事物,分清是非和责任,并敢于坚持原则,弘扬正气,主持正义,在群众中具有较高的威信力和社会公信力。

(2)热心人民调解工作。所谓热心人民调解工作,是指调解员热爱人民调解工作,积极、主动、耐心地从事人民调解工作,不在乎个人得失,勇于奉献,愿意用自己的时间和努力化解矛盾,具有丰富的人民调解工作经验,能够按照规范化调解程序熟练地开展调解工作。

(3)具有一定的文化水平、政策水平和法律知识,具备一定的调解理论知识,掌握一定的调解方法和调解技能。

(4)应当由年满18周岁的中华人民共和国公民担任。

2. 简述如何理解人民调解工作者的兼职化和专职化取向。

答案:兼职调解员,是指工作人员在从事本职工作外,在主要工作以外的业余时间从事行业性、专业性调解的调解工作者,他们是在不脱离本职工作的情况下，通过推选产生从事人民调解工作的人员。兼职调解员的引入有利于调解机构的人员充实以及整体专业水平的提升，在纠纷解决机制中具有重要的作用。专职调解员，是指经过考试或考核合格，经调解机构聘任，具有专业知识、法律背景、一定调解工作技能以及良好的道德修养，在行业性、专业性调解机构中，专门从事调解工作，并领取与岗位工作量和社会贡献相适应的报酬，化解行业性、专业性纠纷的职业调解工作者。

从20世纪90年代开始，许多地方政府和司法部门开始强化人民调解员的专职化和职业化。这显示出调解工作在当代中心城市发展的一种趋势。目前大多数调解员都处于非职业化的状态，他们花费大量时间、精力的情况下并无适当薪资，降低了他们调解的积极性。可以考虑使这一职业固定化、专职化，这给予调解员职业的认同及肯定，引导其尽全力投入业务，充实相关知识，做好行业性调解工作。

3. 从世界各国的调解业务的发展来看，简述调解员职业化发展趋势。

答案：从世界各国调解业务发展来看，调解业务已经成为法律事务的增长点和律师业务的拓展领域，因此所谓调解人职业化，很大程度上是律师业与其他非法律职业在调解行业相互竞争，争夺服务市场的结果。在较为正式的法律纠纷的调解中，法律职业背景非常重要；但在社区纠纷调解中，居委会和村委会的工作人员比法律职业人更适合担任调解员；在司法调解中，律师作为中立的调解人则比法官或裁决者更适合。

规范性是人民调解得以成为专业性人民调解的核心要素。职业性是人才保障，主要是调解员必须是全日制、拿薪酬、有职业规划。调解员作为一类职业，像其他任何一个正规职业一样，按照国家规定上下班并以此为生计，其薪酬不应低于同等情况下的社会标准水平，并有完整的考核评价、等级晋升等远期规划，如此才能确保有合适的人来匹配专业性人民调解这项要求相对较高的工作。从长远来看，我国的调解业务将以法律职业人为主，但目前职业化调解员，还仅仅存在于乡镇以上和城市的社区。但是人民调解绝不等同于简单的法律适用和判决，法律导向或民事导向的调解，对于法律的要求和侧重各有不同，均应该区别于诉讼和裁判。为了保持调解的多元化和民间性优势，更多的非法律职业的公民参与调解工作，将是一个必然的趋势。由此我们可以得出结论，调解是法律性在解决纠纷事件中的体现和代表，但从事调解的人却不一定要法律背景出身。随着社会分工的精细化专业化水平不断提高，各种行业纠纷、民事纠纷等的复杂程度也会不断加深，因此，聘用具有更高法律知识水平的人民调解员将是时代所趋。

综上可以看出，我国人民调解事业的规范化、法制化、职业化仍然充满着未知变数。比如是否需要将调解职业化作为调解的唯一发展模式；如何在现代化调解实践中保留传统资源，尤其是基层调解的优势；如何实现调解人员的多元性和综合性。这些都是在发展调解事业中所必须思考和进行规划的问题。从我国的基本国情和调解事业的基础受众来看，法律法规不宜对调解员的法律专业背景作出统一要求，即使形成高标准的要求，从实际情况来看，调解员也很难普遍达到规定的标准，因此一名合格的人民调解员，需要具备一定的法律知识和专业背景，但绝非硬性要求，至于如何定义这一标准，则需要从大量广泛的实践中去衡量何为高效、高质量完成基础调解工作所应具备的知识、技能需求，以此为标准形成人民调解员的专业背景准入门槛。因此，我国司法部门在主张提通过提高调解人职业准入标准来提高调解正当性的同时，也鼓励主要由具有法律职业背景的人担任调解员，但并不限制没有法律教育背景的公民加入调解行业，从调解的结果和效率角度上来看，这样规定的目的是增强调解业务和调解职业人员的一致性。

4. 简要阐述我国人民调解员的选拔程序。

答案：我国人民调解员，无论是专职还是兼职调解员，都采取了认可制选拔方式。具体而言，是指获得居民、村民推选的人民调解委员会委员以及人民调解委员会、行业性专业性调解组织所聘任的人民调解员即视为获得认可的调解员资格。认可选拔制是认可制度的深化和发展。

在认可制中，根据这一标准，调解人可以是获得资格认可的人，也可以是未获得资格认证但具备相当资格的人。认可制的主管机构，即认可主体各有不同，既有由公权力机构对所有调解领域实行的调解人资格统一认可；也可以由法院、行政机构、行业组织、社会团体在管辖范围内对在其指导、管理下的调解组织的调解人资格进行认可；还可能由民间、私人机构对本组织所涉及的调解人进行的资格认可。目前，多数国家都以认可制为主，尽管在某些专业性领域仍然实行准入制，允许符合调解人资格标准的各界人士通过认可的方式进入调解人队伍，其中包含大量的兼职调解员。我国的人民调解员主要是由居民选举产生，同时又可以由司法行政机关选任、招募或任命，而不同的行业性、专业性调解员的来源则更为复杂，但只要符合调解员的基本条件，就都有资格被认可成为人民调解员。律师无须另外获得调解员资格，就可以在当事人认可的前提下开展调解业务。

5. 简述我国人民调解组织的主要种类。

答案:(1)村居组织创建的人民调解委员会。人民调解员的工作岗位,一般设置在村民委员会、居民委员会的人民调解委员会,该级别的调解委员会扎根于基层,贴近人民群众,规模较大,是人民自发组织创建的调解组织,也同样是国内人民调解的主体和基础。

(2)乡镇、街道人民调解委员会。由于存在地域的局限性。村、居级别的民间自治调解组织在处理涉及多类主体的民事纠纷,或者跨地区、跨机构的民事纠纷时常常无法深入。为了有效解决这一问题,《人民调解工作若干规定》添设了创建乡镇、街道民间自治调解组织的相关规定,即在村、社区级调解组织无法有效处理的或涉及多个地区的民事纠纷时,通过镇(街)调解委员会进行处理。

(3)专业性、行业性和地区性的调解组织。人民调解员的岗位也可以设置在专业性、行业性人民调解委员会和相关部门的人民调解工作室,由委员会聘任和管理,以人民调解工作为岗位,专门从事人民调解工作,并取得相应报酬。行业性的调解性组织特指社团机构、行业协会创建的自治性调解组织,例如以工会、妇联、交通主管部门为基础创建的自治性调解组织。这些为了有效处理特定行业内部的利益纠纷的调解性机构,通常具有较强的专业性,例如专项解决医患纠纷的自治性调解组织。地区性民间自治的调解组织特指在特定的行政地区、特定的生产区域创建的自治性调解组织,如流动人口比较集中的地区、集贸市场、工程工地的调解性组织等。

(4)依据国务院《民办非企业单位登记管理暂行条例》登记注册为"民办非企业单位"。"民办非企业单位"是指企事业单位、社会团体和其他社会力量以及公民个人利用非国有资产举办的,从事非营利性社会服务活动的社会组织。这类调解工作室直接属于人民调解委员会的一部分,强烈的区域依附性特征很明显。后来,一些登记注册的商事调解中心在发展的规模和内容上都有重要突破。

6. 简述专职调解员的聘任过程。

答案:专职调解员的聘任来源可以分为两类,一是经过社会的公开招聘,寻求专职的调解工作人员,并使调解成为其个人所赖以生存和发展的事业。这一类型的调解员需要进行较为全面的培训、考核之后,方可正式上岗。二是聘请富有经验的退休法官、退休检察官等法律工作者以及相关领域专家、学者,以提升行业调解的整体水平。

7. 人民调解员的职业化制度保障由哪几方面构成。

答案:人民调解员职业化的制度保障应包括三个方面:一是保障人民调解员的职业地位。提高人民调解员的职业资格准入条件,使调解员的社会地位得到尊重,同时在保证调解员队伍规范的前提下,不被任意地免职、降职、辞退或处分。二是保障人民调解员的职业权利。人民调解工作应该始终恪守中立立场,确保其调解工作的独立性,不受其他单位、组织、个人以及内部行政力量的干扰。三是保障调解员的职业待遇。为发挥人民调解的优势,人民调解仍然保留不收费的特点。职业化的调解员的劳动报酬由当地政府财政支出,这就需要有一套职业化的保障体系,包括与其所提供服务相适应的工资待遇和福利待遇。工资待遇和福利待遇应以调解员级别、平时考核以及业务能力为评定标准,做到奖惩分明,充分调动在岗人员的工作积极性和创新性,为该调解行业吸引优秀的专业人才,争取形成具有足够数量的稳定的职业调解员群体。

8. 简述政府购买方式来提供人民调解员职业报酬的原因是什么。

答案:为了更好地调动人民调解员的积极性,保障其正常的生活水平和工作权益,有关部门着力落实人民调解员薪酬制度,紧紧围绕基本薪酬、绩效薪酬以及福利等展开。资金来源渠道提倡多元化,可通过政府购买、协会募捐等方式筹集,考虑到中国国情,通过政府购买方式获得资金更佳,以防资金链断裂导致人民调解工作难以持续开展。

由于人民调解员的工作具有明显的社会性与公益性,因而其职业报酬也理应由作为“国家管理者”身份的政府来承担,政府以购买服务的形式向人民调解员发放工资,在保障调解员基本生活需求的同时给予与其相适应的职业保障。政府购买人民调解服务实行项目化运作,需按照国家和政府购买服务的有关规定执行,所需经费列入同级财政预算。

9. 简述人民调解员培训与继续教育的原则与目标。

答案:(1)分级负责

坚持分级负责的原则,明确人民调解员的职责任务,提升调解员的职业素养。政府以县(市、区)为主,加大对人民调解员的培训力度。县(市、区)司法行政部门主要负责辖区内人民调解委员会主任、骨干调解员的岗前培训和年度培训,指导和组织司法所培训辖区内的人民调解员;市(地、州)司法行政部门主要负责辖区内大中型企业、乡镇(街道)和行业性、专业性人民调解委员会主任、骨干调解员的岗前培训和年度培训;省(区、市)司法行政部门负责制定本地区人民调解员培训规划，组织人民调解员骨干示范培训，建立培训师资库；司法部负责组织编写培训教材，规范培训内容，开展人民调解员师资培训。年度培训实行省、设区的市、县（市、区）分级负责制。

（2）专业培训

司法行政部门积极吸纳律师、公证员、司法鉴定人、专职人民调解员等作为专业培训师资力量，提高培训质量和水平。基层人民法院结合审判工作实际和人民调解员队伍状况，积极吸纳人民调解委员会进入人民法院特邀调解组织名册，通过委派调解、委托调解，选任符合条件的人民调解员担任人民陪审员，加强司法确认工作等灵活多样的形式，加大对人民调解员进行业务培训的力度。

（3）创新培训

创新的培训内容和形式更受调解员欢迎。司法行政部门和人民调解员协会根据本地和行业、专业领域矛盾纠纷特点设置培训课程，重点开展社会形势、法律政策、职业道德、专业知识和调解技能等方面的培训。创新培训方式和载体，采取集中授课、研讨交流、案例评析、实地考察、现场观摩、旁听庭审、实训演练等形式，提高培训的针对性、有效性。

10. 简述调解员的退出要件。

答案：以下行为或影响构成了调解员的退出要件，聘任部门需依法予以教育批评、罢免、解聘或准予退出：

（1）偏袒一方当事人，侮辱当事人，索取、收受财物或者牟取其他不正当利益，徇私舞弊，吃请受礼，偏袒一方，压制打击、报复当事人，或泄露当事人的个人隐私、商业秘密的人民调解员，由其所在的人民调解委员会给予批评教育、责令改正；情节严重的，由推选或者聘任单位予以罢免或者解聘。

（2）违法违纪不适合继续从事调解工作的，应及时解聘或罢免。

（3）严重违反管理制度、怠于履行职责造成恶劣社会影响的，应及时解聘或罢免。

（4）特别强调违反审判纪律，强行调解造成严重后果的，应当终止聘请。

（5）不能胜任调解工作，因身体原因无法正常履职的，应及时予以办理退休或解聘。

（6）年度考核不合格的，一个月不参与人民调解工作一个月或不服从组织安排调解工作的，由聘任单位予以辞退。

（7）自愿申请辞职的人民调解员，司法行政部门应及时督促退出或者聘任单位予以罢免或者解聘。

第七章　调解职业伦理

一、单选题

1. 随着我国社会的纵深发展，社会矛盾纠纷呈现多元化、复杂化、(　)的特点。

A. 消极化　B. 专业化　C. 职业化　D. 多变性

答案：B

2. 人民调解员的职业伦理包括职业精神、(　)、职业规范。

A. 职业道德　B. 职业素质　C. 职业能力　D. 伦理规范

答案：D

3. 人民调解员的职业精神包括(　)、责任、奉献。

A. 积极　B. 助人　C. 正直　D. 廉洁

答案：C

4. 人民调解员的伦理准则是(　)的原则和依据。

A. 职业道德规范　B. 职业伦理

C. 职业精神　D. 职业操守

答案：A

5. 调解员伦理准则包括依法、照理、(　)。

A. 公正　B. 客观　C. 正直　D. 移情

答案：D

6. 调解员职业规范是指对人民调解员统一的(　)和行为规范的总称。

A. 考核指标　B. 准入标准　C. 行为要求　D. 绩效目标

答案：B

7. (　)是人民调解员工作职业伦理的底线。

A. 遵守法律　B. 廉洁自律　C. 公平正义　D. 是非分明

答案：B

8. 调解员对本职工作的事业心要求是(　)。

A. 满腔热情　B. 服务广大群众

C. 学好专业的业务知识　D. 调解公正客观

答案：C

9. 人民调解工作本质上是一种法律(　)。

A. 公共服务　　B. 政府购买服务

C. 配套服务　　D. 专业服务

答案:A

10. 调解伦理准则最终达到的目标是(　)。

A. 依法　　B. 照理　　C. 移情　　D. 法理情相结合

答案:D

11. 人民调解在实现(　)、维护社会稳定等方面发挥了重要作用。

A. 依法治国　　B. 群众自治　　C. 依法行政　　D. 司法正义

答案:B

12. 下列行为体现正直的调解精神的是(　)。

A. 廉洁自律　　B. 坚守正义

C. 保守当事人秘密　　D. 情理结合

答案:A

13. 调解职业规范包括能力资格、__________、公正立场、__________、意思自治、保密原则、__________、机构责任。

A. 独立身份、利益无涉、同事关系

B. 程序正义、中立身份、同事责任

C. 公平正义、利益冲突、当事人关系

D. 工作态度、政治立场、同事关系

答案:A

14. 我国《关于落实二十三项司法为民具体措施的指导意见》要求:诉讼调解以(　)为原则,不得强制调解,不得以判压调,也不得以调解拖延办案。

A. 尊重当事人的诉讼权利　　B. 权利"双赢"

C. 权利救济　　D. 当事人自愿

答案:D

15. 调解制度追求的是(　)、权利"双赢"、对未来关系维护等多元价值的实现。

A. 程序正义　　B. 实体正义　　C. 权利救济　　D. 自愿平等

答案:C

16. 调解的纠纷解决必须贯彻当事人自治的基本精神,这是调解(　)的保障。

A. 职业化　　B. 正当化　　C. 合法化　　D. 专业化

答案:B

17. 调解保密原则包括形式要求、内容要求与(　　)。

A. 程序要求　B. 附随要求　　C. 时限要求　　D. 法律要求

答案:B

18. 调解员可与其他同事分享(　　)、技能和工作经验。

A. 当事人信息　　B. 调解过程信息

C. 专业知识　　D. 调解协议内容

答案:C

19. 调解员与其他同事的关系包括尊重、合作、(　　)。

A. 竞争　　B. 支持与监督　C. 举报　　D. 学习

答案:B

20. 调解员的机构责任包括负责、言行与(　　)。

A. 监督　　B. 代表　　C. 发展　　D. 盈利

答案:C

二、判断题

1. 伦理关系的本质是人与人之间的普遍关系。(　　)

答案:×

2. 职业伦理是根据出于职业性质的要求来处理人与人之间关系的准则。(　　)

答案:√

3. 职业伦理是推动调解工作专业化的催化剂。(　　)

答案:×

4. 调解职业伦理在运用过程中不会产生现实伦理困境。(　　)

答案:×

5. 人民调解是我国一项历史悠久的传统。(　　)

答案:√

6. 调解员职业精神是推动调解员自身不断发展的外生动力。(　　)

答案:×

7. 人民调解员应强化实践锻炼多于知识学习才能积累调解经验与智慧。(　　)

答案:×

8. 人民调解作为一种群众自治，调解员可以不遵循强制性法规的要求进行调解。（ ）

答案：×

9. 情理属于社会公共道德范畴，调解工作可以以其为优先依据与参照。（ ）

答案：×

10. 调解员富于同情、善于倾听要求调解员在倾听过程中对所听到的内容表示赞赏和支持。（ ）

答案：×

11.《人民调解法》第14条对人民调解员资格的规定是："人民调解员应当由公道正派、热心人民调解工作，并具有一定文化水平、政策水平和法律知识的公民担任。"（ ）

答案：×

12. 调解员在必要时应该参加教育项目或其他培训以保持和加强自身的知识和技术水平。（ ）

答案：√

13. 在调解过程中，调解员可将自己的观点和立场纳入调解的过程和结果中。（ ）

答案：×

14. 在与当事人交流过程中，调解员为了拉近与当事人的关系，可以共同兴趣作为亲近的桥梁。（ ）

答案：×

15. 调解员的中立地位要求其保持"无为而治"。（ ）

答案：×

16. 调解员在了解情况前可以对事实进行预断，以便更好开展工作。（ ）

答案：×

17. 在我国，人民法院不允许调解员在参与调解后又在就同一纠纷或者相关纠纷进行的诉讼程序中作为一方当事人的代理人。（ ）

答案：×

18. 调解中当事人的意愿内容包括，可以在调解的任何阶段提出选择调解员、回避、设计程序、参加调解、退出调解、作出决定、解聘调解员等。（ ）

答案：×

19. 当事人有义务使调解过程与调解结果公开化。(　)

答案:×

20. 人民调解员主动介入调解是违背当事人意思自治的表现。(　)

答案:×

三、简答题

1. 简述如何理解人民调解职业伦理的意义。

答案:人民调解职业伦理的意义包括必要性与重要性两个方面。(1)必要性:随着我国改革开放的纵深发展,社会矛盾纠纷日益呈现多元化、复杂化与专业化的特点,建设和加强专业化的人民调解员队伍成为一项迫切的要求。人民调解员职业化将成为调解制度完善与发展的重点。其中,职业伦理是职业化不可或缺的一个要素。(2)重要性:对调解员个人,调解职业伦理可为其提供专业服务的指引;对调解职业而言,调解职业伦理是改善工作、推动调解工作职业化的催化剂;对社会发展而言,调解职业伦理为社会大众提供了对人民调解工作的信任基础。

2. 如何理解人民调解工作要做到合法合理合情。

答案:应从依法、照理与移情三个层面分别进行阐述;最后将三者结合进行分析:调解过程中照理的最终目的是实现法理情相结合。情理与法律相结合,有利于纠纷的彻底解决。人民调解工作从国家法律和社会道德标准的多重角度对案件进行评判,将社会公众的良心善恶标准、是非观念融入调解之中,可以使调解的结果更贴近民众,增加当事人的可接受性,实现纠纷的彻底解决。

3. 简述如何成为一名合格的人民调解员。

答案:(1)思想上重视;(2)遵守调解基本的伦理准则;(3)要具有一定的法律与专业知识水平;(4)要掌握一定的调解技巧;(5)工作上努力。

4. 简述人民调解工作中自愿原则。

答案:(1)纠纷的调解必须出于双方当事人的自愿;(2)协议的达成必须出于双方当事人的自愿;(3)调解协议要由当事人自觉履行。

5. 简述人民调解员在调解工作中有哪些行为的,由其所在的人民调解委员会给予批评教育、责令改正,情节严重的,由推选或者聘任单位予以罢免或者解聘。

答案:(1)偏袒一方当事人的;(2)侮辱当事人的;(3)索取、收受财物或者牟取其他不正当利益的;(4)泄露当事人的个人隐私、商业秘密的。

6. 简述人民调解与司法审判的关系。

答案:从相同点、不同点以及相互关系分别进行分析。

相同点:(1)坚持以法律为准绳;(2)坚持公正立场、程序正义。

不同点:(1)调解针对的基层社会问题,在尊重当事人意愿的前提下,实现当事人意思自治;司法审判是在公平正义的前提下,让有理有据的人通过司法渠道维护自身合法权益。(2)审判结果具有法律上的强制力,而调解协议没有法律强制力。

此外,在调解与审判之间,应坚持注重调解,能调则调的原则。对于简单的案件如(1)涉及农村民俗纠纷;(2)当事人争议不大的纠纷;(3)当事人对法律法规理解不当引起的纠纷;(4)家事矛盾引起的纠纷;(5)相邻纠纷等,调解不仅能够平衡好现代立法的精神与当地的社会生活状况和文化观念的冲突,还能够成为一个有效的"司法工具"渗透到基层社会问题,从而改变着基层社会状态,使现实生活逐步符合现代立法的规范和要求。以调解方式解决纠纷,更能彻底解开当事人的心结,促使当事人自愿主动履行义务,减少强制执行案件的增加。调解还可以有效节约司法成本,提高解决纠纷的工作效率,强化当事人的法律意识,从而取得良好的社会效果和法律效果,让社会更加和谐稳定地发展。

7. 简述理解廉洁自律是调解员的职业精神。

答案:(1)廉洁自律含义。廉洁自律是指不贪污钱财,不收受贿赂,自我约束,保持清白。(2)结合党的十八大以来党风廉政建设与反腐败斗争,以及全面从严治党的新形势分析其必要性。(3)廉洁自律的重要性。人民调解员廉洁自律是根本,是人民调解员应该具备的基本素养和职业操守,是人民调解工作职业伦理的底线,是人民调解员公正合理调解的前提。人民调解员应时刻牢记自己的职责和使命,堂堂正正做人,干干净净做事。应该公正、勤政廉政、严格自律、自觉抵制外来诱惑,始终保持一身正气、两袖清风,才能在自己的岗位上尽职尽责争创一流工作业绩,任劳任怨履行职能,处处为群众排忧解难,赢得群众的支持。(4)人民调解员廉洁自律的要求。人民调解员不得因调解索取、收受财物或牟取其他不正当利益。如果当事人发现人民调解员有违反廉洁自律要求的,可以要求该人民调解员回避;人民调解委员会发现人民调解员违反廉洁自律要求的,可以对其进行批评教育,情节严重的应当将其解聘或辞退。

8. 简述《人民调解法》对人民调解员资格规定有哪些。

答案:《人民调解法》第 14 条规定:“人民调解员应当由公道正派、热心人民调解工作,并具有一定文化水平、政策水平和法律知识的成年公民担任。”

9. 简述人民调解员在具体调解过程中如何保持中立地位。

答案:在具体调解过程中,人民调解员要时刻保持中立的地位,不偏向于任何一方当事人,更不能对当事人进行压制,要谨言慎行,不激化矛盾纠纷,不违背当事人的意愿,以不正当手段迫使当事人接受调解。按照相关法律规定,及时完成调解。

具体应该做到:第一,不能作为有关案件的调解员或关涉与自己有某种特定关系的人的案件的调解员。第二,与案件处理结果有利害关系的调解员应当自行回避,但双方当事人均同意调解的除外。任何一方当事人要求调解员回避的,调解员应当回避。第三,纠纷的解决结果不含有调解员的个人利益或他的近亲属的利益。第四,调解员要具备较高的情感水平,能够使自己在他人的消极情绪中保持冷静和中立,保持理性、平和、文明的态度,反对感情用事,尽快与双方当事人进行沟通,解决问题。第五,调解员不能在主观上对一方当事人有好恶偏见,不能偏袒或歧视任何一方。第六,调解员不应因其调解活动获取私利,调解员不应以获取私利为目的进行调解。

但是,调解员的中立不等于调解员的消极不作为。调解员为了解纠纷事实,可以查看现场,调解员可以提出自己的调解方案;调解员中立,也不意味着调解员不能对一方有同情心,在调解过程中要法情理相结合。

10. 简述调解保密原则的具体要求。

答案:(1)调解保密原则的形式要求。调解保密原则的形式要求是调解保密原则的最基本含义,其目的在于保持调解程序的独立性,避免在调解过程中公开的信息外露,保证当事人对调解程序的信任度,保证当事人在调解程序中能够坦诚相见、开诚布公地进行调解。

(2)调解保密原则的内容要求。调解保密原则的内容要求主要体现在案件所涉信息在调解程序中应当保密问题上。其最直接的体现就是一方当事人在调解过程中披露的信息,未经该当事人的许可,不得向对方当事人和与案件无涉的其他人公开。

(3)调解保密原则的附随要求。即当事人在调解程序中展示的信息不能够作为后续的法律程序中对其不利的证据,即在后续的相关法律程序中不得要求调解员作为证人展示当事人在调解程序中已经披露的信息。

第八章　发展中的调解事业

一、单选题

1. 国外调解员的职业化大致可分为(　)类。

A. 2　　B. 3　　C. 4　　D. 5

答案:C

2. 人民调解员职业化意味着调解员应当(　)从事人民调解工作。

A. 专门　　B. 主要　　C. 兼职　　D. 志愿

答案:B

3. 以下关于人民调解员职业化说法中错误的一项是(　)。

A. 与国外的调解员职业化制度相衔接、培养出素质高、水平高、战斗力强的调解员,是我国调解工作接轨国际、重新绽放“东方之花”的新要求

B. 对于专职人民调解员来说,从资格准入、聘任选拔,到薪酬、培训、奖惩、考核,再到生涯发展和退出机制,职业发展需要一套完整合理的管理制度,才能为更好地保障在职人员的权益,吸引更多优秀人才进入这一职业

C. 人民调解员应根据工作任务量、特殊工作性质获得相应的工作经费和工作环境经费,以保障其工作顺利开展

D. 人民调解员应提供无偿、志愿的专职调解员工作

答案:D

4. 矛盾纠纷的地方特点需要调解员的(　)。

A. 地方化　　B. 职业化　　C. 专业化　　D. 行业化

答案:A

5. 在处理(　)等矛盾时,调解员应避免将当事人单纯地视为形式平等、地位无差别的民事主体,可以道德规范弥补正式规范的不足。

A. 商事纠纷　　B. 轻微刑事纠纷

C. 医疗纠纷　　D. 婚姻家庭

答案:D

6. 以下关于行业协会参与调解说法中不正确的是(　)。

A. 许多行业协会自身内部就有纠纷解决机制,其解纠效率高、根据行业特点设置的程序灵活,方便快捷

B. 行业协会有利于维持之后交易伙伴关系的延续,不允许行业内纠纷

诉讼

C. 行业协会承担着行业内权威的纠纷处理角色,可以通过行业内龙头老大给出权威意见

D. 行业协会相较非从业者更熟知行业规范与习惯,能够保证结果公平合理

答案:B

7. 以下关于医疗纠纷说法中不正确的是(　)。

A. 人民群众不断增长的医疗服务需求与医疗服务能力和保障水平不均的矛盾日益突出,人民群众对健康的美好期望和医疗技术的客观限制的矛盾也越发突出

B. 医疗卫生行业本身专业知识门槛高、临床操作不确定性强,性质特殊、种类繁多

C. 卫生行政部门作为医院的主管部门,不能参与调解医疗纠纷

D. 医患双方之间存在信息不对称问题,患者由于医学、法律知识的匮乏,很难自行判断或主张责任划分

答案:C

8. 以下关于调解社会化说法中不正确的是(　)。

A. 政府作为行政管理部门,应当在调处第一线冲锋陷阵

B. 社会关系越来越复杂,矛盾纠纷也呈现主体多样性、复杂化的特点,人民调解的社会化也在逐渐走向多元

C. 调解社会化包括社会组织、社会机构和社会力量的参与

D. 在一定的社会共同体中,一些人凭借权威、声名和对情理法的认识,调解着大大小小的纠纷,也是调解社会化的体现

答案:A

9. 以下有关调解团队化说法中不正确的是(　)。

A. 调解员应当既讲法律政策,又合行业实际,也重情理疏导,不断提高调解成功率、协议履行率和人民群众满意度

B. 社会名人、行政官员、律师等人需要与有任职资格证的人民调解员划分工作范围,根据案情特点、分别开展工作

C. 调解的团队化有利于处理调解员"专才"与"通才"的矛盾,由具有不同专业知识的人才组成团队是最好的应对办法

D. 调解员无法面面俱到地了解专业知识和行业习惯,就无法科学、准确

地了解双方当事人的争议点

答案:B

10. 以下不是影响个体选择解决纠纷方式的因素是(　)。

A. 权利边界　B. 专业机理　C. 综合接受度　D. 专业知识

答案:D

11. 人民调解员的公信力源自于(　)。

A. 人民调解委员会　B. 人民调解员的实践知识

C. 人民调解员的社会地位　D. 人民调解的自治制度

答案:B

12. 调解机制综合化不包括(　)。

A. 调处中心模式　B. 三调合一模式

C. 民调评议模式　D. 诉调对接模式

答案:C

13. 以下有关调解机制综合化表述中错误的一项是(　)。

A. 政法、综治、信访和有关行政职能部门的调解资源和力量被整合,社会组织和其他团体的力量不包括在内

B. 强调人民调解与行政调解、司法调解的衔接配合机制

C. 强调综合运用各种技术手段开展矛盾化解工作,实现大调解

D. 诉调对接的大调解推动调解工作向科学化、体系化、规范化方向发展

答案:A

14. 以下不属于仲裁调解的特点是(　)。

A. 程序性　B. 意思自治性　C. 灵活性　D. 强制性

答案:D

15. 以下关于行政调解说法中不正确的是(　)。

A. 行政调解对保护公民、法人和其他组织的合法利益不受侵犯,为调整经济关系和社会关系,维护社会稳定,推动社会主义经济建设发挥了重要作用

B. 行政调解是行政机关对经济活动和社会生活执行管理、监督和服务的一种方式

C. 行政调解不成只能选择诉讼

D. 当前绝大部分行政调解案件产生于行政管理领域内的民事纠纷,如交通事故处理、物业管理纠纷、环境污染案件等领域

答案:C

16. 以下不属于调解信息化实践的是（ ）。

A. 热线调解　　B. 电视调解

C. 中国电子商务协会调解中心　　D. 南京社区物业纠纷调解中心

答案:B

17. 以下关于网格调解说法不正确的是（ ）。

A. 网格调解主要针对行业化矛盾

B. 网格调解伴随城乡网格化管理模式出现的

C. 网格调解主要调解同一地域中当事人的矛盾纠纷

D. 社区物业调解中心是网格调解行为主要实践之一

答案:A

18. 关于大调解工作体系说法不正确的是（ ）。

A. 横纵向建立工作网络

B. 充分衔接人民调解、行政调解和司法调解

C. 由调解委员会主导协调完成

答案:C

19. 以下不属于调解工作要求的是（ ）。

A. 意思自治　B. 高效高结　C. 权利保障　D. 程序正义

答案:B

20. 以下理解不正确的是（ ）。

A. 应深入分析研究调解工作面临的新情况新问题,进一步推进调解理论和实践创新

B. 在实现定分止争、案结事了的目的基础上,更加注重促进各方当事人破解困境、实现合作、创造价值,努力实现互利“双赢”效果

C. 加强各部门之间协作,形成信息互享、优势互补、协作配合的互动机制

D. 充分运用人文关怀、情感教化的传统调解手段,必须将互联网、大数据、人工智能等技术融入调解工作

答案:D

二、判断题

1. 从某种程度上讲,调解的工作成效与调解员的能力、知识、经验、个人魅力密切相关。（ ）

答案:√

2. 人民调解员了解相关法律知识即可,无须具备专业知识和相关技能。( )

答案:×

3. 根据《关于加强人民调解员队伍建设的意见》,应当加强思想政治建设、纪律作风建设和党的建设等。( )

答案:√

4. 在调解过程中,调解员可以通过走后门、收受财物等与当事人拉近关系,进行人情调解。( )

答案:×

5. 在处理地方纠纷时,调解员应当不折不扣地使用当地风俗和风土人情开展调解。( )

答案:×

6. 行业协会参与调解应当强调维护本行业企业和成员的利益。( )

答案:×

7. 在目前矛盾多发、复杂化的情况下,所有行业的矛盾均是行业性、专业性人民调解工作的重点。( )

答案:×

8. 法律知识、专业知识市场和地方人情世故的实践知识被划定为国家知识范畴。( )

答案:×

9. 调解员应充分使人民认清调解的优点,要求人民选择调解方式。( )

答案:×

10. 社会组织参与调解的优点在于为政府和民众搭建桥梁,缓和矛盾。( )

答案:√

11. 司法调解、行政调解和人民调解的调解员拥有不同类型的知识,由此以知识机制的不同来影响当事人的选择。( )

答案:√

12. 目前,我国只建立了完整的人民调解制度,严格意义来讲并不存在司法调解制度和行政调解制度。( )

答案:√

13. 调解制度作为一种社会制度,即社会内部个体、组织及其二者之间化解矛盾纠纷的方式,是社会自治制度的一部分。( )

答案:√

14. 当事人选择司法诉讼仅因为法官善用法律知识。( )

答案:×

15. 纠纷当事人之所以承受着时间成本和精力成本大的压力选择司法诉讼,其基本的动因是相信法律和追求自己权利的实现。( )

答案:√

16. 行政裁决和司法诉讼的公信力源自主持组织所负载的法律知识和专业知识。( )

答案:√

17. 由于行政调解在解决纠纷方面的作用越来越重要,行政调解工作逐步走向常态化、程序化和正规化。( )

答案:√

18. 行政机关的服务功能,不仅仅体现在行政许可、审批、决定等传统意义的行政行为中,而且更多地体现于行政指导、行政建议等柔性行政行为中。( )

答案:√

19. 专(热)线调解多针对单一业务的纠纷议题。( )

答案:√

20. 网上联合调解针对的是多领域、多主体的复杂事务。( )

答案:×

三、简答题

1. 简述调解员职业化的内涵。

答案:(1)人民调解员的职业化意味着调解员应当专门从事人民调解工作,把主要工作时间和精力放在调解上,应当公道正派、廉洁自律、热心人民调解工作。

(2)人民调解员的职业化意味着调解员需要具备一定的专业知识和技能才能胜任该工作。调解员需要了解专业的法律、政策知识,多元多样的方式方法,才能胜任难度越来越大的工作。

(3)人民调解员的职业化意味着它需要有充分的物质和安全保障。对于专职调解员来说,物质保障是其工作积极性的前提和保障,也是其保护和维持工作热情的必要条件。

(4)人民调解员的职业化意味着须有系统的人民调解员管理制度设计。包括资格准入、聘任选拔,薪酬、培训、奖惩、考核,生涯发展和退出机制等管理制度。

2. 如何理解调解员的地方化?

答案:矛盾纠纷具有地方特点,与地方政策、风俗习惯紧密相关,如矛盾纠纷当事人用方言发表自己观点,又如调解员调解矛盾纠纷时既运用地方政策也运用风俗习惯。调解员应在实际工作中认真学习、体会人情经济和传统美德,了解和熟悉当地民俗和风土人情,合理适当地运用公序良俗进行调解。

首先,调解员对当事人要充分地尊重和接纳,真诚地理解和关注其处境,努力体验其内心感受,设身处地地为当事人着想;其次,调解员应当合理运用人情和美德进行调解;最后,调解员应当熟悉当地习俗和风土人情。在面对一些法律条款不够清晰、政策文件尚未覆盖、地方习俗更有权威的案件时,在不违反宪法法律的基础上,应灵活、适当地运用当地风俗和风土人情作为调解依据,用道德规范来弥补法律规范的不足。

3. 简述调解组织的社会化。

答案:所谓社会化,就是利用社会组织、社会机构、社会力量化解矛盾纠纷;政府作为行政管理部门,不应走在调处矛盾第一线,应采取经济的、行政的等各种手段,积极扶持、支助人民调解工作,从而形成良好、规范、有序的社会自律机制。社会化包括社会人个体参与调解、社会组织参与调解、社会力量参与调解。

4. 简述调解机制的综合化及其实践。

答案:调解机制的综合化强调人民调解与行政调解、司法调解的衔接配合机制,整合政法、综治、信访和有关行政职能部门及工会、共青团、妇联等调解资源和力量,综合运用各种技术手段开展矛盾化解工作,实现大调解。

实践包括以南通为例的调处中心模式、以广安为例的“三调合一”模式等。总结来说,大调解工作体系首先要坚持在党委领导和政府支持下推进完成;其次建立健全大调解工作网络是关键,包括纵向各级调处中心、横向各级政府部门、司法部门、社会组织与行业组织;最后要充分利用人民调解、行政调解、司法调解间的衔接机制,充分沟通,实现“三调合一”(人民调解、行政调解和司法调解合力运行)。此工作体系应当由党委和政府统一领导,由政法、综治统一协调,相关部门各司其职,社会广泛参与,充分衔接三大调解。

5. 阐述如何理解调解组织的团队化。

答案:首先,所谓团队化,是指无论是人民调解委员会还是司法调解、行政调解的调解员均来源广泛而且专业领域众多,有律师、心理学专家、节目主持人、社会名人、行政官员和有任职资格证的人民调解员;他们之间长期合作、配合密切,形成了善于控制调解现场局面和长于把握调解节奏的战斗性团队。

其次,调解组织之所以呈现团队化趋势,主要动力是应对社会矛盾的复杂化。随着市场经济的发展和利益关系的多元化,矛盾纠纷日益复杂;人民调解员面临着纠纷更加多元、领域更加广泛、专业要求更加精深的现实情况,因而要求调解员具备一定的专业知识以适应新形势。在面对专业性、行业性较强的矛盾纠纷时,如果调解员不了解专业知识及行业习惯,就无法科学、准确地了解双方当事人的争议点,公正、合理地定分止争也就无从谈起。

最后,团队化的好处在于能够妥善处理调解员的“专才”与“通才”的矛盾。对于人民调解员来说,有些专业知识通过定期培训、专门学习和实际应用是可以上手的。调解员无须了解过多理论性、专业性知识,能够熟悉核心概念、熟练运用关联法律及相关政策,了解相关行业习惯,科学、公正地处理纠纷即可。但有些专业知识无须钻研精通,交由相关专家或从业人员进行厘清责任、定损止争则更为恰当,调解员应注重发挥相关行业、专业领域专家学者的专业优势,根据调解纠纷的需要邀请相关专家参与调解工作。

行业性、专业性人民调解员应具有相关行业、专业知识或工作经验。对于术业有专攻的调解员,应当认真钻研、积极发挥专业优势,为矛盾纠纷提供科学、合理的化解之道。

6. 阐述个体选择解决纠纷方式的机理。

答案:在一个法治社会和公民权利张显的世界中,国家知识成为显性知识,直接决定了人们的日常行动。因此,当一个人遇到矛盾纠纷时,在国家的法律法规、政策知识指引下,影响他选择解决纠纷的方式的因素有:权利边界、专业机理和综合接受度。权利边界是指当事人知晓自己的选择范围,专业机理是理解选择原因,综合接受度是指当事人在平衡后选择各种结果。权利边界是由法律确定的,在具体的社会矛盾纠纷案件中,当事人的权利边界往往由法律专业人才(律师或法官)帮助解析和界定;社会事务的专业机理是由公共政策予以明确的,在具体的社会矛盾纠纷案件中,专业机构厘清则由专业行政部门所承担。因此,权利边界告知了矛盾纠纷当事人的权利选择范围,而专业机理厘清了案件事实的来龙去脉和因果关系。当事人在明确自己权利边界以及案件事实的专业机理之后,会综合权衡,做出最有利于自己的选择。这就是综合接受度。

7. 简述三种调解方式的公信力。

答案:从三种调解方式的公信力来看,人民调解的公信力源自人民调解员的所累积的经验和威信,即实践知识。人民调解员依托自身积累的生活经验以及在人民群众中树立的威信帮助纠纷当事人解惑纾困,从而让纠纷当事人之间达成合情合理的和解方案。行政裁决和司法诉讼的公信力源自主持组织所负载的法律知识和专业知识。在行政裁决过程中,行政人员因长期从事专业管理活动,积累了大量的专业知识,能够对矛盾纠纷进行专业性机理解析,判断其中的真伪;而在法院审判过程中,法官和律师深谙法律条文,长于析法明理,善于将法条与案件事实契合起来,从而做出公平、公正的审判。

8. 简要区分仲裁前调解和仲裁中调解。

答案:仲裁调解是将仲裁与调解衔接于仲裁程序中,将仲裁的程序性、意思自治性、调解的灵活性注入仲裁调解程序,进而发挥两者融合之功效,形成更为快捷、高效、低成本的纠纷解决机制。仲裁调解旨在尊重当事人的私权处分,贯彻意思自治原则,提高仲裁程序的灵活性,以进一步发挥其制度优势。

(1)仲裁前调解,是指当事人将仲裁申请提交仲裁机构时,由仲裁立案部门或办案秘书在征得各方当事人同意后,案件进入仲裁调解部门进行调解,若调解成功,制作调解协议。仲裁协议由各方当事人及仲裁员签字并加盖仲裁调解部门印章后,即具有民事合同性质,对各方当事人具有约束力。当事人也可以请求仲裁机构出具仲裁裁决书,为其调解协议赋予强制执行力。若调解不成功,则予以立案进入仲裁程序进行裁决。

(2)仲裁中调解,是指根据当事人的仲裁申请,先启动仲裁程序,在仲裁程序进行的过程中,由仲裁员对案件进行调解或经当事人同意,可邀请或委托其他争议解决机构或与当事人有特定关系的企事业单位、社会团体,或其他组织和具有一定专业知识、特定社会经验的个人进行协助调解,若调解不成,再恢复仲裁程序。

9. 简述行政调解的优点。

答案:行政调解是行政机关对经济活动和社会生活予以管理、监督和服务的一种方式,其在化解社会矛盾方面被誉为新时代人民调解"枫桥经验"的有益补充和拓展。当前绝大部分行政调解案件产生于行政管理领域内的民事纠纷,如交通事故处理、物业管理纠纷、环境污染案件等,这些矛盾纠纷的解决要求行业主管部门发挥自身的专业性、权威性,故行政调解大有用武之地。相较于司法调解,迅速、低廉、简便是行政调解特有的优势。行政调解期限远短于复议、诉讼期限,调解不成也不影响当事人此后对权利的主张和救济。在调解程序中,当事人可以综合表达自己的意愿,不需要使用规范言语只需用容易被当事人选择语言即可。此外,行政机关的服务功能,不仅仅体现在行政许可、审批、决定等传统意义的行政行为,而且更多地体现于行政指导、行政建议等柔性行政行为中。可以说,行政调解对保护公民、法人和其他组织的合法利益不受侵犯,为调整经济关系和社会关系,维护社会稳定,推动社会主义经济建设发挥了重要作用。

10. 简述如何创新发展调解工作。

答案:创新发展调解工作,可以从三方面推进:一是发展调解工作的新理念。深入分析研究调解工作面临的新情况新问题,进一步推进调解理论和实践创新。坚持依法调解,使调解工作更加符合意思自治、权利保障、程序正义等要求。在实现定分止争、案结事了的目的基础上,更加注重促进各方当事人破解困境、实现合作、创造价值,努力实现互利"双赢"的效果。二是建设现代制度。推动构建更为成熟完善的现代调解制度,统筹协调各种争端解决方式。加强各部门之间协作,形成信息互享、优势互补、协作配合的互动机制。要积极发挥法院诉讼服务中心的作用,依托诉讼服务中心平台,充分发挥人民调解、行政调解、行业调解、民商事调解的各自优势,不断拓展律师调解、专家调解、中立评估等制度的发展空间。三是不断提升调解实效。要充分运用人文关怀、情感教化的传统调解手段,积极探索现代科技手段在调解工作中的应用,充分运用互联网、大数据、人工智能等技术,使调解工作更加符合时代要求和实践需要。

图书在版编目(CIP)数据

调解工作总论 / 李瑞昌编著. -- 北京 : 法律出版社, 2020
(调解员高级研修(职业培训)丛书)
ISBN 978-7-5197-4717-6

Ⅰ. ①调… Ⅱ. ①李… Ⅲ. ①调解(诉讼法)-中国-职业培训-教材 Ⅳ. ①D925.114

中国版本图书馆 CIP 数据核字(2020)第 117163 号

调解工作总论
TIAOJIE GONGZUO ZONGLUN

李瑞昌 编著

策划编辑 解 锟
责任编辑 解 锟
装帧设计 李 瞻

出版 法律出版社
总发行 中国法律图书有限公司
经销 新华书店
印刷 固安华明印业有限公司
责任校对 王晓萍 周合芝
责任印制 张建伟

编辑统筹 独立项目策划部
开本 710 毫米×1000 毫米 1/16
印张 24.5
字数 384 千
版本 2020 年 8 月第 1 版
印次 2020 年 8 月第 1 次印刷

法律出版社/北京市丰台区莲花池西里 7 号(100073)
网址/www.lawpress.com.cn
投稿邮箱/info@lawpress.com.cn
举报维权邮箱/jbwq@lawpress.com.cn
销售热线/400-660-8393
咨询电话/010-63939796

中国法律图书有限公司/北京市丰台区莲花池西里 7 号(100073)
全国各地中法图分、子公司销售电话:
统一销售客服/400-660-8393/6393
第一法律书店/010-83938432/8433 西安分公司/029-85330678 重庆分公司/023-67453036
上海分公司/021-62071639/1636 深圳分公司/0755-83072995

书号:ISBN 978-7-5197-4717-6 **定价**:78.00 元
(如有缺页或倒装,中国法律图书有限公司负责退换)